预算绩效管理教学与研究系列丛书
丛书主编/马海涛

部门预算绩效管理

——战略、预算与绩效的系统集成

曹堂哲　著

中国财经出版传媒集团
中国财政经济出版社

图书在版编目（CIP）数据

部门预算绩效管理：战略、预算与绩效的系统集成 / 曹堂哲著. -- 北京：中国财政经济出版社，2020.3

（预算绩效管理教学与研究系列丛书）

ISBN 978-7-5095-9664-7

Ⅰ. ①部… Ⅱ. ①曹… Ⅲ. ①部门经济—预算—经济绩效—财政管理—研究 Ⅳ. ①F810.3

中国版本图书馆CIP数据核字（2020）第032886号

责任编辑：胡　博　张晓丽　　　　责任印制：刘春年
封面设计：陈宇琰　　　　　　　　责任校对：徐艳丽

中国财政经济出版社 出版

URL：http：//www.cfeph.cn

E-mail：cfeph @cfemg.cn

社址：北京市海淀区阜成路甲28号　邮政编码：100142

营销中心电话：010-88191537

北京中兴印刷有限公司印刷　各地新华书店经销

787×1092毫米　16开　23.5印张　447 000字

2020年5月第1版　2020年5月北京第1次印刷

定价：65.00元

ISBN 978-7-5095-9664-7

（图书出现印装问题，本社负责调换）

本社质量投诉电话：010-88190744

打击盗版举报热线：010-88191661　QQ：2242791300

部门預算績效管理

李大慶題

丛书总序

全面实施预算绩效管理是建立现代财政制度的重要组成部分，是政府治理和预算管理的深刻变革。党中央、全国人大、国务院高度重视预算绩效管理工作，多次强调要深化预算制度改革，加强预算绩效管理，提高财政资金使用效益和政府工作效率。党的十六届三中全会提出“建立预算绩效评价体系”，十七届二中、五中全会分别提出“推行政府绩效管理和行政问责制度”“完善政府绩效评估制度”。国务院还专门批准建立了由监察部牵头的政府绩效管理工作部际联席会议制度，推进包括预算绩效管理的政府绩效管理试点。《预算绩效管理工作规划（2012–2015年）》大力推进了预算绩效管理工作。2015年开始实施的新《预算法》六次提及“绩效”，奠定了预算绩效管理的法律基础。党的十八届三中全会提出“财政是国家治理的基础和重要支柱”，确立了包括预算绩效管理在内的财政活动的重要地位。

进入新时代，习近平总书记在党的十九大报告中强调，要加快建立现代财政制度，“建立全面规范透明、标准科学、约束有力的预算制度，全面实施绩效管理”。李克强总理提出，要将绩效管理覆盖所有财政资金，贯穿预算编制、执行全过程，做到花钱必问效、无效必问责。2018年9月《中共中央 国务院关于全面实施预算绩效管理的意见》印发，要求力争用3—5年时间基本建成全方位、全过程、全覆盖的预算绩效管理体系，实现预算与绩效管理一体化，这是党中央国务院对全面实施预算绩效管理作出的顶层设计和重大部署，为预算绩效管理指明了方向、规划了路线、明确了措施。预算是政府活动和宏观政策的集中反映，也是规范政府行为的有效手段。预算绩效是衡量政府绩效的主要指标之一，本质上反映的是各级政府、各部门的工作绩效。全面实施预算绩效管理是推进国家治理体系和治理能力现代化的内在要求，是增强政府公信力和执行力、提高人民群众满意度的有效途径，是建设高效、责任、透明政府的重大措施。

《意见》印发以来，全国上下积极响应、扎实推动，各地区、各部门、各单位掀起了贯彻落实全面实施预算绩效管理的高潮，对预算绩效管理的理论、知识、技能的需求也与日俱增，亟需提质拓围，拓展国际视野，以“顶天立地”的思维高质量发展。作为我国经济学、管理学学科领域的重要科研创新基地，中央财经大学在应用经济学领域处于全国领先，形成了以经济学、管理学和法学学科为主体，文学、理学、工学、教育学、艺术学等多学科协调发展的学科体系，在协同创新中推动预算绩效管理理论研究和实践创新是新时代赋予我们的光荣使命。中央财经大学历来重视预算绩效管理的教学和研究，积累了一批研究成果和教学案例，形成了一支教学研究队伍，设立了预算绩效管理博士和博士后研究方向，形成了全校多学科协同创新的发展势态。

在新时代全面实施预算绩效管理背景下，我们依托中央财经大学中国财政发展协同创新中心等单位力量，编撰了“预算绩效管理教学与研究系列丛书”。丛书主要包括典型国家预算绩效管理制度、预算绩效管理理论研究、预算绩效管理实践发展报告、分行业分领域预算绩效管理研究等方面的选题，力图反映国内外预算绩效的最新理论和实践，为预算绩效管理学科建设、人才培养奠定坚实的基础，打造预算绩效管理的教学和研究高地。

本丛书的根本目的是为我国建立“全方位、全过程、全覆盖”的预算绩效管理体系提供一张思维网、施工图和操作法，聚焦国家重大需求提出的理论热点问题，推动我校“双一流”学科建设，提高学科建设水平和人才培养质量，推动学校财政理论协同创新。

丛书编写过程中我们虽然已经付出了巨大的努力，由于受各种客观因素影响和作者水平限制，书中难免有疏漏和不足，恳请同行和读者批评指正。

马海涛

2019 年 1 月 1 日于中央财经大学

▶ 本书序言

党的十九大提出“建立全面规范透明、标准科学、约束有力的预算制度，全面实施绩效管理”。2018 年 7 月，习近平总书记主持召开中央全面深化改革委员会第三次会议，审议通过了《关于全面实施预算绩效管理的意见》。2018 年 9 月，《中共中央 国务院关于全面实施预算绩效管理的意见》正式印发，要求“力争用 3 — 5 年时间基本建成全方位、全过程、全覆盖的预算绩效管理体系，实现预算和绩效管理一体化，着力提高财政资源配置效率和使用效益，改变预算资金分配的固化格局，提高预算管理水平和政策实施效果，为经济社会发展提供有力保障”。全面实施预算绩效管理是推进国家治理体系和治理能力现代化的内在要求，是深化财税体制改革、建立现代财政制度的重要内容，是优化财政资源配置、提升公共服务质量的关键举措。把预算绩效作为深化财政改革的抓手，推进国家治理现代化，是未来一段时期的重要政策取向。

实施部门和单位预算绩效管理是全面实施预算绩效管理的重要组成部分，具有基础性地位。目前我国部门和单位预算绩效管理工作尚处于起步阶段：部门预算绩效管理理念还有待于进一步入脑入心，从“要我绩效”到“我要绩效”的转变刚刚扬帆起航；专门的部门预算绩效管理制度体系尚待建立和完善；部门预算绩效管理制度系统集成和治理效能尚未充分发挥……这些都是部门预算绩效管理研究者亟需予以回应和解决的问题。

曹堂哲所著的《部门预算绩效管理——战略、预算与绩效的系统集成》是一部非常及时、“解渴”的研究成果，具有创新性和开拓性：

一是理论扎实，具有创新性。该书在梳理了部门预算绩效管理范式演变的基础上，立足预算理论和绩效管理理论，引入系统集成、协同论、全面预算管理等理论与方法，在国际比较的基础上，建构了部门预算绩效管理的战略、预算与绩效系统集成模型，具有创新性。

二是逻辑清晰，结构合理。该书围绕部门预算管理的关键环节，将绩效管理的理念和方法融入部门预算编制、执行、决算、监督等环节，阐明了部门预算绩效计划、绩效审查、绩效运行监控、绩效自评和评价、绩效反馈与监督等内容，符合逻辑与实践。

三是视野开阔，内容丰富。该书各章内容基本上都包含了理论概念、国际比较、中国实践等方面的内容，在各章中融入了 OECD 国家关于绩效预算、支出审查、中期预算等方面的文献资料，反映了北京、广东、上海、浙江等地的实践经验，实现了国际视野和中国实践的融会贯通，“学”与“术”结合，易学有用。

部门预算绩效管理作为预算管理和绩效管理的交叉研究领域和学科研究方向，需要财政学、公共管理学、政治学等多门学科研究者的共同努力。这本书是国内第一本按照《中共中央 国务院关于全面实施预算绩效管理的意见》精神撰写的部门预算绩效管理专著，算是开了一个好头，实现了破题，尽管有很多留白、遗憾，甚至不足之处，但未来前途光明，大有可为。

马海涛

2019 年 11 月 11 日于中央财经大学

▶ 本书前言

本书名为《部门预算绩效管理——战略、预算与绩效的系统集成》，旨在解决部门预算绩效管理“是什么”“为什么”和“怎么办”这样三个基本问题。部门预算绩效管理是预算绩效管理的重要组成部分，是指预算部门、单位的各层级预算支出责任人及相关主体，在一定的绩效观念指引下，以各类形式的预算资金为对象，按照一定的绩效准则（如经济、效率、效益、公平、可持续等），为实现绩效目标，统筹考虑资产和业务活动，提高部门整体绩效水平而开展的包括绩效计划、绩效审查、绩效运行监控、绩效自评和评价、绩效反馈和监督等内容的系列管理活动。

全书采用了从抽象到具体，历史与逻辑相统一，比较与案例相结合的研究方法，基于预算理论和绩效管理理论，吸取 OECD 国家的经验，从中国现实出发，提出了部门预算绩效管理的战略（Strategy）、预算（Budget）、绩效（Performance）系统集成（System Integration）模型（简称 SBPSI 模型）。该模型阐述了战略、预算和绩效三条“经线”的系统集成和预算绩效管理主体、对象、过程、信息四大“纬线”的系统集成（第一章至第三章）。随后循此模型的逻辑框架，分五章（第四章至第八章）阐述了部门预算绩效管理的五大核心内容：部门预算绩效计划、部门预算绩效审查、部门预算绩效运行监控、部门预算绩效自评和评价、部门预算绩效反馈和监督。最后一章阐明了我国建立“一个部门、一本预算、一份绩效”的政策演变、实践探索和未来方向。

“博观而约取，厚积而薄发”是本书成于思、落于文的写照。笔者在北京大学博士学习阶段选择了政府执行力作为研究对象，2008年博士毕业后，博士论文经过修改后以《公共行政执行的中层理论——政府执行力研究》为题成书出版，2012年该书获得了“北京市第十二届哲学社会科学优秀成果奖”。进入中央财经大学工作之后，在新公共管理“结果导向”理念的引导下，笔者将执行力研究聚焦在执行的绩效评估问题上。2014年主持完成了教育部人文社科青年项目“资源型城市可持续发展评估研究——以陕西省神木县为例”；2017年主持完成了国家社科基金青年项目“基于模糊理论的地方政府绩效评估的元评估指标体系研究”；2017年完成了北京市青年英才项目，合著出版了《政府绩效测量与评估方法：系统、过程与工具》一书，该著作成为“国内率先建构政府绩效测量与评估方法体系的有益尝试”（北京大学周志忍教授语）。

党的十八届三中全会提出“财政是国家治理的基础和重要支柱”的论断，笔者开始将研究方向聚焦到预算绩效管理。2018年完成了北京市社科基金一般项目《基于整体性治理的北京市预算绩效管理制度执行能力研究》，参与完成了世界银行贷款技援项目“现代财政制度与国家治理”子项目“推进中国绩效预算改革研究”。还参与了国家社科基金重点项目“建设现代预算制度研究——基于制约和监督权力运行的研究视角”，国家社科基金重大项目“基于总量与强度双控的水资源治理转型与市场化机制研究”，北京市财政局课题“部门整体支出绩效评价方式方法研究”“全成本预算绩效管理研究”，水利部课题“水利部部门整体绩效评价方法与指标体系研究”，国家自然科学基金项目“我国主体功能区差异化绩效评估：检验、比较分析和政策调整”等。上述研究在战略、预算和绩效三个维度上丰富了笔者的研究经历和研究思维。

实践中，笔者作为财政部预算评审中心“重点支出绩效评价专家审核委员会”财政支出绩效评价专家、中央部门（单位）财政支出绩效评价专家、北京市及各区财政支出绩效评价专家，参与了大量的事前评估、事中监控和事后评价实践，累计评估、评价资金超过数万亿元。2017年以来，有幸参与了《中共中央 国务院关于全面实施预算绩效管理的意见》《中

共北京市委 北京市人民政府关于全面实施预算绩效管理的实施意见》《北京市市级财政支出事前绩效评估管理办法》等文件的起草过程，参与了北京市全成本预算绩效管理工作以及水利部、国家卫建委、中国人民银行、北京市门头沟区、广东省佛山市顺德区等部门和地区的预算绩效管理研究与咨询工作，这些实践为深入的理论探讨奠定了基础。

2018年《中共中央 国务院关于全面实施预算绩效管理的意见》印发，首次明确提出“实施部门和单位预算绩效管理”。此前，在美国德克萨斯大学奥斯汀分校（UT Austin）访学期间，笔者本打算对标美国著名政治学、公共管理学和公共预算专家威尔达夫斯基（Aaron Wildavsky）教授的《预算过程中的政治学》完成一本《预算过程中的绩效管理》，也做了一些积累和准备。《意见》印发后，笔者将研究聚焦到部门预算绩效管理上，最终完成了这本著作《部门预算绩效管理——战略、预算与绩效的系统集成》。这本著作是前期开展政府执行力研究，随后聚焦预算主线，并向战略、绩效两端拓展的结果。

本书的部分研究得到中央财经大学一流学科建设项目“新时代公共部门战略与绩效管理理论创新研究”资助，也反映了教育部人文社科基金项目“基于序参量识别的政府投资基金绩效评价指标体系研究”（项目编号：19YJC630005）的部分研究成果。

罗海元副教授、孙静博士、王琰博士参与了前期的讨论，王琰博士提供了第三章第六节与第八章的部分初稿。感谢李敏、罗淋、陈铭媛帮助整理了一些资料。

感谢中国财政经济出版社编校人员敬业严谨与专业高效的工作支持！

感谢在本书研究写作过程中给予帮助指导的所有领导、师长、专家和朋友们！

曹堂哲

2019年11月11日于中央财经大学

E-mail：caotangzhe@163.com

微信公众号：堂哲绩效微言

目 录

图表和专栏目录

图目录

表目录

专栏目录

第一章 部门预算绩效管理概述

内容提要

部门预算绩效管理是预算绩效管理的重要组成部分，指预算部门、单位的各层级预算支出责任人及相关主体，以各类形式的预算资金为对象，为实现一定的绩效标准（如经济、效率、效益、公平、可持续等）和绩效目标，推动提高部门整体绩效水平而开展的系列管理活动。部门预算绩效管理是一个全方位、全过程和全覆盖的体系。部门预算绩效管理具有支撑部门总额控制、提高资源配置效率、优化运作效率和推动政府治理方式变革的重要作用。部门预算绩效管理经历了萌芽、绩效预算和新绩效预算的范式演变。

第一节 基本概念

一、部门预算和部门预算管理

财政管理由预算管理、税收管理、国家金库管理、政府采购管理等各个财政环节的具体管理构成。[1]预算管理是财政管理的核心内容，也是财政管理的重要依据和综合反映。[2]

部门预算是由政府各部门编制，经财政部门审核后报立法机关审议通过的、反映部门所有收入和支出的财政计划，是政府部门履行职能和事业发展的保障。各部门预算由本部门及其所属各单位预算组成。部门预算收入是部门编制年度预算时，预计在预算编制周期内从各种渠道依法取得的各类收入的总称，是部门履行职能、完成各项工作任务的财力保障。主要包括：上年结转、财政拨款收入、上级补助收入、事业收入、事业单位经营收入、下级单位上缴收入、其他收入、用事业基金弥补收支差额等。部门支出预算是部门根据党中央重大方针政策和决策部署、《预算法》等法律规定，按照规定的程序、方法和标准编制的，对各种支出作出统筹安排，并报经本级人民代表大会审查批准后执行的部门财政支出计划。支出预算包括基本支出、项目和政策支出，他们共同构成部门整体支出。随着中共中央办公厅印发《关于人大预算审查监督重点向支出预算和政策拓展的指导意见》，支出政策成为人大预算审查监督的重要内容。“支出政策是政府根据党中央重大方针政策和决策部署、预算法等法律规定制定的财政支出安排措施，包括财政支出的方向、规模、

①② 李燕：《政府预算管理》（第二版），北京大学出版社2016年，第31页。

结构和管理制度等。"[①]部门支出政策是部门支出方向、规模、结构和管理制度的总称。

部门预算实行"一个部门一本预算"的综合预算管理，包括部门预算编制、执行、调整、决算和监督等管理活动。

二、绩效和绩效管理

绩效是一个多维度、多层次、多学科的概念，根据《牛津英汉词典》的解释，绩效（Performance）的含义包括表演、表现、履行、性能、业绩、夸张的行为、忙乱等。正如贝茨（Bates）和霍尔顿（Holton III）所言："绩效是一个多维建构，观察和测量的因素不同，其结果也会不同。"[②]

（一）绩效的定义

绩效的定义存在三种基本观点。[③]

一是结果绩效观。该观点认为绩效就是工作的成果、效益和影响等。比如：伯娜丁（Bernadin）等学者认为："绩效应该定义为工作的结果，因为这些工作结果与组织的战略目标、顾客满意感及所投资金的关系最为密切。"[④]凯恩（Kane）认为绩效是"一个人留下的东西，这种东西与目的相对独立存在"。[⑤]在实践中，职责（Accountabilities），关键结果领域（Key Result Areas），结果（Results），责任、任务及活动（Duties，Tasks and Activities），目的（Objectives），目标（Goals or Targets），生产量（Outputs），关键成功因素（Critical Success Factors）等是与结果直接相关的概念。[⑥]

二是行为绩效观。该观点认为绩效是产生结果的行动、表现和过程。比如：墨菲（Murphy）、延森（Jensen）认为"绩效是与一个人在其中工作的组织或组织单

① 中共中央办公厅印发《关于人大预算审查监督重点向支出预算和政策拓展的指导意见》，新华社北京2018年3月6日电。

② Reid A. Bates，Elwood F. Holton III. Computerised Performance Monitoring：a Review of Human Resource Issues，*Human Resource Management Review*，Vol.5，No. 4，Winter 1995，pp. 267—288.

③ 曹堂哲、罗海元、孙静：《政府绩效测量与评估方法：系统、过程与工具》，经济科学出版社2017年，第3—5页。

④ H.K. Bernadin，J. S. Kane，S. Ross，J. D. Spina and D. L. Johnson. Performance Appraisal Design，Development and Implementation，in（eds）G. R. Ferris，S. D. Rosen，and D. J .Barnum，*Handbook of Human Resource Management*，Blackwell，Cambridge，Mass，1995.

⑤ J. S. Kane. The Conceptualisation and Representation of Total Performance Effectiveness，*Human Resource Management Review*，Vol. 6，No.2，1996，pp.123—145.

⑥ 仲理峰、时勘：《绩效管理的几个基本问题》，《南开管理评论》2002年第3期。

元的目标有关的一组行为”。[①] 坎贝尔（Campbell）认为“绩效是行为，应该与结果区分开，因为结果会受系统因素的影响”。“绩效是行为的同义词。它是人们实际的行为表现并能观察到。就定义而言，它只包括与组织目标有关的行动或行为，能够用个人的熟练程度（即贡献水平）来定等级（测量）。绩效是组织雇人来做并需做好的事情。绩效不是行为后果或结果，而是行为本身——绩效由个体控制下的与目标相关的行为组成，不论这些行为是认知的、生理的、心智活动的或人际的”。[②]

三是行为与结果统一的绩效观。该观点注意到了行为绩效观和结果绩效观各自的缺陷：将绩效仅仅视为结果的观点，容易导致对形成结果的行为和过程的误判，因为造成结果的因素是多重的，且存在复杂的关系，仅仅强调结果容易引起目标取代、协同困难和错误归因等管理上的困难，并最终导致结果绩效的下降。[③] 同样的道理，仅仅强调过程，可能造成本末倒置，没有结果的引导，过程可能成为“繁文缛节”的代名词。目前，绩效是行为与结果统一的观点被普遍地接受。比如布琼布拉（Brumbrach）认为：“绩效指行为和结果。行为由从事工作的人表现出来，将工作任务付诸实施。（行为）不仅仅是结果的工具，行为本身也是结果，是为完成工作任务所付出的脑力和体力的结果，并且能与结果分开进行判断。”[④] 在实践中，对于事务性工作者和基层员工，需要偏重行为，即对工作任务的完成。对于高层管理者，需要偏重结果，即高层管理者实现预定绩效目标的程度。

本书将绩效定义为以结果为导向的行为和结果的统一。这也是新公共管理的绩效定义和绩效观。20世纪80年代以来，西方国家兴起的“新公共管理运动”主张建立“结果导向”的管理模式，这种模式用绩效评估的结果来驱动整个管理过程，推进组织的能力建设、流程改造和治理改革。[⑤] 新公共管理倡导的“结果导向”并不是“唯结果”的绩效观，而是用结果驱动行为的绩效观。新公共管理形成了基于经济、效率和效益的绩效测量与评估框架，经济和效率涉及投入转化为产出的过

---

① K. J. Murphy，M.Jensen. Performance Pay and Top-management Incentives. *Journal of Political Economy*，Vol.98，No.2，1990，pp.225—264.Richard S Williams，*Performance Management*，London：International Thomson Business Press，1998，p.93.

② Campbell，J. P.. Modelling the Performance Prediction Problem in Industrial and Organizational Psychology，in M P Dunnette and L M Hugh（eds），*Handbook of Industrial and Organizational Psychology*，Blackwell，Cambridge，Mass.1990.

③ 一般认为，对员工绩效评价的研究以 1980 年兰迪和法尔（Landy & Farr）发表的《绩效评定》一文作为分界，将绩效评价的研究分为前后两个阶段：在 1980 年之前，绩效评价的研究关注由员工带来的产出和结果，研究主要集中于开发信度高、效度高的评定量表，通过培训评价者来提高其在绩效评价中的观察技能，如何减少评定误差。在 1980 年之后，对绩效评价的研究重心转向对评价过程、评价所处的内外环境的研究，注重评价者的认知加工过程、评价精度以及对绩效本身结构的探讨等方面，并提出了绩效管理的理念。（参见殷青伟：《员工绩效评价的理论与系统研究》，天津大学博士学位论文2011年）

④ G. B. Brumbach. Some Ideas，Issues and Predictions about Informance Management，*Public Personnel Management*，Vol.17，No.4，Winter，1988，pp. 387—402.

⑤ 牛美丽、何达基：《评价结果导向型管理和预算改革面临的概念和方法上的挑战》，《公共行政评论》2014年第 3 期。

程，效益则涉及产出实现既定目标的过程，因此新公共管理倡导的“结果导向”并不是“唯结果”的绩效观，而是用结果驱动行为的绩效观。

结果（Results）是一个与过程相对应的概念，包括产出（Output）、成果（Outcome）和影响（Impact）。[①]产出（Output）是政府政策、项目、行动等干预形成的直接产品和服务。影响（Impact）是一个在技术上含义更加狭窄的概念，指项目的净效果（Net Effects）。成果（Outcome）是产出带给利益相关者的短期和中期利益（Benefits）。事实上，结果是一个包含了产出、成果、影响的连续统一的链条，构成了结果链，结果链的每一个环节对应特定的目标，构成目标层级。如图1–1所示。

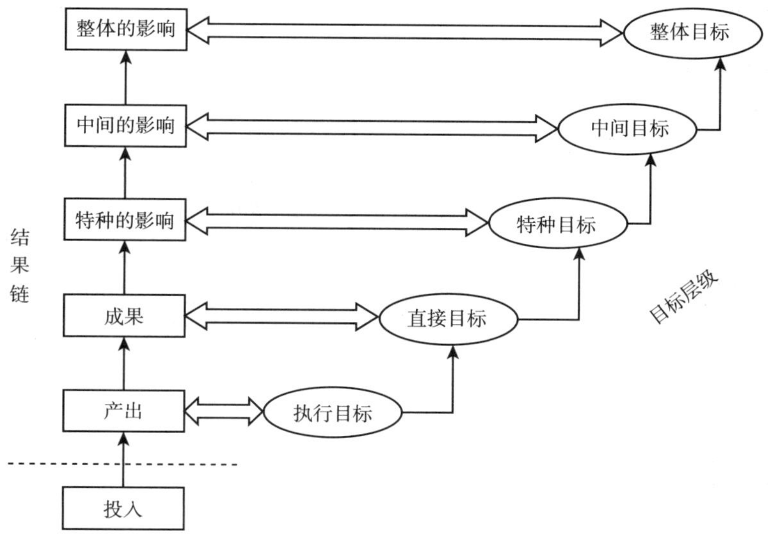

图1–1　结果链与目标层次

资料来源：Based on the model presented in：“Evaluating EU Activities：A Practical Guide for the Commission Services”，July 2004（http：//ec.europa.eu/dgs/secretariat_general/evaluation/docs/eval_activities_en.pdf）；European Commission External Services Evalution Unit. *Outcome and Impact Level Intervention Logic & Indicators*，Working documents，http：//ec.europa.eu/europeaid/how/evaluation/methodology/impact_indicators/wp_meth_en.pdf.

（二）绩效的构成要素

实践中一般采用特定的模型来展示绩效的行为和结果之间的复杂关系，比如对于项目而言，人们常用逻辑模型来分析项目绩效的构成。逻辑模型又称作逻辑框架

① 也有学者认为结果（Outcome）包括产出（Output）和影响（Impact）两个部分。参见：William N. Dunn，*Public Policy Analysis：An Introduction*. 2nd ed.. Englewood Cliffs，New Jersey：Prentice–Hall，Inc.1994. 国内存在结果（Results）与成果（Outcome）翻译混乱的情况，在英文文献中这两个术语有明确的区别。

（Logical Framework）、变革理论（Theory of Change）或项目矩阵（Program Matrix）。逻辑模型描述项目工作设计背后的逻辑方法，显示了各个部分内容之间相互作用的过程、所提供的产品或服务，以及怎样产生最终结果。换句话说，就是要展示模型的内在逻辑，项目工作正是按照这种逻辑运行并带来最终的产出。[①]逻辑的含义包括项目运行的假设、理论和运行机制。逻辑模型由西奥多·H.波伊斯特（Theodore H.Poister）、卡罗尔·韦斯（Carol Weiss）、约瑟夫·侯丽（Joseph Wholey）等人率先使用，现在已经成为分析评估对象运转机制、开发绩效指标的常用思维框架。[②]

在逻辑模型中，项目绩效一般包括投入、过程（活动）、产出、结果和影响五个有机衔接的环节。如图1–2所示。

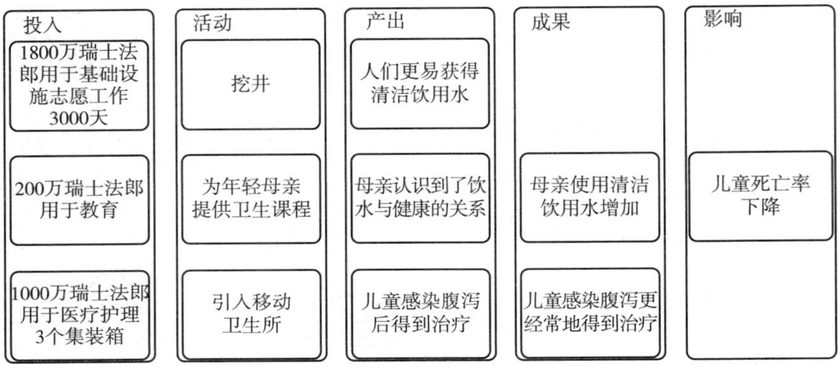

图1–2　逻辑模型与绩效的核心要素

资料来源：Zewo Foundation. *Outcome and Impact Assessment in International Development*，Zewo guidelines for projectr and programmes，Zurich 2011.

上述环节构成绩效的核心构成要素：

一是投入，包括人、财、物、时间、信息等方面的投入。

二是活动，将投入转换为产出的行为过程，主要包括管理、制度、技术、人的努力等方面。

三是产出（Output），产出是因投入和活动而形成的产品和服务。

四是成果（Outcome），是利益相关者使用产品和服务后获得的短期和中期利益（Benefits）。

五是影响（Impact）指的是排除掉其他投入和过程因素，由干预（比如项目）本身贡献的净效果（Net Effects）。

① [美] 波伊斯特：《公共与非营利组织绩效考评——方法与运用》，萧鸣政，译，中国人民大学出版社2005年，第36页。

② 曹堂哲、罗海元、孙静：《政府绩效测量与评估方法：系统、过程与工具》，经济科学出版社2017年，第89页。

（三）绩效测量与绩效指标

绩效测量（Performance Measurement）是对绩效进行量化和表征的过程。比如尼利（Neely）就将绩效测量定义为量化效率（Efficiency）和效益（Effectiveness）行动的过程。[①]早在1907年纽约就成立市政研究院，其职责之一就是收集和上报市政服务的成本、输出和结果（例如婴儿死亡率）数据。[②]

绩效测量需要开发绩效指标，在开发绩效指标的时候，人们也常常从绩效生成的各个环节以及这些环节之间的关系入手，形成投入指标、过程指标、产出指标、结果和影响指标等。如表1-1所示。[③]

表1-1　　　　绩效指标示例

	投入品	产出	结果	过程
管理	管理人员数量	政策文件数量	更好的决策	辩论公开
教育	学生/教师比例	在校率	提高识字率	鼓励学生表达
司法系统	预算	听证案例数量	低的上诉率	为贫困被告提供援助
警务	警车数量	逮捕人数	犯罪率下降	尊重权利
感化	囚犯人均成本	囚犯人数	再次犯罪比例	防止滥用职权
健康	人均护士人数	接种疫苗数量	患病率降低	“入睡方式”
社会福利	社会工作者	援助人数	退出社会福利体系	顾及当事人颜面的处理方法

注：达到良好表现要求的CREAM（明确、相关、经济、充分、监督五个词的首字母缩写）标准。

（四）绩效标准

绩效标准包括两方面的含义，一是应然层面，判断绩效好坏的价值准则和尺度。二是实然层面，是确定绩效指标名称和预期绩效值的参考依据，又称为绩效标杆。前者可以从资源、投入、产出、效果等环节之间的关系中确定绩效标准，如图1-3所示。[④]

---

① A.D. Neely. *Performance Measurement System Design–third Phase*，Performance Measurement System Design Workbook，April.1994.

②［加］詹姆斯.C.麦克戴维、劳拉·R.L.霍索恩：《项目评价与绩效测量：实践入门》，李凌艳，等，译，教育科学出版社2011年，第240页。

③ 亚洲开发银行萨尔瓦·托雷、斯基亚沃–坎波、丹尼尔·托马西：《公共支出管理》，张通，译，中国财政经济出版社2001年，第310页。

④［加］詹姆斯.C.麦克戴维、劳拉·R.L.霍索恩：《项目评价与绩效测量：实践入门》，李凌艳，等，译，教育科学出版社2011年。

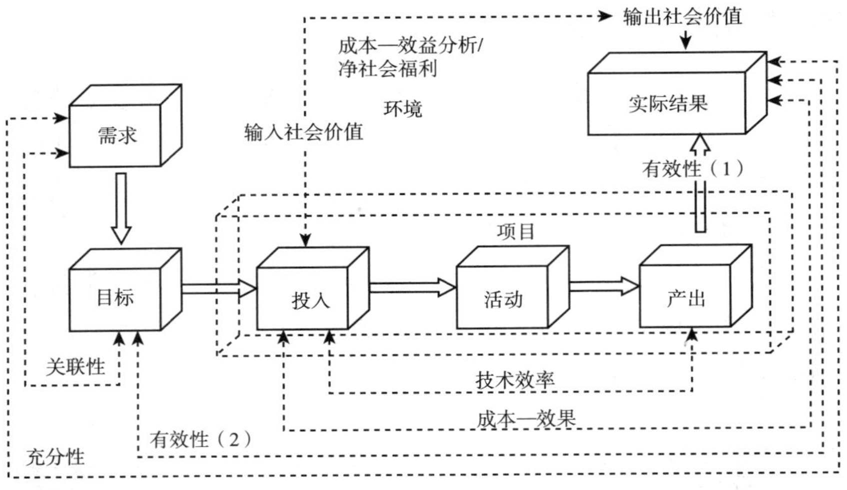

图1–3　项目及项目评价关键点的开放系统模型

资料来源：Nagarjan.N. & Vanheukelen，M. *Evaluating EU expenditure programmes*：*A guide*，1997，p. 25.

一是关联性（Relevance），将需求（或者更高层级的总目标）与项目目标联系起来：项目目标是否旨在解决最先出现的问题？比如与国家发展政策的相关性、与行业或部门发展政策的相关性、与地方发展需求的相关性等。

二是经济性（Economy），涉及资源与投入之间的关系，是公共资源和投入之间的转换率。经济性表现为获得既定投入时资金成本最低，或者说充分使用已有资金获得最大量和最佳比例的投入。在有些文献中，经济性还具有节约资金，需求和投入匹配等含义。比如：行政开支与业务开支比，人均行政费用支出等就属于经济性指标。

三是效率性（Efficiency），涉及投入与产出之间的关系，用投入与产出比来衡量。高效率意味着既定投入下产出较大，或者既定产出下投入较小。效率取决于技术、制度、管理和人的努力，在一些文献中，将效率进一步区分为技术效率、配置效率和运行效率等。

四是效益性（Effectiveness），有些文献中将效益翻译为效果性或者效能，涉及产出与效果之间的关系，指产出是否或者在多大程度上达到所期望的结果，主要包括客观效果和公民满意度两个维度。在有些文献中效益被分解为以下几层含义：一是充分性（Adequacy），将实际产出与需求联系起来：项目结果是否充分，能否满足需求。二是比照问题，与实际结果相联系：观察结果是否与预期目标相符合。三是归因问题：项目是否引发了或产生了该观察的结果。[①]

五是公平性（Equity），指的是提供公共产品和服务是否做到了公正、公平，

① ［加］詹姆斯.C.麦克戴维、劳拉·R.L.霍索恩：《项目评价与绩效测量：实践入门》，李凌艳，等，译，教育科学出版社2011年，第17页。

是否保障弱势群体享受公共服务的权利等。

六是可持续性（Sustainability），指的计划或项目完成后，其独立运行的能力和产生效益的可持续性，包括政策、组织管理保障、产出和效果、技术和财务可持续性等方面。

（五）绩效评价与绩效管理

评价对应的英文单词有Assessment、Evaluation、Appraisal等，指的是评价主体依据一定的价值标准和事实标准对评估对象的事实、行为、态度、价值等方面进行的分析、研判、评价和判定。在我国的政策话语体系中，一般将事前的评价活动称为事前评估（Appraisal），事后的评价活动称为绩效评价（Evaluation）。[①]从共性上讲，评估和评价至少包括三个要素，即标准（Criteria）、证据（Evidence）和判断（Judgment）。标准是评估主体用以判断社会干预的事实尺度和价值尺度，这些尺度用于度量或比较诸如大小、多少、远近、满意、好坏等事实或价值。证据是用来衡量事实和价值的数据、资料和信息。判断则是对绩效信息进行分析、解释、说明，并将证据信息与标准进行比较，给出确定的事实和价值评判。

绩效评估和评价就是利用相关性、3E、公平性、可持续性和成本效益[②]等标准对绩效的事实判断和价值评判，绩效评价形成好的绩效和差的绩效的认识。

绩效管理是为达成好的绩效目标和标准，而对绩效进行的计划、实施、控制和反馈调整活动。绩效管理是一个完整的循环系统，一般由事前绩效评估、绩效目标管理、事中绩效监控、事后绩效评价、评价结果运用等环节构成。绩效评估和评价是绩效管理的关键环节。

三、部门预算绩效管理

（一）概念界定

预算绩效就是预算全过程活动的行为和结果，包括预算投入、过程、产出和效

① 根据HM Treasary. *The Green Book: Central government guidance on appraisal and evaluation*. 2018. Appraisa是事前决策的范畴，指评判备选方案的成本、收益和风险（The Green Book，2.2）。Evaluation是事后评判的范畴，指对干预设计、执行和成果的系统评价（The Green Book，2.21）。Monitoring是事中监控的范畴，指执行中和执行后的数据收集（The Green Book，2.20）。

② 事实上经济评估（Economic Evaluation）指对投入与效应（成果）进行比较，包括成本效益分析（Cost–Effectiveness Analysis，CEA）、成本效用分析（Cost–Utility Analysis）、成本收益分析（Cost–Benefit Analysis）、成本最小化分析（Cost Minimization Analysis）等形式。参见［美］亨利.M.莱文、帕特里克.J.麦克尤恩：《成本决定效益：成本—效益分析方法和应用》（第2版），金志农、孙长青、史昱，译，中国林业出版社2006年，第20页。

果等环节。这一定义与实践是吻合的，比如：我们在填报绩效目标申报表的时候，需要填报产出和效果目标和指标，在绩效监控的时候要采集预算执行和绩效目标实现程度指标数据，在绩效评价的时候要对预算支出的决策（投入）、过程、产出和效果进行评价。部门预算绩效是部门预算在保障支撑部门战略实施和部门履职过程中行为和结果的总和，包括部门收入预算绩效和部门支出预算绩效。“行为”反映部门预算的决策（投入）和管理过程，“结果”则反映预算收支达成的产出和效果。

预算绩效管理是以“预算”为对象开展的绩效管理，也就是将绩效管理的理念和绩效管理的方法贯穿于预算编制、执行、监督的全过程，并实现与预算管理有机融合的预算管理模式。[①]预算绩效管理是政府绩效管理的重要组成部分，是一种以支出结果为导向的预算管理模式。它强化政府预算为民服务的理念，强调预算支出的责任和效率，要求在预算编制、执行、监督的全过程中更加关注预算资金的产出和结果，要求政府部门不断改进服务水平和质量，花尽量少的资金、办尽量多的实事，向社会公众提供更多、更好的公共产品和公共服务，使政府行为更加务实、高效。[②]

部门预算绩效管理是预算绩效管理的重要组成部分，指预算部门、单位的各层级预算支出责任人及相关主体，在一定的绩效观念的指引下，以各类形式的预算资金为对象，为实现一定的绩效标准（如经济、效率、效益、公平、可持续等）和绩效目标，统筹考虑资产和业务活动，推动提高部门整体绩效水平而开展的系列管理活动，包括绩效计划、绩效审查、绩效运行监控、绩效自评与评价、绩效反馈和监督等环节。

部门预算绩效管理的本质是一种以部门预算反映部门政策和部门履职，以部门预算管理规范部门管理，以部门预算绩效作为部门绩效的核心指标，反映部门工作绩效，通过预算与绩效管理一体化，在业务、财务、人力资源、内部流程、外部关系等方面“讲求绩效”的预算管理模式和政府治理模式。

（二）体系构成

部门预算绩效管理是一个全方位、全过程和全覆盖的体系。

全方位意味着部门本级、部门所属预算单位、各政策和项目支出负责人都是部门预算绩效管理的主体，形成全员预算和全员绩效的格局。与此相应，部门预算绩效管理包括部门预算整体绩效管理、部门本级预算绩效管理、各单位预算绩效管理、部门政策和项目预算绩效管理等形式。

全过程意味着部门预算绩效管理与部门预算管理的每一个环节完全融合，在预

① 财政部预算司：《全过程预算绩效管理基本知识问答》，经济科学出版社2013年，第1页。

②《关于推进预算绩效管理的指导意见》（财预〔2011〕416号）。

算编制阶段开展绩效计划和绩效审查；在预算执行环节开展绩效运行监控；在决算环节全面开展绩效自评和重点评价；在预算反馈和监督环节开展绩效反馈、公开、监督和问责。

全覆盖意味着要覆盖所有部门预算资金和部门分配、管理、使用的各类资金，覆盖到资金使用的末梢，涉及四本预算。

部门预算绩效管理的体系如图1–4所示。

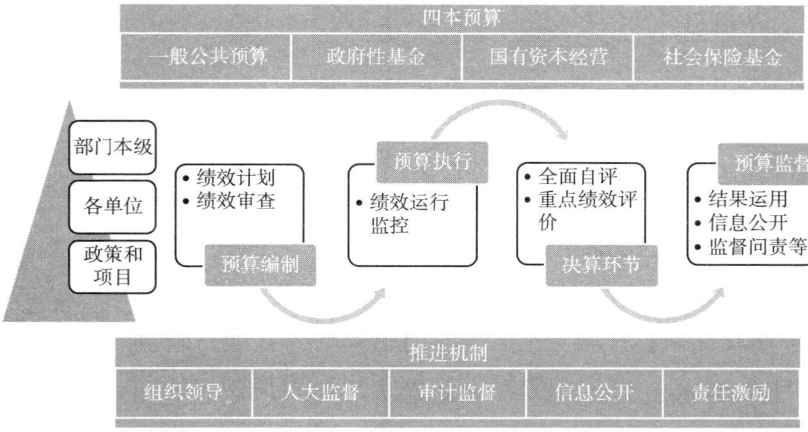

图1–4 部门预算绩效管理框架

本书随后各章将对部门预算绩效管理的理论与方法、系统集成模型、各环节的主要任务等方面进行详细论述。

（三）相关概念辨析

英国人力研究所（Institute of Manpower Studies，IMS）对 1000 多家私人企业和公共部门的调查后发现，“即使是在那些宣称已经采用绩效管理的组织中，对绩效管理也不存在一致的定义。”①按照部门绩效管理对象的差异，可以分为部门人力资源绩效管理、部门业务绩效管理和部门预算绩效管理。

1.部门人力资源绩效管理。部门人力资源绩效管理，主要运用于部门组织和人事管理中，一般从组织目标与团队和个人目标保持一致的角度加以界定。比如：赫尔曼·阿吉斯（Herman Aguinis）认为：“绩效管理是识别、衡量以及开发个人和团队的绩效，并且使这些绩效与组织战略目标保持一致的一个持续过程。绩效管理是持续的。它包括从设定目标和任务，观察绩效，再到提供、接受指导和反馈这样一个永不停止的过程。”②付亚和、许玉林将绩效管理界定为：“一种提高组织员工的

① ［英］理查德·威廉姆斯：《组织绩效管理》，蓝天星翻译公司，译，清华大学出版社2002 年，第 37 页。

② ［美］阿吉斯著：《绩效管理（第3版）》（人力资源管理译丛），刘昕，等，译，中国人民大学出版社2013年，第4页。

绩效和开发团队、个体潜能，使组织不断获得成功的管理思想和具有战略意义的、整合的管理方法。”[①]方振邦等将绩效管理界定为：“组织及其管理者在组织使命、核心价值观的指引下，为达成愿景和战略目标而进行的绩效计划、绩效监控、绩效评价以及绩效反馈的循环过程，其目的是确保组织成员的工作行为和工作结果与组织期望的目标保持一致，通过持续提升个人、部门以及组织的绩效水平，最终实现组织的战略目标。”[②]“绩效管理是组织中各级管理者用来确保下属员工的工作行为和工作产出与组织的目标保持一致，通过不断改善工作绩效，最终实现组织战略的手段及过程。”[③]

2.部门业务绩效管理。部门业务绩效管理，主要运用于部门的各项履职业务管理中，一般将绩效管理定义为提升公共组织的生产力、质量、时效、公正等价值的综合系统。如侯利（Joseph S. Wholey）等人认为，绩效管理是改进公共组织和公共项目的生产力（Productivity）、质量（Quality）、时效性（Timeliness）、回应性（Responsiveness）以及有效性（Effectiveness）的综合系统。[④]克内（Kearney）和伯曼（Berman）等人将绩效管理定义为“面向结果的公共项目管理”（Managing Public Programs for Outcomes）。他们认为绩效类似于生产力概念，但前者比后者的含义更加广泛。生产力概念一般仅仅指效率、效益等，而公共部门的目标远远比私人部门的目标更加复杂，因而公共绩效是“多元的”，在效率、效益、公正等方面同等重要。[⑤]美国国家绩效评估中的绩效衡量小组（Performance Measurement Study Team）认为绩效管理，是“利用绩效信息协助设定同意的绩效目标，进行资源配置与优先顺序的安排，以告知管理者维持或改变既定目标计划，并且报告成功符合目标的管理过程”。[⑥]中国行政管理学会联合课题组将政府绩效管理定义为：“运用科学的方法、标准和程序，对政府机关的业绩、成就和实际工作作出尽可能准确的评价，在此基础上对政府绩效进行改善和提高。”[⑦]

3.政府绩效考核。政府绩效考核是一级党委政府为了提高政府执行力和公信力，增强部门的责任意识，对政府部门各方面工作绩效开展的综合性考核评价。政府绩效考核常见的内容包括履职效能、管理效率、社会效应和创新创优等方面，涉及部门的核心业务、依法行政、政务公开等。目前我国的一些地区已将部门预算绩

① 付亚和、许玉林：《绩效管理》（第三版），复旦大学出版社2014年，第18页。

② 方振邦、冉景亮：《绩效管理》（第二版），科学出版社2016年，第4—5页。

③ 方振邦、罗海元：《战略性绩效管理》（第三版），中国人民大学出版社2010年，第8页。

④ Joseph S.Wholey, E. Newcomer Kathryn. *Improving Government Performance: Evaluation Strategies for Strengthening Public Agencies and Programs*. SanFrancisco: Jossey – Bass Publishers, 1989, p.1.

⑤ Richard C.Kearney, Evan M. Berman. *Public Sector Performance: Management, Motivation, and Measurement*. Oxford: Westview Press, 1999, pp.1–2.

⑥ 张成福、党秀云：《公共管理学》，中国人民大学出版社2001 年，第 271 页。

⑦ 中国行政管理学会联合课题组：《关于政府机关工作效率标准的研究报告》，《中国行政管理》2003 年第 3 期。

效管理工作情况和结果作为政府绩效考核的重要内容。

4.联系与区别。“财政是国家治理的基础和重要支柱”，预算活动作为经法定程序审核批准的国家年度集中性财政收支计划，本质上反映国家规划和政策，反映各级政府职能和工作方向。预算绩效是衡量政府绩效的主要指标之一，本质上反映的是各级政府、各部门的工作绩效。部门预算绩效管理是以预算为对象开展的绩效管理，是部门绩效管理的组成部分，是部门业务绩效和人事绩效的集中反映。部门预算绩效管理与部门其他对象的绩效管理、政府绩效考核区别联系如表1–2所示。

表1–2　　部门预算绩效管理与相似概念区分

	部门预算绩效管理	部门业务绩效管理	部门人力资源绩效管理	政府绩效考核
主体	部门预算委员会	部门各业务部门	人事部门	党委政府
对象	预算	业务活动	领导班子、团队和个体	部门各项工作
内容	预算投入、过程、产出和效果	业务工作的组织、管理和产出、效果	德、能、勤、绩、廉等	履职效能、管理效率、社会效应、创新创优等
联系	预算绩效反映工作绩效		预算绩效纳入人事绩效	预算绩效纳入政府绩效考核

第二节 部门预算绩效管理的定位

一、部门预算绩效管理的目的

部门预算绩效管理作为部门预算管理的新模式，将绩效管理的理念、过程和方法嵌入到部门预算管理全过程中，以预算资金为主线，反映部门履职效能、管理效率和社会效应，有效地支撑预算收支管理的各项目标达成和功能实现。部门收入预算的绩效管理，服务于预算收入决策，有助于提升预算收入的合法性、合理性、可持续性。部门预算支出绩效管理，服务于公共支出管理的三大核心目标："财经纪律（支出控制），根据政策重心配置资源（'战略性'资源配置）和良好的运作管理。"①"实现良好的运作管理所要求的节俭（又称经济性，实现高效投入，将成本降至最低），效率（将每单位产出的成本降至最低）和有效性（实现产出预期的成果）三大要素。"②

预算绩效管理的目的与功能与公共支出管理是一致的，如表1-3所示。③

①② 亚洲开发银行：《公共支出管理》，中国财政经济出版社2001年，第3页。

③ 亚洲开发银行：《公共支出管理》，中国财政经济出版社2001年，第6—8页。

表1–3 公共支出管理和部门预算绩效管理的功能

目标类别		基本内容	实现目标采用的技术	评述	预算绩效管理
经济与财政目标	宏观经济稳定	决定总支出水平，财政赤字或盈余的规模，以及融资及资金利用的方式。	具体制定总体的宏观经济政策及财政政策；宏观经济财政规划的应用；中期规划技术也被广泛使用。	这一目标提供了年度政策框架并与货币政策相联系，决定总支出水平可以采用双重方式：一种为权责发生制（用于项目拨款），另一种现金收付制。	通过绩效计划和支出审查确保资源配置与政策和规划相符合。
	有效的预算	根据资源水平确定支出；在各职能类别间，各职能类别内以及各项目与活动间进行资源配置。	滚动的支出规划；确定优先项目；计划—规划—预算；基本支出审议；零基预算编制法；目标预算编制法；具体项目审议；发展规划；产出预算编制系统；权责发生制预算编制系统。	左栏内罗列的一系列技术一般都是单独使用的，而这些技术在某些特征上是完全相同的。某一年度内具体采用哪种技术取决于该年度的经济环境与财政政策目标。在大部分的发展中国家，一般采用具体项目审议和发展规划相结合，必要时采取预算削减措施。	将事前事中和事后绩效信息作为预算编制的重要参考。
管理方面的目标	财经纪律	预算执行结果与最初的估计相一致。	分时间段下放预算权力的系统；现金管理技术；年度内的报告与监控；开发实时监控系统，对每日的发展动态进行跟踪；提供一定的年终灵活度。	此处具体涉及的管理方面的目标均在上文提及的总体政策框架之内。	通过绩效目标管理确保预算与绩效管理一体化。
	提高效率	在支出过程中实现经济性与效率。	具体规定成本标准；绩效预算系统；以各项活动为基础的成本会计系统；与竞争性的招标采购体系。	其目的在于高效地实施各项目及工程，高效地提供公共服务。	在绩效管理中确定3E标准，确保管理效率。

续表

目标类别		基本内容	实现目标采用的技术	评述	预算绩效管理
管理方面的目标	项目与工程管理	管理者拥有一定的运营灵活性，在具体的预算资源范围内实现预期目标。	绩效预算编制法；管理合同；成立以完成分派任务为目标的代理机构；采用新型的管理理念；资金效益审计；评估。	左栏中列举的这些技术可以有多种多样的应用方式。	通过绩效目标—手段链分解关系确保管理灵活性。
	财务披露	就政府财政状况向决策者、管理者以及公众提供准确的信息。	权责发生制会计；与决策相关的信息；明确规定会计标准。	政府有责任定期提供公正的信息。	财务披露为绩效评价和分析提供了基础。
公共利益方面的需要	透明度	明确的决策程序。	经过改进的预算文件，显示项目及工程的目标与特征；起草各机构年度报告；播发关键的财政信息；完善年度账目。	一般情况下，透明度通常是受立法机构要求限制的；然而面对公众它有更广泛的要求。强调透明度与责任制有助于在执行机构内部形成一种防御机制。通过严格执行透明度与责任制的有关标准，这一目标从长远来看是可以实现的。	公开绩效实现透明度。
	责任制	在具体规定的质量、成本以及时间安排范围内提供公共物品和服务。	绩效预算编制系统；以责任制与绩效为目标的服务合同；年度审议或评估；资金效益审计。	责任制不仅仅是为了资金的利用，而是为了实现更好的结果；责任制所要强调的不仅仅是对现有制度体系和程序提出批评，而在于推动产生更好的公共物品与服务的供应系统。	将绩效结果与预算安排、政策调整挂钩。
	重视顾客	政府的行政系统与程序在设计时应致力于满足各顾客集团的需求。	内部评估：对顾客的观点与意见进行群体调查。	公众才有权对政府提供服务的质量与数量作出最终评判（间接或直接）。各政府机构在设计运作程序时应努力促进该机构与公众的沟通与交流。	绩效管理将利益相关者和满意度等引入。

续表

目标类别		基本内容	实现目标采用的技术	评述	预算绩效管理
政治方面的目标	政治上的接受度	上述各方面的内容是否能获得社会的认同是政策能否执行的关键。	立法机关的审批；市场的检验；援助方的同意（当外援在预算中占重要地位时）；政府各级的广泛支持。	政府的财政管理会对社会产生重大的影响。它有多种多样的形式，而不仅限于立法机关审批这一种。	绩效是制定政策和安排预算的重要依据。
	民众的参与	向社会民众提供机会，参与特定领域的经济管理。	成立招标或承包委员会；形成评估机制；形成咨询机制，听取专家和相关政策顾问的意见。	这一领域在很多方面看都尚待发展完善。使广大民众对那些超出财政范围的事宜以及街道级别行政系统的相关事宜有所关注并进行审视，将非常有效地推动社会对公共财政的控制，为实现公共财政社会控制铺平道路。	绩效管理过程全程融入社会参与。

二、部门预算绩效管理的功能

部门预算绩效管理作用的发挥体现在预算管理的每一个环节中。以预算编制为例，部门预算绩效管理在部门预算编制的“二上二下”的每个环节都发挥了至关重要的作用。

我国部门预算编制的“二上二下”流程如图1–5所示。

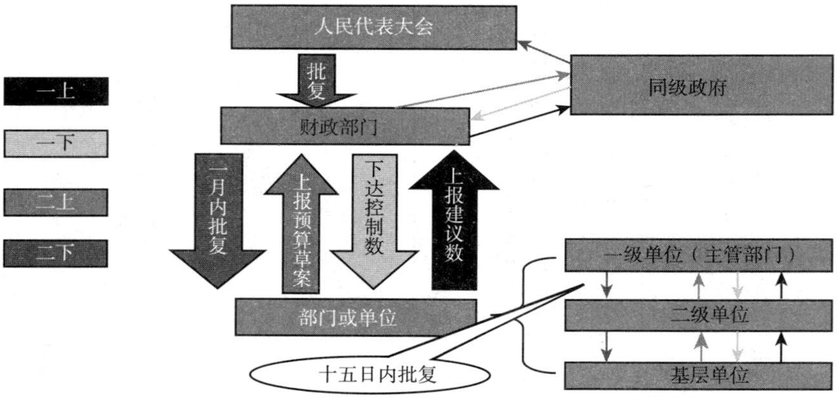

图1–5　部门预算编制的“二上二下”流程

1.“一上”阶段。“一上”阶段主要目的是由部门提出下一年度预算建议数。即从基层预算单位编起，由基层预算单位按照预算编制通知的精神和要求，在项目清理基础上编制项目预算建议数，并按照单位编制人数和实有人数以及上年基本支出定额标准编制基本支出预算，形成本单位年度部门预算；然后层层审核汇总，由一级预算单位审核汇编成部门预算建议数，报送财政部门。

部门预算建议数包括基本支出和项目支出。应该报哪些项目？项目的额度是多少？是这一阶段的重要决策，通过往年项目的绩效评价、新增项目的绩效评估、绩效目标申报与审核、成本效益分析等绩效管理手段可以为上报建议数决策的做出提供依据。

2.“一下”阶段。“一下”阶段主要任务是落实财政部门下达的各部门预算指标控制数。即财政部门对各部门单位上报的预算建议数进行审核、平衡，汇总形成本级预算初步方案报本级政府，经批准后向各部门单位下达预算控制限额。各部门要及时将“一下”指标控制数下达到所属预算单位，并做好对所属预算单位的政策解释工作，督促其按时上报预算。

财政部门应该批复什么项目？批复多少？是这一阶段的主要决策。财政部门通过预算评审、事前绩效评估、绩效目标审核等绩效管理手段为下达控制数提供决策依据。

3.“二上”阶段。“二上”阶段主要目的是形成下一年度的各部门预算草案。即部门根据“一下”阶段财政部门下达的预算控制限额，按照确保重点、兼顾一般的原则编制部门预算草案上报财政部门。该过程也是从部门所属基层预算单位编起，由基层预算单位编制本单位“二上”预算逐级上报，最后汇总形成“二上”部门预算草案。财政部门在对各部门上报的预算草案审核后，汇总成本级财政预算草案和部门预算，报本级政府审批后，再报人民代表大会预算工委和财经委审核，最后提交人代会审议。

这一阶段部门重新审定项目绩效目标和预算金额，财政汇总四本预算的绩效目标和金额，并将重点政策和项目报给人大，供人大开展绩效审查和监督。

4.“二下”阶段。“二下”阶段主要工作是以法律文件的形式逐级批复下达下一年度预算通知。包括财政部门根据人民代表大会批准的预算草案批复部门预算，在财政部门批复各部门预算后，各部门开展对下属单位的预算批复工作。即在人代会批准预算草案后一个月内，财政部门统一向各部门批复预算，各部门应在财政部批复本部门预算之日起15日内，批复所属各单位的预算，并负责做好预算公开工作。①

这一阶段绩效目标等信息随同部门预算公开，并将绩效目标随同预算批复和下达。

总之，部门预算绩效管理在预算编制各环节都发挥了重要的作用，其作用机制是通过事前绩效评估、支出审查、项目库管理、绩效目标管理等活动将绩效理念嵌入预算编制流程，如表1-4所示。

表1-4　　预算绩效管理嵌入部门预算编制各环节的具体机制

流程	预算部门	财政部门	预算绩效管理活动
项目设立	二级项目设定、一级项目提议	一级项目（通用项目、专用项目）审核下发	根据战略规划和绩效计划，一级项目在年度预算编制的前期准备阶段设置或调整
审核及其申报	部门审核与评审（事前绩效评估、绩效目标管理）、项目支出预算项目库申报	控制数	开展事前绩效评估、绩效目标管理等活动
预算评审	部门评审	事前绩效评估、财政评审（10%的容忍度）	对完整性、必要性、可行性、合理性开展事前评估和预算评审等绩效审查活动
调整和控制	在一级项目控制数内调整	审核评审的处理和调整，“一下”反馈给部门项目库	完善项目库建设
批复和调整	调增：增减替换；调剂：通过项目库完成	人大批准后，“一级项目+二级项目”批复预算，批复绩效目标	批复绩效目标

① 参考了财政部预算司：《中央部门预算编制指南（2020年）》，中国财政经济出版社2019年等著作。

事实上，部门预算绩效管理还贯穿在部门预算管理执行、决算、监督等各环节、各领域、各方面，可将其功能概括如下：

（一）支撑部门总额控制

部门总额控制涉及“自上而下”和“自下而上”两种方法。①传统预算是“自下而上”的方法，政策制定者一般先等待各个支出部门提交预算申请，然后由财政部门对各部门的申请进行审查，比较其相对价值并否决某些申请，最后再形成政府总预算。新绩效预算则采用“自上而下”的方法，政策制定者事前确定了支出重点以及支出的总额限制。绝大多数OECD国家都会通过政府范围的绩效计划或者部门及机构的战略计划，向议会和公众提交政策重点、支出重点和明确的绩效目标等信息。例如，澳大利亚、加拿大、英国和美国，所有部委都要制定包括中期绩效目标在内的战略计划。②部门预算绩效管理支撑总额控制的基本机制如下：

一是绩效目标的纽带机制。部门根据中长期战略确定部门战略目标，按照部门战略目标，确定部门的优先绩效目标（比如美国的两年期部门优先绩效目标）和部门的年度绩效目标，根据项目要达到的目标水平和项目实施方案确定预算。这种机制以绩效目标为纽带，将部门战略、政策（业务）和预算紧密衔接起来，为部门的目标和总额控制提供了依据。

二是事前绩效评估和绩效目标审核机制。事前绩效评估在项目立项之前对项目的预期绩效进行评估论证，不符合立项必要性、绩效目标合理性、投入经济性、实施方案可行性、筹资合规性等标准的项目不能纳入项目库，不能纳入预算编报程序。绩效目标审核为“差”的项目也不能纳入预算编制程序。这种机制有助于部门总额控制的实现。

三是支出审查机制。支出审查作为预算部门和财政部门对预算支出总额、方向、财政结余和绩效等方面进行的综合性评价和评审，确定部门的支出上限和关键绩效目标，有助于部门的目标和总额控制。

（二）提高部门配置效率

部门资源配置效率的核心是回答凯伊（V.O. Key）问题：基于何种理由，政府会将X元用于A计划而非B计划？③配置效率反映的是在资源总量和技术既定的前

---

① Dan A. Cothran. Entrepreneurial Budgeting: An Emerging Reform? *Public Administration Review*, 1993, 53（5）: 445—454. 马骏、赵早早著：《公共预算：比较研究》，中央编译出版社2011年，第369页。

② OECD. *Performance Budgeting in OECD Countries*, 2007. 马骏、赵早早著：《公共预算：比较研究》，中央编译出版社2011年，第369页。

③ KEY, V.O., Jr.The Lack of A Budgetary Theory. *American Political Science Review*, 1940, 34, pp. 1137—1339.

提下，资源是否按照战略目标和政策的优先顺序进行配置，关注的是各项投入是否达到最佳组合或最佳比例。①

绩效管理提高部门配置效率的主要途径有两种。

一是通过绩效计划、审查与预算建立事前联系。通过事前评估、绩效计划、成本效益分析和支出审查，将预算拨款配置到绩效好的项目上去。比如英国的支出审查和公共服务协议（PSA）、美国的部门优先目标、加拿大的政策和支出管理体系（Policy and Expenditure Management System），他们可以确保部门资源优先配置到重点事项上。再如：新西兰在20世纪90年代实施的产出购买预算（Output-purchase Budgeting），政府根据详细的单位成本计算购买特定的产出。

二是通过绩效评价与预算建立事后联系。将事后绩效评价的结果与资源分配挂钩，比如：美国布什总统2002年引入了项目评级工具（Program Assessment Rating Tool，PART），由管理和预算办公室（OMB）运用项目评级工具对项目进行评价定级，结果分为三种情况，绿色表示继续进行，黄色表示警告，红色表示停止。加拿大从20世纪80年代开始绩效评价，并在1994年之后加强了总审计长办公室（Comptroller General's Office）绩效评价的能力，并将项目评价与其他打破资源分配固化，改善管理的举措相结合。澳大利亚政府在1987—1997年也开展了大规模的绩效评价工作。②

诸多研究都表明，绩效与预算之间并没有形成机械的对应挂钩关系，但是将绩效信息用于改善预算决策和项目管理，是一个普遍趋势。

（三）改善部门运作效率

在部门资源配置格局确定的前提下，运作效率反映项目实施中的投入产出和成本效益情况，技术、制度、管理和人员努力对运作效率具有显著的影响。

在项目储备阶段，通过项目的可行性研究、绩效目标的填报等工作，可以提高项目技术路线的合理性和预算编制的科学性。事前绩效评估通过对项目立项必要性、投入经济性、绩效目标合理性、实施方案可行性和筹资合规性等方面的评估论证，提高了项目成熟度和预期绩效的可实现性。事中监控及时发现预算执行和绩效目标的偏离情况，及时采取有效纠偏措施，规范管理，提高项目实施效率。事后评价包括对项目投入决策、管理过程和产出效果的综合评价，以标准为准绳、证据为

---

① M. Barrow. Measuring the Performance of Local Education Authorities: A Frontier Approach. *Economics of Education Review*, 1991, 10（1）, pp. 19—27.

② Turkewitz, Joel, Heesuk Yun, Park, Soomin.Reforming the Public ExpenditureManagement System: Medium-Term Expenditure Framework, Performance Management, and Fiscal Transparency, *The World Bank and Korea Development Institute Conference Proceeding* 2004, pp. 113—114.

依据，通过评价确立良好项目的标准，并在标准比对中对项目实施过程和实施结果进行诊断，提出改进对策。上述预算绩效管理活动通过不断改善项目的决策过程、管理流程、业务流程和质量标准，有助于项目运作效率的提升。

（四）推动治理方式变革

毛泽东同志指出："国家的预算是一个重大的问题，里面反映着整个国家的政策，因为它规定政府活动的范围和方向。"邓小平同志指出："财政工作一定要有财有政，切不可有财无政。要懂得数字中有政策，决定数字就是决定政策。数目字内包括轻重缓急，哪个项目该办，哪个项目不该办，这是一个政治性的问题。"李岚清曾指出"部门预算不是财务司长的预算，而是部长的预算，是党组的预算。"[①]预算本质上反映宏观政策、政府职能和政府活动范围，预算管理规范政府管理，预算绩效是政府绩效的核心指标之一，本质上反映各级政府各部门各单位的工作绩效。预算绩效管理不仅仅是预算管理方式的深刻变革，也是政府治理方式的深刻变革，意味着政府治理从事后补救到事前控制；从办事花钱分离到一体化；从执行力到成本效益；从不公开绩效到公开等方面。

预算绩效管理通过预算与绩效管理的一体化，在预算全过程中融入绩效的理念和方法，促进了预算的透明度和可问责性，提高了政府的执行力和公信力，有助于推进国家治理体系和能力现代化。一是透明度。通过开展绩效目标管理，建立绩效目标随预算公开和绩效报告随决算公开的机制，使得政府的活动变为可计量、可观察、可比较，提高了政府的透明度和可问责性。二是契约关系。预算部门在申请资金的同时设定绩效目标，既是管理的要求，也反映了预算部门向人民的责任、承诺和契约，不仅有助于预算管理部门加强管理，也为党委政府、人大、审计、社会公众开展监督和问责提供了客观依据。三是公众参与。在全过程预算绩效管理中引入第三方机构、专家和社会参与，在事前绩效评估中邀请人大代表、政协委员参加，在绩效目标和指标体系中设立满意度指标等举措，都有效地扩大了公众参与，强化了民主监督。四是责任制度。预算绩效管理通过建立绩效责任制度，将"花钱必问效"纳入各级干部的政绩考核体系，促进了花钱、办事、用人的有机统一。

三、部门预算绩效管理的必要性

部门预算绩效管理是《中华人民共和国预算法》（以下简称《预算法》）的法定要求，是深化财税体制改革的必然要求，是国家治理体系和能力现代化的必然要

① 刘有宝：《政府部门预算管理》，中国财政经济出版社2006年，第44页。

求，是经济高质量发展的必然要求。

（一）新《预算法》法定要求

1995版《预算法》中通篇未提及“绩效”，而2015年1月1日起正式施行的新《预算法》中“绩效”一词前后出现六次，首次以法律形式明确了我国财政预算收支中绩效管理的要求。

一是讲求绩效是预算的原则。《预算法》（2018修正），第十二条规定：“各级预算应当遵循统筹兼顾、勤俭节约、量力而行、讲求绩效和收支平衡的原则。”

二是绩效评价结果是预算编制的依据之一。《预算法》（2018修正），第三十二条规定：“各级预算应当根据年度经济社会发展目标、国家宏观调控总体要求和跨年度预算平衡的需要，参考上一年预算执行情况、有关支出绩效评价结果和本年度收支预测，按照规定程序征求各方面意见后，进行编制。”

三是绩效目标管理是预算编制的基本规定。《预算法》（2018修正），第三十二条规定：“各部门、各单位应当按照国务院财政部门制定的政府收支分类科目、预算支出标准和要求，以及绩效目标管理等预算编制规定，根据其依法履行职能和事业发展的需要以及存量资产情况，编制本部门、本单位预算草案。”

四是预算绩效是预算审查结果报告的必备内容。《预算法》（2018修正），第四十九条规定：“全国人民代表大会财政经济委员会向全国人民代表大会主席团提出关于中央和地方预算草案及中央和地方预算执行情况的审查结果报告。省、自治区、直辖市、设区的市、自治州人民代表大会有关专门委员会，县、自治县、不设区的市、市辖区人民代表大会常务委员会，向本级人民代表大会主席团提出关于总预算草案及上一年总预算执行情况的审查结果报告。审查结果报告应当包括下列内容：（一）对上一年预算执行和落实本级人民代表大会预算决议的情况作出评价；（二）对本年度预算草案是否符合本法的规定，是否可行作出评价；（三）对本级人民代表大会批准预算草案和预算报告提出建议；（四）对执行年度预算、改进预算管理、提高预算绩效、加强预算监督等提出意见和建议。”

五是开展预算支出绩效评价是各支出主体的职责。《预算法》（2018修正），第五十七条规定：“各级政府、各部门、各单位应当对预算支出情况开展绩效评价。”

六是支出绩效是决算草案审查的重点内容。《预算法》（2018修正），第七十九条规定：“县级以上各级人民代表大会常务委员会和乡、民族乡、镇人民代表大会对本级决算草案，重点审查下列内容：（一）预算收入情况；（二）支出政策实施情况和重点支出、重大投资项目资金的使用及绩效情况；（三）结转资金的使用情况；（四）资金结余情况；（五）本级预算调整及执行情况；（六）财政转移支付安排执行情况；（七）经批准举借债务的规模、结构、使用、偿还等情况；（八）本级预算周转金规模和使用情况；（九）本级预备费使用情况；（十）超收收入安排情况，预算稳定调节基金的规模和使用情况；（十一）本级人民代表大会批准的预算决议落实情况；（十二）其他与决算有关的重要情况。”

总之，预算部门作为预算编制和执行的主体，应按照《预算法》的要求开展部门预算绩效管理。

（二）深化财税体制改革的内在要求

党的十八届三中全会提出：“科学的财税体制是优化资源配置、维护市场统一、促进社会公平、实现国家长治久安的制度保障。必须完善立法、明确事权、改革税制、稳定税负、透明预算、提高效率，建立现代财政制度，发挥中央和地方两个积极性。”中共中央政治局2014年6月30日召开会议，审议通过了《深化财税体制改革总体方案》，随后国务院印发了《国务院关于深化预算管理制度改革的决定》（国发〔2014〕45号），新一轮财税体制改革的目标是2016年基本完成重点工作和任务，2020年基本建立现代财政制度。改革的任务是改进预算管理制度、完善税收制度、建立事权和支出责任相适应的制度。

开展部门预算绩效管理是改进预算管理制度的重要内容。部门预算绩效管理与建立统一完整、法治规范、公开透明、运行高效的现代财政制度的目标是一致的。比如通过开展部门事前绩效评估，先论证拟出台的政策、项目和投资该不该立，对于通过了事前绩效评估的才能进入预算编制程序，这为提高财政资金的配置效率把好了第一道关口。通过实施绩效评价结果与部门预算分配挂钩，与转移支付资金分配挂钩，提高了财政资金的配置效率。通过实施绩效信息随同预决算公开，提高了财政的公开透明度。通过绩效目标管理、绩效运行监控、绩效评价全流程绩效管理的实施，有助于资金的使用高效。

（三）高质量发展的基本要求

党的十九大提出中国经济由高速增长阶段转向高质量发展阶段。2017年12月召开的中央经济工作会议指出，推动高质量发展是当前和今后一个时期确定发展思路、制定经济政策、实施宏观调控的根本要求。推动高质量发展要加快形成推动高质量发展的“指标体系、政策体系、标准体系、统计体系、绩效评价和政绩考核。”

预算绩效管理与高质量发展六大体系完全契合。一是通过绩效目标管理，“全面设置部门和单位整体绩效目标、政策及项目绩效目标”[①]构成高质量发展指标体

①《中共中央 国务院关于全面实施预算绩效管理的意见》。

系的组成部分。二是部门全过程政策和项目预算绩效管理是全面实施预算绩效管理的有机组成部分，为高质量发展政策体系的建立提供了有力支撑。三是完善预算绩效管理的绩效标准体系、数据统计分析体系和绩效评价体系，并将绩效结果纳入政府绩效考核和干部政绩考核，建立绩效责任制，为高质量发展标准体系、统计体系、绩效评价和政绩考核提供有力支撑。

（四）国家治理体系和能力现代化的必然要求

党的十八届三中全会《决定》指出，全面深化改革的总目标是“完善和发展中国特色社会主义制度，推进国家治理体系和治理能力现代化”。并提出“财政是国家治理的基础和重要支柱”的论断。部门预算绩效管理不仅仅是一个部门的业务工作，而且与国家治理体系和能力现代化紧密相关。

一是现代国家治理的基本价值与部门预算绩效管理契合。《中共中央 国务院关于全面实施预算绩效管理意见》指出，全面实施预算绩效管理要“更加注重结果导向、强调成本效益、硬化责任约束”，这与以人民为中心，建立人民满意的服务型政府的现代政府治理目标是一致的，也体现了现代政府治理理性化、民主化、透明化、法治化、可问责的基本要求。

二是现代国家治理的基本形态与部门预算绩效管理一致。一些学者认为：在西方现代国家建设的历史上，发生了从“领地国家”向“税收国家”再向“预算国家”的两次转型。在很大程度上可以说，如果没有这两次财政制度转型，现代国家建设是不可能成功的。[①]只有拥有现代预算制度的国家，才能称为“预算国家”。“毫不夸张地说，一个国家的治理能力在很大程度上取决于它的预算能力。”[②]绩效管理能力是预算能力的重要衡量标准。《中共中央 国务院关于全面实施预算绩效管理意见》指出“力争用3—5年时间基本建成全方位、全过程、全覆盖的预算绩效管理体系，实现预算和绩效管理一体化，着力提高财政资源配置效率和使用效益，改变预算资金分配的固化格局，提高预算管理水平和政策实施效果，为经济社会发展提供有力保障。”实现预算和绩效管理一体化意味着预算管理和绩效管理的主体、对象、过程、权责和信息系统融为一体，是现代国家治理的共同特征，是我国国家治理体系和能力现代化的内在要求。[③]

三是多个国家治理行动者都关注部门预算绩效管理。党委政府、人大、审计、社会公众等国家治理的行动者都在各自职责范围内推动预算绩效管理。比如2018

① 王绍光、马骏：《走向“预算国家”：财政转型与国家建设》，《公共行政评论》2008年第1期，第3—38页。

② A.Schick. *Capacity to Budget*. Washington：The Urban Institute Press. 1990, p.1

③ 曹堂哲：《全面实施预算绩效管理将有新突破》，《中国财经报》2018年10月23日。

年3月中共中央办公厅印发了《关于人大预算审查监督重点向支出预算和政策拓展的指导意见》，强调人大在开展预算审查监督的时候，对重大项目和重大投资的绩效情况开展审查和监督。

总之，部门预算绩效管理实质上已经超出公共支出管理本身，成为转变政府职能、提高政府管理水平，提升现代国家预算能力和治理能力的关键，预算绩效管理是国家治理体系和能力现代化的必然要求。

第三节 部门预算绩效管理的范式演变

部门预算绩效管理的范式是部门预算管理全过程中融入绩效的取向、功能、方式、关注焦点、存在形态、绩效信息、问责与透明、关键配套制度等方面的总称。

著名公共预算专家艾伦·希克（Allen Schick）指出，公共预算有三种主要功能，进而有三种预算取向：控制取向、管理取向和计划取向。[①]传统的分项排列预算是控制取向预算制度的典型形式，并未将绩效信息融入预算全过程。20世纪30年代以来，随着政府职能范围的扩大，现代政府的预算活动越来越强调"计划取向"和"管理取向"。在"罗斯福新政"时期，政府预算开始转变为"管理取向"。20世纪60年代以来，随着计划项目预算制（Planning Programming Budgeting System，PPBS）的引入，政府预算开始强调计划性。管理取向和计划取向的预算制度要求将绩效信息融入预算全过程。根据绩效信息融入的深度和侧重点，可将部门预算绩效管理划分为萌芽阶段、绩效预算阶段和新绩效预算阶段。

绩效预算（Performance Budgeting）旨在增强决策者对"要求的资源与预期绩效结果之间关联"的理解，[②]狭义的绩效预算仅仅是预算编制环节引入绩效理念，"将投入与成效相联系的预算编制系统"。[③]广义的绩效预算则涉及绩效与预算各个环节的关联，"绩效预算贯穿于预算编制、预算执行、监测和报告等核心预算流程"。[④]"绩效预算通常是更广泛地系列改革的一部分，这一系列改革旨在改变政府的文化，使其

① Schick, A. The Road to PPB: the Stages of Budget Reform. *Public Administration Review*, 1966, 26 (4): pp. 243—258.

② Jonathan D. Breul, Carl Moravitz. *Integrating Performance and Budgets*: *The Budget Office of Tomorrow*. Rowman & Littlefield Publishers. 2007, p.4.

③ Anwar Shanand Chunli Shen, *A Primer on Performance Budgeting*, Washington D.C: World Bank, 2007.

④ 第38届OECD预算高官会：《OECD国家绩效预算改革最佳实践》，里斯本，2017年6月。

更加注重绩效。”[①]广义绩效预算的概念表达了现代政府管理中以预算体系为纽带的政策管理、组织管理、预算管理、绩效管理“一体多面”特征。我国所推行的“预算绩效管理”就是广义的绩效预算。

（一）萌芽阶段

人类从19世纪进入预算时代以来，[②]寻求合理的预算模式的步伐一直没有停止过。当时国家治理中需要解决的迫切问题是议会对行政权的控制，分项排列预算（Line-item Budget）作为国会控制政府开支的重要制度安排，在英国得到广泛的应用。美国自1789年联邦政府组建到1921年《预算与会计法案》（*The Budget and Accounting Act of 1921*）出台之前，国家治理的权力中心在国会，这一阶段国会在联邦预算体系中居于主导地位。1921年的《预算与会计法案》用法律的形式确立了分项排列预算的基本框架，同时赋予总统向议会提交全面预算计划的权力。

分项排列预算将每一部门的每一项目的具体支出及资金来源列出，形成标准化的预算科目，对政府支出行为进行严格控制，监督支出机构的支出行为。分项排列预算是一种控制导向的预算模式，关注的焦点是预算支出的条目，一般不允许将某一预算科目的资金转移到另一个预算科目中使用。分项排列预算强调“买酱油的钱不能打醋”，而不是资金的产出和效率。

一直到20世纪50年代之前，分项排列预算都是主导的预算模式。这一时期在预算中讲求绩效的思想已经萌芽。早在1907年，纽约城市研究所就提出要在预算改革中“有效率地运用资源”。1913年塔夫脱总统的经济与效率委员会（President Taft’s Economic and Efficiency Committee）的报告《国家财政预算之必要性》（*The Need for a National Budget*）就提出了绩效预算的思想：“针对开支授权与福利的关系，预算应提供一个要进行的事务的明确声明，即一个工作计划。”[③]20世纪30年代田纳西山谷管理署和美国农业部采纳绩效预算，并成为改善政府管理的最早努力之一。1934年，美国农业部开始按照项目编制预算，内务部也发展出以活动为基础的预算模式。

（二）绩效预算阶段

20世纪以来，随着政府职能的空前拓展，公共开支是否符合国家干预的政策

① 第38届OECD预算高官会：《OECD国家绩效预算改革最佳实践》，里斯本，2017年6月。

② 凯顿曾经使用收入汲取（Revenue Mobilization）、责任性（Accountability）和行政控制（Administrative Control）三个维度将人类预算模式划分为19世纪之前前预算时代、19世纪到20世纪70年代的预算时代和20世纪70年代之后的超预算时代。Naomi Caiden. Patterns of Budgeting. *Public Administration Review*，1978，pp. 539—543.

③ United States President’s Commission on. *The Need for a National Budget*：*Message from the President of the United States*，Nabu Press，2010，p.12.

要求，干预活动是否有效率，成本是否合适等问题日益成为人们关注的焦点。绩效预算（Performance Budgeting）的理念应运而生。

1.旧绩效预算。1949年总统的第一届胡佛委员会（The first Hoover Commission，1947—1949）对在联邦政府范围内实施绩效预算的前景进行了评价，提出了绩效预算，主张“联邦预算应该基于功能、活动和项目，只有这样才会被认为是一个绩效预算”。预算应该关注于“完成任务或服务”。[①]1950年美国通过了《预算和会计程序法案》(*Budget and Accounting Procedures Act of* 1950)，要求在整个联邦政府及各地方政府实施绩效预算的编制方法。当年，杜鲁门总统向国会提交了以绩效为基础的预算案。随后美国的州和地方也开始实施绩效预算。[②]

美国总统预算局认为：“绩效预算是这样一种预算，它提交所需资金的使用目的和目标，提议用来实现这些目标的项目成本、测量每个项目成绩和完成工作情况的定量数据。”[③]绩效预算将政府职能、活动、成本和产出联系起来，其关注的重点从政府的投入转向政府的产出以及成本，产出和成本的测量成为绩效预算建立的关键。

绩效预算和传统预算的区别如表1–5所示。

表1–5　　绩效预算和传统预算的区别

传统预算	绩效预算
投入是其关注的终点	关注投入和产出的关系
投入的边际改变	针对整个项目投入和产出的改变（例如，增加多少钱可以获得更多的结果）
部门中计划和管理是分离的	将预算整合进计划和管理
预算的资源	成本

资料来源：Joyce，Philip. *Linking Performance and Budgeting*：*Opportunities in the Federal Budget Process*，Managing for Performance and Results Series， IBM Center for the Business of Government，2003，p.15.

绩效预算增加了公务员的公文作业（Paper Work）量，加之很多行政部门的绩效难以客观衡量，绩效信息收集难度较高等因素，从20世纪60年代中期开始，绩效预算走向了计划项目预算制（PPBS)、零基预算（ZBB）等。[④]1962 年，绩效预

① Commission on Organization of the Executive Budget. *Budgeting and Accounting*. Washington，DC：U. S. Government Printing Office，1949，p.8.转引自：［美］李、［美］约翰逊、［美］乔伊斯著：《公共预算体系》(第8版)，苟燕楠，译，中国财政经济出版社2011年，第99页。J. Burkhead. *Government Budgeting*. NewYork：Wiley Mathews. 1956.

② 为了区别20世纪90年代的绩效预算，一般将20世纪50—60年代的绩效预算称为旧绩效预算，20世纪90年代之后的称为新绩效预算。

③ D. Axelrod. *Budgeting for Modern Government*. New York：ST. Martin’s press，Inc. 1988，p.266。转引自马骏、赵早早：《公共预算：比较研究》，中央编译出版社2011年，第310页。

④ 李允杰：《政策评估与新绩效预算：二十一世纪的新趋势》，财金（研）096–009号，2007年6月4日。

算被纳入了计划项目预算制（PPBS），由于绩效度量成为PPBS的重要组成部分，绩效预算作为项目预算的从属而“部分地”幸存下来。尼克松政府在1969年放弃PPBS系统，转而实施目标管理，绩效预算处于被忽视的地位。20世纪80年代绩效预算也只是为零基预算（Zero-Based Budgeting）提供绩效信息而发挥局部作用。①

2.计划项目预算制（PPBS）。1960年，美国经济学家道·希奇和麦基因所著的《核时代的国防经济学》（*The Economics of Defense in Nuclear Age*）一书探讨了国防经济的效率问题，并建议在军事设计上应将各种可行方案的成本与效益做出比较。②1961年美国国防部长麦克纳马纳（Robert Strange McNamara）采纳了他们的意见，并建议在国防部试行计划项目预算制度。据分析，美国采取这种根据经费（投入）与效果（产出）的分析来编制国防预算，一年可节省几十亿美元。因此约翰逊政府于1965年决定在政府其他部门也推行这种预算制度。计划项目预算制度（PPBS）是建立在系统理论和系统分析技术之上，将计划、管理、预算、项目和绩效结合起来的尝试。1970年预算局被授予更多管理责任，并更名为“管理与预算”。这种预算方法和相应的系统有助于帮助人们在不同的预算分配方案之中进行选择。该预算模式在20世纪60年代被OECD成员国广泛采用。③

PPBS由三个阶段组成，在计划阶段，用系统分析来确立目标和相关方案。在项目阶段，成本效益和成本效率分析评估比较各种项目，并要说明实施计划的下一年和中长期的各年的成本。最后，预算阶段把项目转换成年度预算。PPBS实施6年后，由于过于理想化、目标结构和管理结构的脱节、夸大经济分析、官员同时负责常规年度预算和项目预算导致工作量的增加、要求高度培训有素的管理人员进行分析和研究、忽略政治过程等原因而被终止，④但其积累起来的绩效测量与评估的相关数据和方法为政府管理的改进发挥着至关重要的作用。

3.目标管理。1954年，德鲁克在《管理实践》（*The Practice of Management*）一书中提出了目标管理（Management By Objectives，MBO）的概念，与传统管理方式相比，目标管理强调权力责任明确基础上的“自主管理”，注重结果导向，又称作“成果管理”。1971年尼克松总统宣布正式停用PPBS，推行“目标管理”。1973年3月18日尼克松发布了一个行政条例，要求联邦政府的21个部门都提供一个表格，列上10—15个他们各自认为最重要的目标。美国政府实行目标管理是与预算管理紧密结合的，主要处理政府机构的绩效和政府项目的效率。⑤

---

① Anwar Shan and Chunli Shen. *A Primer on Performance Budgeting*，Washington D. C：World Bank，2007. 沈春丽：《绩效预算》，http：//www.crifs.org.cn/crifs/html/default/yusuanzhidu/_history/1009.html.

②［美］希奇、［美］麦基因：《核时代的国际经济学》，闵振范，译，北京理工大学出版社2007年。

③ Robert W.Smith、万莹：《美国预算和财政管理改革的演进及对中国的启示》，《当代财经》2011年第9期。

④ Richard Allen and Daniel Tommasi，*Managing Public Expenditure*：*A Reference Book for Transition*，OECD，2001，p. 133

⑤ 李睿祎：《浅议德鲁克目标管理思想及其应用》，《财经界》（学术版）2010年第10期。

4.零基预算。零基预算（Zero-Base Budgeting，ZBB）模式最初由美国德克萨斯州仪器公司于1969年创立，1973年由时任州长的卡特在佐治亚州推行并取得一定成效，随着卡特当选美国总统而在全国得到推广。零基预算不考虑基期的费用开支水平，全部从零开始考虑各费用项目的必要性，确定预算收支，编制预算。零基预算的决策过程包括为各部门制定目标；确定实现目标的替代方法；确定可选择的资金水平，包括通常低于现在的最低水平；准备包括预算和绩效信息的"决策包"；将各决策排列。零基预算发展出来的测量与评估技术，大大丰富了绩效管理的知识、工具和方法。

（三）新绩效预算阶段

20世纪80年代以后英国、新西兰、澳大利亚、美国等OECD成员国启动了新绩效预算（New Performance Budgeting，NPB）改革，不同国家和组织对新绩效预算有不同的称谓，美国联邦政府和地方政府将其称之为"基于绩效的预算"（Performance-Based Budgeting，PBB）。而世界银行、联合国以及国际货币基金组织则称作"基于结果的预算"（Result-Based Budgeting ，RBB）。有学者也称其为"企业化预算"（Entrepreneurial Budgeting）、结果导向预算（Budgeting for Results）、目标导向预算（Budgeting for Objectives）等。[①]

1.新绩效预算的定义。美国全国绩效评审委员会（National Performance Review，NPR）定义新绩效预算为"使命驱动、结果定位的预算"。新绩效预算在结果导向的基础上，建立了包括中期预算框架、总额控制、支出审查、设定绩效目标与指标、签订绩效合同、赋予机构灵活性、绩效监测与评估、绩效报告、绩效审计和绩效信息公开等环节的完整系统，该系统将政府战略过程、政策过程、绩效管理过程、资源资产资金配置与使用过程融为一体，成为现代政府治理的基础与核心，推动了政府治理的系统性变革。

2.新绩效预算的特征。新绩效预算继承了20世纪50年代绩效预算的基本精神，将效率、成本、作业的测量作为预算和管理的基础。同时新绩效预算尝试吸收绩效预算之后的各种预算的优点，它"包含了早期绩效预算的绩效测量，计划—项目—预算的功能分类以及战略性地确定支出重点（Ependiture Pioritization）、目标管理的目标协商、零基预算的目标排序"。[②]新的绩效预算与既往努力的不同之处主要表现在以下几个方面。

一是强调政治性。早前的改革忽视了立法机关的参与，而新的绩效预算改革则

① 马骏、赵早早：《公共预算：比较研究》，中央编译出版社2011年，第353页。

② D.Cothran. Entrepreneurial Budgeting：An Emerging Reform? *Public Administration Review*，Vol.53，No.5，1993，pp. 445—454. 马骏：《中国公共预算改革：理性化与民主化》，中央编译出版社2005年，第128页。

纳入了政府各个方面的人员，就组织目标、使命和绩效度量等问题进行持续沟通。比如美国国会1993年通过的《政府绩效与结果法案》(*Government Performance Results Act of 1993*）就要求部门在制定战略规划和绩效目标的时候要与国会协商，听取国会的建议。

二是成果导向。旧绩效预算强调“投入和产出”，关注的焦点是“效率”，具有强烈的控制导向。新绩效预算强调成果导向，对政府工作的成果（Otcome）而不是工作产出（Outputs）进行度量。[①]新绩效预算强调“结果”，背后的管理逻辑是“在结果可测量和管理者对结果负责的基础上放松产出控制并且增加灵活性以改善管理绩效”。[②]这一点与旧绩效预算强调产出和控制存在管理风格上的差异。新西兰是产出预算（Outputs Budgeting）的代表，澳大利亚则是成果预算（Outcome Budgeting）的代表。

三是强调灵活性。新绩效预算授予支出机构在预算、采购和人事管理等方面更多的灵活性，同时支出机构必须对服务成果而不仅仅是管理过程和产出负责。新绩效预算的“新颖”之处还在于它是实现新公共管理“结果导向”“分权化”“企业化”的有力工具。20世纪80年代，发轫于“撒切尔革命”的新公共管理取代了传统行政模式，成为公共管理实践和理论的主流。新公共管理“强调在公共部门引入企业导向的管理方法及市场导向的激励机制；对公共部门树立明确的绩效标准和评估标准，并根据绩效结果进行管理；加强公共部门之间的竞争；对公共部门资源使用的效率提出了更多的要求，强调对部门产出进行控制而非过程；进一步强化了公共部门的受托责任。[③]首先，新绩效预算不仅注重产出（Output），而且更加注重结果（Outcome），这一点与新公共管理顾客导向和结果导向的管理理论是一致的。其次，新绩效预算更加重视政治企业家的作用，“政治家在确定财政收支总额、战略目标以及支出重点方面发挥主导作用”。[④]这一点与重塑政府运动倡导的企业家精神不谋而合。最后，新绩效预算与系统化的公共管理改革紧密结合，与中期预算、公共服务协议、执行局改革、分权与责任下放等改革措施配套，成为政府重塑的有机组成部分。

传统预算、绩效预算和新绩效预算的区别是多个维度的，包括主导时间、预算功能、关注焦点、绩效信息、预算编制、预算执行、预算评价、透明问责、配套制度等各个方面。如下所述：

（1）主导时间。19世纪至20世纪50年代之前，是传统预算（分项排列预算）

---

① Donald F. Kettl. *Reinventing Government? Appraising the National Performance Review*. Baltimoreand London：The Brookings Institution，1994. No. 5.

② OECD，*Modernising Government*：*The Way Forward*，Paris：OECD Publishing，Vol. 26，2005.

③ C.Hood，A Public Management for All Seasons? *Public Administration*，Vol. 69，Spring，1991，pp.3—19.

④ D.Cothran，Entrepreneurial Budgeting：An emerging reform? *Public Administration Review*，Vol.53，No.5，1993，pp. 445—454.马骏：《中国公共预算改革：理性化与民主化》，中央编译出版社2005年，第128页。

占主导地位的时代，分项排列预算满足了立法权对行政权控制的需求。绩效预算在20世纪初期萌芽，在20世纪50年代以后占据预算的主导地位，按照绩效关注点的差异，又分为旧绩效预算和新绩效预算，新绩效预算在20世纪90年代占据了主导地位，是当前OECD等国家的主导预算模式。

（2）预算功能。预算功能是预算模式的基本价值倾向和作用定位。传统预算的基本功能是控制，为支出科目设定刚性的约束。旧绩效预算的功能是控制、计划和管理，在强调产出的同时，在预算中融入了目标管理的思想，将政府的计划与预算紧密结合起来，赋予了预算计划和管理的功能。新绩效预算在赋予支出机构更大灵活性的同时强化了成果导向，强调依据成果的实现情况进行问责，新绩效预算同时强调政治回应性、主张政策与预算的一致性，还具有计划和管理的功能。

（3）关注焦点。传统分项排列预算关注的焦点是投入（Input），制定了标准化的刚性投入分类系统，按照支出分类严控资金使用。旧绩效预算关注的焦点是产出（Output）和实现产出的过程，注重成本的节约和效率的提升，而产出是否与政策目标相吻合，是否符合公众的需求，并不是旧绩效预算关注的焦点。新绩效预算关注的焦点是成果（Outcome），强调政策目标的实现程度和满足利益相关者需求的程度，因此更加强调对政治的回应性，强调政治家和各种利益团体在确定支出目标和财政总额时发挥的主导作用。达到相同成果的产出往往存在多种选择的手段，新绩效预算在限定部门预算支出目标和总额的基础上，把选择不同产出方案的自主权留给了支出机构，管理者在获得灵活性的同时，必须对预算最终结果的数量和质量负责，各部门需要制定绩效计划并与财政部门签订绩效合同，列出该部门的目标，并将目标按重要性排列，然后明确这些目标的测量指标，尽可能地将这些指标量化。

（4）存在形态。传统分项排列预算的存在形态是一份严格按照功能和经济分类明细列支的预算表格。旧绩效预算则在预算表中设定产出目标和指标，并对产出成本进行明示。产出和成本信息也融合进了PPBS系统、目标管理和零基预算中。

2007年OECD发布了OECD国家绩效预算的报告，该报告根据信息利用的程度将新绩效预算分为三种类型，分别是展示型绩效预算（Presentation Performance Budgeting）、知晓型绩效预算（Performance Informed Budgeting）和直接型（公式型）绩效预算（Direct/Formula Performance Budgeting）。展示型绩效预算中政府并没有建立一个正式机制来系统地整合和使用绩效信息。知晓型绩效预算中资源至多以一种间接的方式与预期的绩效或者绩效结果（Results）相联系。直接型（公式型）绩效预算将资源配置直接和明确地与绩效单位（通常是产出）联系起来。安瓦尔·山（Anwar Shan）、沈春丽按照绩效信息和预算结合的程度将新绩效预算划分为四种类型：①报告型绩效预算（Performance Reported Budgeting，PRB）。绩效信息包含在预算文件中，但并不作为分配预算资源的考虑因素。②知晓型绩效预算（Performance Informed Budgeting，PIB）。它是指在确定预算的过程中考虑到项目的绩效信息，但实际决策中这些信息仅作为次要考虑因素（例如俄勒冈州政府）。③以绩效为基础的预算（Performance Based Budgeting，PBB）。它的意思是在资源分配中，绩效信息与其他因素一并发挥着重要作用。④绩效决定型预算（Performance Determined Budgeting，PDB）。它意味着资源分配直接而明确地与绩效相联系。[①]上述四类形态中，绩效在预算中的运用深度逐渐深化，绩效对预算安排的影响也逐渐深入，与此相应要求的预算能力和绩效管理能力越高。2019年OECD发布的《OECD国家预算和公共支出》报告中将绩效预算分为四类：展示型绩效预算（Presentation Performance Budgeting）、知晓型绩效预算（Performance Informed Budgeting）、管理型绩效预算（Managerial Performance Budgeting）、直接型绩效预算（Direct Performance Budgeting）。展示型绩效预算与主预算文件分开呈现产出、成果和绩效指标。知晓型绩效预算将绩效衡量指标（Metrics）纳入预算文件并且使其成为基于项目的预算文件调整的组成部分。管理型绩效预算是知晓型绩效预算的变体，它更强调通过联合使用预算与相关绩效信息促使组织的管理改变。直接型绩效预算建立了结果与预算资源的直接联系，通常意味着直接将预算拨款与实现成果联系起来的合同机制，意味着超额或低于实现绩效的预算响应。[②]

（5）绩效信息。传统分项排列预算并不关注绩效信息。旧绩效预算通过设定产出和成本方面的绩效目标，将绩效信息融入预算过程中。新绩效预算树立了成果导向的绩效观念，通过对成果的测量，设定成果方面的目标和指标，用成果指标引导产出、质量、时效和成本指标的设定。实践中，有的绩效预算申报书同时设定成果、产出、质量、成本、满意度等指标，有的申报书只设置成果指标。成果导向并不等于唯成果论，而是一种用成果的实现来引导产出、重塑流程、规范管理的预算模式和公共管理模式。

（6）预算编制[③]。传统预算仅仅按照支出分类科目编制预算，从中很难挖掘政策及其实施方案与预算科目之间的关系。旧绩效预算根据机构的功能确定机构的活动，以活动为核心，以效率为目标，考虑活动的产出和成本。新绩效预算则强调自上而下的总额控制，在总额控制的基础上，确定重点战略方向和支出方向，编制绩效计划和绩效目标，重点关注成果的衡量及其实现程度。[④]对支出总额的限制必须

---

① Shan，Anwar，Shen Chunli. *A Primer on Performance Budgeting. Budgeting and Budgetary Institutions*，edited by Anwar Shan，Washington：World Bank，2007. p. 153.

② OECD. *Budgeting and Public Expenditures in OECD Countries 2019*. OECD Publishing，Paris 2019，pp. 117—188.

③ 此段参考了谭立满：新绩效预算的美国经验及其对我国的启示，武汉大学硕士学位论文2005年。

④ Cothran，D. *Entrepreneurial budgeting*：*An Ermerging Reform*？ Public Administration Review Vol.53，No.5：445—454. 1993.

在各项支出预算确定之前就建立起来，而且汇总后的支出总额一定要与这些限制保持一致。一般来说，实现这种限制主要有以下几种方法：一是设定支出总额的绝对限额；二是按比例将支出总额限定为国内生产总值的一部分；三是详细说明支出与上年支出额度或基准水平相比被允许增加的最大限额①。为了实现目标和总额上的集中控制，许多国家，尤其是那些从宏观预算层面开始进行预算改革的国家（例如澳大利亚），都致力于将预算过程和政策过程整合起来，并制定和实施一种滚动的多年期支出框架②。

（7）预算执行。传统的分项排列预算强调刚性的支出控制，支出科目之间不得调整，“买酱油的钱不能打醋”是传统预算的形象表述。旧绩效预算执行中强化了对支出成本和产出信息的收集和分析。新绩效预算的执行体现了契约精神、灵活性和责任性。核心预算机构与支出机构签订绩效合同；授予支出机构的灵活性；支出机构对结果负责构成一个整体。新绩效预算对灵活性的强调与传统预算形成了鲜明的对比，“预算部门的管理者可以像商业部门的经理那样灵活地、创造性地根据环境的变化使用资金。他们可以将某一支出项目的资金移到其他支出项目，例如从薪水移到设备购买”。③他们可以将预算节余全部或者部分地转到下一年度去使用，甚至可以将预算节余的一定比例用于奖励组织成员。④

（8）预算评价。传统预算侧重合规性审查，合规性审计、财务监督检查是常用的预算评价和监督手段。旧绩效预算重点评价产出目标的达成度和产出成本，开展投入产出的比率分析。新绩效预算尝试通过成果目标和指标的设定，将政策、履职、项目、预算统合在同一个过程中，绩效评价涵盖了政策、履职、管理、成果、产出、活动和投入等方面的内容。

（9）问责与透明。传统预算对合规性进行问责，并不关注产出和成果。旧绩效预算对产出、成本与效率负责，并不关注产出与政策目标的契合度、产出满足利益相关者诉求程度等内容。新绩效预算对实现政策目标和公民满意负责，以结果为导向驱动管理创新。

（10）关键配套制度 。传统预算编制的关键配套制度包括科学的收支分类制度和严格的财务审计制度等。旧绩效预算则要求建立支出定额体系、产出测量体系、投入产出分析体系。新绩效预算与成果挂钩，成果陈述往往是中长期的政策目标，

---

①［美］艾伦·希克：《当代公共支出管理办法》，经济管理出版社2000年，第13页。

② Keating, M. &M.Holme S.1990.Australia's Budgetary and Finacial Management Reforms. *Gouernance: An International Journal of Policy and Administration.* Vol.3, No.2: 168—185.

③ A. Schick. *A Contemporary Approach to Public Expenditure Management.* World Bank Institute, 1998（100）.

④ C.Bellone. Public Entrepreneurship: New Role Expectations For Local Government. *Urban Analysis.* 1988（9）1: 3—28.Dan A.Cothran.Entrepreneurial Budgeting: An Emerging Reform. *Public Administration Review.* 53（September/October, 1993）: 445—454. 马骏：《新绩效预算》，《中央财经大学学报》2004年第8期。

故新绩效预算需要与中期财政规划挂钩。绩效是对活动的衡量，故需要权责发生制会计制度（以交易和事项是否实际发生为确认基础）为绩效衡量奠定基础。新绩效预算强调成果导向和分权，需要政府治理层面的变革，比如建立新公共管理模式为新绩效预算的实施提供基本框架。

上述十项区别如表1-6所示。

表1-6　　传统预算、旧绩效预算、新绩效预算的区别

区别	传统预算（分项排列预算）	绩效预算	
		旧绩效预算	新绩效预算
主导时间	19世纪—20世纪50年代之前	20世纪50—90年代	20世纪90年代以后
预算功能	控制	控制、计划和管理	计划、管理和问责
关注焦点	投入	产出和过程	成果
存在形态	按照标准化支出分类分项列支预算科目	将绩效信息与PPBS系统、目标管理、零基预算结合	展示型绩效预算、知晓型绩效预算、管理型绩效预算、直接型绩效预算
绩效信息	不关注	设定将产出和成本信息	以成果为导向，设定绩效目标
预算编制	按照科目分项列支	根据机构的功能、以活动为核心，以效率为目标，考虑活动的产出和成本	在总额控制的前提下，确定重点战略方向，编制绩效计划和绩效目标，重点关注成果的衡量及其实现
预算执行	严格的控制，科目之间不得调整	需要对部门的成本和产出进行信息收集	核心预算机构与支出机构签订绩效合同；授予支出机构的灵活性；支出机构对结果负责
预算评价	侧重合规性审查	建立以成本和产出为核心的绩效评价体系	对履职、项目等进行绩效评价，涵盖政策与管理等内容
问责与透明	合规性问责	对成本与效率负责	对实现政策目标和公民满意度负责，以结果为导向驱动管理创新
关键配套制度	财务审计制度；收支分类制度等	支出定额体系；产出测量体系；投入产出分析体系等	权责发生制会计制度；中期财政规划；新公共管理等

总之，我国实施的部门预算绩效管理与西方国家所称的绩效预算含义基本一致，更接近于有学者提出的绩效预算管理（Performance Budget Management，PBM）

的概念，“绩效预算管理是指以预算准备、拨款、执行到评估的整个预算周期为平台，来实现各种管理、预算及其政策制定的目的。……绩效预算管理凸显了绩效预算作为一个行政系统工具的特点。……将多年期预算规划、长期财政风险评估、政策计划、利益相关者的参与、常规性支出审查以及绩效审计同部门和项目预算周期整合起来。这样定义的绩效预算管理，有助于帮助中央和地方政府缓解长期面临的财政压力”。①

① Ho，Alfred Tat-Kei.From Performance Budgeting to Performance Budget Management：Theory and Practice.Public *Administration Review* 78（4）. February 2018：748—758.

本章小结

本章首先阐明了绩效、预算绩效、绩效管理、预算绩效管理、部门预算绩效、部门预算绩效管理的概念，然后阐明了部门预算绩效管理的目的、功能、必要性等问题，最后阐述了部门预算绩效管理范式的演变。

课后习题

名词解释

部门预算　绩效管理　部门预算绩效管理　绩效预算

简答题

1. 简要叙述部门预算绩效管理的体系构成。
2. 简要说明部门预算绩效管理的目的。
3. 简要说明部门预算绩效管理的功能。

论述题

1. 说明开展部门预算绩效管理的必然性。
2. 阐述传统预算、绩效预算、新绩效预算的区别。

本章推荐阅读文献

[1]［美］阿吉斯:《绩效管理（第3版）》（人力资源管理译丛），刘昕，等，译，中国人民大学出版社2013年，第67页。

[2]［美］波伊斯特:《公共与非营利组织绩效考评——方法与运用》，萧鸣政，译，中国人民大学出版社2005年。

[3]［美］阿伦·威尔达夫斯基，布莱登·斯瓦德洛:《预算与治理》，苟燕楠，

译，上海财经大学出版社2010年。

[4] 李燕：《政府预算管理（第二版）》，北京大学出版社2016年。

[5] 陈共：《财政学》，中国人民大学出版社2004年。

[6] 曹堂哲、施青军：《基于政府治理范式的政府绩效评估演变分析》，《财政研究》2018年第3期。

[7] Joseph S.Wholey，E. Newcomer Kathryn. *Improving Government Performance*: *Evaluation Strategies for Strengthening Public Agencies and Programs*. San.

[8] A.D. Neely. Performance Measurement System Design-third Phase，Performance Measurement System Design Workbook，April. 1994.

[9] OECD. *Modernising Government*: *The Way Forward*，Paris: OECD Publishing，Vol. 26，2005.

[10] OECD. *Budgeting and Public Expenditure in OECD Counties 2019*，OECD Publishing，Paris. 2019.

第二章
部门预算绩效管理的理论与方法

内容提要

“任何管理都是建立在设想、假设与归纳的基础之上的，也就是说，是以一定的理论为基础的”。[①] 部门预算绩效管理理论是关于部门预算绩效管理假设、本质、特征、形态、发展规律等方面的系统性认知。预算绩效管理既是一种特殊的绩效管理形式，也是预算管理的一种特殊形态，因此部门预算绩效管理的理论基础包括预算理论和绩效管理理论。

① [美] 道格拉斯·麦格雷戈著:《企业的人性面》，韩卉，译，中国人民大学出版社2008年，第7页。

▶ 第一节 预算理论

早在20世纪30年代，沃克（Mabel Walker）出版了《市政支出》（*Municipal Expenditures*）一书，使用了边际效用理论来分析地方政府的支出问题，并提出了“进步预算理论”（Progressive Budget Theory）。[①]1940年美国学者凯伊（V.O. Key）发表了《预算理论的缺乏》一文，提出了著名的凯伊问题：“是基于什么基础来决定将X元的经费分配给A而不是分配给B。”[②]凯伊的论文被广泛地认为是预算理论研究的学术起点。

1997年，纽柏（Neuby）回顾了公共预算领域的理论文献，认为“即便是经过了70年的研究，预算理论还是缺乏的”。[③]纽柏所谓的预算理论的“缺乏”在一定程度上反映了预算理论的多科性和多样性。正如鲁宾（Irene S. Rubin）指出的那样：政府预算研究是一项涵盖经济学、财政学、会计学、管理学、公共政策与政治学的多学科（Multi—Disciplinary）研究，而非只是科际（Inter—Disciplinary）的研究。[④]预算理论的多科性和多样性意味着，预算理论并没有形成一个持续主导的范式，各个预算理论仅仅从不同的侧面对预算进行描述、解释和预测，理论之间的差异往往是关注点的差异。即使同一学科内部，也存在不同的理论视角和理论途径。

1.学科的视角。公共预算是连接政治、经济、社会系统的纽带，经济学、财政学、政治学、管理学、会计学等都从

① Julia Beckett. Early Budget Theory: The Progressive Theory of Public Expenditures in Aman Khan, and W. Bartley Lildreth,（ed.）, *Budget Theory in the Public Sector*. Westport, Connecticut: Quorum Books, 2002, pp. 22—23.

② V. O. Key. The Lack of a Budgetary Theory, *The American Political Science Review*, Vol. 34, No. 6, Dec., 1940, pp. 1137—1144.

③ L .Neuby. On the Lack of a Budget Theory.*Public Administration Quarterly*, Vol. 21, No. 2, 1997 , pp. 131—142.

④ Irene S. Rubin, *New Directions in Budget Theory*. Albany: State University of New York Press, 1988, p.5.

各自学科视角透视公共预算现象。经济学者使用实证的计量方法，将福利经济学用于探讨政府预算，以说明社会福利最大化及效率问题。财政学者致力于探讨如何筹措租税收入以及政府支出形态等问题。管理学者从控制、管理及规划等管理功能出发研究政府预算编制、审议、执行和评估等环节的管理技术。会计学者着重分析政府预算的门类划分，探讨资产、负债的适当表达，以及财务功能是否健全等问题。政治学者研究政府预算过程，分析政府预算与政治制度及政治行为之间的关系。比如：勒普（Lance T. LeLoup）将预算理论划分为三个时期，就是以国会立法权和总统行政权的结构变迁为依据的。在预算理论的每一个时期，政治经济环境不同、政策焦点不同、预算的性质范围、预算过程的特征、关键行动者、预算改革和立法与执行机构的关系等方面存在差异。勒普认为预算理论的第一个时期是从20世纪50—60年代，执行机构和总统的权力主导预算。第二时期是从20世纪70—90年代，以立法机构与行政机构在经济困难时期的冲突为特征。第三个时期是从20世纪90年代开始，这一阶段以财政盈余环境下权力分支拥有同等的制定静态和动态决策的权力为特征。[①]

2.规范与实证的视角。正如鲁宾（Irene S.Rubin）所言：公共预算理论如同公共行政理论一般，分为描述性的（Descriptive）与规范性的（Normative）两类。[②]描述性理论是以公共部门活动的观察或参与为基础，对所关心的事件描述其发展趋势、变化、重要性及其成因。规范性理论则是以较描述性理论更小范围的观察为基础，并提出应然面的价值解决方案。[③]

规范性理论研究如何做好预算决策，以使资源的配置更有效率，它所涉及的是价值的判断而非事实的叙述。凯伊问题被认为是规范性的政府预算理论的发端，该派学者发展出了成本效益分析、系统分析等工具，推动了各项预算制度的改革，如计划项目预算制度（PPBS）、零基预算制度、目标管理等。

3.研究途径的视角。克朗（Dirk-Jan Kraan）在《预算决策：公共选择研究途径》一书中，将美国学界对政府预算的研究总结为四个主要的研究途径，即社会选择理论、政治系统理论、组织过程视角、公共选择理论。[④]

巴特尔（John R. Bartle）在《公共预算理论的发展》一书中，将美国学界研究政府预算的理论，归纳出七个较为流行的理论模型，包括渐进主义、多元理性模

---

① Lance T. LeLoup's. Budget Theory for a New Century, in Aman Khan, and W. Bartley Lildreth, (ed.), *Budget Theory in the Public Sector*. Westport, Connecticut: Quorum Books, 2002.

② Irene.S.Rubin. *The Politics of Public Budgeting*: *Getting and Spending*, *Borrowing and Balance*, Chatham, New Jersey: Chatham House Publishers, Inc. 1990, p.179.

③ Irene S. Rubin. Budget Theory and Budget Practice: How Good the Fit? in Albert C. Hyde, (ed.), *Government Budgeting*: *Theory*, *Process*, *and Politics*. London, U.K.: Thomson Learning, Inc., 2002, p.77.

④ Dirk-Jan Kraan. *Budgetary Decisions*: *A Public Choice Approach*. Cambridge: Cambridge University Press, 1996, pp.1—6.

型、组织过程模型、中间选民模型、公共选择理论、后现代预算理论、交易成本理论等。①

鲁宾认为，政府预算具有政治特征，可以使用以下五种理论途径加以透视：（1）改革主义论：认为政治与预算应该是互不干扰的，预算是一种单纯技术性的问题，应以技术（成本效益分析）与效率为基础，政治的介入使得决策失去效率与理性。（2）渐进主义论：预算决策的过程中，参与者都是同一批人，官僚、预算官员、机关首长、国会议员、利益团体等构成一个多元模式。（3）利益团体决定论：预算过程中利益团体占绝对支配的地位，尤其是有钱有势的利益团体，使得预算决策的结果有人"大赢"有人"大输"，冲突也显得激烈且不够民主，以致预算的政治性更为高涨。（4）过程决定论：预算决策过程本身即是预算政治学的焦点，面对公开的预算决策环境，所有参与者的要求与目标，都在预算过程中试图去改变结果，这些都是政治过程的一部分。（5）政策决定论：预算决策政治性格的重心集中在政策的辩论上，预算反映的是一个现存的经济环境，并使预算分配至需要的角落。②

一、规范主义预算理论

规范主义预算理论是一种基于政策或公共支出的公共预算理论，这一理论主要包括政府职能论，还包括财政联邦主义的探讨。③规范主义的预算理论探讨两个基本问题：第一，预算理想的目标是什么？第二，如何实现理想的目标？对第一个问题的探讨是福利经济学和社会选择等理论的范围。对第二个问题的探讨则主要属于财政学和管理学的范畴。

（一）预算的理想目标是什么？

刘易斯（Verne B. Lewis）拓展了凯伊的研究，尝试使用经济学方法建立规范的预算理论。他提出了预算的经济理论的三项原则：（1）相对价值（Relative Value）：预算是在有限资源下所做的选择，此种选择可以使用相对价值来理性化预算决策。例如，增加100万元经费给国防，还是教育，要视当时何者较有价值。（2）边际分析（Incremental Analysis）：运用经济学"边际效用"的概念来分析某项预算支

① Dirk-Jan Kraan. *Budgetary Decisions：A Public Choice Approach*.Cambridge：Cambridge University Press，1996，pp.1—6.

② Rubin，I. S.. *The Politics of Public Budgeting：Getting and Spending：Borrowing and Balance*，Chatham，New Jersey：Chatham House Publishers，Inc.1990，pp.19—20.

③ W. Bartley Lildreth，（ed.）. *Budget Theory in the Public Sector*. Westport，Connecticut：Quorum Books，2002，p.173.

出的相对价值。基于“边际效用递减”原则，可以判断预算支出项目中何者是有需要的，何者是过多浪费而无效率的。（3）相对效益（Relative Effectiveness）：为了解决凯伊所说的预算理论缺乏价值偏好的公分母（Common Denominator）的问题，刘易斯发展“相对效益”的概念，作为不同预算支出的公分母。公路建设、公立学校和导弹等项目的支出，皆可在共同目标（为民服务）的前提下评估其相对效益。①

马斯格雷夫（R. A. Musgrave）、萨缪尔森（P. A. Samuelson）、阿罗（K. G.Arrow）等社会选择理论的代表进一步丰富了规范理论，他们主要以经济观点分析政府预算的分配问题。

（二）如何实现理想的目标？

“如何实现理想的目标？”是规范预算理论的重要方面，主要探讨预算功能、原则和取向等制度设计问题。

1.预算功能。希克（Schick）认为预算具有控制、管理和计划三种功能，但是这三种功能是不均等的，在特定阶段，预算的主导功能存在差异，特定阶段的预算改革以实现主导功能为目标。据此希克将美国20世纪20—60年代以来的预算划分为三个功能阶段。1920—1935年为控制取向阶段，以分项排列预算（Line-item Budget）作为主要的预算制度，强调收支控制，中心目标是防止资金滥用和管理失控。第二阶段从罗斯福新政开始直到20世纪60年代，这一阶段以管理取向为主导，绩效预算（Performance Budgeting）是主要的预算制度，该阶段强调绩效测量与管理改进。第三个阶段从20世纪60年代，以引入计划项目预算制度（Planning，Programming，Budgeting System，PPBS）为标志，PPBS的计划取向特征明显，预算与政府政策和中长期规划的联系更为紧密。②林奇（Lynch）等人亦赞同这样的观点。③

鲁宾结合美国20世纪70—90年代的预算改革实践，提出预算功能取向除了上述三种以外，还包括“优先性和责任性”两种功能。20世纪70—80年代的零基预算（Zero-Based Budgeting）重心在于依据公共项目的重要性确定预算分配的优先性。④以1993年美国《政府绩效与结果法案》的颁布为标志，新

① Verne B. Lewis. Toward a Theory of Budgeting，*Public Administration Review*，Vol. 12，No. 1 ，Winter，1952，pp. 42—54.

② Schick A. Th eRoad to PPB：The Stages of Budget Reform，*Public Administration Review*，，Vol. 26，No. 4 ，1966，pp.243—258.

③ ［美］林奇著：《美国公共预算》，苟燕楠、董静，译，中国财政经济出版社2002年。

④ Irene Rubin. Budgeting for accountability：Municipal budgeting for the 1990s. *Public Budgeting & Finance*，18.6.Taylor G M. Introduction to zero- based budgeting，*The Bureaucrat*，Vol.6，No.1，1977，pp.33 – 55.

绩效预算登上历史舞台。新绩效预算试图评价政府工作的成果（Outcome）而不是集中于工作的直接产出（Output），强调预算的责任性是新绩效预算的基本功能。①

塞谬尔（Thurmaier）和威洛比（Willoughby）将预算功能取向分析范式延伸至预算机构职能，指出主要有四种取向的中央预算机构：控制、管理、计划和政策。②国内学者张晓岚、吴勋总结了控制、管理、计划、优先性、责任性五种预算功能在预算起源时期、预算模式理念、预算关键环节、预算信息目标、预算机构地位五个方面存在差异。③

2. 预算原则。预算原则是为了实现预算功能，设计预算制度、机制、流程和工具的法则和标准。桑德森（W. J. Sundelson）曾将现代预算原则总结为全面性原则、一致性原则、年度性原则、严格性原则、公开性原则。④传统预算原则的基本精神在于强化立法机构对行政部门的控制，随着政府功能的扩大，现代的预算原则已不再局限于监督控制，还更加关注政府的责任性。史密斯（H. D. Smith）所倡议的新预算原则包括：（1）计划原则：即政府所有预算皆应按照计划来编制。（2）责任原则：行政首长对于预算的责任是使行政机关的计划符合立法部门所反映的民意。（3）根据报告原则：预算的编制、立法与执行，均应根据政府各机关的财务及业务报告，而非盲目地任意决定预算。（4）具备适当权力原则：行政机关必须具备执行预算的权限及执行职权的必要权力。（5）多元预算手续原则：政府预算的手续可依行政活动、工作计划的不同而有差异。（6）自由裁量原则：对于政府各支出项目及内容，不宜过分详定并限制留用。（7）预算时间弹性原则：政府施政计划的实施及经费支出时期，可随总体经济状况做必要而弹性的调整。（8）预算机关关联原则：中央预算机关与各机关执掌预算及计划的部门，应相互保持充分联系、协调与合作的关系。⑤

3. 预算取向。预算取向是不同历史时期预算制度在功能、原则、机构、范围、内容等方面体现出来的差异性倾向。以亨利（Nicholas Henry）为代表的学者将美国现代公共预算划分为七个阶段，每个阶段的取向、范围、个人能力、重要内容、决策方式、计划部门的角色、预算部门的角色存在差异。⑥如表2-1所示。

① Wang X. H. Conditions to Implement Outcome-oriented Perfomance Budgeting: Some Empirical Evidence, *Journal of Public Budgeting. Accounting and Financial Management*, Vol.11, No.4, 1999, pp.522—533.

② 马骏：《中国公共预算改革理性化与民主化》，中央编译出版社2005年。

③ 张晓岚、吴勋：《预算功能取向与部门预算绩效评价理论导向》，《当代经济科学》2007年第5期。

④ Wilner J.Sundelson. Budgetary Principles, *Political Science Quarterly*, 1935, pp. 236—263.

⑤ 张则尧：《预算存稿》，台北：自印讲义，2001年，第289—291页。

⑥［美］尼古拉斯. 亨利：《公共行政与公共事务（第七版）》，张昕，译，中国人民大学出版社2002年，第208页。

表2-1 美国公共预算的变革

特征	分项排列预算（1921—1939年）	绩效预算（1940—1964年）	计划项目预算（1965—1971年）	目标管理预算（1972—1976年）	零基预算（1977—1980年）	从上到下预算（1981—1992年）	结果预算（1993年至今）
主要倾向	控制	管理	计划	管理	决策	控制和实现单一体制目标	管理
范围	输入	输入和输出	输入、输出、效果和备选方案	输入、输出和效果	备选方案	任务明确的输入和效果	输入和输出：与可选择方案相联系的备选方案
个人能力	会计	管理	经济学和计划	管理“常识”	管理和计划	与体制任务相关的政治、协调与知识	管理、计划和交流
重要内容	开支对象	部门活动	部门宗旨	方案效力	方案和机构的宗旨	方案或机构是否促进了体制目标	部门活动
决策方式	增量	增量	系统	分权	增量和参与	系统和进取性	增量、参与和分权
计划责任	责任不大	分散	集权	全面但各负其责	分权	集权	与预算总署共同承担
预算部门的角色	财务会计	效率	决策	方案的效力和效率	政策的优先权	实现单一体制目标	保证可信赖度

资料来源：尼古拉斯·亨利：《公共行政与公共事务（第7版）》，项龙译，华夏出版社2002年第208页.

二、预算过程理论

威尔达夫斯基（Aaron Wildavsky）认为：在现实生活中找不到规范性预算理论。预算过程在政治体系中进行，涉及不同机关单位，利益团体或个人的利益与偏好，因此没有所谓在效率上“比较好的预算”（Better Budgeting），而是“谁得利，谁不利”（Who Benefits and Who Loses）的预算。[①]威尔达夫斯基等人开创了描述性预算理论，重点关注预算过程。

（一）渐进预算理论

1964年，威尔达夫斯基在《预算过程中的政治学》（*The Politics of Budgetary Process*）一书中提出了政府预算的渐进主义（Incrementalism），并在此后的20年来成为政府预算研究的主导范式。[②]威尔达夫斯基认为预算决策过程是公共政策的决策过程，因此分析重点应聚焦于预算过程的政治本质，观察政治制度对预算行为与结果的影响。预算决策过程中的主要影响因素包括协商的方式、权力的分配、政治策略、行为规范、便于计算与资源分配预期结果等。[③]公共预算的决策过程是一个包括了行政首长、官僚、民意代表、利益团体等参与者协商谈判与互动的过程。该过程建立在以下三个假设的基础之上，这三个假设导致了政府预算呈现出“渐进主义”的特征。首先，预算角色的区别。预算过程中的参与者，大多对预算采取一种有限的观点，行政部门试图增加预算；相对的，管理与预算办公室（Office of Management and Budget）则扮演着减少行政部门要求的角色，国会议员则希望增加对选区选民的支出，以利将来竞选连任，参与者在过程中期望对其个别预算项目采取策略行动，并影响预算增量的规模。其次，行政部门。行政部门以过去支出标准作为基础，经常被视为理所当然，在预算过程之中，政党为摆脱行政部门计划方案广泛琐碎的评估，主要将注意力放在预算增量之上，而很少对行政部门所提出的方案做全面性的比较与审议。最后，稳定。两个原因造成了预算过程的稳定性，原因之一是拨款过程排除对预算基础（占拨款总额的绝大部分）的审议。原因之二是不同的预算的循环过程中，参与者经常是固定而无太大的变动，更使得预算过程中的协商与策略行动，也保有一定程度的稳定性。[④]

---

① Aaron Wildavsky. Political Implications of Budgetary Reform, *Public Administration Review*, Vol.21, No. 4, 1961,pp.183 - 190.

② L. T. LeLoup. The Myth of Incrementalism: Analytic Choices in Budgetary Theory, *Polity*, Vol. 10, No.4.1978.

③ Aaron Wildavsky, *The Politics of the Budgetary Process*. Boston: Little Brown. 1964.

④ A. Wildavsky. *The Politics of the Budgetary Process*, Boston: Little, Brown and Company, 3rd.1979. 转引自李允杰：《实证性预算理论的发展与应用》,《“国政”研究报告》财金2007年7月17日，财团法人“国家”政策研究基金会 http: //www.npf.org.tw/2/2650。

渐进主义也遭到了多方面的批评，比如实证数据与理论不吻合、无法体现公共政策的优先级别、渐进主义与政治现实不符合[①]、忽视了预算过程中的其他变量[②]等。面对上述批评，威尔达夫斯基在1984年修订了《预算过程中的政治学》（第四版），书中也承认渐增预算的解释能力已大不如前。到了1988年，威尔达夫斯基在其新书《预算过程中的新政治》（*New Politics of the Budgetary Process*）中虽然仍认为预算决策的新改变，例如"由上而下"方式、应享权益支出等，只是新加入的递增事实而已，不过他也承认有关预算基础的冲突已更为激烈，因此才称为"新政治"。[③]

（二）总体预算与个体预算理论

20世纪70年代以来，OECD国家面临预算赤字问题，纷纷采取总体预算（Macro-Budgeting）制度，加强"由上而下"的预算控制，每年编列预算时以支出上限、预算赤字额度、债务余额、平衡预算等来控制预算增长，以弥补"渐进预算理论"的不足。勒普（Lance T. Leloup）和希克（Allen Schick）是总体预算研究的代表人物。

勒普1977年出版了《预算政治学》（*Budgetary Politics*）一书中，依据预算计划决策过程，将预算分为三个层次：[④]第一层次为，预算总额优先次序的排定；第二层次为，年度施政计划或多年度计划方案的排定；第三层次为，预算计划的运作、监督及检查。并根据这三个层次，分别列出每个层次的主要参与活动者，以及该决定的重大预算决策事项。

勒普还提出了总体预算（Macro-budgeting）和个体预算（Micro-budgeting）的区别。总体预算是由政府和立法部门高层，采取"由上而下"的方式决定政府的支出、收入和赤字总额及相关预算分配。个体预算则是渐进主义所说的由中层决定政府预算方案，采用"自下而上"的方式加以确定的预算。勒普认为影响预算的主要活动者包括：授款与拨款委员会、小组委员会、预算委员会、总统、政党领袖、行政机关、OMB预算官员、白宫幕僚。并据此来分析美国联邦政府预算，如表2-2所示。[⑤]

① 苏彩足：《政府预算之研究》，华泰书局1996年。

② J. L.True. Is the National Budget Controllable?，*Pubic Budgeting and Finance*，Vol.15，No.2，1995，pp. 18—31.

③ 徐仁辉：《紧缩预算下的新预算理论研究》，《理论与政策》2002年第16卷第3期。

④ L. T.LeLoup. *Budgetary Politics*，*Brunswick*，Ohio：king' s Court Communications，INC，3rd. 1986，pp.158.

⑤ Leloup，L. T. Form Micro-budgeting to Macro-budgeting：Evolution in Theory and Practice. In Rubin，I.，Albany ed.，*New Directions in Budget Theory*，N. Y.：Sunny Press. 1988，pp.19—42.

表2-2　　　　　　个体预算和总体预算的区别

		个体预算	总体预算
主要活动者	立法部门	授权委员会、拨款委员会、小组委员会	预算委员会、各政党领袖
	行政部门	各行政机关、OMB预算审议者	总统、白宫幕僚、OMB局长
政策焦点	立法部门	个别法案之立法	预算决议、预算调节、赋税及封套支出
	行政部门	行政机关单位预算、计划方案、每年边际变动	预算总额、多年度计划、预算分配比例、GNP百分比、经济景气预测
预算过程	立法部门	分散于各委员会、由下而上汇总	集中于联邦委员会、自上而下指引
	行政部门	分散于各个单位、由下而上汇总	集中于OMB，由上而下指引
预算改革	立法部门	强化授权及授权委员会，使用日落条款	1974年国会预算法（*Congressional Budget Act of 1974*）、1985平衡预算和紧急赤字控制法（*Balanced Budget and Emergency Defilit Control Act of 1985*）
	行政部门	使用计划预算、PPB、MBO ZBB	执行自上而下的预算编制

资料来源：Lance T. LeLoup. From Micro-budgeting to Macro-budgeting: Evolution in Theory and Practice. In Rubin, I., Albany ed., *New Directions in Budget Theory*, N. Y.: Sunny Press. 1988, pp.25—29.

希克认为个体预算与总体预算在预算控制过程与预算观念上都存在差异。总体预算处于保护者（Conservers）的地位，其角色在于限制支出；个体预算则处于申请者（Claimants）的地位，其角色在于争取更多的预算。①希克在1990年出版的《预算的能力》一书中运用个体预算—总体预算理论，分析比较了OECD工业民主国家的预算过程。希克指出这些工业民主国家，面临财政拮据及竞选政治承诺的压力时，政府预算会运用总体预算的策略，来适应现实环境的需求。同时，预算参与者往往运用其预算权力，通过正式的预算程序，迫使政府在预算上做出让步。②

（三）鲁宾的预算结果决定模型

鲁宾（Irene S. Rubin）以动态观点研究预算过程，特别强调外在环境的开放性对政府预算的影响。他在《预算过程的政治学：收入与支出、借贷与平衡》一书中系统阐述了政府预算的特征、理论途径，并提出了预算结果决定模型。

鲁宾认为政府预算有五个主要的特征：（1）包括许多的参与者，而且每个参与者对预算分配要求的优先级都并不相同，对预算分配所呈现的结果也有不同程度的

① Schick, Allen. Macro-budgetary Adaptations to Fiscal Stress in Industrialized Democracies. *PublicAdministration Review*, 1986, 46(2): 124—134. Schick. Allan. Micro-Budgeting Adaptations to Fiscal Stress in Industrial Democracies *Public Administration Review*, 1988, 48: 523—533.

② Allen Schick. *The Capacity to Budget*, Urban Institute Press, 1990.

影响力。（2）纳税人（选民）与决定预算支出的人（政客）之间显现出一种特征。政客可强制人民纳税并决定把钱花在他们并不想要的支出上，但人民可以用投票表决的方式将政客逐出他们的办公室。（3）预算有着另一种重要的意义，即代表政府部门所承担的责任。（4）政府预算常受外部的影响而显得多变难料，可能因为选举、经济情势、公共舆论的转变、突发的天然灾难或政治的动荡。（5）政府预算亦受到一定的限制，虽然有内在的机制使他足以应付突发的状况，然而有很多政府预算必须要求决策者立即做出控制。①

鲁宾指出预算决策会受到税收、预算过程、支出、预算平衡、预算执行五项因素影响，每一个部分看似相对独立，但又彼此相互联系，每一个环节都各有参与者（Actors）、个别的动机（Motivations）与策略（Strategies）。鲁宾将预算参与者在预算过程中，其预算策略所关注的焦点，称之为个体预算（Micro-Budgeting）；将“自上而下”的预算方式与预算体制称之为总体预算（Macro-Budgeting）。②

鲁宾从预算环境、过程与策略三者之间的互动关系入手，提出预算结果决定论模型（Determinants of Budgetary Outcomes），分析预算决策过程的因果关系，作为解释预算决策过程的理论。该模型如图2-1所示。③

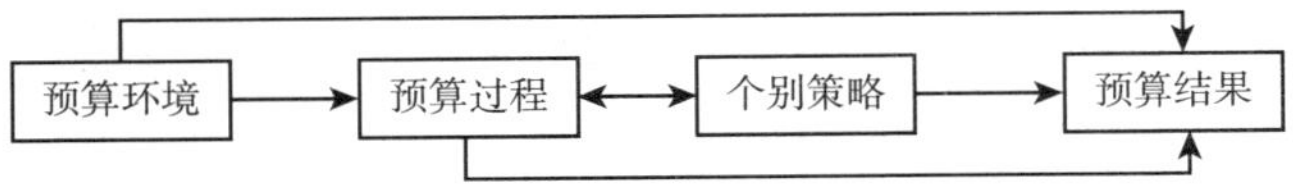

图2-1　预算结果决定模型

除此之外，20世纪90年代以来由鲍姆加特勒（Baumgartner）与琼斯（Jones）形成了基于议程和注意力分配的预算间断均衡（Punctuated Equilibrium）理论，提出了有关预算变化分布模式、形状及其原因的假设，通过使用不同国家、不同部门、不同领域、不同层次的预算数据对假设进行经验检验。④间断均衡预算理论在欧美等国家获得了大量经验证据的支持，琼斯等学者基于美国、法国、德国、英国、比利时、丹麦、加拿大等国家的预算变化数据，将间断均衡看作是“公共预算的一般经验法则”。⑤

---

① I. S. Rubin. *The Politics of Public Budgeting*: *Getting and Spending*, *Borrowing and Balance*, Chatham, New Jersey: Chatham House Publishers, Inc. 1990.

② Irene S. Rubin. *The Politics of Public Budgeting*: *Getting and Spending*, *Borrowing and Balancing*. 4th Edition, N Y: Chatham House Publishers of Seven Bridges Press, LLC, 2000, pp. 26—30.

③ Irene S. Rubin, *The Politics of Public Budgeting: Getting and Spending, Borrowing and Balancing*. 4th Edition, N Y: Chatham House Publishers of Seven Bridges Press, LLC, 2000, pp. 30—32.

④ ［美］保罗·A·萨巴蒂尔：《政策过程理论》，彭宗超，钟开斌，等，译，北京：生活·读书·新知三联书店2004年。

⑤ Baumgartner, F. R., & Walgrave, S. Punctuated Equilibrium in Comparative Perspective, *American Journal of Political Science*, No. 53（2009）, pp. 603—620.

三、公共选择理论

公共选择理论假定每个人皆追求自利，政治家也不例外，政府只是市场的延伸。公共选择理论主张从公共产品与服务的供给者（如行政官僚）与需求者（如民意机关）的决策动机去分析个人利益对于总体决策的影响。[①]在代议政府的预算过程中，立法需求和代理人供给，是分析政府预算的基本模型。[②]预算最大化理论、中间选民模型和多元理性模型是使用公共选择理论研究政府预算的常见途径。中间选民模型认为个别的中间选民在地方预算决策中具有重要的影响。多元理性模型的个体预算者在预算周期中，都有复杂的预算决策活动。[③]

尼斯坎南（W. A. Niskanen）的预算最大化理论影响较为广泛。尼斯坎南在1971年出版的《官僚制与代议制政府》一书是公共选择预算理论的代表作。尼斯坎南认为：个人是效用最大化者，在私人部门，自利的动机使企业家追求利润的极大化。官僚亦是理性自利（Self-interested）人，会在特定制度环境下，追求其效用的最大化。官僚的效用函数包括下列变量：薪资、福利津贴、公共声誉、权力、受到照顾、机关产出、容易改变以及容易管理等。这些变量除了最后两项外，都是与机关预算有正相关的单向函数。[④]官僚追求预算最大化之所以能成功是因为官僚机关与其出资者（Sponsors）之间形成了双边垄断关系。

尼斯坎南认为，政治过程的官僚行为可用预算最大化加以解释，即官僚行为是在信息不对称下的一个委托代理问题。[⑤]官僚在整个预算过程中处于较有利的地位，出资者则处于被动的角色。首先，代议民主的政治体制下，官僚多半只需满足政治上的出资者（Political Sponsors），而非最终的消费者（选民）。其次，出资者亦可通过利益交换的方式，从增加的预算中获得好处，因此出资者并无太大的动力去刻意阻止官僚增加预算。最后，官僚拥有服务或产品供给成本的充分信息，而出资者却缺乏这类信息，这使得官僚容易达成扩大预算规模的企图。官僚有最大化机关预算规模的行为倾向，而此种行为又易于得逞，如此一来，造成的结果是，官僚可能会以过多的预算有效率地制造过多的产出；或者以过多的预算无效率地制造相对较少而刚好满足出资者需求的产出。这两种情况，都会造成官僚机关比最适规模庞大，

① D. J.Kraan. *Budgetary Decision: A Public Choice Approach*. Cambridge: Cambridge University Press. 1996.

② Dirk-Jan Kraan. *Budgetary Decisions: A Public Choice Approach*.Cambridge: Cambridge University Press, 1996, p.5.

③ Kurt Thurmaier & KatherineWilloughby. *Budget Practices in the States: A Look at Georgia and Kansas Systems*, technical report prepared for the Scottish Parliament (Budget Setting and Financial Scrutiny Project), Prof. Colin Talbot, PI, Public Futures consulting firm, November 2002.

④ W. A. Niskanen. *Bureaucracy and Representative Government*. Chicago: Aldine Atherton. 1971, p.38.

⑤ Drazen, Allan. 2002. *Fiscal Rules from a Political Economy Perspective*. Presented at the IMF-World Bank Conference on Rules-Based Fiscal Policy in Emerging Market Economies, February 14—16, Oaxaca, Mexico., 7.

亦即“过剩政府”（Excess Government）的现象。

尼斯坎南的模型在学术界引起了极大的争议与讨论，学者们从官僚的动机、实际的预算行为、预算规模与官僚的实质利益之间的关系等方面提出了不同的反证与批评。比如科根（Kogan）和马格里斯（Margolis）认为高级官僚并非如尼斯坎南模型所描绘的，典型的官僚有极深的专业认同，其行为以其所认知的公共利益作为出发点。[①]皮特（Peters）主张官僚最重要的是维持现状，其最重要的价值观是安定。机关的生存必须寻求国会、总统及利益团体的政治支持。[②]莫（Moe）认为官僚亦可能为了避免机关受政治不确定性影响，较注重追求机关行政上的自主性（Autonomy），而非预算的增加。[③]米格（Migue）和贝朗格（Belanger）认为，官僚真正关心的不一定是机关整体预算规模的大小，而是在意其行政管理上的自由裁量权，因此官僚会设法极大化机关“自由裁量预算”（Discretionary Budget）。所谓自由裁量预算是指“机关总预算”与“达到政治当局要求产出的成本”之间的差额。这些剩余的自由裁量预算不但可用来服务官僚机构的利益，如增加人员、资本或福利津贴；也可以用来服务官僚机关在政治上的监督单位（如国会里的预算拨款委员会），可视为政治公关的资源。[④]

针对这些批评，尼斯坎南在1975年发表的《官僚与政客》（*Bureaucrats and Politicians*），1996年出版的《官僚制与公共经济学》等论著中都认为预算最大化的假设，应该修订为追求“自由裁量预算”。[⑤]

除了上述理论之外，新制度主义也是预算研究的重要理论，他们主要从交易成本、产权和委托—代理等视角开展研究。[⑥]

① Kogan, M. Comment on Niskanen Bueaucracy, in Bureaucracy: Servant or Master? edited by William A. Nisianen, London: Institute of Eco-nmic Affairs. Margolis, J. Comment on Niskanen Bureaucrats and Politicians, *Journal of Law and Economics*, 18, 1973: 645—659. 转引自李允杰：《实证性预算理论的发展与应用》，财团法人国家政策研究基金会，2007年7月17日 Read more: http: //www.npf.org.tw/2/2650。

② G. B Peters. *The Politics of Bureaucracy: A Comparative Perspective*. New York: Longman. 1978.

③ T. M.Moe, The New Economics of Organization.*American Journal of Political Science*, Vol. 28, No. 4, 1984, pp.739—777.

④ J. Migue, & G. Belanger. Toward a General Theory of Managerial Discretion, *Public Choice*, Vol. 17, No. 1 , 1974, pp.24—43.

⑤ William A. Niskanen. *Bureaucracy and Public Economics*. Vermont: Edward Elgar Publishing Company, 1996, pp.269—283.

⑥ 徐仁辉：《预算赤字与预算改革》，智胜文化事业有限公司2001年，第9页。

第二节 绩效管理理论

绩效管理理论是对绩效管理构成、形态、运行等方面属性和规律的认识。伯恩（Bourne）等学者认为，绩效管理应建立在对组织的各个层次上运行的理论认知之上，包括组织间、高层管理和微观管理，相关的理论包括代理理论、权变理论、基于资源的公司观、认知和信息处理理论、目标设定理论以及公平、分配和程序正义理论。[①]国内学者一般将绩效管理理论划分为三个层次：一是管理控制理论。绩效管理系统本质是通过对绩效信息的获取和应用对绩效进行管理控制，在性质上属于管理控制系统，系统论、控制论、信息论是绩效管理的理论基础。二是组织行为相关理论。主要包括目标设置理论、激励理论、目标管理理论。三是绩效测量理论。常见的包括目标管理（Management By Objectives，MBO）、关键绩效指标（Key Performance Indicators，KPI）和平衡记分卡（Balanced Score Card，BSC）等。[②]本章重点探讨对绩效管理总体性认识方面的理论。

一、系统控制理论

系统理论认为绩效管理的本质是一种管理控制系统。20世纪40年代以来，系统论、控制论和信息论先后创立，这些理论深刻地影响到了管理学，也影响到了对绩效管理的认识。

1937年贝塔朗菲在芝加哥大学的一次哲学讨论会上第一次提出一般系统论的概念。一般系统论认为无论系统的

① Bourne，Mike；Melnyk，Steven；Bititci. Umit S.Performance measurement and management：theory and practice，*International Journal of Operations & Production Management*，Bradford Vol. 38，Iss. 11，（2018）：2010-2021.

② 王艳艳：《论战略性绩效管理的理论基础》，《商业研究》2012年第3期，第91—96页。

具体种类、组成部分的性质和它们之间的关系如何，存在着适用于系统或子系统的一般模式、原则和规律。20世纪70年代卡斯特（F.E. Kast）、罗森茨威克（J.E.Rosenzweig）和约翰逊（R.A. Johnson）等美国管理学家将一般系统理论引入管理学，创立了系统管理理论。系统管理理论中“管理”被视为将人、机器、材料、金钱、时间、场地等各种资源组合成“一个达到目标的总的系统的过程”。①组织的绩效也被界定为效能、效率和满意度三个方面。“效能与完成明确的或暗含的目标相关。在主要领域里目标完成的程度如何？效率则指的是产出与投入的比率即收益与成本的比率。有可能是，有效率而无效能。有时候，组织强调，以做正当事情所需要的费用来把事情做好。对我们来说，工作人员的满意度是组织工作成绩的基本组成部分。”②

1948 年诺伯特·维纳（Norbert Wiener）发表了著名的《控制论（或关于在动物和机器中控制和通讯的科学）》一书，奠定了控制理论的基础，维纳把控制论看作是一门研究机器、生命社会中控制和通信的一般规律的科学，是研究动态系统在变的环境条件下如何保持平衡状态或稳定状态的科学③。随后控制论的思想和方法逐渐渗透到了几乎所有的自然科学和社会科学领域，也深刻地影响到了管理学和绩效管理。在控制论的视角下，绩效管理系统是一种控制系统，遵循控制系统的一般原理，即通过信息反馈来揭示成效与标准之间的差距，并采取纠正措施，使系统稳定在预定的目标状态上。

信息论是20世纪40年代后期从长期通信实践中总结出来的一门学科，是专门研究信息的有效处理和可靠传输的一般规律的科学。1948年克劳德·香农（Claude Shannon）发表的论文《通信的数学理论》与1949年发表的另一篇论文《噪声中的通信》一起奠定了现代信息论的基础。“信息就是用来消除不确定的东西。”④绩效管理中的绩效信息可以有效地消除预算过程中的不确定性，可以确保预算过程与政策过程的融合统一。

二、战略管理理论

“战略”一词的希腊语是“Strategos”（将军），后来成为一个军事用语，意思是“将军指挥军队的艺术”。20世纪60年代，战略管理开始运用于商业领域，即确

① ［美］F·E·卡斯特、［美］J·E罗森茨维克：《组织与管理：系统与权变的方法》，李柱流、刘有锦、苏沃涛，等，译，中国社会科学出版社2000年，第6页。

② ［美］F·E·卡斯特、［美］J·E罗森茨维克：《组织与管理：系统与权变的方法》，李柱流、刘有锦、苏沃涛，等，译，中国社会科学出版社2000年，第23页。

③ ［美］N·维纳著：《控制论（或关于在动物和机器中控制和通讯的科学》（第二版），郝秀仁，译，科学出版社2006年。

④ 王勇、黄雄华、蔡国永：《信息论与编码》，清华大学出版社2013年，第28—30页。

定企业使命，根据企业外部环境和内部结构确定企业目标，保证目标的正确落实，并使企业使命最终得以实现的一个动态过程。

战略管理包括企业内外部环境分析、战略制订、战略实施、战略监测与评价等环节。战略性绩效管理以战略为导向开展绩效管理，将绩效管理系统与战略管理过程紧密结合，形成战略中心型组织。包括使用战略地图和平衡计分卡把战略转化为操作指令；改变组织以适应战略；使战略成为每个人的日常工作；使战略成为一个连续的过程；动员高层领导促进变革等。①

20世纪90年代以来，企业战略管理的理论和方法被引入公共部门，形成了公共部门战略管理。公共部门战略管理将公共管理的外部环境、利益相关者、内部结构、预算和绩效等问题纳入了综合性的分析框架，形成了战略导向的绩效管理体系。

三、公共价值理论

“价值链”思想最初由波特（Michael E.Porter）提出，该理论认为企业从事的物质上和技术上的各项活动，本质上是多个相对独立又相互影响的价值增值过程。受企业“价值链”思想的影响，“公共价值管理”发展成了分析公共部门战略、组织、领导、流程、技术、绩效等公共行政问题的新范式、新途径和新方法。②

1995年，美国哈佛大学教授马克·莫尔（Mark H. Moore）在《创造公共价值：公共部门的战略管理》一书中提出了以公共价值为核心公共部门战略管理三角模型。该模型认为公共价值意味着以合理的运营成本满足组织的期望，使命管理、政治管理和运营管理是创造公共价值的三个支点。③

公共价值理论也成为理解和分析绩效管理的重要理论框架。新西兰公共服务协会倡导使用公共价值重新定位全球伙伴关系。④工作基金（The Work Foundation）发布了公共价值与公共服务改革、公共管理、公共价值测量相关的系列报告。⑤世界银行开发出了项目评估的效果链模型。追求公共价值也成为英国开展绩效管理的

① ［美］卡普兰、诺顿：《战略中心型组织》，上海博意门咨询有限公司，译，中国人民大学出版社2008年，第11—19页。

② 何艳玲：《“公共价值管理”：一个新的公共行政学范式》，《政治学研究》2009年第6期。

③ M. H. Moore. *Creating Public Value*：*Strategic Management in Government*. Cambridge，MA：Harvard University Press，1995.

④ The New Zealand Public Service Association 2007. *Fairness and PublicValue*，The New Partnership Agreement，2007.

⑤ Ricardo Blaug，Louise Horner，Rohit Lekhi. Public Value，*Politics and Public Management*：*A Literature Review*，The Work Foundation，2006.David Coats and Eleanor Passmore，*Public Value*：*The Next Steps in Public Service Reform*，The Work Foundation，2008. Colin Talbot，*Measuring Public Value A Competing Values Approach*，The Work Foundation，2008.

重要实践范式。英国迈克尔·巴伯爵士在2017年效率审查中建议引入公共价值框架来促进公共资金转化为政策成果。[①]国内学者包国宪提出了以公共价值为基础的政府绩效治理理论（PV-GPG理论），等等。总之国内外相关学者及机构致力于基于价值链分析的政府绩效管理模型的构建，形成了基于公共价值的政府绩效管理模型。[②]

四、绩效生成理论

绩效生成理论从绩效的产生和发展机制的角度分析绩效管理问题，包括组织、项目和个体等层面。常见的组织绩效生成理论包括战略地图、战略—结构—绩效模型、结构—行为—绩效模型等。

2004年1月，平衡记分卡的创始人罗伯特·卡普兰（Robert S. Kaplan）和戴维·诺顿（David P. Norton）为了进一步描述组织战略的通用语言，提出了战略地图的概念，出版了《战略地图——化无形资产为有形成果》一书。战略地图为战略创建了一个通用的模型和表示方法，首次对"组织战略要素之间因果关系"进行了可视化的表述，说明了人力资本、信息资本、组织资本等无形资产转化为有形的战略成果的过程。[③]

20世纪60年代，企业管理领域对战略、结构和绩效的关注日益升温，形成了"战略—结构—绩效"（SSP）范式。1961年钱德勒（Chandler）在《战略与结构：美国工业企业史的若干篇章》中以杜邦公司、通用汽车、新泽西标准石油公司和西尔斯公司为例，得出了著名的"结构跟随战略"这一命题，认为组织结构必须跟随着战略而变化。[④]在钱德勒研究的基础上，鲁梅尔特（Rumelt）正式提出了"战略—结构—绩效"（SSP）范式，形成了持续的影响。[⑤]SSP范式也是分析绩效的重要理论框架。

另外由美国哈佛大学产业经济学权威乔·贝恩（Joe S.Bain）、谢勒（Scherer）等人于20世纪30年代建立的结构（Structure）—行为（Conduct）—绩效（Performance）模型，也有助于分析部门层面预算结构、预算行为到预算绩效的

① Sir Michael Barbet. *Delivering Better Outcomes for Citizens*: *Practical Steps for Unlocking Public Value*. November 2017.

② 包国宪、文宏、王学军：《基于公共价值的政府绩效管理学科体系构建》，《中国行政管理》2012年第5期，第98—104页。

③ 罗伯特·卡普兰、大卫·诺顿：《战略地图：化无形资产为有形成果》，刘俊勇、孙薇，译，广东经济出版社2005年，第5—8页。

④ A. D.Chandler. *Strategy and Structure*: *Chapters in the History of Industrial Enterprise*. Cambridge: MIT Press, 1962.

⑤ R. P.Rumelt. *Strategy. Structure*, *and Economic Performance*. Cambridge, Mass.: Harvard University Press, 1974.

关系。

常见的项目层面的绩效生成理论包括逻辑模型、CIPP模型等，我们随后加以阐述。

激励理论等行为主义研究揭示了个体层面绩效生成的机制和过程。常见的激励理论包括内容型激励理论、过程型激励理论、综合激励理论等类型。这些内容为部门预算绩效管理过程中建立绩效责任制度和绩效奖惩制度提供了参照。

第三节 绩效管理方法

绩效管理方法是开展绩效管理活动的步骤、程序、模型、工具和技术。常见的绩效管理方法包括目标管理、关键绩效指标、平衡计分卡、逻辑模型、标杆管理等。

一、目标管理

1954年，管理学大师、现代管理学之父彼得·德鲁克（Peter Drucker）在《管理实践》中最先提出了目标管理（Management By Objective，MBO），与传统管理方式相比，目标管理体现了权力责任明确，"自主管理"，注重结果的优势。又称成果管理。[①]德鲁克认为，并不是有了工作才有目标，而是相反，有了目标才能确定每个人的工作。所以"企业的使命和任务，必须转化为目标"，"如果一个领域没有目标，这个领域的工作必然被忽视。"目标管理是以目标为导向，以人为中心，以成果为标准，使组织和个人取得最佳业绩的一种管理方法。

目标管理包括四个基本的步骤：

一是目标计划。目标计划是指根据组织的使命和任务制定组织的总体目标和行动计划，并依据组织的管理层次来确定每个部门和个人的具体目标。在制定员工个人目标时，上级领导和下属员工要及时沟通，共同协商。通过制定目标这一过程，将组织的目标逐级分解为一个个细化的具体目标。

二是目标实施。目标管理的实施阶段，强调以自我管理

① 吴兴智：《彼得·德鲁克：现代管理学之父》，《学习时报》2012年12月5日。

为核心来开展工作，其主要目的是对目标计划的实施情况进行监控，保证制定的计划按照预定的步骤进行。

三是结果评价。将实际达到的绩效结果与预先设定的目标相比较，其目的是使管理者找出未能达到目标的原因，或实际达到的目标远远超出预定目标的原因，从而帮助管理者做出合理的决策。

四是目标反馈。上级与下级一起共同回顾整个目标管理周期，对目标完成的进度和预期目标的达成情况进行讨论，从而为新目标的制定以及为实现新目标可能采取的战略做好准备。[①]

目标管理围绕目标的设置、实现和考核展开，揭示了绩效管理的本质，搭建了绩效管理的基本框架。美国尼克松任总统时期就采用了目标管理的预算绩效管理模式。

二、关键绩效指标

关键绩效指标（Key Performance Indicators，KPI），是指将组织战略目标经过层层分解而产生的用以衡量组织战略实施效果的可操作性的关键指标体系，其目的是建立一种机制，将组织战略转化为内部流程和活动，从而不断增强组织的核心竞争力，使组织持续发展。关键绩效指标的假设是组织战略的实现往往依赖于关键成功领域的某些关键绩效要素，其管理精髓就在于抓住关键、以少治多，是“二八”原理的生动体现。关键绩效指标体系有三个重要的关键词：关键成功领域（Key Result Areas，KRA），关键绩效要素（Key Performance Factors，KPF）和关键绩效指标（Key Performance Indicators，KPI）。关键绩效指标通常采用财务指标、经营指标、服务指标和管理指标的分类方法，其中财务指标侧重衡量组织创造的经济价值；经营指标侧重衡量组织经营运作流程的绩效；服务指标侧重衡量利益相关者对组织及其所提供的产品和服务的态度；管理指标侧重衡量组织日常管理的效率和效果。

关键绩效指标的设计通常是采用基于战略的成功关键因素分析法来建立的，关键绩效指标体系的建立过程应当按照以下六个步骤进行操作：

一是确定关键成功领域。建立有效的关键绩效指标体系之前，首先必须明确整个政府组织的战略是什么，然后根据组织的战略及战略目标，通过鱼骨图分析，寻找能够促使组织成功的关键成功领域，即对组织的战略目标有重大影响的领域。确

① 曹堂哲、罗海元、孙静：《政府绩效测量与评估方法：系统、过程与工具》，经济科学出版社2017年，第162页。

定组织的关键成功领域，必须明确三个方面的问题：（1）这个组织为什么会取得成功，成功靠什么；（2）在过去那些成功因素中，哪些能够使组织在未来持续获得成功，哪些会成为组织成功的障碍；（3）组织未来追求的目标是什么，未来的成功关键因素是什么。这实质上是对组织的战略制定和规划过程进行审视，对所形成的战略目标进行反思，并以此为基础对组织的竞争优势进行剖析。

二是确定关键绩效要素。关键绩效要素提供了一种“描述性”的工作要求，它是对关键成功领域进行进一步的解析和细化。它主要是要解决以下几个问题：（1）每个关键成功领域包含的内容是什么？（2）如何保证在该领域获得成功？（3）达成该领域成功的关键措施和手段是什么？（4）达成该领域成功的标准是什么？

三是确定关键绩效指标。确定关键绩效指标就是对关键绩效要素进行细化和甄选，首先将关键绩效要素细化为反映其特性的指标，其次按照具体的原则在众多指标中选择出关键绩效指标。在确定关键绩效指标的过程中，一般需要遵循三个原则：（1）指标的有效性，即所设计的指标能够客观地、集中地反映关键绩效要素的要求；（2）指标的重要性，即通过对组织创造价值的流程分析，找出对其绩效影响最大的指标；（3）指标的可操作性，即指标必须有明确的定义和计算方法，能够获取客观可靠的数据。

四是汇总组织级KPI表。将前三个步骤分析所得出的关键成功领域、关键绩效要素和关键绩效指标汇总制表，作为整个政府组织绩效评估的依据。

五是确定部门级KPI。政府组织层面的关键绩效指标需要被分解到相应的政府部门，形成部门级的关键绩效指标。有些组织级的关键绩效指标可以直接被某政府部门承接，成为该部门的关键绩效指标。有些指标则不能被直接承担或由一个政府部门单独承担，这就需要对这些指标进行进一步的分解，指标的分解一般基于组织结构和内部流程两条主线进行。

六是确定个人KPI。公务员个人关键绩效指标确定方式与部门绩效指标的设定过程一样。一部分是通过对部门关键绩效指标的承接或分解得来，另一部分一般绩效指标则来自于公务员个人的工作职责。①

2013年财政部印发的《预算绩效评价共性指标体系框架》制定了项目支出绩效评价共性指标体系和部门整体支出绩效评价共性指标体系。2020年2月财政部印发了《项目支出绩效评价管理办法》（财预〔2020〕10号），修订了项目支出绩效评价指标体系框架（参考），可在关键绩效指标指导下设计、提取各部门共性指标的基础上，设计构建不同部门的共性指标库，并随部门职能的调整及时更新、完善共性指标库。

① 曹堂哲、罗海元、孙静：《政府绩效测量与评估方法：系统、过程与工具》，经济科学出版社2017年，第163—165页。

三、平衡计分卡

平衡记分卡（Balanced Score Card，BSC）由美国哈佛大学商学院教授罗伯特·卡普兰（Robert Kaplan）和复兴国际方案公司总裁戴维·诺顿（David Norton）最先作为一种企业战略管理工具被开发，旨在将企业的战略和使命转化为一套全方位的目标和考核指标，推动战略转化为行动。随后，平衡计分卡被广泛应用于企业、政府、军队、非营利机构等各类组织的管理实践。平衡计分卡将组织的使命、战略与绩效指标相结合，围绕组织战略从财务维度、顾客维度、内部业务流程维度、学习与成长维度设定绩效指标，并通过战略地图展示这些维度和指标之间的逻辑联系，用绩效指标来反映组织战略，推动战略实施和监控。

针对公共部门的特征，保罗·尼文（PaulR. Niven）对企业的平衡计分卡进行了调整：（1）使命位于平衡计分卡的最顶层；（2）战略依然是平衡计分卡的核心；（3）顾客层面得到提升；（4）没有财务层面，平衡计分卡不完整；（5）辨认驱动顾客价值的内部业务流程；（6）学习与成长层面为构建良好的平衡计分卡奠定基础。如图2-2所示。

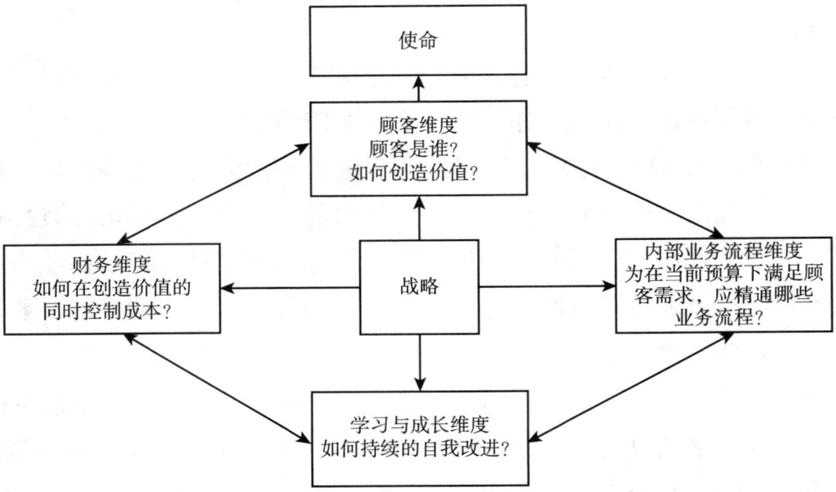

图2-2　政府及非营利组织平衡计分卡

资料来源：保罗·R.尼文（Paul R.Niven）：《政府及非营利组织平衡计分卡》，胡玉明，等，译，中国财政经济出版社2004年，第29页。

利用平衡计分卡，可以展示组织战略与行动之间的关系，从各个维度将组织模糊描述的战略转化为易于测量与评估的目标与指标（见图2-3）。平衡计分卡有助于理清部门预算绩效目标和指标设定的思路。

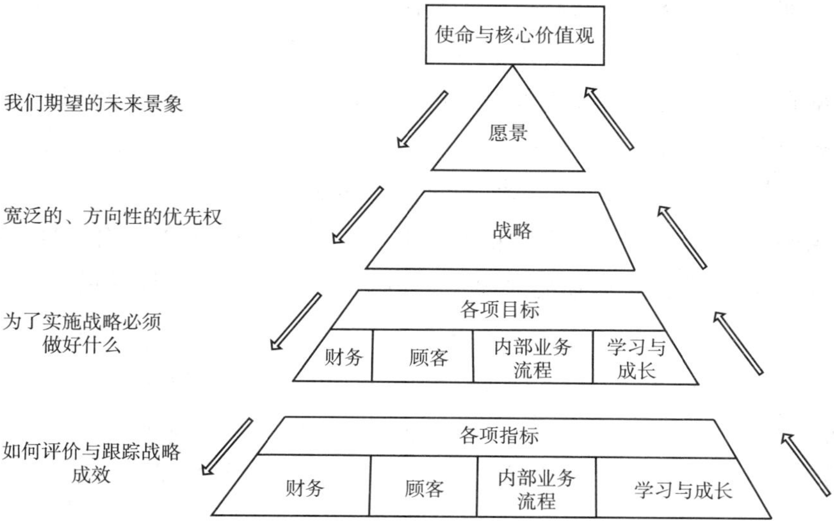

图2–3　将战略转化为绩效目标和指标

资料来源：保罗·R.尼文（Paul R.Niven）：《平衡计分卡适用指南：战略经营时代的管理系统》，中国财政经济出版社2002年。

在部门预算绩效管理过程中，需要针对预算管理的特征，将预算管理纳入战略管理的大框架中，将部门战略转化为部门层面、项目（政策）层面、个人层面的目标层级体系，并有针对性地选取四个维度的关键绩效指标，设置部门绩效目标，开展部门绩效监控和评价。

四、逻辑模型

逻辑模型最早起源于私立部门的全面质量管理评价，之后，被广泛应用于公共部门、政府部门和非营利性组织。逻辑模型通过对事件背景的分析，借助逻辑推理思维，把事件分为投入（Inputs）、过程（Process）或活动（Activities）、产出（Outputs）、成果（Outcomes）和影响（Impacts）等要件，并寻求这些要件之间的关系，找出投入资金与产出效果之间的内在联系。基于结果的逻辑模型强调以结果导向，优化产出方案、投入机制和管理流程。

将逻辑模型引入部门预算绩效管理，可从以下三方面推动部门预算绩效管理的发展：首先促使对部门绩效的关注点由过程转向结果。部门管理涉及人、财、物多项要素，涵盖资产管理、预算管理、财务管理、人力资源管理、业务管理等多类管理活动，但是部门层面最终的产出和效果是唯一的。逻辑模型展示了部门投入、过程、产出和结果之间的关系，可以帮助部门聚焦整体产出和效果，避免陷入“就预算论预算，就资金论资金”的局限性。其次，逻辑模型有助于部门预算整体绩效管理指标的开发，按照逻辑模型的各个环节，对应开发衡量各个环节的绩效指标。最后逻辑模型有助于绩效诊断和改进。通过对逻辑模型各个环节的指标评价，可以找到部门的短板所在，为绩效改善提供依据；通过对各个环节之间关系的分析，有助于形成部门整体绩效经济性、效率性和效益性的认识。

与逻辑模型类似，1967年斯塔弗尔比姆（D.L.Stufflebeam）在对泰勒（Tylerian）行为目标模式进行反思的基础上提出了CIPP评估模型。CIPP评估模型由四项评估活动的首个字母组成：背景评估（Context evaluation），输入评估（Input evaluation），过程评估（Process evaluation），成果评估（Product evaluation）。该评估模型曾被用于美国初等及中等教育法案（America's Elementary and Secondary Education Act，ESEA）的评估，并逐渐从教育领域推广应用到其他项目的评估中。

五、标杆管理

标杆管理（Benchmarking Management，BM）又称基准管理，为美国施乐公司1979年首创，后经美国生产力与质量中心系统化和规范化，得到了广泛的运用，与企业流程再造、战略联盟并称为20世纪90年代的三大管理方法。标杆管理是不断寻找和研究同行的最佳实践，并以此为基准与自己进行比较、分析、判断，从而不断得到改进，创造优秀业绩的良性循环过程，其核心是向最优秀的组织学习。

根据标杆的类型不同，标杆管理可以分为四类：（1）内部标杆管理，以组织内部的最佳实践为基准；（2）竞争标杆管理，以同业态的竞争对手的最佳实践为基准；（3）职能标杆管理，以行业领先者或某些组织的优秀职能操作为基准；（4）流程标杆管理，以最佳工作流程为基准。

标杆管理的规划实施有一整套逻辑严密的步骤，大体可分为以下五步：

一是确认标杆管理的目标。在实施标杆管理的过程中，要坚持系统优化的思想，不是追求组织某个局部的优化，而是着眼于组织总体的最优；要制订有效的实践准则，以避免实施中的盲目性。

二是确定比较目标。比较目标就是能够提供值得借鉴的信息的组织或部门，比较目标的规模和性质不一定与自己相似，但应在特定方面为组织提供良好的借鉴作用。

三是收集与分析数据，确定标杆。分析最佳实践和寻找标杆是一项比较烦琐的工作，但对于标杆管理的成效非常关键。标杆的寻找包括实地调查、数据收集、数据分析、与自身实践比较找出差距、确定标杆指标。标杆的确定为组织找到了改进的目标。

四是系统学习和改进。这是实施标杆管理的关键。标杆管理的精髓在于创造一种环境，使组织中的人员在战略愿景下工作，自觉地学习和变革，创造出一系列有效的计划和行动，以实现组织的目标。

五是评价与提高。实施标杆管理不能一蹴而就，而是一个长期渐进的过程。每一轮完成之后都有一项重要的后续工作，就是重新检查和审视标杆研究的假设、标杆管理的目标和实际达到的效果，分析差距，找出原因，为下一轮改进打下基础。①

将标杆管理引入部门预算绩效管理可以发挥以下作用：一是在绩效目标设定和审核中，在缺乏规划和行业标准的情况下，运用标杆管理的方法，对部门之间和部门内部同类支出和同类活动的基准进行比较，从而有助于形成绩效标准。二是在预算执行中，有助于引入最佳实践，通过最佳实践的绩效指标引导管理创新。三是在绩效评价阶段，“以标杆为准绳、事实为依据”，有助于系统分析、衡量并找出部门绩效差距，剖析部门绩效差距存在的原因，为管理改进提供参照。

除了上述理论以外，针对绩效指标中的成本指标、质量指标、效益指标等，成本管理、全面质量管理、成本效益分析等都为开展部门预算绩效管理提供了有效的框架和工具。

① 曹堂哲、罗海元、孙静：《政府绩效测量与评估方法：系统、过程与工具》，经济科学出版社2017年，第163页。

▶ 本章小结

部门预算绩效管理理论是预算理论和绩效管理理论的有机融合与统一。规范主义预算理论、预算过程理论和公共选择理论奠定了理解部门预算绩效管理的基础。绩效管理理论是对绩效管理构成、形态、运行等方面属性和规律的认识。系统控制理论、战略管理理论、公共价值理论、绩效生成理论为我们从总体上认识部门预算绩效管理奠定了基础。目标管理、关键绩效指标、平衡计分卡、逻辑模型、标杆管理等为开展部门预算绩效管理提供了有效的框架和工具。

课后习题

名词解释

预算理论　公共选择理论　关键绩效指标　平衡计分卡　标杆管理

简答题

1. 简要阐述规范主义预算理论的主要观点。
2. 简要阐述预算过程理论的主要内容。
3. 简要阐述公共选择理论的主要内容。

论述题

1. 论述主要的绩效管理理论对部门预算绩效管理本质的理解。
2. 论述主要的绩效管理方法对部门预算绩效管理的意义。

本章推荐阅读文献

[1] 曹堂哲、罗海元、孙静:《政府绩效测量与评估方法》,经济科学出版社2017年。

[2][美] F·E·卡斯特、J·E罗森茨维克:《组织与管理：系统与权变的方法》，李柱流、刘有锦、苏沃涛，等，译，中国社会科学出版社2000年。

[3][美] 罗伯特·卡普兰、戴维·诺顿:《策略核心组织：以平衡计分卡有效执行企业策略》，ARC远擎管理顾问公司策略绩效事业部，译，台北城邦事业股份有限公司2001年。

[4] 李允杰、丘昌泰:《政策执行与评估》，北京大学出版社2008年。

[5] 马骏:《中国公共预算改革理性化与民主化》，中央编译出版社2005年。

[6][美] 约翰·A·皮尔斯二世、小理查德·B·鲁滨逊:《战略管理——制定、实施和控制（第8版）》，王丹，等，译，中国人民大学出版社2004年。

[7] Rubin，I. S.. *The Politics of Public Budgeting*: *Getting and Spending*, *Borrowing and Balance*，Chatham，New Jersey: Chatham House Publishers, Inc. 1990.

[8] Wildavsky，Aaron，Naomi Caiden. *The New Politics of the Budgetary Process*（5th）. Pearson Education，Inc.2004.

第三章 部门预算绩效管理系统集成模型

内容提要

部门预算绩效管理的系统集成模型以部门预算为主线，实现了战略管理、预算管理和绩效管理的融合。该模型的要素包括外部环境、对象子系统、主体子系统、过程子系统、权责激励子系统、支撑子系统。部门预算绩效管理的直接对象是部门预算收支，其中支出包括基本支出、项目（政策）支出和部门（单位）整体支出。主体子系统包括核心部门、直接行动部门和外部主体。过程子系统包括嵌入预算编制环节的绩效计划和绩效审查，预算执行环节的绩效运行监控，决算环节的绩效自评和评价，反馈监督环节的结果运用、信息公开等。绩效导向的组织文化、会计基础、制度体系、配套改革、能力建设等方面构成部门预算绩效管理的支撑子系统。

第一节 部门预算绩效管理系统集成模型概述

按照现代公共行政学奠基者威尔逊的观点：“如果各类政府想成为同样有用和有效率的政府，它们就必须在结构上有高度相似之处。”[①]同样的道理，部门预算绩效管理如果要想有用和有效，就必须在结构上有高度的相似之处。

一、部门预算绩效管理系统集成模型的含义

部门整体绩效包括部门的整体产出和效果，及其形成这一产出和效果的投入和过程。其中，部门整体产出和效果具有整体性和唯一性，其生成过程则有赖于部门财务、业务、资产和人力资源的协同配合。基于此，本书提出了部门预算绩效管理的战略（Strategy）、预算（Budget）、绩效（Performance）系统集成（System Integration）模型，简称SBSPI。该模型是对部门预算绩效管理形态的描述，即为了解决部门整体绩效在投入和过程层面的分割性与在产出和效果层面的统一性这一矛盾，预算部门以战略为导向，以绩效目标和指标设定为引领，以部门预算为前置性牵引和过程性纽带，合理配置和有效利用部门人、财、物、时间、信息等资源资金资产，通过主体、对象、过程、信息等系统集成，推动战略转化为行动、目标转化为结果，提高部门整体绩效水平而开展的系列管理活动，包含绩效计划、绩效审查、绩效

① 伍德罗·威尔逊：《行政学研究》，载彭和平、竹立家：《国外公共行政理论精选》，中共中央党校出版社1997年，第23页。

监控、绩效反馈等环节，如图3-1所示。[①]

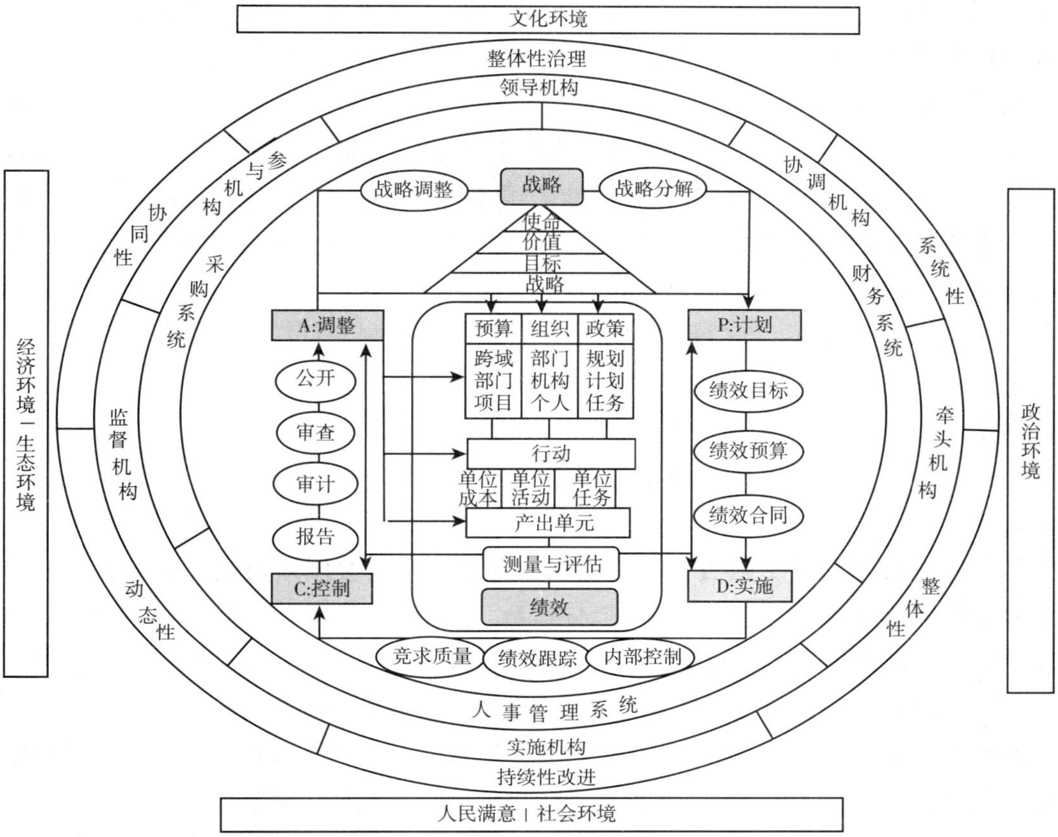

图3-1 部门预算绩效管理的系统集成（SBPSI）模型

该模型以部门预算为主线，实现了战略管理、预算管理和绩效管理的融合。该模型的要素如下：

一是外部环境。包括预算在内的政府战略、部门职能、机构体系、管理方式等构成政府治理体系。一方面，政治、经济、社会、文化和生态环境会同时影响到政府治理体系和预算绩效管理；另一方面，政府治理体系会影响到部门预算绩效管理的制度安排和行为模式，同时部门预算绩效管理支撑特定政府治理体系的有效运转。比如20世纪80年代以来，英美等西方国家政府治理的外部环境发生了明显的变化，为了应对经济危机、财政危机、管理危机和信任危机，相继掀起了新公共管理运动和重塑政府运动，企业管理的理念和方法被广泛引入政府治理，政府治理呈现出结果导向、分权化、市场化的特征。新绩效预算这种预算管理模式应运而生，为新公共管理改革的推行提供了支撑。

① 本章提出的模型和相关论述在曹堂哲和李方旺的文章《基于预算绩效的政府战略性绩效管理新形态——问题、逻辑与实施路径》中首次阐述，见《兰州大学学报（社会科学版）》2019年第5期，第61—70页。

二是对象子系统。部门预算绩效管理的直接对象是部门预算收支，其中，支出包括基本支出、项目（政策）支出和部门（单位）整体支出。部门预算收支计划是部门业务活动的集中反映，战略目标分解后形成的“产出单元”成为部门“办事”“花钱”和“用人”活动统一的基础。如果以“办事”或“用人”绩效作为部门绩效管理的基础，成本信息无法直接进入绩效管理的信息中，是“跛脚”的绩效管理。以预算为基础和主线的绩效管理能兼顾经济、效率、效益等绩效准则，是“两条腿走路”的健全的绩效管理。所以部门预算绩效管理的直接对象是预算收支，间接协同对象则是业务绩效和人事绩效。

三是主体子系统。部门预算绩效管理的主体包括核心部门、直接行动部门和外部主体。系统集成模型强调领导主体、协调主体、实施主体、监督主体和参与主体协同推动；强调部门内部战略管理、预算管理和绩效管理主体的同一性，战略管理委员会、预算管理委员会和绩效管理委员会应该是“多块牌子，一班人马，一体责任”。

四是过程子系统。绩效管理的过程子系统指的是按照绩效生成的逻辑形成的绩效管理活动中各项管理行为前后衔接体系，包括嵌入预算编制环节的绩效计划和绩效审查，预算执行环节的绩效运行监控，决算环节的绩效自评和评价，反馈监督环节的结果运用、信息公开等。绩效信息贯穿在绩效管理的全过程中，形成科学合理的绩效测量体系，合理利用投入、过程、产出和效果等绩效信息，建立绩效指标库，实现部门信息互联互通，才能使各子系统耦合，发挥协同效应。

五是权责激励子系统。权责激励系统是绩效管理活动中各行动者之间形成的职责分工、权力隶属和问责激励体系，分权、问责和激励约束相结合是“结果导向型”，而不是“过程控制型”绩效管理的必然要求。

六是支撑子系统。部门绩效导向的组织文化、会计基础、制度体系、配套改革、能力建设等方面都构成部门预算绩效管理的有力支撑。

二、部门预算绩效管理系统集成模型提出的依据

改革开放以来，我国政府绩效管理呈现出“行政主导、分头推进、渐进改革”的“碎片化”发展态势：在对象上经历了从侧重“用人”绩效到侧重“办事”绩效再到侧重“预算”绩效的转移；在环节上经历了从绩效评估到绩效管理的发展；在推动主体上经历了从组织人事部门、监察部门和编制部门再到财政部门牵引推动的演进。

党的十六届三中全会（2003年）提出树立科学发展观和正确的政绩观，要求

建立科学的政绩衡量体系和考核体系。党的十七届二中全会（2008年）指出："推行政府绩效管理"，推动了从绩效考核评估向绩效管理的跃升。期间中组部和人事部门在领导班子和领导干部考核、地方政府绩效评估等方面做了大量的推进工作，制定了相关的规范。总体而言，这一阶段我国政府实施绩效管理以"用人"的绩效考核和管理为重点和"牛鼻子"，将绩效管理纳入了国家治理的基本机制。

2011年国务院建立了政府绩效管理工作部际联席会议制度，原监察部作为牵头单位，在全国选择试点地区、试点部门开展地方政府及其部门绩效管理、国务院行政机构绩效管理、专项工作绩效管理、财政预算资金绩效管理试点工作。推动了绩效管理"由点到面"的拓展。这一阶段总体上是一种"效能监察"模式，基本取向是提升政府执行力或者"办事"绩效。党的十八大以来，随着监察职能和机构的调整，推进和规范绩效管理的相关职责转移到了中央编制委员会办公室。①《中华人民共和国监察法》不再将"效能监察"作为监察机构的职责，效能监察淡出，"效能监察"模式进入了调整阶段。

党的十八届三中全会（2013年）提出"财政是国家治理的基础和重要支柱"这一论断后，财政在国家治理中地位得到了确认。2014年修正《中华人民共和国预算法》搭建了预算绩效管理的法律框架，党的十九大提出"建立全面规范透明、标准科学、约束有力的预算制度，全面实施绩效管理"，2018年《中共中央 国务院关于全面实施预算绩效管理的意见》（以下简称《意见》）要求建立全方位、全过程、全覆盖的预算绩效管理体系，实现预算与绩效管理一体化。这意味着我国进入了以"预算"绩效为牵引和抓手，以预算绩效反映"办事"绩效，并纳入"用人"绩效，推动全面实施绩效管理的新时代。

实践中，部门层面的绩效管理主要有三种常见形式：一是预算绩效管理。二是党委政府或者上级主管部门对管辖部门开展的业务考核、效能建设、绩效督查和绩效考核。三是党委政府对所属工作部门或直属机构的领导班子和领导干部开展的任期考察或综合考核评价。上述三种形式的共性是都关注部门层面的整体产出和效果，都涉及部门的履职效能、管理效率、社会效应和公众满意等方面。但各自在理念、对象、主体、价值、模式等方面仍存在目标分割、功能分置、结构分属、体系分离的"碎片化"问题，难以在整体上实现协同增效。

2018年《意见》印发，首次提出了"部门和单位整体绩效"的概念，要求"将部门和单位预算收支全面纳入绩效管理，赋予部门和资金使用单位更多的管理自主权，围绕部门和单位职责、行业发展规划，以预算资金管理为主线，统筹考虑资产和业务活动，从运行成本、管理效率、履职效能、社会效应、可持续发展能力

① 周志忍、徐艳晴：《政府绩效管理的推进机制：中美比较的启示》，《中国行政管理》2016年第4期，第139—144页。

和服务对象满意度等方面，衡量部门和单位整体及核心业务实施效果，推动提高部门和单位整体绩效水平”。《意见》明确了部门预算绩效管理本质上是一种以战略为导向，预算为主线，综合运用计划、实施、控制和调整等多种手段，创造业务、预算、资源、资产等多要素协同，以实现部门整体绩效最大化和持续改进的新型组织运行形态。

世界各国政府绩效管理实践表明，政府部门绩效管理是一种联合行动的跨域事务，需要将政策（业务）过程、预算过程、人力资源管理过程融为一体，实现多层次、多部门、多主体治理的整合协同。20世纪90年代西方国家为了应对政府部门依功能划分形成的“碎片化”和“部门主义”问题，英国、加拿大、澳大利亚、新西兰等国家兴起了强调政策目标能连贯一致，政策执行手段能相互配合，政府部门能协调整合的“整体性政府”（Holistic Government）模式。[①]随后希克斯（Perri 6）将整体性政府拓展为整体性治理，阐述了治理层级、治理功能和公私部门的整合，分析了政策、组织、信息、预算、参与、绩效等方面的整体性治理机制。整体性治理强调审慎运用整合型预算（Integrated Budgets）和财政工具，实现战略、政策、预算、结果和绩效的一体化。[②]整体性治理理论为分析政府绩效管理的整体性逻辑提供了理论参照。在整体性治理的理论引导下，研究政策、预算、绩效的整合已经成为一个重要的研究热点，[③]也是完善部门预算绩效管理的必然要求。

基于上述理论、实践和国际经验，在新时代整体、系统、协同推进改革的要求下，很有必要厘清绩效管理内在整体性逻辑，正确认识绩效管理各个构成要素和子系统的“统、分、主、次”关系，实现优化协同高效。这正是本书提出部门预算绩效管理系统集成模型的基本依据。

三、部门预算绩效管理系统集成模型的特征

（一）以系统集成协同增效为方法论

系统是由相互制约的各部分组成的具有一定功能的整体。系统集成，最初是一个计算机科学和技术的专用术语，是通过结构化的综合布线系统和计算机网络

① Perri 6. *Holistic government*. London：Demos，1997：70—71.

② Perri 6，Leat D，Seltzer K，et al. *Towards Holistic Governance*：The New Reform Agenda. London：Palgrave Press，2002：31—33.

③ 马骏、侯一麟：“中国省级预算中的政策过程与预算过程：来自两省的调查”，《经济社会体制比较》2005年第5期，第64—72页．蒋敏娟：“西方协作型预算对我国整体性治理的启示”，《学习与实践》2015年第6期，第60—66页。

技术，采用技术整合、功能整合、数据整合、模式整合、业务整合等技术手段，将各个分离的设备、软件和信息数据等要素集成到相互关联的、统一和协调的系统之中，使系统整体的功能、性能符合使用要求，使资源达到充分共享，实现集中、高效、便利的管理。“协同”指系统的不同要素，在演化过程中，通过耦合、协调和衔接等自组织过程，形成一个新型有机结构，实现“系统涌现”和“整体增效”的现象。20世纪50年代至今，信息论、控制论、协同论、耗散结构理论、自组织理论、非线性理论、混沌理论、复杂适应系统理论等系统科学群族的迅猛发展，系统集成与协同增效成为理解复杂系统的重要方法。部门预算绩效管理就是一个典型的复杂系统，需要在系统集成中产生协同效应，实现部门总额控制、资源配置和运营效率等功能，为国家治理体系和能力现代化提供支撑。SBPSI模型实现了以下几个方面的系统集成和协同增效。

一是部门整体层面各类绩效形式的集成与协同。部门的管理活动可以理解为部门围绕战略目标，在特定人、财、物、资源投入后，通过“办事、花钱和用人”所对应的“业务、预算和组织”三大过程，共同创造出部门的整体产出和效果，形成公共价值。就投入和过程而言，在业务、预算、人力资源与资产等方面可以各自设定相应的绩效指标；但就最终结果而言，部门整体的产出和效果应该是统一的，能够反映部门核心业务的完成情况、战略目标实现情况和公众满意度。部门整体绩效在投入和过程层面的分割性和结果层面的统一性这一基本矛盾，决定了部门整体绩效在主体、对象、过程、信息等方面协同的基本内容和形式。预算作为贴着价格标签的一系列政策目标，具有鲜明的导向性、约束性和前置性等特点，破解部门整体绩效协同难题的优先选择应该是以预算为主线，将业务过程、组织管理过程串接起来，形成以部门预算为纽带的部门整体绩效协同机制，关键是处理好部门预算绩效管理与部门业务、资源和资产等其他绩效管理形式之间的匹配、衔接与耦合。如图3–2所示。①

二是部门预算绩效管理各子系统的集成与协同。序参量在协同学中指的是决定事物演化的结构和有序程度的变量。部门预算绩效管理应以部门预算为“序参量”，将部门战略、绩效目标指标和预算融合为一个统一体，实现了战略、预算和绩效管理主体、对象、过程、信息和权责等子系统的系统集成和协同一致。

三是部门预算绩效准则的集成与协同。经济、效率、效益、公平和可持续是绩效评价和管理的基本准则，只有在投入、过程、产出和效果的逻辑链条中，同时满足上述标准才是健全的绩效评价和管理。本模型将实施战略的过程分解为政策（业务）、预算和组织三条线索，并以“产出单元”作为连接三条线索的纽带和预算编制的基础，这就实现了预算编制过程中成本信息、产出和效果信息的综合集成。这

① 曹堂哲、罗海元：《部门整体绩效管理的协同机理与实施路径——基于预算绩效的审视》，《中央财经大学学报》2019年第6期，第3—10页。

种模式既区别于传统分项列支式的投入型预算管理模式——这种传统预算模式反映成本信息，但无法反映产出和效果信息；也区别于部门业务督查考核和部门人事考评类的绩效管理形态——这些绩效管理能反映产出和效果信息，但缺乏成本信息。

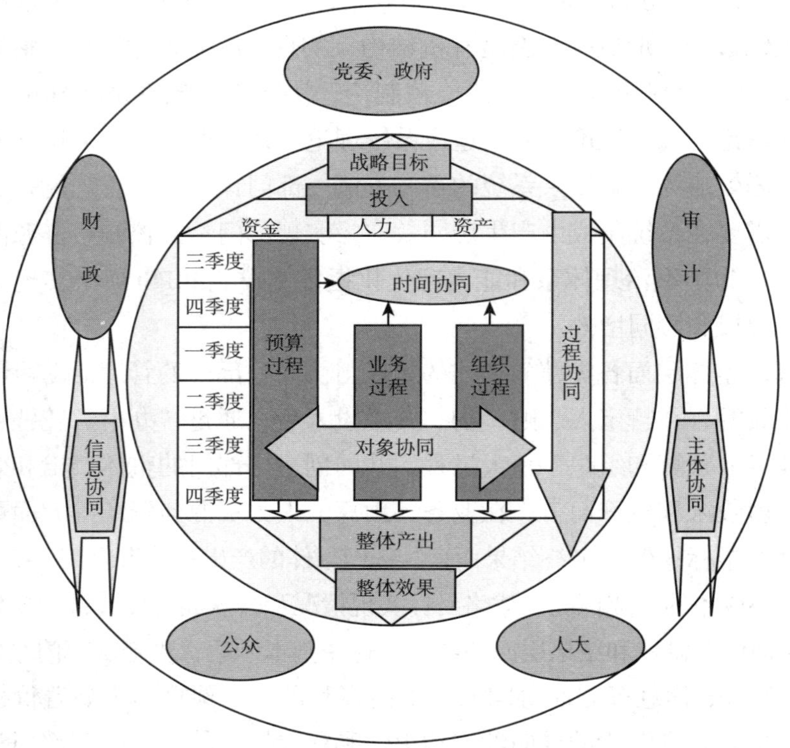

图3–2　部门预算绩效管理协同机理

四是部门预算绩效管理与环境和支撑体系的协同。部门预算绩效管理是政府治理的组成部分，在共同受经济、政治、社会、文化和生态环境制约的同时，政府治理制度及其与预算绩效紧密相关的配套制度会影响到部门预算绩效管理的实施，比如：政府绩效文化、组织领导体系、会计基础、中期财政规划、政府收支分类科目制度、机构能力等方面都影响到预算绩效管理的实施，需要通过系统集成，发挥整体效能。

（二）以战略和目标为导向

战略作为从全局考虑谋划实现全局目标的规划，是部门活动的出发点和依据，部门预算过程、政策（业务）过程和组织过程都应围绕战略展开，形成一个系统的整体。本模型以部门战略转化为行动的全过程为基础架构，以预算为“序参量”，通过预算集中反映政策过程和组织过程，将绩效管理嵌入在预算管理的每一个环节中，实现预算与绩效管理的一体化。

部门的战略目标是开展预算绩效管理的导向，贯穿在全过程预算绩效管理的始终，按照战略规划的“目标—手段”链条，对应设置部门整体、政府功能分类科目、一级项目（政策）、二级项目（政策）、机构和个人等层面的绩效目标和指标，形成绩效目标的层级分解体系和逐级汇总关系，形成可衡量的绩效指标，并根据绩效目标和指标开展绩效运行监控、绩效评价与评价结果运用、绩效审查监督、绩效信息公开等活动。

（三）以全面预算管理为主线

随着现代企业的兴起，企业预算应运而生，并形成了全面预算的理论和实践。全面预算包括了经营预算、专门决策预算和财务预算三个部分。全面预算管理是指企业为了实现战略规划和经营目标，对预定期内的经营活动、投资活动和筹资活动，通过预算的方式进行合理的规划、预计、测算和描述，并以预算为标准，对其执行过程与结果进行计量、控制、调整、核算、分析、报告、考评和奖惩等一系列管理活动的总称。全面预算管理的“全面”包括全员、全过程、全方位三重含义。全员是指那些执行企业预算、参与企业经营活动的关键岗位人员和管理人员；全过程是指对企业的各项经营管理活动，从事前预测、事中控制到事后分析考核都涵盖在预算管理范围；全方位是指企业所有的经营管理活动都要纳入预算管理，包括销售、采购、生产、成本、现金收支、质量控制、人力资源政策等方面的统筹预测和安排。①

20世纪80年代以来，随着新公共管理运动的兴起，大量企业管理的方法被引入到政府管理中，全面预算的理念也不例外。比如：美国在1993年通过的《政府绩效与结果法案》要求美国联邦政府在编制预算时要制定绩效计划，要求“（3）简略描述运作过程、技能、技术和人力、资本、信息以及实现执行目标所必需的其他资源”。②2018年《中共中央 国务院关于全面实施预算绩效管理的意见》中提出要用3—5年时间基本建成全方位、全过程、全覆盖的预算绩效管理体系，实现预算与绩效管理一体化。这与全面预算管理的理念是一致的。2019年财政部印发的《关于征求〈行政事业单位成本核算基本指引（征求意见稿）〉意见的函》（财办会〔2019〕23号）和《事业单位成本核算基本指引》（财会〔2019〕25号）也将成本界定为“单位特定的成本核算对象所发生的资源耗费，包括房屋及建筑物、设备、材料、产品等有形资源的耗费，知识产权等无形资源的耗费，以及人力资源耗费等

① 陈华：《CS公司全面预算管理应用研究》，复旦大学硕士学位论文2008年。

② 邱霈恩：《美国〈1993政府绩效与结果法案〉译文》，《中国行政管理》2004年第5期，第28页。

其他耗费”。“单位应当设置成本等绩效目标，以便衡量单位整体运行效率、核心业务实施效果、政策和项目预算资金使用效果。”①

本模型的提出建立在全面预算管理的理念和方法基础之上，实现了战略导向下，政策（业务）规划、财务和资产收支计划、人员配置等方面的系统集成，在绩效管理中贯穿着全面预算管理“主体全方位、周期全过程、资源全覆盖”的要求。

①《关于征求〈行政事业单位成本核算基本指引（征求意见稿）〉意见的函》（财办会〔2019〕23号）。

第二节 部门预算绩效管理的主体系统

主体系统是推动全面实施预算绩效管理活动中各行动者的职责分工、机构隶属、人员配置关系，即预算绩效管理的机构职能体系。

从国际经验来看，实施预算绩效管理主要涉及三类机构，包括行政核心部门、直线职能部门、立法机构等外部主体。行政核心部门不承担社会管理或公共服务职责，而是为职能部门履职提供统筹协调、指导，比如英国的内阁办公厅、首相办公室、财政部，美国的管理和预算办公室等。直线职能部门是绩效管理的直接行动主体。立法机构、审计监督部门、司法部门、合作伙伴、客户团体、专业团体等则是其“外部”约束主体。①对于我国而言，在预算绩效管理系统中，预算绩效管理行动者是一个多主体、全方位、多层面的立体结构，一般包括党委政府、预算部门、财政部门、人大、审计和社会公众六类行动者，可以参照三类主体的框架进行归类分析。

一、核心部门

核心部门是部门预算绩效的组织领导和统筹协调、指导部门。

（一）党委政府统筹领导

预算活动作为经法定程序审核批准的国家年度集中性财政收支计划，本质上反映国家规划和政策，反映各级政府职能和工作方向。预算绩效是衡量政府绩效的主要指标之一，

① 周志忍、徐艳晴：《政府绩效管理的推进机制：中美比较的启示》，《中国行政管理》2016年第4期。

本质上反映的是各级政府、各部门的工作绩效。加强党委政府对预算绩效管理的领导，才能确保预算绩效管理工作沿着正确的方向前进，才能确保预算绩效管理工作的顺利推进，才能确保预算绩效管理工作的权威性和执行力。

《意见》明确要求“要坚持党对全面实施预算绩效管理工作的领导，充分发挥党组织的领导作用，增强把方向、谋大局、定政策、促改革的能力和定力”。各级党委政府在预算绩效管理工作中要做好统筹指导、监督检查和奖惩激励等工作。

1.统筹指导。《意见》明确了“地方各级政府是预算绩效管理的责任主体。地方各级党委和政府主要负责同志对本地区预算绩效负责”。加强本地区预算绩效管理的统筹和指导是地方各级党委政府的重要职责，具体方式包括：出台实施意见、研究重大问题、统筹推进等。

2.督查考核。加强预算绩效管理工作的监督检查是落实各部门预算绩效管理工作责任的重要举措。各级党委政府督查部门应将预算绩效管理工作纳入督查范围，及时发现问题，出台整改意见并督促落实整改措施。

3.奖惩激励。《意见》要求“各级政府要将预算绩效结果纳入政府绩效和干部政绩考核体系，作为领导干部选拔任用、公务员考核的重要参考，充分调动各地区各部门履职尽责和干事创业的积极性”。各级党委政府要在政府层面形成预算绩效管理的奖惩激励机制，将预算绩效纳入政府绩效考核和干部考核体系。

4.参考绩效编制预算。《预算法》规定“各级政府、各部门、各单位应当对预算支出情况开展绩效评价”。《预算法》还要求在编制预算的时候，要参考绩效评价结果。“各级预算应当根据年度经济社会发展目标、国家宏观调控总体要求和跨年度预算平衡的需要，参考上一年预算执行情况、有关支出绩效评价结果和本年度收支预测，按照规定程序征求各方面意见后，进行编制。”政府要参考上年度绩效情况，将绩效作为预算编制的重要参考。

（二）财政部门组织协调

财政部门除了开展部门自身的预算绩效管理以外，还需要做好组织协调工作，发挥推动预算绩效管理工作的发动机和方向盘作用。财政部门在推动预算绩效管理工作中的主要职责如下：①

1.建章立制。财政部门围绕预算管理的主要内容和环节，完善涵盖绩效目标管理、绩效运行监控、绩效评价管理、评价结果应用等各环节的管理流程，制定完善

① 关于财政部门的各项职责参考了《关于贯彻落实〈中共中央 国务院关于全面实施预算绩效管理的意见〉的通知》（财预〔2018〕167号）。

预算绩效管理制度办法，组织指导本级部门、单位和下级财政部门全面实施预算绩效管理工作，重点关注预算收支总量和结构，加强预算执行监管，推动财政预算管理水平明显提升。建立专家咨询机制，引导和规范第三方机构参与预算绩效管理，严格执业质量监督管理。①

2.开展财政全过程预算绩效管理。

一是预算编制环节突出绩效导向。各级财政部门对新增重大政策和项目预算进行审核，必要时组织第三方机构独立开展绩效评估，审核和评估结果作为预算安排的重要参考依据。财政部门严格绩效目标审核，未按要求设定绩效目标或审核未通过的，不得安排预算。

二是预算执行环节加强绩效监控。逐步建立重大政策、项目绩效跟踪机制，按照项目进度和绩效情况拨款，对存在严重问题的要暂缓或停止预算拨款。加强预算执行监测，科学调度资金，简化审核材料，缩短审核时间，推进国库集中支付电子化管理，切实提高预算执行效率。

三是决算环节全面开展绩效评价。推动预算部门和单位开展整体绩效自评，提高部门履职效能和公共服务供给质量。各级财政部门负责建立健全重点绩效评价常态机制，对重大政策和项目定期组织开展重点绩效评价，不断创新评价方法，提高评价质量。逐步开展部门整体绩效评价。对下级政府财政运行情况实施综合绩效评价。必要时可以引入第三方机构参与绩效评价。

四是强化绩效评价结果刚性约束。健全绩效评价结果反馈制度和绩效问题整改责任制，加强绩效评价结果应用。各级财政部门会同有关部门建立绩效评价结果与预算安排和政策调整挂钩机制，按照奖优罚劣的原则，对绩效好的政策和项目原则上优先保障，对绩效一般的政策和项目要督促改进，对低效无效资金一律削减或取消，对长期沉淀的资金一律收回，并按照有关规定统筹用于亟需支持的领域。

五是推动预算绩效管理扩围升级。与各部门共同推动绩效管理覆盖所有财政资金、覆盖“四本预算”，并根据不同预算资金的性质和特点统筹实施。与各部门共同推动对政府投资基金、主权财富基金、政府和社会资本合作（PPP）、政府购买服务、政府债务项目等各项政府投融资活动实施绩效管理，实现全过程跟踪问效。积极推动绩效管理实施对象从政策和项目预算向部门和单位预算、政府预算拓展，稳步提升预算绩效管理层级，逐步增强整体性和协调性。

3.组织协调。财政部门在预算绩效管理中发挥着重要的组织协调职能，主要包括：

① 新华社北京9月25日电《中共中央 国务院关于全面实施预算绩效管理的意见》。

一是制订预算绩效管理工作规划。在党委政府的统筹领导下，按照全面实施预算绩效管理的要求，制订落实意见、工作规划和计划，并对规划和计划实施情况进行监督检查。

二是指导各部门开展工作。在预算绩效管理全过程中处理好与部门的职责划分，指导部门和单位提高预算绩效管理水平。

三是完善绩效指标和标准体系。各级财政部门建立健全定量和定性相结合的共性绩效指标框架。完善共性绩效指标框架，组织各部门建立分行业、分领域、分层次的绩效指标体系，推动绩效指标和评价标准科学合理、细化量化、可比可测，夯实绩效管理基础。

四是推进绩效管理信息化建设。逐步完善互联互通的预算绩效“大数据”系统，为全面实施预算绩效管理提供重要支撑。

五是做好与各个行动主体的协调配合。加强与人大、监察、审计等机构的协调配合，健全工作机制，形成改革合力，确保全面预算绩效管理工作顺利实施。

六是创新评估评价方法。立足多维视角和多元数据，依托大数据分析技术，运用成本效益分析法、比较法、因素分析法、公众评判法、标杆管理法等，提高绩效评估评价结果的客观性和准确性。

4.监督问责。加强绩效管理监督问责是各级财政部门和预算部门的共同职责。

一是硬化预算绩效责任约束。财政部门会同审计部门加强预算绩效监督管理，重点对资金使用绩效自评结果的真实性和准确性进行复核，必要时可以组织开展再评价。财政部驻各地监管局发挥就地就近优势，加强对本地区中央专项转移支付绩效目标和绩效自评结果的审核。对绩效监控、绩效评估评价结果弄虚作假，或预算执行与绩效目标严重背离的部门和单位及其责任人要提请有关部门进行追责问责。

二是加大绩效信息公开力度。财政部门大力推动重大政策和项目绩效目标、绩效自评以及重点绩效评价结果随同预决算报送同级人大，并依法予以公开。探索建立部门和单位预算整体绩效报告制度，促使各部门各单位从“要我有绩效”向“我要有绩效”转变，提高预算绩效信息的透明度。

三是推动社会力量有序参与。引导和规范第三方机构参与预算绩效管理，加强执业质量全过程跟踪和监管。搭建专家学者和社会公众参与绩效管理的途径和平台，自觉接受社会各界监督，促进形成全社会“讲绩效、用绩效、比绩效”的良好氛围。

四是强化工作考核。各级财政部门负责对本级部门和预算单位、下级财政部门预算绩效管理工作情况进行考核。建立考核结果通报制度，对工作成效明显的地区和部门给予表彰，对工作推进不力的进行约谈并责令限期整改。

二、直接行动主体

我国实施的部门预算制度决定了预算部门是实施预算绩效管理的直接行动主体和第一责任主体，预算部门要在预算管理全过程中融入绩效管理的理念和方法，提升部门预算资金的配置效率和使用效益。《预算法》明确规定："各部门、各单位应当按照国务院财政部门制定的政府收支分类科目、预算支出标准和要求，以及绩效目标管理等预算编制规定，根据其依法履行职能和事业发展的需要以及存量资产情况，编制本部门、本单位预算草案。""各级政府、各部门、各单位应当对预算支出情况开展绩效评价。"

预算部门作为部门预算绩效管理的责任人，"部门和单位主要负责同志对本部门本单位预算绩效负责，项目责任人对项目预算绩效负责，对重大项目的责任人实行绩效终身责任追究制，切实做到花钱必问效、无效必问责"。[①] 预算部门需要在以下方面承担起部门预算绩效管理的主体责任。[②]

1.制订具体实施方案。各部门深入分析本部门预算绩效管理工作实际，对照相关法律法规和政策要求，准确查找存在的差距和突出问题，研究制订具体、有针对性、可操作的实施方案，明确部门推动全面实施预算绩效管理的时间表和路线图。各部门按照各级财政部门制定的预算绩效管理制度办法，结合部门实际健全预算绩效管理操作规范和实施细则，建立上下协调、部门联动、层层抓落实的工作责任制，将绩效管理责任分解落实到具体预算单位、明确到具体责任人，确保每一笔资金花得安全、用得高效。

2.开展部门全过程预算绩效管理。

一是开展事前绩效评估。各部门对新出台重大政策、项目，结合预算评审、项目审批等开展事前绩效评估，评估结果作为申请预算的必备要件，防止"拍脑袋决策"，从源头上提高预算编制的科学性和精准性。

二是实现绩效目标管理全覆盖。各部门编制预算时要贯彻落实党中央、国务院各项决策部署，分解细化各项工作要求，结合本地区本部门实际情况，全面设置部门和单位整体绩效目标、政策及项目绩效目标。实现本级政策和项目、对下共同事权分类分档转移支付、专项转移支付绩效目标管理全覆盖，设立部门和单位整体绩效目标。

三是做好绩效运行监控。按照"谁支出、谁负责"的原则，各部门各单位对绩效目标实现程度和预算执行进度实行"双监控"，发现问题要及时纠正，确保绩效

① 《中共中央 国务院关于全面实施预算绩效管理的意见》。

② 关于预算部门的各项职责参考了《关于贯彻落实〈中共中央 国务院关于全面实施预算绩效管理的意见〉的通知》（财预〔2018〕167号）。

目标如期保质保量实现。

四是开展绩效评价。部门在决算环节开展绩效评价，实现政策和项目绩效自评全覆盖，如实反映绩效目标实现结果，对绩效目标未达成或目标制定明显不合理的，作出说明并提出改进措施。开展预算部门和单位整体绩效自评，提高部门履职效能和公共服务供给质量。各部门各单位对预算执行情况以及政策、项目实施效果开展绩效自评，评价结果报送本级财政部门。

五是强化绩效评价结果刚性约束。各部门会同财政部门建立健全绩效评价结果反馈制度和绩效问题整改责任制，形成反馈、整改、提升绩效的良性循环。具体内容同上述财政部门“强化绩效评价结果刚性约束”的内容。

3.实现部门预算绩效管理全覆盖。具体内容同本章第二节“财政部门组织协调”中“推动预算绩效管理扩围升级”。

4.理顺内部工作机制。各部门各单位按照预算和绩效管理一体化要求，结合自身业务特点，优化预算管理流程，完善内控制度，明确部门内部绩效目标设置、监控、评价和审核的责任分工，加强部门财务与业务工作紧密衔接。建立健全本行业、本领域核心绩效指标体系，明确绩效标准，规范一级项目绩效目标设置，理顺二级项目绩效目标逐级汇总流程，推动全面实施预算绩效管理工作常态化、制度化、规范化。

三、外部主体

人大、政协、审计和社会公众等主体在预算绩效管理中都按照各自的职责，监督和促进预算绩效管理的推行。人大、政协、审计的监督我们将在本书第八章中详细介绍。

社会参与的主要形式是第三方参与全过程预算绩效管理。第三方是指向委托方提供预算绩效管理工作相关服务的法人或其他组织，主要包括会计师事务所、资产评估机构、政府研究机构、高等院校、科研院所、社会咨询机构及其他评价组织等。另外专家和公众也可以根据相关规定参与到预算绩效管理的全过程中。2012年9月21日财政部预算司印发《预算绩效管理工作规划（2012—2015年）》（财预〔2012〕396号），提出健全专家学者库、中介机构库和监督指导库。2018年9月1日《中共中央 国务院关于全面实施预算绩效管理的意见》发布，强调第三方机构在重大政策和项目预算审核、事前绩效评估、事后绩效评估中的重要作用。2018年11月8日财政部预算司印发《关于贯彻落实〈中共中央国务院关于全面实施预算绩效管理的意见〉的通知》（财预〔2018〕167号），提出引导和规范第三方机构参与预算绩效管理，搭建专家学者和社会公众参与绩效管理的途径和平台，自觉接受社会各界监督。

社会公众通过公民评议政府、机关满意度评价、行风评议等形式，主要从全局观念、服务宗旨、服务质量、办事效率、勤政廉洁、工作业绩等方面对部门进行评价，是部门预算绩效管理的有机组成部分。[①]

① 蓝志勇、胡税根：《中国政府绩效评估：理论与实践》，《政治学研究》2008年第3期。

▶ 第三节 部门预算绩效管理的对象系统

部门活动有自身的使命、价值、愿景和战略，为了实现这一战略需要形成办事、花钱和用人的协同配合，将战略转化为行动。预算以财务收支计划的形式集中反映战略、政策和活动，部门预算绩效管理的直接对象是全部预算收支，间接协同对象是业务和人事绩效管理。

一、部门预算绩效管理的直接对象

部门预算绩效管理的直接对象是部门预算以及部门分配、使用、管理的各类预算收支。其中支出包括部门基本支出、部门政策和项目支出、部门预算整体支出和部门分配、使用、管理的各类预算资金。

（一）部门基本支出

以中央部门为例，“基本支出预算是部门预算的组成部分，是中央部门为保障其机构正常运转、完成日常工作任务而编制的年度基本支出计划，按其性质分为人员经费和日常公用经费”。①

2001年我国首次按照基本支出和项目支出编报部门预算，对基本支出试点实行“定员定额”管理方式，选择了农业部等10个试点部门，根据各单位履行职能的需要和财力可能等因素，制定了中央部门人均基本支出标准。2002年，财政部正式印发了《中央部门基本支出预算管理试行办法》（财预〔2001〕330号），2003年修订和完善了《中央本级基本支出

①《中央本级基本支出预算管理办法》（财预〔2007〕37号）。

管理办法（试行）》，进一步明确界定了基本支出范围，完善了基本支出定额管理方式。进一步扩大了基本支出定额试点范围，增加118个试点事业单位。2007年财政部印发了《中央本级基本支出预算管理办法》（财预〔2007〕37号），明确了中央本级基本支出预算管理办法，沿用至今。编制2018年和2019年预算时，将符合条件的公益一类事业单位纳入定员定额管理范围，明确了财政补助范围和标准。①

基本支出预算实行以定员定额为主的管理方式，同时结合部门资产占有状况，通过建立实物费用定额标准，实现资产管理与定额管理相结合。基本支出定额项目包括人员经费和日常公用经费两部分。一是人员经费包括政府收支分类的支出经济分类科目中的“工资福利支出”和“对个人和家庭的补助”。具体定额项目包括：基本工资、津补贴及奖金、社会保障缴费、离退休费、医疗费、助学金、住房补贴和其他人员经费等。二是日常公用经费包括政府收支分类的支出经济分类科目中的“商品和服务支出”和“其他资本性支出”中属于基本支出内容的支出。具体定额项目包括：办公及印刷费、水电费、邮电费、取暖费、物业管理费、交通费、差旅费、日常维修费、会议费、专用材料费、一般购置费（包括一般办公设备购置费、一般专用设备购置费、一般交通工具购置费、一般装备购置费等）、福利费和其他公用经费等。

部门基本支出绩效管理重点关注基本支出的测算依据、合法合规和运行保障功能发挥等方面，通过对基本支出的投入、过程、产出和结果的评价，设置基本支出总额、人员经费占基本支出总额比重、公用费占基本支出总额比重、基本支出总额分布结构等绩效目标和指标，集中反映公共产品供给运行成本耗费状况，并通过多种举措实现基本支出的经济性、效率性和效益性。②

（二）部门项目支出

项目支出预算是“部门支出预算的组成部分，是中央部门为完成其特定的行政工作任务或事业发展目标，在基本支出预算之外编制的年度项目支出计划，包括基本建设、专项业务费、大项修缮、大型购置、大型会议等项目支出”。③

1.项目支出预算政策演变。中央部门预算改革之前，部门项目预算是先有经费预算指标，然后落实到具体项目，基本上是财政先“切块”分配资金，再由管理这些资金的部门将其分配到项目和各执行单位。④2000年中央部门预算改革后，财政

① 财政部预算司：《中央部门预算编制指南（2020年）》，中国财政经济出版社2019年，第39—41页。

② 白景明：《加快实施基本支出预算绩效管理》，《中国财经报》2019年9月9日。

③ 财政部预算司：《中央部门预算编制指南（2020年）》，中国财政经济出版社2019年，第47页。

④ 财政部预算司：《中央部门预算编制指南（2020年）》，中国财政经济出版社2019年，第48页。

部将部门预算支出划分为基本支出和项目支出两部分，并分别按照不同模式管理。2001年财政部印发《中央部门基本支出预算管理试行办法（财预〔2001〕330号），经过多次修订完善，于2007年印发了《中央本级项目支出预算管理办法》（财预〔2007〕38号）。

总体而言，2014年之前中央部门项目支出预算管理仍属于“条目预算”模式，所有项目支出按照类型和用途分类罗列，每一支出项目设置上限，执行中通过各项内外部措施确保支出按规定用途使用，且不超出上限。这种做法体现了预算的“控制导向”，其关注的焦点在于资源投入以及分配过程，强调的是预算的保障功能和对资金使用过程的合规性约束，而不是使用公共资源所产生的效果。①

2015年财政部启动了关于加强和改进项目支出预算管理改革工作，相继印发了《财政部关于加强和改进中央部门项目支出预算管理的通知（财预〔2015〕82号）、《财政部关于进一步做实中央部门预算项目库的意见》（财预〔2016〕54号）、《财政部关于进一步完善中央部门项目支出预算管理的通知》（财预〔2017〕96号）等文件，形成了项目分级管理、项目评审管理和项目库管理相关制度，并将项目绩效目标管理和预算评审嵌入到项目预算管理过程中，形成了绩效导向的项目支出预算管理。

2.项目分级管理②。中央部门预算项目实行分级管理，分为一级项目和二级项目两个层次。

一级项目明细到支出功能分类的款级科目，按照部门主要职责设立并由部门作为项目实施主体，根据部门履行职能的需要设置并包含若干二级项目。一级项目要有明确的名称、实施内容、支出范围和总体绩效目标，项目数量要严格控制，项目名称、实施内容和支出范围等在年度间要保持相对稳定。

部门一级项目分为通用项目和专用项目。通用项目，指根据部门的共性项目设立并由各部门共同使用的一级项目。通用项目由财政部根据管理需要统一设立，主要包括有预算分配权部门管理的项目和归口管理的项目等。专用项目，指部门根据履行职能的需要自行设立和使用的一级项目。专用项目由中央部门提出建议，报财政部核准后设立。

二级项目的设立与对应的一级项目相匹配，有充分的立项依据、具体的支出内容、明确合理的绩效目标。二级项目明细到支出功能分类的项级科目，年初部门预算按二级项目批复。

二级项目划分为重大改革发展项目、专项业务费项目和其他项目三类。重大改

① 财政部预算司：《中央部门预算编制指南（2020年）》，中国财政经济出版社2019年，第48—49页。

②《财政部关于加强和改进中央部门项目支出预算管理的通知》（财预〔2015〕82号），附件：《加强和改进中央部门项目支出预算管理工作实施方案》。

革发展项目，指党中央、国务院文件明确规定中央财政给予支持的改革发展项目，以及其他必须由中央财政保障的重大支出项目等。专项业务费项目，指中央部门为履行职能，开展专项业务而持续、长期发生的支出项目，如：大型设施、大型设备运行费，执法办案费，经常性监管、监测、审查经费，以及国际组织会费、捐款及维和支出等。其他项目，指除上述两类项目之外，中央部门为完成特定任务需安排的支出项目。基本建设项目统一列为其他项目，并按管理主体分为国家发展改革委安排的基建项目、中央财政安排的基建项目和其他主管部门安排的基建项目。除上述分类外，根据管理需要，中央部门和财政部可对二级项目补充其他分类并加以标识。

一级项目的设立以部门职责为依据。在严控一级项目数量的前提下，有些支出规模较大的职能可以设置多个一级项目，支出规模较小的多个单项职责可以合并设置一个一级项目。一级项目分为通用项目和专用项目。

部门一级项目与政府支出功能分类科目之间存在一定的对应关系。部门使用的每一个支出功能分类款级科目，原则上都应设置一个其他项目，归集该款级科目下部门专有项目未能涵盖的二级项目。[①]

3.项目预算编制[②]。项目支出预算由基层预算单位编制，逐级审核汇总后，由中央部门按照“一级项目+二级项目”的方式向财政部申报预算，根据二级项目的增减变化情况提出一级项目预算需求。二级项目预算按照经济分类科目编制，项目类别由部门在申报预算时一并提出，财政部审核。二级项目纳入预算安排后，项目类别在项目实施周期内不得调整。财政部对部门报送的项目支出预算进行审核，并按一级项目下达预算控制数，由部门按照审核后的项目类别和排序，安排二级项目预算。

要做好项目支出预算执行的各项前期准备工作，相关工作在部门预算“二上”后即可着手开展。严格按照预算批复的功能分类科目、用款计划、项目进度、有关合同和规定程序做好项目支出预算执行工作，涉及政府采购的应严格执行政府采购有关规定。硬化预算约束，年度预算执行中除救灾等应急支出和少量年初未确定事项外，一般不追加当年项目预算支出，必须出台的政策通过以后年度预算安排。如部门认为必须追加当年支出的，应首先在已批复的预算额度内，通过调整当年支出结构解决并按程序报批。加强预算执行监管，提高预算资金使用的规范性、安全性和有效性，并将预算执行结果与以后年度预算安排相结合。

① 财政部预算司：《中央部门预算编制指南（2020年）》，中国财政经济出版社2019年，第51页。

②《财政部关于加强和改进中央部门项目支出预算管理的通知》（财预〔2015〕82号），附件：《加强和改进中央部门项目支出预算管理工作实施方案》。

4.项目库管理与项目滚动管理[①]。中央本级项目库实行分层设立、分级管理。财政部、中央部门和所属单位按照项目管理的相关规定，分别设立项目库，对一级和二级项目进行维护和管理。财政部项目库由中央部门上报的项目构成；中央部门项目库由本级和下级单位上报的项目构成；基层单位项目库由本单位立项和实施的项目构成。

中央部门和所属单位的项目库实行开放式管理。各单位可根据工作需要设置二级项目，审核后纳入单位项目库，实时或定期上报，经逐级审核后纳入中央部门项目库，作为部门预算备选项目。编制年度部门预算和部门三年滚动规划时，结合财政部下达的支出控制数，中央部门在预算备选项目中择优选取项目报财政部，未纳入部门项目库的项目原则上不得向财政部申报。各部门申报项目汇总形成财政部项目库，作为财政部进行项目管理、审核年度部门预算和部门三年滚动规划的基础。中央部门和单位如需对已入库项目进行调整，须编制项目调整计划，按上述审核程序报批。

以项目库为载体实现项目的全周期滚动管理。编制年度部门预算和部门三年滚动规划前，中央部门要完成项目的储备工作，纳入部门项目库的项目需填写规范的项目文本，包括立项依据、实施主体、支出范围、实施周期、预算需求、绩效目标、可行性论证、评审结果等内容，作为项目审核和管理的依据。纳入预算安排的项目，中央部门和单位要在项目库中对项目的执行、调剂、结转结余、绩效等信息及时进行更新和维护。纳入预算安排的延续性项目，原则上滚动纳入下年度预算。未纳入预算安排的预算备选项目，可滚动进入以后年度项目库。

项目库分级管理和滚动管理为确保了中期财政规划落实为具体项目，为中期绩效框架奠定了基础。

5.项目入库的绩效关口[②]。除个别不宜评审和无需评审的项目外，部门二级项目在入库前都要进行评审。归口管理的项目评审工作由主管部门负责，部门不再评审，其他项目由中央部门组织评审。预算评审由部门内部负责预算管理的机构组织，可采取集中评审和分级评审的方法，形成评审结果并随项目支出预算一并报财政部。纳入财政部项目库的项目，由财政部根据需要开展再评审。对延续项目，财政部将有选择地开展再评审，力争实现项目预算评审全覆盖。

纳入项目库管理的项目都必须设定绩效目标，未按要求设定绩效目标或绩效目标不合理且未进行调整完善的，不得纳入项目库。纳入执行监控的项目，都应开展绩效监控，作为预算执行的重要组成部分。执行完毕的项目都要由项目承担单位对

①②《财政部关于加强和改进中央部门项目支出预算管理的通知》(财预〔2015〕82号)，附件：《加强和改进中央部门项目支出预算管理工作实施方案》。

照事先设定的绩效目标开展绩效自评，在此基础上，中央部门和财政部选择部分重大项目开展重点绩效评价，并积极推进中期绩效评价试点。绩效评价结果要与项目库建设和预算安排有机结合，健全项目退出机制。

（三）部门政策支出

项目支出预算具有专项性、独立性和完整性等特征。“项目就是用来创造唯一产品或服务的一项临时性任务。项目是外延非常广泛的概念，一项工程、一项研究、一个计划、一场活动都可能成为一个项目。”① 项目具有一次性、独特性、目标的确定性、活动的整体性、组织的临时性和开放性、成果的不可挽回性等特征。

近年来，随着中共中央办公厅印发《关于人大预算审查监督重点向支出预算和政策拓展的指导意见》，支出政策和预算成为人大审查监督的重要内容。“支出政策是政府根据党中央重大方针政策和决策部署、预算法等法律规定制定的财政支出安排措施，包括财政支出的方向、规模、结构和管理制度等。”② 部门为了实施政府的支出政策，会相应形成部门支出政策。部门支出政策是部门支出方向、规模、结构和管理制度的总称。目前我国尚未形成支出政策预算管理的专门办法，他们分散在政策性资金管理办法中，比如《财政专项扶贫资金管理办法》（财农〔2011〕412号）、广东省人民政府关于印发广东省省级财政专项资金管理办法（试行）（粤府〔2018〕120号）等。

政策和项目的区别体现在时间范围、对象和形式等方面，如表3–1所示。

表3–1　　政策和项目的区别

	项目	政策
时间范围	明确的起始点	政策终止点要么时间相对较长，要么制定的时候并没有确定
作用对象	作用对象是确定的，可以明确地框定特定时间范围内的利益相关群体	往往是不特定人群，可以反复适用，不同年度的标的团体可能存在差异
表现形式	立项申报文本	意见、办法、规定、细则等管理制度和安排措施

政策和项目是逐级分解的统一体系，如图3–3所示。美国在20世纪60年代实施的计划项目预算制度（PPBS）就是一个体现了政策和项目有机联系的预算管理体系。正如拉斯韦尔与卡普兰对政策的解释“公共政策是一种具有目标、价值与策

① 美国项目管理协会（Project Management Institute）:《项目管理知识体系指南　第六版　（PMBOK 指南）》，电子工业出版社2018年。

② 中共中央办公厅印发《关于人大预算审查监督重点向支出预算和政策拓展的指导意见》。

略的大型计划”，在PPBS中Planning即规划和计划，反映政府和部门政策。Program是将规划和计划落到实处的项目集合。Project是一个独立的项目。PPBS体现了政策和项目之间的逐级汇总关系。我国部门预算编制中将项目划分为一级项目和二级项目，一级项目大体上与Program对应，二级及其更低层级的项目与Project对应。广东等地将专项资金划分为“战略领域”“财政事权”“政策任务”三个层次，也体现了从政策、项目群和项目的层级分解关系。项目的层级分解关系为建立逐级分解的绩效目标体系奠定了项目管理的制度基础。

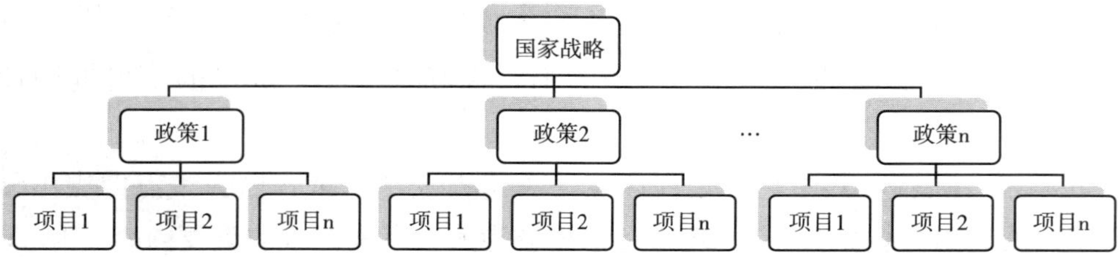

图3–3　政策和项目的逐级分解关系

（四）部门预算整体收入和支出

将部门预算收支全面纳入绩效管理。部门收入重点考察收入目标设定的依据、收入程序的合法合规、非税收入完成率等指标。

对部门整体支出的理解存在不同的观点：一种观点认为，部门整体支出是属于部门预算范围内的所有项目支出和基本支出。这里的部门预算是部门在预决算总表中列出的全部支出，仅涵盖一般公共预算与政府性基金预算拨款。还有观点认为，部门整体支出是财政安排给部门及其下属单位的所有财政性资金。比如：《广东省省级部门整体支出绩效评价暂行办法》指出部门整体支出“绩效评价的资金范围包括省财政安排给省直部门及其下属单位的所有省级财政性资金，资金类型涵盖一般公共预算、政府性基金预算、国有资本经营预算”。①《上海市市级预算部门（单位）整体支出绩效管理办法（试行）》指出：“本办法所指的整体支出是指部门（单位）为履行职责所分配、使用、管理的财政资金。”②本书认同后一种观点，将部门分配、使用、管理的财政性资金全部归入部门整体支出的范畴。

（五）部门分配、使用、管理的专项资金

专项资金是指为支持一级政府经济社会各项事业发展，一级财政通过一般公

① 关于印发《广东省省级部门整体支出绩效评价暂行办法》的通知（粤财评函〔2015〕132号）。

② 关于印发《上海市市级预算部门（单位）整体支出绩效管理办法（试行）》的通知（沪财绩〔2019〕19号）。

共预算、政府性基金预算、国有资本经营预算安排的，具有专门用途和绩效目标的财政资金。专项资金原则上应在年初预算编制环节细化到具体项目和用款单位。比如广东省规定：除用于应对自然灾害等突发事件，确实无法提前细化分配的资金以外，提前细化分配比例一般不低于70%，预留年中分配的比例不超过30%。提前细化分配的专项资金中，属省级预算单位使用的，由省级预算单位编入部门预算；属对市县专项转移支付的，分地区、分项目编列。①

专项转移支付是一种特殊类型的专项资金，其预算资金来源包括一般公共预算、政府性基金预算和国有资本经营预算。②财政部是专项转移支付的归口管理部门，中央主管部门和地方政府按照职责分工共同做好专项转移支付管理工作。中央主管部门协同财政部制定具体专项转移支付的资金管理办法；协同财政部具体管理专项转移支付。一般而言，地方政府会在申报中央专项转移支付项目的时候将中央专项转移支付资金纳入省级部门预算，比如河北省在申报2011年度中央转移支付项目的时候，将其编入河北省省级预算项目管理系统，并编入2011年度单位预算。③

对于纳入部门预算管理的专项转移支付预算开展预算绩效管理，有助于部门统筹考虑部门财力和事业发展，促进各项工作向战略目标和中心目标靠拢。

二、部门预算绩效管理的协同对象④

部门预算集中反映宏观政策和业务活动，预算管理本身反映人的活动和努力，因此部门预算绩效管理必须与业务绩效管理和人事绩效管理实现协同。

（一）部门预算绩效管理与业务绩效管理的协同

部门业务绩效管理是部门依据相关规划、计划和政策，在履行部门职责和开展业务活动的过程中，针对业务行为和结果所开展的计划、实施、控制和调整等活动。规划实施评估、政策绩效评价、业务绩效考核与管理是常见的业务绩效管理形式，其主导部门涉及发展改革委、党委政府督察部门、效能建设部门等。就业务绩效管理而言，我国已经基本形成了由战略部署、行动计划、重点任务分工、考核目

①《广东省人民政府关于印发广东省省级财政专项资金管理办法（试行）的通知》（粤府〔2018〕120号）。

②《财政部关于印发中央对地方专项转移支付管理办法的通知》（财预〔2015〕230号）。

③《关于将中央专项转移支付资金纳入省级部门预算有关事项的通知》（冀财预〔2010〕76号）。

④ 曹堂哲、罗海元：《部门整体绩效管理的协同机理与实施路径——基于预算绩效的审视》，《中央财经大学》2019年第6期，第3—10页。

标指标分解、绩效考核评价、绩效反馈与结果运用等环节构成的循环系统。与部门业务绩效管理紧密相关的主要是绩效督察，它是党委政府对部门执行政策和任务等方面绩效的外部监督，一般由党委或政府指派人事、组织、党委政府办公厅等部门实施。[①]绩效督察强调从外部推动政府绩效评价和管理，主要目的是督促部门高效地履职，完成政府分派的任务，提高执行力和公信力。

目前我国部门业务绩效管理与预算绩效管理尚未形成有效的协同耦合关系。就时间而言，业务绩效管理一般开始于当年的第一季度，结束于当年的第四季度；预算绩效管理则开始于上年的第四季度，结束于当年的第四季度。就评价内容而言，业务绩效管理侧重业务活动的行为、产出和效果，执行力和公信力是其主要诉求；预算绩效管理侧重财务、资源和资产配置的行为和结果，经济性、效率性和效益性是其主要诉求。就推动主体而言，业务绩效管理主要是由各业务部门在所属行业内开展，预算绩效管理则由财务部门推动。实践中业务和财务、资源、资产脱离的现象仍然存在。

实现部门业务绩效管理与预算绩效管理的协同，需要以预算为“役使变量”，在时间上拉动业务计划和业务绩效管理前移，增强前瞻性和预见性；在评价内容和指标体系上实现融合，将核心业务完成的考核指标作为预算绩效管理的产出和效果指标，在业务考核指标中融入预算管理考核指标。在推动机制上，建立部门的协调机制，实现业务部门和财务部门的信息共享和工作协调。

（二）部门预算绩效管理与组织人事绩效管理的协同

组织人事绩效管理重点关注团队和个体在组织履行法定职责和完成工作任务的行为、能力和结果。党政领导班子考核、领导干部考核评价和普通公务员考核是组织人事绩效管理的常见形式。对领导班子主要考核本年度发挥职能作用情况，内容包括思想政治建设、领导水平、工作实绩、完成重点任务、反腐倡廉等方面的实际成效。对干部主要考核本年度履行岗位职责情况，内容包括德、能、勤、绩、廉等方面的现实表现。对领导干部的考核，按照干部管理权限，在上级党委（党组）领导下，由上级组织人事部门会同本级党委（党组）在每年年末或者次年年初组织实施。对非领导成员公务员的考核，由主管领导提出考核等次建议，由机关负责人或其授权的考核委员会确定，以体现机关管理首长负责制的要求。

虽然均聚焦工作实绩考核，并采用“德、能、勤、绩、廉”这一通用考核框

① 与绩效督查联系较为紧密的概念是效能监察。效能监察最初于1989年12月在第二次全国监察工作会议上提出，是纪检监察部门对行政机构和公务人员完成任务和工作情况的监督、考察。2011年国务院建立了由监察部牵头的绩效管理工作部际联席会议制度。党的十八大以来，党中央对纪委监察机构的职能进行了调整，2018年《国家监察法》取消了原监察法赋予监察机关的效能监察职责，效能监察淡出了绩效管理的舞台。

架，但由于干部管理权限的划分，组织人事绩效管理子系统的内部协同程度并不理想，主要是组织、团队、个体绩效三层次的衔接支撑性不强；战略的导向性和约束性在绩效计划和考核内容确定上的作用较弱。这些问题不仅影响组织人事绩效管理的一体化程度，也常导致其流于形式。尽管业务绩效管理和人事绩效管理在时空上具有结构同质性，但政府绩效考核、班子考核、领导干部考核、普通公务员考核等不同层次的制度安排却未能较好地利用同质性优势，管辖各有归责、政策各成体系、功效各取所需。

实现部门预算绩效管理与组织人事绩效管理的协同，不仅要在绩效管理制度顶层设计中厘清战略、预算、责任制之间的关系，更为重要的是在各级政府整体管理层面，建立权威的高位协调机制，实现各部门的人财物资源整体配置和权责利统一管理，建立预算绩效和业务纳入人事绩效考核的途径和机制。

▶ 第四节 部门预算绩效管理的过程系统

部门预算绩效管理的过程系统指部门预算绩效管理各环节之间的前后衔接体系。以战略为导向、预算为主线，可将绩效管理全面嵌入到预算管理全过程中。

一、部门预算编制环节

部门预算编制环节开展的预算绩效管理活动包括绩效计划和绩效审查。绩效计划是部门在预算编制阶段，根据部门战略规划和中期财政规划等，在中期绩效框架中设定部门整体、项目层面的绩效目标，并将绩效目标责任落实到人的过程。绩效审查是部门在预算编制阶段，为了使绩效因素能够作为决定预算总额和项目立项等预算决策的重要依据，而开展的支出审查、事前绩效评估、预算评审和成本效益分析等活动。

在部门预算编制环节需要以绩效计划和绩效审查为纽带，实现与业务、财务和人事等方面计划和目标的协同，为部门战略规划、年度绩效计划、绩效运行监控、绩效评价报告和绩效评价结果运行等环节的前后相继，紧密衔接，协同一致奠定基础。

二、部门预算执行环节

在预算执行环节，需要开展绩效运行监控，绩效运行监控是战略和预算实施过程中的重要控制机制，这种机制重点关注部门预算执行和绩效目标的实现程度，并根据偏离情况，及时采取纠偏措施，以确保战略目标能够转换为预定的结果。

部门预算执行阶段的绩效运行监控包括部门整体层面的战略审查，重大政策和项目的全过程跟踪和中期评估，常规项目的绩效运行监控等活动。

充分利用信息技术，建立绩效运行监控平台，实现绩效目标、预算指标、财务支付等信息的综合集成，形成“制度+科技”的绩效运行监控模式，是未来的发展趋势。

三、部门决算环节

部门决算环节，各部门各单位要全面开展绩效自评。包括部门整体绩效自评、政策和项目绩效自评。部门在全面组织绩效自评基础上，选择本部门重大支出政策和项目，进行重点评价。

财政部门对部门（单位）绩效自评结果实施抽查复核，对未按要求开展自评、自评和抽评结果差异较大以及抽评结果为差的项目予以通报。财政部门建立重大支出政策和项目重点评价机制，对到期专项资金开展绩效评价，对部门开展整体绩效评价。

具体内容将在随后章节阐述。

四、部门预算反馈和监督环节

部门预算反馈和监督环节的绩效管理贯穿在绩效管理全过程中。

部门预算绩效反馈指将预算编制、执行和决算等环节的绩效信息反馈给相关主体，实现事前、事中、事后绩效结果运用，将绩效结果与预算安排、政策调整、管理改善和人员激励约束挂钩。一是事前绩效评估结果决定项目立项，与预算安排直接挂钩。二是事中监控结果作为预算安排、政策调整、管理改善的重要参考。三是事后绩效评价结果“与预算安排和政策调整挂钩机制，将本级部门整体绩效与部门预算安排挂钩，将下级政府财政运行综合绩效与转移支付分配挂钩”。四是将预算绩效结果与人员激励约束挂钩。将预算绩效结果纳入政府绩效考核和干部政绩考核体系，作为领导干部选拔任用、公务员考核的重要参考。

预算监督作为预算管理的控制系统，对预算编制、执行和决算各个环节都产生影响。预算绩效监督主要包括人大的预算审查监督、审计监督、财政监督、党委政府督查、纪委监委监督和人民群众监督等形式。开展预算绩效管理工作考核；加大信息公开力度，都是强化预算绩效监督的有效手段。

五、绩效信息利用和公开

绩效信息是组织在将战略转化为行动过程中，预算、政策和组织等方面的事实关系信息和价值判断信息。绩效信息以绩效目标和指标等形式为不同的管理模式的建立提供了信息基础，绩效信息贯穿在绩效管理的全过程中，如何利用好绩效信息是绩效管理的关键，绩效信息在优化政府决策，促进政府职能转变、管理创新、提高服务质量方面起到了关键的作用。

一是绩效信息与预算分配的关系。预算是一个非常复杂的过程，是政治、经济、社会和行政系统的交汇点，本身就充满了价值冲突。预算分配本质上是政治过程，涉及的因素很多，绩效信息是重要但不是决策的唯一因素，因为绩效信息提供的“事实依据”，无法直接转化为政治“价值”的选择和排序。绩效信息是预算分配的必要条件或者参考证据，充分利用绩效信息会强化基于证据的科学决策，但并不是决策的唯一理由。绩效信息在预算决策中的运用程度和决定预算分配的力度是政府治理现代化的重要标志。

二是绩效信息是衔接战略、规划、项目和预算的桥梁。成果信息能说明预算与战略是否一致；成本信息能说明预算额度是否合理。提高绩效信息的质量需要建立完善的绩效管理信息系统，将政府规划、计划、政策、中期财政规划等信息与绩效管理挂钩，形成完整的绩效目标层级体系；要求政府会计基础由收付实现制转向权责发生制；要求绩效评价更加注重实证性研究的科学性；要求绩效审计在审查财务真实性和合法性的基础上，逐渐凸显对经济、效率和效益的关注。

三是不同管理模式对绩效信息的关注点存在差异。投入、产出、过程和结果都是重要的绩效信息。传统的分项列支式预算仅关注投入信息，对投入带来的产出和结果并不关注。20世纪50年代的绩效预算（旧绩效预算），主要关注产出（Output）信息。20世纪90年代的新绩效预算重点关注成果（Outcome）信息。

四是信息公开是预算绩效管理的内在要求。绩效信息公开贯穿在预算管理全过程中，是《预算法》和《政府信息公开条例》等法律法规的要求。建立绩效目标随部门预算公开，绩效评价随部门决算公开，并在日常工作中适时公开绩效监控信息是现代预算制度的内在要求，有助于促进绩效管理主体责任落实；有助于推进全方位、全过程、全覆盖预算绩效管理体系的建立；有助于促进预算和绩效管理一体化；有助于推动政府治理方式变革。

第五节 部门预算绩效管理的权责系统

分权和问责相结合是绩效管理，尤其是“结果导向”的绩效管理的内在逻辑必然。结果导向要求绩效管理围绕战略进行“目标—手段链”的层次分解，政府和财政部门重点关注结果，而产出方案的选择权则下放给预算部门。实现分权与问责相结合的常见机制如下：

一、绩效目标的层级体系和责任层次体系相互匹配

绩效管理通过目标的层级分解实现了战略与项目群（Programme）、项目（Project）之间的衔接，通过量化地设置项目产出的成本、质量、数量、时效指标和标准就能确定预算的额度。在战略目标、规划成果与项目产出的目标层级中，实现同一战略目标和规划成果，可能对应多种可能的项目组合。权责对等意味着上层管理者更加关注结果，下层实施者拥有产出方案选择的灵活性。在绩效管理上理应形成目标层级和责任层级的匹配关系。

二、总额控制与赋予部门自主权和灵活性相结合

在OECD国家的实践中，绩效预算强调通过支出审查等机制实现总额控制与预算分权并举。在实施部门总额控制的基础上，赋予预算部门和资金使用单位适度的灵活性，打

造“去行政化”“去官僚化”的组织形态。预算部门“管理者可以像商业部门的经理那样灵活地、创造性地根据环境的变化使用资金。他们可以将某一支出项目的资金移到其他支出项目，例如从薪水移到设备购买。他们可以将预算节余全部或者部分地转到下一年度去使用，甚至可以将预算节余的一定比例用于奖励组织成员”。[①]“由于新绩效预算企图通过放权和利润分享使得政府部门的管理者能够像企业家一样行动，所以，它也被称为‘企业家预算’（Corthan，1993）或者‘分权预算’（Bellone，1988）。”[②]探索符合我国财政管理制度规范，又赋予部门自主权和灵活性的机制是一项长期、艰巨的关键任务。

三、分权改革、结果导向与契约化治理

分权化治理是现代政府治理的基本特点之一。政府分权主要包括横向分权、纵向分权和组织分权三个方面。横向分权与政府职能的转变和转移紧密相关。纵向分权体现在政府组织层级之间职责和权力的划分上。组织分权则严格区分政府的决策制定职能和执行职能。横向分权、纵向分权和组织分权必然要求以结果为导向、进行契约化治理，以确保分权与问责的一致。

结果导向（Results-Based）是新公共管理的核心理念，其基本思想是，以结果为基础来设计政府治理体系。结果导向的治理体现在结果设定、结果测量、结果实现、结果责任等各个方面。其一，结果设定。结果设定不仅仅关注产出，更关注由利益相关者参与形成目标的实现程度和产出对利益相关者的影响，倡导建立顾客驱动的政府、有使命的政府、有预见的政府。其二，结果实现。现代政府治理主张为了实现特定的成果，可以引入竞争性、分权化、契约化的管理手段，倡导建立起催化作用的政府、社区拥有的政府、竞争性政府、分权性政府、市场导向的政府，公共服务提供的多元主体可以在实现结果的前提下，进行自主化和灵活化的管理。其三，结果监测与评估。建立基于结果的监测与评估系统，以结果为聚焦点和出发点，优化结果生成的管理流程和投入决策。其四，结果责任。通过绩效测量、评价与绩效审计系统的建立，奠定了政府为结果负责的数据基础和信息基础，确保了政府履行公民的受托责任（Accountability）。

契约化治理包括契约签订主体的协作关系、契约的形成、契约任务的量化、契

① A.Schick.A *Contemporary Approach to Public Expenditure Management*. World Bank Institute，1998，68（100）. pp.123—120.

② C.Bellone.Public Entrepreneurship：New Role Expectations For Local Government.Urban Analysis.1988（9）1：3—28. Dan A.Cothran.Entrepreneurial Budgeting：An Emerging Reform. *Public Administration Review*. 53（September/October，1993）：445—454. 马骏：《新绩效预算》，《中央财经大学学报》2004年第8期，第1—6页。

约履行和契约责任追究等环节。其一，契约化治理意味着政府与企业、事业单位和社会组织的对等关系，在公共产品和服务的提供过程中，多元主体在法律框架下，享有对等的权利和义务，协力提供公共产品和服务。其二，契约化治理意味着市场竞争的引入。“没有任何逻辑理由证明公共服务必须由政府官僚机构来提供，摆脱困境的最好出路是打破政府的垄断地位，建立公私机构之间的竞争”。[①]在公共产品和服务的提供过程中，引入市场竞争机制，选出优胜者签订合同提供公共产品和服务，有助于公共价值的增进。其三，契约化治理意味着任务量化考核机制。新公共管理概念的提出者胡德（Hook）将新公共管理的内涵及特征刻画为如下七个方面：向职业化管理的转变；标准与绩效测量；产出控制；单位的分散化；竞争；私人部门管理的风格；纪律与节约。上述七个特征就充分体现了任务量化考核的特征[②]。通常情况下，核心预算机构与各支出预算部门签订绩效合同，列出该部门的目标，并将目标按重要性排列，然后要明确测量这些目标，开发出衡量这些目标的绩效测量指标，并且尽可能地将这些指标量化。通过任务量化机制，确保了契约的可测量、可监控和可实现。其四，契约化治理意味着绩效问责。绩效问责是现代政府治理的重要特征。现代政府治理一般将经济、效率、效益和公平作为治理绩效的一般准则，要求在公共产品和服务中体现结果导向。为了能够实现结果导向和绩效问责，需要建立绩效测量与评估系统，在绩效测量的基础上进行决策、监测与评估；建立绩效信息收集机制，发布绩效报告，提高绩效信息的透明度；引入权力机关、公众和第三部门等主体广泛参与的绩效评价机制；在绩效评价的基础上建立明确绩效责任等。

总之，赋予预算部门预算管理的自由意味着预算部门必须承担结果责任，“以绩效换自由”。核心预算机构在预算执行过程中并不控制支出部门的支出活动，它只关心支出部门最后是否实现了绩效合同中明确定义的结果。分权与问责相结合，将责任与预算总额、预算资金的剩余支配权、管理灵活性挂钩，形成了激励相容的激励机制，促进了政府治理能力的提升。

① 周志忍主编：《当代国外行政改革比较研究》，国家行政学院出版社2002年，第23页。

② Christopher Hood，A Public management for seasons？ *Public Administration*，1991，vol.69，Issuel，pp.3—19.

第六节 部门预算绩效管理的支撑系统

部门预算绩效管理并不是一个孤立系统，而是需要系列条件支撑的体系。[①]部门预算绩效管理的有效推进需要组织文化、会计基础、管理工具、信息系统、制度体系和配套改革等方面的支撑。

一、组织文化

部门组织文化是部门各个层面表现出来的行为取向、思维模式、价值观念，以及由观念所影响或决定的行为模式和物质表现符号。预算绩效管理作为预算管理和政府治理方式的深刻变革，其深层的组织文化基础是以结果为导向的预算绩效文化。

与传统官僚制注重过程控制、“循规蹈矩”和“繁文缛节”相适应，传统的分项列支预算强调投入控制，“打酱油的钱不能用来买醋”，产出和结果信息被忽视了。20世纪50年代兴起绩效预算，开始将产出信息引入预算编制中，强调效率。20世纪90年代兴起的新绩效预算与新公共管理倡导的结果导向、顾客导向、分权化、市场化的治理相适应，更加关注结果导向，即产出是否有助于政策目标的达成和利益相关者利益的增进。

从投入和过程导向转向结果导向，是预算绩效文化的重大变迁，涉及公务员行政习惯的改变和行政能力的更新，意味着在编制预算的时候就要清晰地阐明申请预算资金所要实现的预期产出和效果，以及实现产出和效果的合理方案，这

① 刘昆：《绩效预算：国际经验与借鉴》，中国财政经济出版社2007年，第144页。

要求行政文化和行政习惯从“先要钱再找事”转化为“以事定费”，要求行政人员更富有前瞻性和预见性。转变绩效文化是OECD成员国推进预算绩效管理的基本经验之一。“很多国家在实施改革的时候强调在改革过程中对工作人员进行培训和提供支持。这是在常规环境中实施变革和创造文化改变的重要特征。许多国家开发训练行动去协助组织转变认识方式和技能、文化和态度。”[①]

二、会计基础

收付实现制和权责发生制是两种会计核算的方式，从世界范围内政府会计的发展看，权责发生制是适应预算绩效管理的会计制度。

收付实现制也被称之为现收现付制，是一种在进行会计核算时，把款项是否已经获取或者支付当作核算依据，对本期收益和费用加以明确的方式，即在本期内实现收取或者支付的各个款项，不管产生时间早晚或是否应该由本期承担，都当作本期收益和费用处理。我国预算会计长期采用收付实现制，而我国政府会计长期以预算会计为唯一形式，收付实现制下编制的预算会计报表可记录和反映部门预算执行的全过程，有助于了解部门的责任履行情况，但无法反映部门获取资源的能力以及使用资源的效率和效果。具体来看，收付实现制下预算会计一方面不能提供部门运行成本的信息，成本信息的缺失导致无法获取部门为实现特定目标而付出的成本耗费，进而无法有效判断效率高低，无法满足部门预算绩效管理的要求；另一方面收付实现制下预算会计不能提供部门全部资产和全部负债的信息，不利于开展部门资源预算和风险控制。

权责发生制也被称之为应收应付制，是按照收益、费用是否归属本期为标准来确定本期收益、费用的一种方法，本期的收入和费用以应收应付为原则入账。这种方式，便于真实展现出各个期间费用水平及盈亏情况。权责发生制计量的重点是经济资源及其变化，可以记录政府拥有和运营资产的经常性成本，揭示特定政府行为的所有成本，为政府绩效的经济性和效率性评价提供了支撑。事实上，自20世纪90年代新西兰率先在政府会计与预算领域全面引入权责发生制以来，英国、澳大利亚等众多发达国家纷纷在本国预算管理领域推广和使用权责发生制。

为了全面反映政府资产负债、收入费用、运行成本、现金流量等财务信息，我国自2019年1月1日起开始实施权责发生制下新的政府会计制度。[②]推进权责发生制政府综合财务报告为预算绩效管理的开展奠定了会计基础。

① OECD：*In Search of Results*：*Performance Management Practices*，1997：pp.16—18.

②《国务院关于批转财政部权责发生制政府综合财务报告制度改革方案的通知》（国发〔2014〕63号）。

三、信息系统

绩效信息是预算绩效管理的血液。随着“金财工程”的不断推进，我国的财政信息化工作取得了很大的进展，预算绩效管理融入预算管理的步伐也在加快，财政部在预算编制系统中已经增加了绩效目标管理模块，实现绩效目标申请、审核、批复的线上操作。但是预算绩效管理各个环节尚未完全、有机地嵌入已有的预算管理信息化系统中。近年来，随着云计算、移动互联网和大数据等现代信息技术的发展，不仅对已有的财政信息系统带来了挑战，也为预算绩效系统的融入提供了机遇。在新的信息技术平台上，加强顶层设计，统一规划，统一标准，将预算绩效管理全流程融入财政管理系统，实现“以数据为中心”的财政信息化，是未来的发展方向。

预算绩效管理信息系统设计要按照《中共中央 国务院关于全面实施预算绩效管理的意见》的要求，加快预算绩效管理信息化建设，打破“信息孤岛”和“数据烟囱”，促进各级政府和各部门各单位的业务、财务、资产等信息互联互通。在模块设计上涵盖事前绩效评估、绩效目标管理、绩效运行监控、绩效评价、评价结果运行等环节，实现预算与绩效管理一体化；要与项目库管理、部门预算管理、专项转移支付资金管理、国库集中支付等系统对接；要完善评价指标和标准库、专家库、第三方机构库、资料档案库等支撑系统，通过系统设计为全方位、全过程、全覆盖的预算绩效管理提供保障。

四、制度体系

推动预算绩效管理工作，必须有法律可依，有规矩可循，实现制度化、常态化和法制化。预算绩效管理制度可以划分为以下几个层级：

一是法律法规层面的基础性制度。2014年8月31日修正《中华人民共和国预算法》通过，标志着我国预算绩效管理制度框架的确立，另外《中华人民共和国各级人民代表大会常务委员会监督法》《中华人民共和国审计法》，地方出台的预算审查监督条例等法律和法规都奠定了预算绩效管理的法律基础。

二是政策规定层面。各级党委政府出台的推进预算绩效管理的政策是开展预算绩效管理的基本遵循，比如《中共中央 国务院关于全面实施预算绩效管理的意见》明确了全面实施预算绩效管理的含义、指导思想、目标、内容、保障措施等内容，为推动全面实施预算绩效管理提供了指南和方向。再如中共中央办公厅印发的《关于人大预算审查监督重点向支出预算和政策拓展的指导意见》明确了人大预算审查监督的原则、重点、内容和方式等。各地区各部门各单位也出台了预算绩效管理的实施意见，推动预算绩效管理工作的开展。

三是办法措施层面。主要包括围绕预算管理的主要内容和环节，完善涵盖绩效目标管理、绩效运行监控、绩效评价管理、评价结果应用等各环节的管理流程，制定预算绩效管理制度和实施细则；建立专家咨询机制、第三方机构参与预算绩效管理制度；建立健全定量和定性相结合的共性绩效指标框架和分行业、分领域、分层次的核心绩效指标和标准体系；完善评价方法体系等。

五、配套改革

全面实施预算绩效管理要加强预算绩效管理与机构和行政体制改革、政府职能转变、深化放管服改革等有效衔接，统筹推进中期财政规划、政府收支分类、项目支出标准体系、国库现金管理、权责发生制政府综合财务报告制度等财政领域相关改革，抓紧修改调整与预算绩效管理要求不相符的规章制度，切实提高改革的系统性和协同性。[①]涉及预算绩效管理的主要配套制度包括以下方面：

（一）中期财政规划

中期财政规划是指财政部门会同政府各部门在分析预测未来3—5年重大财政收支情况，明确规划期内一些重大改革、重要政策和重大项目，研究政策目标、运行机制和评价办法的基础上，编制形成的跨年度财政收支方案。国务院印发的《关于实行中期财政规划管理的意见》（国发〔2015〕3号）指出“中期财政规划是中期预算的过渡形态，是在对总体财政收支情况进行科学预判的基础上，重点研究确定财政收支政策，做到主要财政政策相对稳定，同时根据经济社会发展情况适时研究调整，使中期财政规划渐进过渡到真正的中期预算”。要求凡涉及财政政策和资金支持的部门、行业规划，都要与中期财政规划相衔接。财政部在《关于推进中央部门中期财政规划管理的意见》（财预〔2015〕43号）中明确指出，实行中期财政规划管理，即“财政部门会同各部门研究编制三年滚动财政规划，对未来三年重大财政收支情况进行分析预测，对规划期内一些重大改革、重要政策和重大项目，研究政策目标、运行机制和评价办法”。将中期财政规划和支出审查结合有助于部门预算绩效管理向政策和部门整体拓展：

① 财政部关于贯彻落实《中共中央 国务院关于全面实施预算绩效管理的意见》的通知（财预〔2018〕167号）2018年11月8日。

一是中期财政规划有助于绩效目标管理。中期财政规划为中期绩效管理提供了基本的收支框架，对于优先目标的设定，年度目标和中期目标的衔接提供了基本的参照。在中期财政规划的框架内制定中期绩效计划是增强绩效管理前瞻性的重要方向。

二是中期财政规划为事前绩效评估提供了总额约束。事前绩效评估是在政策出台和项目立项之前对政策和项目的立项必要性、目标合理性、投入经济性、方案可行性和筹资合规性等方面的评判活动，中期财政规划作为财力基本约束和未来筹划，是事前绩效评估的重要参照，为事前绩效评估提供了总额约束。

三是中期财政规划为全覆盖预算绩效管理提供了基础。《中共中央 国务院关于全面实施预算绩效管理的意见》要求“各级政府还要将政府性基金预算、国有资本经营预算、社会保险基金预算全部纳入绩效管理，加强四本预算之间的衔接”。中期财政规划涵盖一般公共预算、政府性基金预算、国有资本经营预算和社会保险基金预算，为政府做好四本预算的衔接，将四本预算纳入绩效管理提供了基础。

（二）政府收支分类

政府收支分类体系由“收入分类”“支出功能分类”“支出经济分类”三部分构成，规范政府收支分类体系，有助于将全部收支纳入预算绩效管理，为不同政府、部门（单位）、支出类型之间的比较提供了统一标准和口径，有助于绩效管理和绩效信息的深入分析。

一是政府收支分类为绩效目标的归类提供了框架。政府收支分类体系从政府职能和经济属性两个维度刻画了政府的支出方向，反映政府的职能和宏观政策走向，收支分类框架为绩效目标的分类提供了基本的框架。

二是政府收支分类为开展政府宏观层面的绩效分析提供了基础。政府收支分类框架将分散在各个项目、各部门各单位的开支归并为相对固定的政府职能类别，这就为开展特定职能类别的政府绩效管理提供了基础。

三是政府收支分类有助于提高绩效公开的标准化程度。政府收支分类将政府公共产品和服务划分为不同类别，确定不同的财政供给数量，是提高政府透明度的基础技术条件。[①]通过政府收支分类体系改革，提供了统一的标准和口径，有助于绩效可比可测，为绩效信息公开的标准化提供了基础。

（三）项目支出标准

项目支出定额标准是指为满足项目支出预算管理需要，在对预算项目进行合理

① 国际货币基金组织：《财政透明度手册》，人民出版社 2001 年。

分类的基础上，结合经济社会发展水平，以项目的资产配置量、资产消耗量或业务工作内容为主要对象确定的预算支出标准。[①]

一是项目支出标准与成本信息直接相关。项目支出标准直接与绩效目标设置中的产出成本指标挂钩，是绩效标准体系的有机构成部分，完善项目支出标准体系，有助于预算绩效目标管理的科学化和标准化。

二是项目支出标准为开展全成本预算绩效管理提供了参照。2017年开始，北京市开始试点全成本预算绩效管理改革，2019年印发的《中共北京市委 市政府发布关于全面实施预算绩效管理的实施意见》要求“在预算管理中实现成本定额标准、财政支出标准和公共服务标准相统一”，从而形成“预算安排核成本、资金使用有规范、综合考评讲绩效”的预算管理制度。项目支出标准为开展全成本预算绩效管理提供了参照。

三是项目支出标准是实现预算与绩效管理一体化的纽带。项目支出定额标准往往采用市场单价、综合单价等形式出现，反映了公共产品和服务的单位成本，为预算绩效的经济性、效率性和效益性评价奠定了基础。

（四）国库现金管理

国库现金管理是在确保国库资金安全完整和财政支出需要的前提下，对国库现金进行有效的运作管理，实现国库闲置现金余额最小化、投资收益最大化的一系列财政资金管理活动。国库现金管理为提高资金使用的效率提供了有效支撑，有利于预算绩效管理的推进。一是国库单一账户体系为政府预算绩效管理提供了数据支撑。二是国库现金管理与债务管理紧密结合，有助于开展政府层面的预算绩效管理。三是国库现金管理的底库目标余额制度影响资金使用效益。

① 财政部关于印发《中央本级项目支出定额标准管理暂行办法》的通知（财预〔2009〕403号）。

本章小结

本章首先阐明了部门预算绩效管理系统集成模型的含义、依据和特征。部门预算绩效管理系统集成模型以系统集成协同增效为方法论、以战略和目标为导向、以全面预算管理为主线。然后阐述了部门预算绩效管理的主体、对象、过程、权责激励、支撑等要素的系统集成。

课后习题

名词解释

系统集成模型　日常公用经费　专项资金　收付实现制　权责发生制

简答题

1. 简要叙述部门预算绩效管理系统集成模型的各个要素。
2. 简要叙述部门预算绩效管理系统集成模型的方法论特征。
3. 简要叙述部门预算绩效管理的支撑体系。

论述题

1. 请说明部门预算绩效管理的主体系统。
2. 请说明部门预算绩效管理的对象系统。
3. 请说明部门预算绩效管理的过程系统。

本章推荐阅读文献

[1][英]戴瑞克-希金斯（Derek，K. Hitchins）:《系统工程：21世纪的系统方法论》，朱一凡，等，译，电子工业出版社2017年。

[2]曹堂哲、李方旺:《基于预算绩效的政府战略性绩效管理新形态——问题、

逻辑与实施路径》，《兰州大学学报》（哲学社会科学版）2019年第5期。
[3] 曹堂哲、罗海元：《部门整体绩效管理的协同机理与实施路径——基于预算绩效的审视》，《中央财经大学学报》2019年第6期。
[4] 第38届OECD预算高官会：《OECD国家绩效预算改革最佳实践》，里斯本，2017年6月。
[5] 刘昆：《绩效预算：国际经验与借鉴》，中国财政经济出版社2007年。
[6] 马骏：《新绩效预算》，《中央财经大学学报》2004年第8期。
[7] 周志忍：《当代国外行政改革比较研究》，国家行政学院出版社2002年。
[8] A.Schick. *A Contemporary Approach to Public Expenditure Management*. World Bank Institute，1998，68（100）.
[9] Perri 6. *Holistic government*. London：Demos，1997.

▶ 第四章
部门预算绩效计划

内容提要

部门预算编制环节的绩效管理旨在让绩效信息用于部门预算编制和预算决策，实现战略、预算和绩效的一体化，让预算管理和绩效管理成为战略实施的强有力工具，包括部门预算绩效计划和绩效审查两个既相互区别又紧密联系的环节。部门预算绩效计划是预算部门对未来在一定时期内，对整体层面、政策和项目等各层面要达到的绩效目标、绩效水平和实现绩效的方案举措的筹划和承诺。部门预算绩效计划编制的依据是部门战略规划、中期支出框架和中期绩效框架，绩效目标管理是部门绩效计划的核心内容。英美等国家已经建立了较为完备的部门绩效计划制度。

第一节　部门战略规划

在西方，战略（Strategy）一词源于希腊语“Strategos”，意为将军。后来演变成军事术语，指军事将领指挥军队作战的谋略。20世纪60年代，战略思想开始运用于商业领域，并逐渐发展成较为完备的、具有实践指导意义的企业战略管理理论。20世纪80年代以来公共部门战略管理理论与实践得到长足发展。

一、战略和战略管理的概念

“战略”可以定义为达成决定目标的策略性计划或实现程序的一种描述。[①]从不同的角度，对战略存在不同的理解，加拿大著名管理学家明茨伯格（H. Mintzberg）认为战略有五种含义，即计划（Plan）、计策（Ploy）、模式（Pattern）、定位（Position）和观念（Perspective），简称战略的5P含义。战略管理包含一系列决策和行为，从而制定一项战略，并实施该战略以达到企业的目标。[②]

20世纪80年代，西方国家为了应对政治、经济和社会文化环境的激烈变革，公共部门开始引入企业战略管理理论和方法，以应对环境的不确定性和创造公共价值。公共部门战略是公共部门在分析外部环境和内部条件的现状及其变化趋势的基础上，为实现组织使命、价值和愿景，着眼未来而做出的有关全局的重大筹划。学者们从不同角度对公共部门战略管理进行过阐释，比如：瑟朵儿·博伊斯特（Theodore H. Poister）和乔治·斯垂博（Gregory D. Streib）认为公共部门战略管理包括：公共部门的环境、内部控制和外部控制三个范

① [美] 阿吉斯:《绩效管理（第3版）》，刘昕，等，译，中国人民大学出版社2013年，第67页。

② [美] 迈尔克·A·希特，R·爱德华·弗里曼，杰弗瑞·S·哈里森:《布莱克威尔战略管理手册》，闫明、潘晓曦，等，译，电子工业出版社2015年，第247页。

畴。[①]马克·莫尔（Mark H.Moore）提出了公共部门战略管理的三角模型，将公共部门战略管理研究的主题概括为：公共价值、使命管理、政治管理、运营管理和战略执行等领域。[②]保罗·奈特（Paul C. Nutt）将公共部门战略管理的研究主题分为战略环境、战略类型学、议题管理、战略过程（制定、实施和调试）、技术支持等范畴。[③]

部门战略管理需要完成以下五项任务：

1. 提出战略展望，指明部门的未来工作和前进的目的，为部门提出一个长期发展方向，清晰地描述部门将竭尽全力所要进行的事业，使整个组织对一切行动有一种目标感。

2. 建立目标体系，将部门的战略展望转换成部门要达到的具体绩效标准。

3. 制定战略，达到期望的结果。

4. 高效、有效地实施和执行战略。

5. 评价部门的绩效，采取完整的措施，根据环境和取得的绩效，调整部门的战略展望、发展方向、目标体系、措施和实施。[④]

公共部门战略管理过程是在特定环境下，围绕价值和使命，战略计划、结果导向的预算、绩效管理和战略测量四个过程的循环。[⑤]一个完整的战略管理循环如图4–1所示。

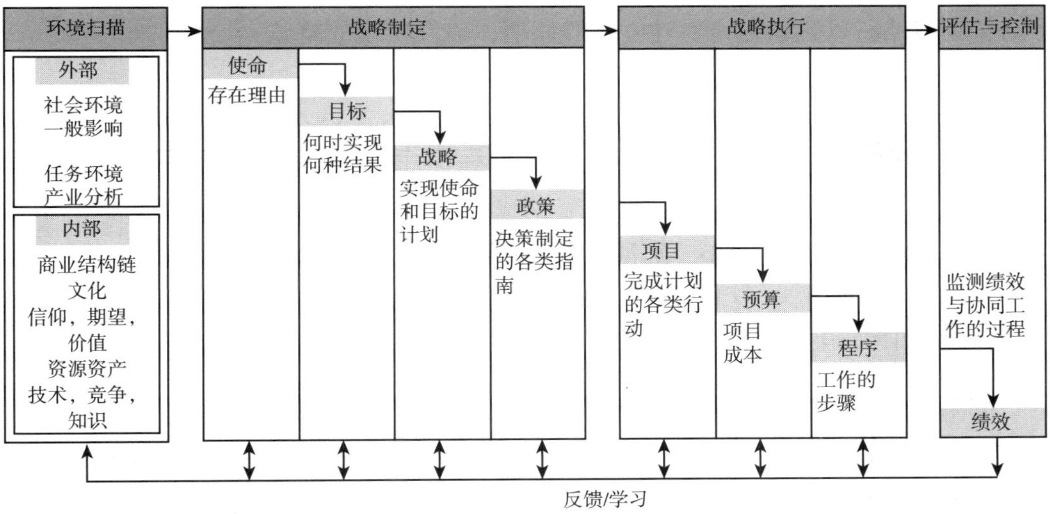

图4–1　战略管理循环

资料来源：翻译自相关文献。

---

① Theodore H. Poister, Gregory D. Streib. Strategic Management in the Public Sector: Concepts, Models, and Processes, *Public Productivity & Management Review*, Vol.22, No.3 (Mar., 1999), pp.308—325.

② Mark H.Moore. *Creating Public Value: Strategic Management in Government*. Cambridge, MA: Harvard University Press, 1997.

③ Paul C. Nutt and Robert W. Backoff. *Strategic Management of Public and Third Sector Organizations: A Handbook for Leaders* (1st edition) .Jossey–Bass Inc Pub, 1992.

④ [美] 汤姆森、斯迪克兰德：《战略管理：概念与案例》（第10版），段盛华、王智慧，主译，徐二明，审校，北京大学出版社2000年版，第5页。

⑤ Theodore H. Poister and Gregory D. Streib. Strategic Management in the Public Sector: Concepts, Models, and Processes, *Public Productivity & Management Review*, Vol.22, No.3 (Mar., 1999), pp.308—325.

二、公共部门战略规划的含义

战略规划（Strategic Planning）是组织应对环境改变而制定的全局性的目标、方针、任务和举措。战略规划是开展战略管理的基本指引，也是编制预算和绩效计划的前提基础。

企业管理中的战略规划具有层次性，“根据复杂程度，公司内的各个层次都要制定规划。多种经营业务的公司，在公司层、业务单元层以及部门或细分市场层都要制定规划”。[①]战略规划的层次性原理也同样适用与公共部门，公共部门要根据国家的各类规划（国家总体规划、主体功能区规划、国家级专项规划、地方总体规划等类型），在政府层面、跨部门层面、部门整体层面、部门内设机构等层面制定相应的事业发展总体规划、行动计划和部门年度工作计划。“战略规划通过达到他们的训令和实现它们的使命来帮助公共和非营利组织及社区来创造公共价值。为做到这一点，它必须要产生根本的决策和行动以塑造并指出组织是什么、组织做什么以及组织为什么要做。要产生这些决策和行动需要一系列的相互关联行动，包括组织参与，为战略行动提供创意，建立优胜联盟，以及实施战略。”[②]

三、公共部门战略规划的任务

部门战略规划主要完成三项任务：提出战略展望、建立目标体系和制定战略。[③]

（一）提出战略展望

战略展望是组织对未来较长一段时间组织使命、价值观、愿景的界定。

1.组织使命。组织使命是该组织在社会中所处的地位、起的作用、承担的职责以及扮演的角色。组织使命回答组织是什么？为谁服务？为何存在？等根本性问题，比如：“我们是谁？我们的存在需要解决哪些基本的社会或政治问题？我们如何识别、预期考虑和回应这些问题？我们应该如何回应关键的利益相关者？引领组织的观念和文化是什么？什么因素使组织与众不同或独一无二？”[④]

---

①［美］迈尔克·A·希特、R·爱德华·弗里曼、杰弗瑞·S·哈里森：《布莱克威尔战略管理手册》，闫明、潘晓曦，等，译，电子工业出版社2015年，第251页。

②［美］约翰·布赖森：《公共与非营利组织战略规划》，北京大学出版社2010年，第24页。

③［美］汤姆森、斯迪克兰德：《战略管理：概念与案例》（第10版），段盛华、王智慧主译，徐二明审校，北京大学出版社2000年版，第30页。

④［美］保罗·R·尼文：《政府与非营利组织平衡计分卡》，中国财政经济出版社2004年，第98页。

一个好的使命陈述可以简化为以下几个要素：我们之所以存在，是因为（主要目的、服务的需求或解决的问题）；我们为（主要顾客或消费者）；我们为了要（提供核心服务）；因此，我们（长期效果决定成功）。

一般而言，使命陈述语句要凝练简洁，往往是一两句话。比如美国环保署的使命是：保护人类健康和环境。美国国内税收总署的使命是：通过帮助纳税人理解和体会纳税责任，并对每个纳税人公平、公正地执行税法，为美国纳税人提供高质量服务。美国俄勒冈波特兰警察局的使命是：通过与市民合作，保护生命、维护人权、保护财产安全、提升个人责任感和社区认同感，从而保持和改善社区的适居性。①

在我国政府管理实践中，一般会以“三定方案”的形式明确部门的职能，部门职能是部门使命的详细描述。比如：国家卫健委的“三定方案”给出了该部门的基本使命和十三项职责，包括“（一）组织拟订国民健康政策，拟订卫生健康事业发展法律法规草案、政策、规划，制定部门规章和标准并组织实施。……（十三）职能转变。……”

2.价值观。价值是表示客体的属性和功能与主体需要间的一种效用、效益或效应关系的哲学范畴。价值观是人们对于是非、善恶、意义、好恶、重要性等价值的的基本信念、总体观点和选择方针。价值观是指引组织的永恒原则。它反映了组织的深层信仰，并在全体员工日复一日的行动中表现出来。一个组织的价值观公开宣告了它希望每个人如何行为处事。②比如：“为人民服务”是所有公共部门都必须遵循的价值观。北京市政府办公厅在长期传承、发展中形成了“讲政治、守纪律、顾大局、抓细节、强服务、创一流”的价值观，锻造出了办“精品文”、开“高效会”，干“实效事”和“文出我手无差错、事经我办请放心”的工作品质。③

3.愿景。愿景又称为远景，是组织未来3—5年、10年甚至更长时间内最终想成为的状态。正如彼得圣吉所言：“远景是将使命转化为真正有意义的期望得到的结果，并指导时间、精力和资源的分配。”④一个好的愿景陈述应该具有简洁、平衡内外部因素、吸引所有利益相关者、与使命和价值观保持一致、可验证性、可行性、鼓舞人心等特征。比如中共十九大会议上，习近平总书记提出了中国发展的未来愿景“第一个阶段，从2020年到2035年，在全面建成小康社会的基础上，再奋斗15年，基本实现社会主义现代化。……第二个阶段，从2035年到本世纪中叶，

① [美] 保罗·R·尼文：《政府与非营利组织平衡计分卡》，中国财政经济出版社2004年，第100—101页。

② [美] 保罗·R·尼文：《政府与非营利组织平衡计分卡》，中国财政经济出版社2004年，第103页。

③ 王芳：《在市政府办公厅2017年上半年工作总结会上的工作报告》。

④ [美] 保罗·R·尼文：《政府与非营利组织平衡计分卡》，中国财政经济出版社2004年，第109页。

在基本实现现代化的基础上，再奋斗15年，把我国建成富强民主文明和谐美丽的社会主义现代化强国”。

（二）建立目标体系

建立目标体系即将组织的战略展望有层次地、细化分解后转化为具体的绩效目标。组织需要对每一个关键领域都建立目标体系。“如果要使战略性思维和战略驱动性决策渗透整个组织的行为之中，那么业绩目标的对象就不应该仅仅是整个组织，就还应该为组织的每一项业务，每一个产品线、每一个职能领域和每一个部门制订目标。只有每一个单元的战略目标和财务目标能够支撑整个公司的战略目标和财务目标时，目标的制订过程才算真正完成。”①

为了使组织战略目标覆盖组织的所有的职能、单位和领域，一般采用自下而上与自上而下相结合的方式建立目标体系，其中自上而下的方式比自下而上的方式更有利于建立完整的目标体系。②

美国国会1993年通过的《政府绩效与结果法案》（*Government Performance and Results Act*）和2010年通过的《政府绩效与结果法现代化法案》（*Government Performance and Results Modernization Act of 2010*），要求所有联邦政府机构必须编制战略规划，并作为申请预算的必备条件和开展绩效管理的前提。专栏4-1是美国环保署2018—2022年战略规划的绩效目标体系。

▶ 专栏4-1：美国联邦政府战略规划制定

美国2010年出台的《政府绩效与结果法现代化法案》（*Government Performance and Results Modernization Act of 2010*）对部门战略规划的要求如下：

（a）在总统任期开始之后的一年，不迟于任何一年二月的第一个星期一，根据标题3第101节，各机构的负责人应在该机构的公共网站上提供战略规划，并报告总统和国会其有效性。这些规划应包含：

（1）涵盖该机构主要职能与运作的全面使命陈述；

（2）服务于机构的主要职能和运作的总目的（goals）和目标（objectives），包括结果导向的目的（goals）；

①② ［美］汤姆森、斯迪克兰德：《战略管理：概念与案例》（第10版），段盛华、王智慧主译，徐二明审校，北京大学出版社2000年，第48页。

（3）说明任何目的（Goals）和目标（Objectives）如何有助于实现第31章第1120（A）节所要求的联邦政府优先目的（Federal Government priority goals）；

（4）说明如何实现各项目的（Goals）和目标（Objectives），包括（A）说明操作流程、技能和技术，以及实现这些目标和目的所需的人力、资本、信息和其他资源；（B）说明该机构如何与其他机构合作，以实现其目标和目的以及相关的联邦政府优先目的；

（5）说明目的和目标如何纳入通过（d）小节要求的国会协商获得的意见和建议；

（6）说明标题31第1115（a）节所要求的规划中规定的绩效目标，包括标题31第1120（b）节所要求的机构优先目的（如果适用）对战略计划中的总目的和目标作出贡献；

（7）查明机构以外并在其控制范围之外可能对实现总目的和目标产生重大影响的那些关键因素；

（8）描述用于确定或修订总目的和目标的项目评价，并为今后的项目评价制定时间表；

（b）战略规划应涵盖提交规划的财政年度后不少于4年的期间。必要时，机构负责人可对战略规划进行调整以反映该机构运作环境的重大变化，并向国会发出了适当的通知；

（c）标题31第1115（b）节所要求的绩效计划应与机构的战略规划相一致。在当前战略规划未涵盖的财政年度内，不得提交绩效计划；

（d）在制定或调整战略时该机构应定期与国会协商，包括来自适当授权的拨款和监督委员会的多数和少数意见，并应在规划中考虑这些受规划影响的或对这些规划感兴趣的实体的意见和建议。机构应向相关的国会委员会咨询至少每两年一次；

（e）本节的职能和活动应被视为固有的政府职能。战略规划的起草只能由联邦雇员进行；

（f）就本条而言，"机构"一词是指根据第105条定义的行政机构，但不包括中央情报局、政府问责署、美国邮政局和邮政监管局。

在环保署发布的《协同工作：环保署2018-2022战略规划》（*Working Together FY 2018-2022 U.S. EPA Strategic Plan*）中设置了包括三个一级目标和11个二级目标的战略目标体系。如表1所示。

表1　美国环保署的目的和目标

一级目标（Goal）	二级目标（Objective）
目标1：核心使命	目标1.1：改进空气质量
	目标1.2：提供清洁和安全水
	目标1.3：恢复（Revitalize）土地防止污染
	目标1.4：确保市场上化学品的安全
目标2：合作联邦制	目标2.1：加强共同问责
	目标2.2：提高透明度和公众参与
目标3：法治和程序	目标3.1：遵守法律
	目标3.2：创造一致性和确定性
	目标3.3：优先重视稳健科学
	目标3.4：精简和现代化
	目标3.5：提高效率和效能

资料来源：Working Together FY 2018–2022 U.S. *EPA Strategic Plan*，February 2018，https：//www.epa.gov/planand budget/fy-2018-2022-epa-strategic-plan.

（三）制定战略措施

制定战略以战略展望为基础，战略措施反映了“组织在认识其经营环境和实现使命过程中所接受的显著优先权”。①

“从本质上来说，战略是以行动方案为导向”②制定战略就是制定组织的系列行动方案，可以分为四个不同的层次：一是整个组织和所有业务的战略（组织战略）。二是多元化业务中各个业务领域的战略（业务战略）。三是各个业务领域中各个具体职能单元的战略（职能战略）。四是基本的运营单位的战略（经营运作战略）。

与此类似，公共部门的战略可以划分为以下几个层级，如图4–2所示：

一是组织战略。是整个部门根据国家发展规划和部门事业发展规划制定的整个组织所有业务工作的战略，比如：北京市《东城区“十三五”时期园林绿化事业发展规划》就明确了东城园林部门组织层面的战略是“紧紧围绕构建国际一流和谐宜居之区的目标，从规划建绿、拆违增绿、立体拓绿、身边增绿以及精细管绿等多个方面全面提高全区的绿化建设及管理水平。”

二是专项战略。是各专项业务领域中的各事项和各工作战略，专项战略往往是跨越各职能部门的活动。比如：《东城区“十三五”时期园林绿化事业发展规划》

① ［美］保罗·R·尼文：《政府与非营利组织平衡计分卡》，中国财政经济出版社2004年，第120页。

② ［美］汤姆森、斯迪克兰德：《战略管理：概念与案例》（第10版），段盛华、王智慧主译，徐二明审校，北京大学出版社2000年，第49页。

将组织战略分解为以下几项业务战略。"1.积极推进规划绿地的建设落实。以代征绿地建设、拆迁拆违建绿、小微增绿为抓手，加快公园绿地建设，提高公园绿地500米服务半径覆盖率。2.提质增效工程。围绕人性化、信息化、绿色低碳等设计理念，以老旧公园的改造与更新为主，从使用空间、服务设施、植物配置、配套管理等方面，对公园绿地进行多方位的提质增效，提升公园绿地品质。启动龙潭中湖公园生态修复及景观提升工作。3.林荫绿网工程。继续推进全区健康绿道及九横八纵主干路网提升改造工作，通过多种方式改善道路景观绿化品质，营造舒适的道路空间。4.身边增绿工程。包括居住环境提升、胡同庭院美化、立体增绿拓绿、爱绿护绿活动。5.精细管绿工程。规划"十三五"时期进一步落实东城区园林绿化精细化养护管理策略，努力促进绿化养护的标准化、专业化、社会化、信息化建设。"

三是职能战略。是为了完成某一专项，参与该专项业务的各个职能部门的行动方案和举措。各职能部门包括财务、人事、业务部门等。

四是运作战略。是各个职能部门为了完成工作计划，实施的各类项目和各类活动。

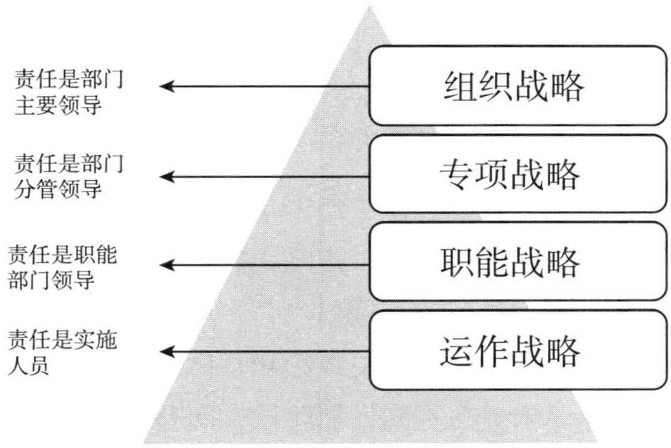

图4-2　公共部门战略制定金字塔

四、公共部门战略规划的编制

布赖森（Bryson）在《公共与非营利组织战略规划：增强并保持组织成就的行动指南》中提出了公共部门战略规划的十个步骤，这十个步骤包括：1.发起和达成战略规划过程的协议；2.确认组织的训令；3.阐明组织的使命和价值；4.评估内外部环境以确定自身的优势、劣势、机会和威胁；5.确定组织面临的战略性问题；6.制定应对这些问题的战略；7.审查和采纳战略或战略规划；8.设立有效的组织愿景；9.发展一个有效的执行过程；10.战略及战略规划过程的再评估。如图4-3所示：

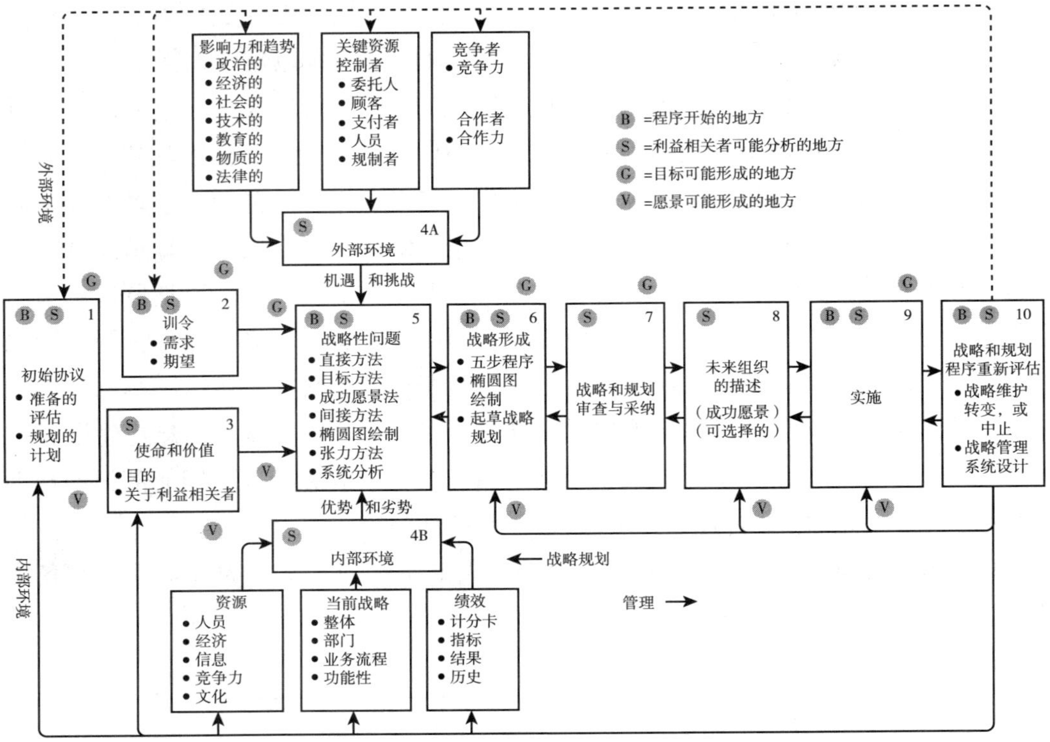

图4-3 部门战略规划编制流程

我国的规划分为国家总体规划、国家级专项规划和地方总体规划等类型。这些规划的编制背景、编制依据、规划原则、规划内容、具体要求各不相同。但是一般包含如下的基本程序。①

1.进行规划立项。贯彻执行上级有关政策和具体规定，结合本地区、本单位的经济发展和社会生活实际要求，在不同发展阶段，履行特定的审批程序，确立相应的规划编制任务，进行规划编制机构和人员的筛选与确定，进行规划立项。

2.组织编制团队。通常专项规划涉及的部门不仅是单一领域，参与专家也尽量吸收各个相关专业。在进行规划编制与审核时，应该由多个部门专家组成。

3.搜集相关资料。根据规划主体的要求进行，制定具体的调研和资料搜集计划，分工到人，列出时间表，系统收集有关社会和经济方面的资料，访谈行业专家和部委领导、上级主管部门等。

4.评估原有规划。进行新的规划调整的原因有：一是以往的规划可能到期，需要重新制定发展规划。二是以往的规划在实施中发现某些问题，需要进行问题解决和规划修编。三是以往的规划在执行中遇到外界环境巨大的变化，需要重新调整规划。

① 1–13步骤内容引自吴维海:《政府规划编制指南》，中国金融出版社2015年。

5. 编制规划初稿。这是规划工作的核心。正式规划的编制不可能在一个环节完成，需要经过讨论和论证，审核与修订，需要专家研究、讨论，经过特定的程序，予以确定并发布。

6. 规划紧密衔接。以现有规划编制为基础，研究国家政策和区域政策，研究全球、国家经济形势和发展趋势，做好专项规划与总体规划的衔接，重点关注和分析五年规划与国家政策、法律是否一致，总体规划确立的重大规划方针和实施举措在专项规划中是否得到延伸和具体细化。专项规划在指导思想、发展目标、具体任务、政策措施等方面是否符合总体规划的核心要求，规划内容是否体现了总体规划的精神和具体方向。同时，本级规划是否与上一层级规划相衔接等。

7. 适当征求意见。将编制的规划方案在一定范围内，包括政府和利益相关方等，采取一定的交流与论证模式，组织专家等进行交流、讨论，吸收各类专家和利益相关方等的反馈意见，予以修改、完善和优化。

8. 组织规划修改。根据各方的意见和信息反馈，对初稿进行必要的优化、修改和适度调整。

9. 规划论证。规划在送审之前进行专家论证。可以委托同级规划咨询委员会论证，也可以由规划编制单位自行组织论证，由组织论证的单位提出论证报告。未经论证的规划不得报请批准并公布实施。

10. 规划报送审批。五年规划或专项规划等由规划编制单位提出规划草案，经本级发改委等职能机构审核后，由本级发改委会同编制单位上报本级人民政府批准。需要提报人大会议审议的，执行有关审批程序。经审核同意后，由各级政府或有关职能部门签发并颁布。

11. 对外发布规划。五年规划纲要执行审批程序予以发布，专项规划由本级政府或由授权的职能部门批准、发布。除法律、行政法规另有规定外，本级政府批准的专项规划由行政负责人签署命令公布，本级人民政府有关部门批准的专项规划由部门领导人签署命令并公布。

12. 开展规划评估。五年规划或专项规划可以在规划实施的中期阶段组织评估，并将评估结果报同级人民政府或有关部门。

13. 规划修订与废止。经过中期评估或其他原因需要对原有规划进行修订和废止时，规划编制单位应提出规划修订和废止方案，按规划的程序报批和对外公布。

▶ 第二节 中期支出框架和中期绩效框架

将战略分解为若干项政策和规划，并与预算结合起来，才能为战略实施提供资源支撑，也才能确保战略实施。中期支出框架（Medium-Term Expenditure Framework，MTEF）是将政策制定、计划安排和预算编制结合的有效工具。

一、中期支出框架的含义

中期支出框架通常是一个为期 3—5 年的滚动且具有较强约束力的支出框架。中期支出框架采取一种前瞻性的战略方法确定优先次序并配置资源，使公共支出水平和结构均由新的需求决定。中期支出框架还要求政策制定者以跨部门项目视角来考虑如何调整支出，以便最好地服务于既定政策目标。①

中期支出框架的目标是：建立一个连续、现实的资源框架，以改善宏观经济平衡。优化资源配置以体现部门之间和部门内部的战略重点，提高政策和资金筹集的可预测性，使各部门能提前计划，也使项目能持续开展下去。为职能部门提供硬性预算约束，同时增强他们的自主权，从而提高他们有效使用资金的积极性。中期支出框架可以显著提升财政绩效，中期支出框架使实现公共支出三个高层次目标成为可能：即总量控制、配置效率和技术效率。世界银行的实证研究表明：中期支出框架的采纳对财政纪律有显著的正效应。就配置效率而言，引进中期支出框架也有回报。引入中期支出框架对技术效率影响不太明显。中期支出框架对财政绩效的影

① 世界银行：《超越年度预算 中期支出框架的全球经验》，中国财政经济出版社2013年，第5页。

响主要通过改变预算编制的质量实现。①

二、中期支出框架层次

中期支出框架，包含从初级到高级的三个阶段：

一是中期财政框架（Medium - Term Fiscal Framework，MTFF），是政府自上而下地明确资源总量，并跨部门地分配资源。无论国家预算能力如何，实施中期财政框架都是可取的，因为这一框架可以为准备预算提供中期的宏观财政框架，以改善基于投入导向的年度预算质量。②

二是中期预算框架（Medium - Term Budget Framework，MTBF），除了上述中期财政框架的特点，中期预算框架还包括各支出机构自下而上确定资源需求、优化内部资源配置的过程。即使预算规划将重点放在用于满足广泛的部门目标投入上，资源配置限制在支出机构层面展开，引入中期方法也有利于改善支出的优先次序。然而，更高级的中期预算框架可结合项目预算编制形成项目中期预算框架（Programmatic Medium-Term Budget Framework，PMTBF），让资源配置与各项目的目标联系起来。在这一过程中，中期预算框架可看作通向产出导向预算的重要一步。③

"成功的部门中长期预算框架的关键在于，制度机制协助并要求有关政策制定者，在政府可以提供的公共财政资金与政府政策优先发展项目之间取得平衡。中期预算框架包括从上到下的资金限额，从下到上对现有政策的经常性成本和中期成本进行预计，以及最终在上述成本和可获得资金之间取得平衡。成本匹配应当在年度预算编制过程中完成，年度预算编制应当以政策变动的需求为重点，反映变化后的宏观经济条件以及政府战略优先发展项目。"④

三是中期绩效框架（Medium - Term Performance Framework，MTPF），中期绩效框架承接于中期预算框架，完成了从投入为重点到以产出和绩效评价为重点的转移。因此，它不仅可以完整反映财政收入和预算的产出，还可以利用预算配置来促进支出效率的提高（即将资金投放与绩效表现相联系）。因此，运作良好的中期预算框架是实现中期绩效框架乃至成熟的中期支出框架的前提。⑤

① 世界银行：《超越年度预算 中期支出框架的全球经验》，中国财政经济出版社2013年，第40—41页。

② 世界银行：《超越年度预算 中期支出框架的全球经验》，中国财政经济出版社2013年，第18页。

③ 世界银行：《超越年度预算 中期支出框架的全球经验》，中国财政经济出版社2013年，第19页。

④ Word Bank. *Public Expenditure Management Handbook*. Washington.1998，p.46. 亚洲开发银行：《公共支出管理》，中国财政经济出版社2001年，第265页。

⑤ 世界银行：《超越年度预算 中期支出框架的全球经验》，中国财政经济出版社2013年，第14—15页。

截至2008年，已有132个世界银行成员国（占全部成员国的73%）实施了中期支出框架，其中，71个国家实施的是中期财政框架，42个国家实施的是中期预算框架，19个国家实施了中期绩效框架。[①]从亚洲国家看，新加坡和韩国均在1990年之前实施了中期财政框架，并分别于2000年和2005年实施了中期绩效框架；泰国和菲律宾于2001年建立了中期财政框架，越南于2005年、马来西亚和蒙古国于2007年、印度尼西亚于2008年建立了中期财政框架；柬埔寨分别于2003年和2007年建立了中期财政框架和中期预算框架。从各国的实践来看，中期支出框架的实施对加强和改善宏观调控、统筹使用财政资源、提高财政年度预算水平、强化政策实施效果具有重要意义。[②]

表4-1给出了中期支出框架（MTEF）各个阶段在1990—2008年国家的变化数。

表4-1　1990—2008年采用中期支出框架（MTEF）的国家变化情况　　单位：个

发展阶段	模式	MTEF的数量		1990—2008年的变化		
		1990	2008	新的MTEF	过渡/转换	逆转
初级阶段	MTFF	9	71	104	–41	–1
中级阶段	MTBF	1	42	21	23	–3
高级阶段	MTPF	1	19	0	18	0
统称	MTEF	11	132	125	0	–4

注：MTFF（Medium-Term Fiscal Framework）—中期财政框架、MTBF（Medium-Term Budget Framework）—中期预算框架、MTPF（Medium-Term Performance Framework）—中期绩效框架。MTFF逆转发生在阿根廷，MTBF逆转发生在阿根廷、爱沙尼亚和美国，18个转换为MTPF，其中9个源于MTFF，9个源于MTBF。此处的逆转是指，中期支出框架（MTEF）退回到上一发展阶段。

资料来源：世界银行：《超越年度预算 中期支出框架的全球经验》，中国财政经济出版社2013年，第22页。

三、中期支出框架的编制步骤

中期支出框架的编制要将计划与资源管理过程中政策制定、计划安排与预算编制相结合，一般包括以下步骤：[③]

1.政策审查，审查以前的计划与执行工作。

2.确定政策与制定计划，建立资源框架，明确目标、政策、方针和支出的优先

① 世界银行：《超越年度预算 中期支出框架的全球经验》，中国财政经济出版社2013年，第19页。

② 中期支出框架理论分析，财政部官网http：//cache.baiducontent.com/。

③［美］孙克姆·霍姆斯：《公共支出管理手册》，王卫星，译，经济管理出版社2002年，第29页。

次序。

3.资源的筹集与分配，准备预算。

4.计划执行，征集收入，拨付资金，部署人员，采取行动。

5.监督与核算。监督活动过程，对支出进行会计核算。

6.评估与审计政策的效果并将结果运用到未来计划中。

中期支出框架涉及部门层面和政府层面。

（一）部门层面

部门层面的中期支出框架可以具体细化为以下步骤：①

1.对部门进行审核并就部门目标和政策达成一致，自上而下和自下而上两种途径获得认同；确定哪些是政府责任和市场责任，政策是否需要通过预算体现；各部委和机构的目标和步骤，包括应达到的产出和实现这一产出而采取的专门活动和为此制定的目标；明确部门优先次序。

2.确定部门资源范围，明确部门各类可能的收入。

3.估计各类政策的成本和支出并做出中期支出规划。根据部门审核中形成的政策优先次序，按照实际成本估算各类支出政策的可能支出，加总各类支出。

4.关注所有部门的全部支出涵盖部门的所有活动和组织，包括资本性支出和经常性支出。

5.国外援助的作用。考虑国外援助和国内政策、管理之间的衔接。

6.建立随着优先次序的改变易于进行资源转移的机制，考虑部门支出限额；战略决策机制；信息获取机制。

（二）政府层面

政府层面的中期支出规划包括以下几个步骤：

1.建立宏观经济和财政规划。将经济预算与财政目标相联系，建立预测中期收入与支出的宏观经济模型。

2.确定部门项目。就部门目标、产出及活动达成一致意见；研究和确定项目与子项目；估计项目成本。

3.财政和部门听证。通过听证会审查各部门的项目。

4.战略性支出规划。分析部门内及跨部门的支出项目取舍，以及来年和随后两年最高支出限额；就战略资源配置达成一致意见。

5.明确部门资源配置。确定未来三年的部门资源上限达成资源分配的标准。

---

①［美］孙克姆·霍姆斯：《公共支出管理手册》，王卫星，译，经济管理出版社2002年，第40页。

6. 编制部门预算。基于预算上限编制中期部门预算。

7. 审核最终批准。财政部审核后将估计的预算提交给内阁或国会批准。

四、中期绩效框架

中期绩效框架（Medium-Term Performance Framework）基于部门战略确定项目的产出、成果和绩效。运用部门产出、结果和绩效指标建立预算目标。支出机构陈述预算目标实施结果，定期进行综合支出审查。①中期绩效框架关注的焦点从部门项目的投入转向产出或成果，它将支出机构的绩效表现和资金投入挂钩。中期绩效框架标识包括预算报告、支出机构报告以及其他用于解释项目目标和策略、陈述其产出和成果的报告。具有中期绩效框架的国家不仅要提供其中期预算框架，还需要重视其他预算绩效。②

截至2008年有19个世界银行成员国实施了中期绩效框架，各国开始实施时间分别是亚美尼亚2008年，澳大利亚1990年（见专栏4-2），奥地利2008年，保加利亚2007年，布基纳法索2008年，加拿大1995年，丹麦1997年，芬兰2003年，法国2006年，韩国2005年，墨西哥2008年，纳米比亚2005年，荷兰和新西兰1994年，挪威2005年，新加坡2000年，南非2002年，瑞典1997年，英国1999年（见专栏4-3）。

▶ 专栏4-2：澳大利亚的中期绩效框架

澳大利亚在1990年开始就实施了中期绩效框架。这一框架的基本内容包括：

一是确定战略规划。澳大利亚预算是根据政府未来三年（部分州和地方政府为四年或五年）战略规划编制。如《联邦预算战略展望（2010—2011）》不仅全面反映了2010—2011年度预算编制情况，而且对未来两年预算进行了预测。

二是根据战略确定预算和绩效目标指标。政府根据公众对公共服务的需求，确定提供公共产品的总体目标、应提供的公共产品数量和种类，并分配相应的预算。政府各部门根据总体目标，将各自应提供的公共产品目

① 世界银行：《超越年度预算 中期支出框架的全球经验》，中国财政经济出版社2013年，第19页。

② 世界银行：《超越年度预算 中期支出框架的全球经验》，中国财政经济出版社2013年，第21页。

标进行分解和细化，形成具体的部门目标。各部门绩效目标的确定严格遵循着国家整体战略规划—中期预算—部门事业发展计划的路径，各部门的绩效目标必须符合政策要求，并同预算有效衔接。

澳大利亚预算绩效指标体系一般由公平、效率和效果三个要素（部分州还强调了经济性）构成，主要表现为投入、产出、效率、结果四个方面。指标体系设计主要考虑数量（通常指政府提供服务的受惠人数、项目个数等数量指标）、成本（指预算支出金额）、质量（通常指公众满意度，政府提供服务的合格率、达标率等比率数值）和时效（通常指政府提供某项服务所需花费的平均时间）四方面因素。不仅关注政府组织履行职责的最终效果，而且关注为取得最佳效果的创新能力、内部业务流程、行动计划等能力类和过程类指标。

三是以部门为主体调配预算资源、实施绩效预算管理。在各部门的支出预算限额确定后，各部部长可以在预算限额内灵活安排资金，自主决定产出的数量和产出组合。同时，由部门在与财政部协商的基础上确定全面的、详尽的产出和结果目标，明确衡量政府活动数量、质量以及有效性的方法，并在预算和决算报告中报告相关事宜。绩效评价被看作是部门内部的正常管理活动。部门开展绩效评价，至少要明确活动产出、活动结果以及相关管理事项。部门需要识别、度量和公布关键绩效指标，以便议会和公众了解其活动是否达到了预期目标。财政部并不直接参与各部门内部的绩效评价，但财政部发布良好行为指引，为部门开展绩效评价提供指导。对于一些共性支出事项，财政部建立统一的评价标准，对各部门做出评价。例如，在对企业及其他非政府机构信息系统硬件资源利用状况调查的基础上，财政部制定了政府部门信息系统硬件配备评价标准，发现政府机构信息系统普遍存在硬件资源利用率不高、超需求配备等问题，要求相关部门在规定时间内整改，同时压缩其以后年度预算。

资料来源：王宏武：《澳大利亚中期预算和绩效预算管理的启示》，《财政研究》2015年第7期，第103—106页。

▶ 专栏4-3：英国的中期绩效框架

英国也是实施中期绩效框架较早的国家，英国的中期绩效框架并不是以一个独立的文件出现，它与年度预算一起，作为“财政声明和预算报告”的一个组成部分共同提交给国会。英国实施中期绩效框架的体现形式是开展支出审查。支出审查主要包括两个方面，一是审查长期的政府支出情况；二是审查未来3年的部门支出资源分配情况。在支出审查的同时，会一并发布公共服务协议，公共服务协议明确各部门中期绩效目标和指标。比如在1998年的综合支出审查中，就随同发布了各部门1999-2002年要达成的绩效目标和指标。[①]

在2019年的支出审查中，专门设置了“聚焦成果”部分，这一部门列出了部门在部门支出限额下应该达到的绩效目标。[②]在2019支出审查的表1.2中列出了政府提供公共服务的优先领域，以及涉及的部门和度量标尺，具体的目标和指标将在秋季正式公布。比如：政府公共服务的优先领域之一是确保学校提供普遍高品质教育，确保年轻人能获得他们需要的技能，相关部门是教育部，衡量标尺一共有四个，即达到预期阅读、写作和数学在关键阶段2（DFE）结束时达到预期标准的学生比例。16岁获得四年级或更高年级英语和数学普通中等教育证书（GCSE）的学生比例，以及入学率和获得EBAC资格认证（DFE）的比率。三年后新聘合格教师比例（DFE）[③]

① HM Treasury. *Comprehensive spending review aims and objectives*. London（United Kingdom）1998.

②③ HM Treasury. *Spending Round* 2019，CP17，September 2019. pp.5–7.

▶ 第三节 绩效计划与绩效目标管理[①]

绩效计划是将战略规划落地，实现预算与战略衔接的一种重要机制，通过绩效计划，将战略目标层级分解为具体的目标和可衡量的指标，并明确实现绩效目标的预算资源和责任人，确保战略转化为具体的行动。绩效计划的主要任务包括：一是根据战略规划、中期支出框架和中期绩效框架设定多年期和年度绩效目标、指标和标准，完成绩效目标申报表的填报、审核和批复等工作，形成正式的绩效计划。二是明确实现目标的手段和途径。三是明确实现目标的各类资源，结合预算编制，说明实现绩效目标对应的各类预算支出项目和各类活动。绩效计划一旦确定，就成为一种承诺和契约，对部门行为具有约束力，部门需要对绩效计划完成的情况承担相应的责任。

预算绩效目标管理对绩效目标设定、审核、批复、调整和结果运用等环节开展的管理活动，是战略规划、绩效计划和预算编制的重要组成部分。

一、绩效目标的定义

绩效目标是指财政预算资金计划在一定期限内达到的产出和效果，是建设项目库、编制部门预算、实施绩效监控、开展绩效评价等的重要基础和依据。

绩效目标要能清晰反映预算资金的预期产出和效果，并以相应的绩效指标予以细化、量化描述。主要包括：预期产出，是指预算资金在一定期限内预期提供的公共产品和服务

① “第三节 绩效目标管理”参考了财政部关于印发《中央部门预算绩效目标管理办法》的通知（财预〔2015〕88号）。

情况；预期效果，是指上述产出可能对经济、社会、环境等带来的影响情况，以及服务对象或项目受益人对该项产出和影响的满意程度等。

绩效指标是对绩效的细化量化描述，常见的绩效指标包括投入、过程、产出、结果指标。如本书表1–1所示：[①]“绩效指标”有两大用途“过程调整（形成性用途）和向公众、官员和政府等利益相关者汇报结果（总结性用途）”。[②]

绩效标准是设定绩效指标时所依据或参考的标准。一般包括：历史标准，是指同类指标的历史数据等；行业标准，是指国家公布的行业指标数据等；计划标准，是指预先制定的目标、计划、预算、定额等数据；财政部认可的其他标准。[③]

二、绩效目标的类型

按照《中共中央 国务院关于全面实施预算绩效管理的意见》“各地区各部门编制预算时要贯彻落实党中央、国务院各项决策部署，分解细化各项工作要求，结合本地区本部门实际情况，全面设置部门和单位整体绩效目标、政策及项目绩效目标”。关于贯彻落实《中共中央 国务院关于全面实施预算绩效管理的意见》的通知（财预〔2018〕167号）要求：“加快实现本级政策和项目、对下共同事权分类分档转移支付、专项转移支付绩效目标管理全覆盖，加快设立部门和单位整体绩效目标。”绩效目标具有层次性和多样性，可以从多个维度加以透视。

（一）按照组织层级划分

赫伯特·西蒙认为：人的行为总是有一定的目的性，而组织的活动也是为了实现组织的目标。为了实现一定的目标，组织就要采取一定的手段。组织中上一层级确定一个目标，下一层级就要根据上级所作出的决策或者目标，采取一定的方法或者手段将其实施。而这一方法或者手段又成为更下一层级的目标。这样，在组织中就形成一个连续的“目标—手段”链，这与组织中的等级命令链是一致的。组织中

①《中央部门预算绩效目标管理办法》（财预〔2015〕88号）认为绩效指标是绩效目标的细化和量化描述，主要包括产出指标、效益指标和满意度指标等。产出指标是对预期产出的描述，包括数量指标、质量指标、时效指标、成本指标等。效益指标是对预期效果的描述，包括经济效益指标、社会效益指标、生态效益指标、可持续影响指标等。满意度指标是反映服务对象或项目受益人的认可程度的指标。亚洲开发银行等机构认为绩效指标还包括投入和过程指标（亚洲开发银行：《公共支出管理》，中国财政经济出版社2001年，第310页）。国家发改委印发了《关于加强中央预算内投资绩效管理有关工作的通知》（发改投资〔2019〕220号）在绩效目标申报表中设置了过程管理指标。

②［加］詹姆斯.C.麦克戴维、劳拉·R.L.霍索恩：《项目评价与绩效测量：实践入门》，李凌艳，等，译，教育科学出版社2011年，第240页。

③《财政部关于下发〈中央部门预算绩效目标管理办法〉的通知》（财预〔2015〕88号）。

的一个层级的目标作为上一层级的手段而存在，同时，这一层级的手段又成为下一层级的目标。组织为了实现既定的目标，组织中的每个层级便是目标和手段的统一体。组织中形成的不中断的“目标—手段”链就是决策的制定和实现的过程。[①]

据此我们可将绩效目标层级分为以下几个层面：

1.政府层面的绩效目标。政府层面的绩效目标是一级政府按照法律、规划和工作计划的要求，利用一级政府预算资金，在一定期限内完成任务，预期达到的总体产出和效果。我国涉及政府层面的绩效目标和考核指标主要包括以下几类：

一是综合性政府层面绩效目标。综合性政府层面绩效目标反映一定时期政府在战略领域和管理方面要达到的产出和效果。比如：美国联邦政府会按照总统管理议程（President's Management Agenda，PMA）设置联邦政府跨部门优先事项（Cross Agency Priorities）。再如北京市制定的“十二五”期间区县政府绩效评价体系，杭州市制定的政府绩效计划等。

二是专门领域政府绩效目标和指标。在政府层面针对一些专门领域的绩效目标和指标，比如地方政府经济社会发展、依法行政、电子政务等方面目标和考核指标体系。其中地方政府财政运行综合绩效是对一级政府财政运行综合绩效的反映。

三是专项资金绩效目标。我国一级政府的预算由四本预算，包括一般公共预算、政府性基金预算、国有资本经营预算和社会保险基金预算构成。其中一般公共预算拨款和政府性基金预算拨款构成部门预算收入。部门预算之外，一级政府会统筹一般公共预算、政府性基金预算、国有资本经营预算，采用纳入部门预算管理、专项转移支付或者两者兼有的方式设置具有专门用途和绩效目标的财政资金，以支持特定时期一级政府的战略部署。有些专项资金由部门申请和使用，有些专项资金包括部门使用的资金和专项转移支付资金，比如无锡市政府投资专项涉及的分管部门有水利局、卫计委、市政园林局、交通运输委、重建中心、财政局等，农业发展专项则既涉及农委、农机局、气象局、财政局，还涉及市对区的专项转移支付。[②]

四是转移支付绩效目标。转移支付绩效目标分为一般转移支付绩效目标和专项转移支付绩效目标。其中专项转移支付绩效目标是指中央财政设立的专项转移支付资金在一定期限内预期达到的产出和效果。专项转移支付绩效目标可以进一步分为整体绩效目标、区域绩效目标和项目绩效目标。整体绩效目标是指某项专项转移支付的全部资金在一定期限内预期达到的总体产出和效果。区域绩效目标是指在省级行政区域内，某项专项转移支付的全部资金在一定期限内预期达到的产出和效果。项目绩效目标是指通过专项转移支付预算安排的某个具体项目资金在一定期限内预

①［美］赫伯特A.西蒙：《管理行为（原书第4版）》，詹正茂，译，机械工业出版社2013年。

② 2019年市本级政府专项资金和专项转移支付目录清单，http：//cz.wuxi.gov.cn/doc/2019/03/01/2427965.shtml。

期达到的产出和效果。[①]

我国政府层面的绩效目标和指标体系如图4-4所示：

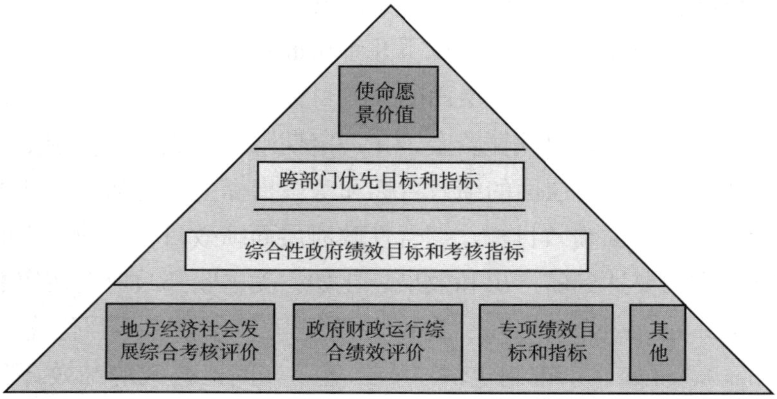

图4-4　我国政府层面的绩效目标体系

2.部门预算层面的绩效目标。部门绩效目标是政府按照法律、规划和工作计划的要求，利用部门的全部财政性资金，在一定期限内完成任务，预期达到的总体产出和效果。部门绩效目标可以划分为以下几个层级：

一是部门整体绩效目标。按照“一个部门一本预算一份绩效”的原则，部门整体绩效目标是一级政府各部门及其所属单位，根据法律、规划和工作计划的要求，按照部门和单位确定的职责，利用全部预算资金在一定期限内预期达到的总体产出和效果。部门整体产出绩效目标是部门各战略领域绩效目标的加总，部门整体效果反映的是部门完成各项工作和任务后，对国民经济和社会发展的贡献，因此部门整体效果目标是各战略领域效果的聚合，具有“1+1>2”的效应。部门整体效果指标基于部门产出指标，但不一定和部门各产出指标机械地一一对应。

二是部门一级项目绩效目标。一级项目支出绩效目标是部门依据部门职责和事业发展要求，设立并通过预算安排的一级项目支出在一定期限内预期达到的产出和效果。部门一级项目的绩效目标应该能够反映部门核心职能的实现情况和部门战略任务实现情况，一级项目按照部门主要职责设立并由部门作为项目实施主体，每个一级项目包含若干二级项目。一级项目应有明确的名称、实施内容、支出范围和总体绩效目标，项目数量严格控制，项目名称、实施内容和支出范围等在年度间应保持相对稳定。

三是部门二级项目绩效目标。二级项目支出绩效目标是部本级（机关司局）及所属预算单位依据部门职责和事业发展要求，设立并通过预算安排的二级项目支出在一定期限内预期达到的产出和效果。二级项目的设立，要与对应的一级项目相匹

① 《关于印发〈中央对地方专项转移支付绩效目标管理暂行办法〉的通知》（财预〔2015〕163号）。

配，有充分的立项依据、具体的支出内容、明确合理的绩效目标。二级项目划分为重大改革发展项目、专项业务费项目和其他项目三类。

四是部门基本支出绩效目标。基本支出绩效目标，是指中央部门预算中安排的基本支出在一定期限内对本部门（单位）正常运转的预期保障。目前我国基本支出绩效目标尚未要求单独设定和填报绩效目标申报表，而是纳入部门（单位）整体支出绩效目标统筹考虑，比如在部门整体绩效评价共性指标中设置有"'三公经费'控制率"等指标反映基本支出的情况。基本支出绩效管理重点关注基本支出的测算依据、合法合规和运行保障功能发挥等方面。

五是部门政策支出绩效目标。部门政策支出绩效目标与项目支出绩效目标基本类似。

图4–5绘制了我国部门层面的绩效目标和指标体系：

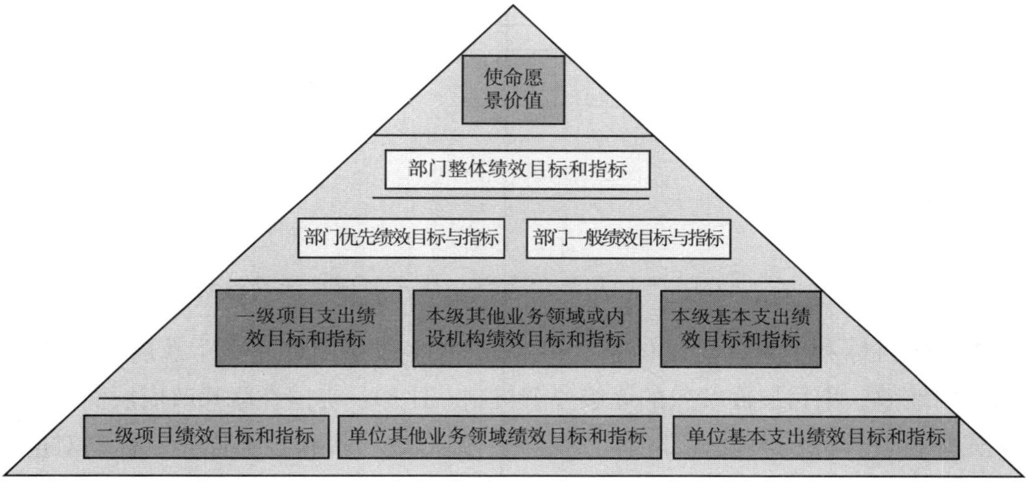

图4–5　我国部门绩效目标和指标体系

国际上美国、加拿大、澳大利亚等国家都建立了自上而下逐级分解和自下而上逐级汇总的绩效目标体系，比如：加拿大每个联邦部门和事业单位都开发了本部门的项目活动结构。部门项目活动结构，从高到低分为部门战略绩效（一般2—3个），然后依次是项目活动（Program Activity ）、子项目活动（Sub– Program Activity）和次子项目活动（Sub–Sub Program Activity）。较大部门每个项目活动的资金额度为100万加元。不仅战略绩效要明确绩效指标，项目活动（子项目活动和次子项目活动）也要有准确的项目名称和内容描述、预期成果、绩效指标、计划和实际支出（财务信息）、实现成果情况，这些内容经国库委员会秘书处批准后作为支出估算文件的一部分提交议会。图4–6是2009—2010年加拿大联邦遗产部项目活动结构，这一结构也框定了该部门的绩效层级体系。①

① 李杰刚、徐卫：《加拿大分级绩效预算管理模式及启示》，《中国财经信息资料》2011年第4期。

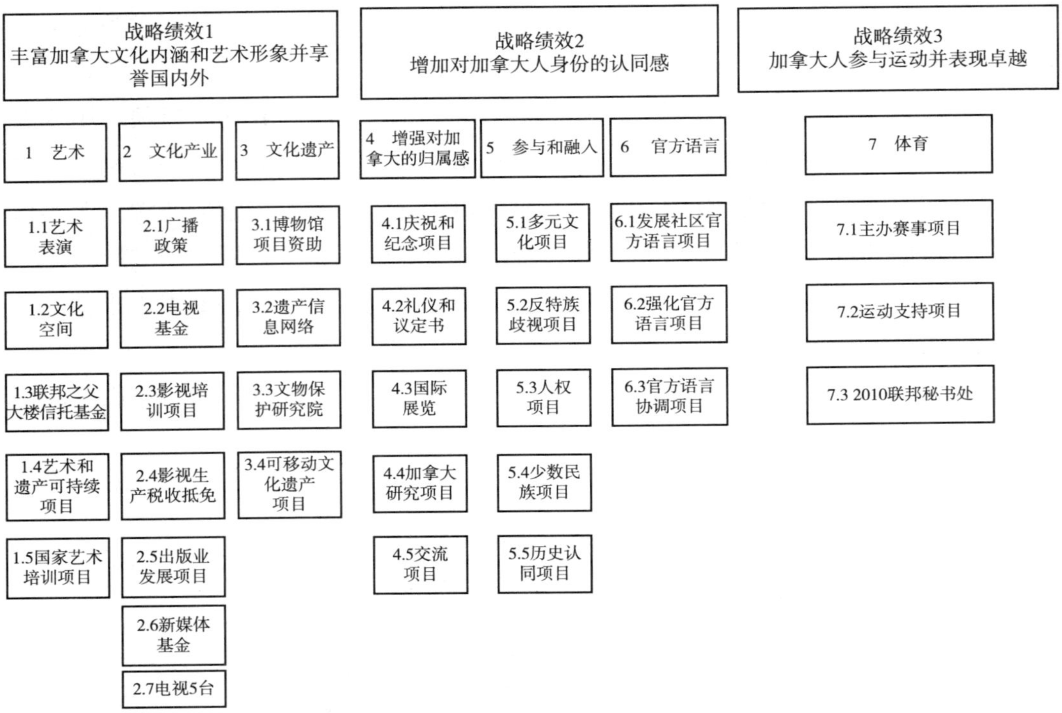

图4-6　2009—2010年加拿大联邦遗产部项目活动结构

3.绩效目标和项目的层级体系。OECD的很多成员国都建立了政府层面绩效、部门层面绩效、项目层面绩效的逐级分解机制。比如：美国在联邦政府层面设置政府优先目标，部门层面设置部门优先目标，并形成项目和各类优先目标的对应关系。英国通过公共服务协议设置部门和跨部门的优先目标，通过单一部门计划设置部门绩效目标。加拿大联邦政府于2005年推行了基于成果的问责制框架（Result-based Management and Accountability Framework，RMAF），形成了政府、部门和项目层面绩效的层级分解关系。[①]该结构提供了联邦政府各部门项目目录，统一了各部门收集、管理和报告绩效信息的格式，为内部决策和外部问责机制建立起相同构架。在该结构下，部门的所有项目活动与联邦13个绩效领域挂钩，最终服务于政府的最高政策领域。该结构的最高层是政府政策领域，有4个，包括经济事务、社会事务、国际事务和政府一般管理，然后是联邦绩效领域，有13个，包括加拿大收入安全和就业、强劲经济增长、创新和知识经济、干净和卫生的环境等。接下来是支持政府13个绩效目标的部门战略目标、项目活动，联邦政府各部门项目总计2500个。通过将部门项目活动与政府13个绩效目标建立关联，就可以评估出政府绩效领域的支出和成果情况。除作为政府管理工具之外，管理、资源和成果框架

① 李杰刚、徐卫：《加拿大分级绩效预算管理模式及启示》，《中国财经信息资料》2011年第4期，第39—40页。

还为部门提供了详细的内部项目结构图，为战略管理和预算分配决策提供依据。如表4-2所示[①]：

表4-2　　加拿大的分级目标管理体系

政策领域（4个）	联邦绩效领域（13个）	部门战略绩效（200个）	部门项目和活动（2500个）
经济事务	1.收入安全和就业 2.强劲的经济增长 3.创新和知识经济 4.干净卫生的环境 5.公平安全的市场	例：针对联邦政府“强劲经济增长”绩效领域，共有30个部门战略绩效，如工业部的“增强企业竞争力，建设可持续社区”	例：工业部的“信息技术和通信项目”
社会事务	6.健康的加拿大人 7.安全可靠的社区 8.促进多元文化 9.文化和遗产	例：针对联邦政府“促进多元文化”，共有21个部门战略绩效，如文化遗产部的“加拿大生活在一个各文化共融社会”	例：文化遗产部的“推动各文化相互理解”“参与社区活动”“社区发展和能力建设”等项目
国际事务	10.通过国际合作推动世界和平 11.全球减贫和可持续发展 12.建立互利互惠北美伙伴关系 13.开展国际贸易促进加拿大繁荣	例：针对联邦政府“建立互利互惠北美伙伴关系”，共有8个部门战略绩效，如加拿大边境服务局的“提高边境管理效率和效果，促进加拿大繁荣和安全”	例：加拿大边境服务局的“加强安保”“进入许可证”“创新和技术”等项目
一般政府管理	各部门一般性行政管理		

（二）按照资金覆盖范围

预算绩效目标可以划分为一般公共预算绩效目标、国有资本经营预算绩效目标、政府性基金预算绩效目标、社会保险基金绩效目标。上述四本预算的绩效目标可以进一步从预算收支整体和预算收支支持的政策和项目层面进行区分。

就整体层面而言，一般公共预算绩效目标在收入方面，要重点关注收入结构、征收效率和优惠政策实施效果。支出方面，要重点关注预算资金配置效率、使用效益，特别是重大政策和项目实施效果，其中转移支付预算绩效管理要符合财政事权和支出责任划分规定，重点关注促进地区间财力协调和区域均衡发展。政府性基金预算绩效管理，重点关注基金政策设立延续依据、征收标准、使用效果等情况，地方政府还要关注其对专项债务的支撑能力。国有资本经营预算绩效管理，要重点关注贯彻国家战略、收益上缴、支出结构、使用效果等情况。社会保险基金预算绩效管理，要重点关注各类社会保险基金收支政策效果、基金管理、精算平衡、地区结

① 李杰刚、徐卫：《加拿大分级绩效预算管理模式及启示》，《中国财经信息资料》2011年第4期，第39—40页。

构、运行风险等情况。[①]

在具体实施过程中上述四本预算分别以专项资金、税收返还、转移支付、部门预算等形式实施，如图4-7所示：

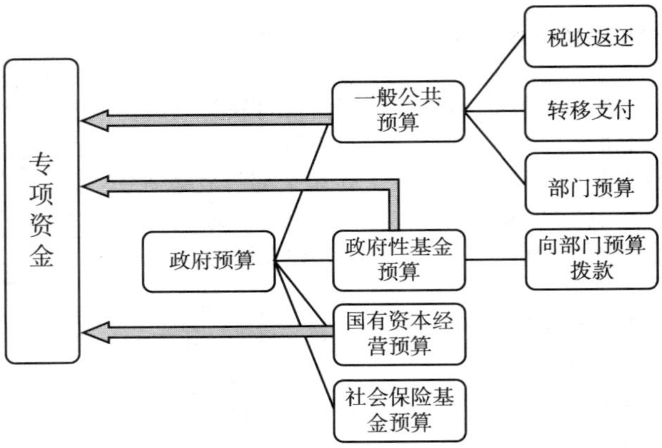

图4-7　绩效目标覆盖的范围

（三）按照时效性划分

预算绩效目标包括中长期绩效目标和年度绩效目标。中长期绩效目标是指部门预算资金在跨度多年的计划期内预期达到的产出和效果。年度绩效目标是指中央部门预算资金在一个预算年度内预期达到的产出和效果。

三、绩效目标设定

绩效目标设定是指部门（或其所属单位）按照部门预算管理和绩效目标管理的要求，编制绩效目标并向财政部门或（所属单位的上级部门）报送绩效目标的过程。

绩效目标申报表是所设定绩效目标的表现形式，如表4-3是工业与信息化服务一级项目公开的绩效目标表。未按要求设定绩效目标的项目支出，不得纳入项目库管理，也不得申请部门预算资金。项目支出绩效目标涉及内容的相关信息，纳入项目文本中，通过提取信息的方式以确定格式生成；部门（单位）整体支出绩效目标，按照确定格式和内容填报，纳入部门预算编报说明中。政策和专项绩效目标设定与项目类似。

①《中共中央 国务院关于全面实施预算绩效管理的意见》。

表4-3

工业和信息化部一级项目绩效目标

<table>
<tr><th colspan="8">一级项目支出绩效目标表</th></tr>
<tr><td colspan="8">（2019年度）</td></tr>
<tr><td>项目名称</td><td colspan="7">工业和信息化公共服务</td></tr>
<tr><td>主管部门及代码</td><td colspan="4">［124］工业和信息化部</td><td>实施单位</td><td colspan="2">工业和信息化部</td></tr>
<tr><td rowspan="3">项目资金（万元）</td><td colspan="2">中期资金总额：</td><td colspan="2">78600</td><td>年度资金总额：</td><td colspan="2">26247.40</td></tr>
<tr><td colspan="2">其中：财政拨款</td><td colspan="2">78600</td><td>其中：财政拨款</td><td colspan="2">26200</td></tr>
<tr><td colspan="2">其他资金</td><td colspan="2">–</td><td>其他资金</td><td colspan="2">47.40</td></tr>
<tr><td rowspan="2">总体目标</td><td colspan="4">中期目标（2019—2021年）</td><td colspan="3">年度目标</td></tr>
<tr><td colspan="4">1.保持应急通信专业保障队伍稳定，做好有关突发事件应急处置和重大活动通信保障工作。
2.解决重点领域非竞争性共性质量技术问题，应用推广经验方法，达到全面提升关键装备服役可靠性、环境适应性和安全性水平的目的；提升技术基础公共服务能力，保障产业技术创新及质量提升。
3.推动两化融合技术转移体验对接中心建设，为企业搭建供需对接的沟通桥梁。
4.推进两化融合公共服务平台、新一代信息技术与制造业整合发展公共服务平台建设。</td><td colspan="3">1.保持应急通信专业保障队伍稳定，保障国家卫星通信网正常运行；完成年度突发事件应急处置和重大活动通信保障。
2.解决重点领域非竞争性共性质量技术问题，应用推广经验方法，达到全面提升关键装备服役可靠性、环境适应性和安全性水平的目的；加快重点和基础公益类标准制修订；针对新一代信息技术、节能与新能源汽车、电力装备等重点领域，以及人工智能领域，提升技术基础公共服务能力，保障技术创新及质量提升。
3.充分发挥中央财政资金的引领作用，吸引社会资本参与制造业“双创”建设，加快制造业“双创”发展 。
4.完成两化融合公共服务平台一期建设，实现两化融合发展数据分析处理等功能。</td></tr>
<tr><td rowspan="6">绩效指标</td><td>一级指标</td><td>二级指标</td><td>三级指标</td><td>指标值</td><td>二极指标</td><td>三级指标</td><td>指标值</td></tr>
<tr><td rowspan="5">产出指标</td><td rowspan="5">数量指标</td><td>国家应急通信一类保障队伍数</td><td>≥32支</td><td rowspan="5">数量指标</td><td>国家应急通信一类保障队伍数</td><td>≥32支</td></tr>
<tr><td>应急通信保障演练次数</td><td>≥30次/年</td><td>应急通信保障演练次数</td><td>≥30次</td></tr>
<tr><td>应急通信保障任务完成率</td><td>≥95%</td><td>应急通信保障任务完成率</td><td>≥95%</td></tr>
<tr><td>融合发展深度行活动场数</td><td>≥15场</td><td>融合发展深度行活动场数</td><td>≥5场</td></tr>
<tr><td>两化融合公共服务平台支持在线单次分析数据量条数</td><td>≥10万条</td><td>两化融合公共服务平台支持在线单次分析数据量条数</td><td>≥10万条</td></tr>
</table>

续表

一级项目支出绩效目标表							
绩效指标	产出指标	数量指标	新一代信息技术与制造业整合发展公共服务平台数据资源池覆盖应用场景数	≥10个	数量指标	新一代信息技术与制造业整合发展公共服务平台数据资源池覆盖应用场景数	≥10个
			下达行业标准计划数量	≥4500项		下达行业标准计划数量	≥1500项
			形成相关行业标准草案或者行业计量技术规范建议	≥30个		形成相关行业标准草案或者行业计量技术规范建议	≥5个
			为企业提供计量测试、检验检测、试验验证、诊断改进、培训宣贯等服务次数	≥50000次		为企业提供计量测试、检验检测、试验验证、诊断改进、培训宣贯等服务次数	≥20000次
		时效指标	突发事件应急响应及时率	100%	时效指标	突发事件应急响应及时率	100%
			突发事件后上报通信网络运行情况时限	≤30分钟		突发事件后上报通信网络运行情况时限	≤30分钟
			全省通信网预警信息发布时限	≤6小时		全省通信网预警信息发布时限	≤6小时
	效益指标	社会效益指标	为重大突发事件提供通信服务	确保政府/公众通信通畅	社会效益指标	为重大突发事件提供通信服务	确保政府/公众通信通畅
			通过标准复审缩短行业标准标龄	≤5年		通过标准复审缩短行业标准标龄	≤5年
			制造业重点行业骨干企业“双创”平台普及率	≥30%		制造业重点行业骨干企业“双创”平台普及率	≥30%
			聚集一批在线服务商等创业创新资源，降低制造企业创业创新门槛	效果显著		聚集一批在线服务商等创业创新资源，降低制造企业创业创新门槛	效果显著
			加强制造业“双创”评估检测，形成全国制造业“双创”发展指数	效果显著		加强制造业“双创”评估检测，形成全国制造业“双创”发展指数	效果显著

资料来源：工业与信息化部部门预算2019。

（一）绩效目标设定的原则、主体与程序

按照“谁申请资金，谁设定目标”的原则，绩效目标由资金申请部门和单位设定。申请预算资金的基层单位按照要求设定绩效目标，随同本单位预算提交上级单位；根据上级单位审核意见，对绩效目标进行修改完善，按程序逐级上报。部门按要求设定本级支出绩效目标，审核、汇总所属单位绩效目标，提交财政部门；根据财政部门审核意见对绩效目标进行修改完善，按程序提交财政部门。

（二）绩效目标设定的依据与要求

绩效目标设定的依据包括：国家相关法律、法规和规章制度，国民经济和社会发展规划；部门职能、中长期发展规划、年度工作计划或项目规划；部门中期财政规划；财政部门中期和年度预算管理要求；相关历史数据、行业标准、计划标准等；符合财政部要求的其他依据。

绩效目标设定的要求：一是指向明确。绩效目标要符合国民经济和社会发展规划、部门职能及事业发展规划等要求，并与相应的预算支出内容、范围、方向、效果等紧密相关。二是细化量化。绩效目标应当从数量、质量、成本、时效以及经济效益、社会效益、生态效益、可持续影响、满意度等方面进行细化，尽量进行定量表述。不能以量化形式表述的，可采用定性表述，但应具有可衡量性。三是合理可行。设定绩效目标时要经过调查研究和科学论证，符合客观实际，能够在一定期限内如期实现。四是相应匹配。绩效目标要与计划期内的任务数或计划数相对应，与预算确定的投资额或资金量相匹配。

按照这一要求诸如“到2010年改进公路状况”“消除公路交通死亡”“控制健康福利成本”等绩效目标因为目标不具体、无法衡量、没有时间限制、无法实现等原因就属于表述不好的绩效目标。“到2013年，确保向公众提供服务的供水系统污染物含量合格率达到99%”就是一个表述较好的绩效目标。

（三）绩效目标设定的方法

项目支出绩效目标的设定一般需要经过以下步骤：

一是对项目的功能进行梳理，包括资金性质、预期投入、支出范围、实施内容、工作任务、受益对象等，明确项目的功能特性。

二是依据项目的功能特性，预计项目实施在一定时期内所要达到的总体产出和效果，确定项目所要实现的总体目标，并以定量和定性相结合的方式进行表述。

三是对项目支出总体目标进行细化分解，从中概括、提炼出最能反映总体目标

预期实现程度的关键性指标，并将其确定为相应的绩效指标。

四是通过收集相关基准数据，确定绩效标准，并结合项目预期进展、预计投入等情况，确定绩效指标的具体数值。

部门（单位）整体支出绩效目标的设定一般需要经过以下步骤：

一是对部门（单位）的职能进行梳理，确定部门（单位）的各项具体工作职责。

二是结合部门（单位）中长期规划和年度工作计划，明确年度主要工作任务，预计部门（单位）在本年度内履职所要达到的总体产出和效果，将其确定为部门（单位）总体目标，并以定量和定性相结合的方式进行表述。

三是依据部门（单位）总体目标，结合部门（单位）的各项具体工作职责和工作任务，确定每项工作任务预计要达到的产出和效果，从中概括、提炼出最能反映工作任务预期实现程度的关键性指标，并将其确定为相应的绩效指标。

四是通过收集相关基准数据，确定绩效标准，并结合年度预算安排等情况，确定绩效指标的具体数值。

四、绩效目标的审核

绩效目标审核是指财政部或中央部门对相关部门或单位报送的绩效目标进行审查核实，并将审核意见反馈相关单位，指导其修改完善绩效目标的过程。财政部门要严格绩效目标审核，未按要求设定绩效目标或审核未通过的，不得安排预算。

（一）绩效目标审核的主体、对象与程序

绩效目标审核是部门预算审核的有机组成部分。绩效目标不符合要求的，财政或中央应要求报送单位及时修改、完善。审核符合要求后，方可进入项目库，并进入下一步预算编审流程。

按照“谁分配资金，谁审核目标”的原则，绩效目标由财政或部门按照预算管理级次进行审核。对一般性项目，由财政或部门结合部门预算管理流程进行审核，提出审核意见。对社会关注程度高、对经济社会发展具有重要影响、关系重大民生领域或专业技术复杂的重点项目，财政部或中央部门可根据需要将其委托给第三方，组织相关部门、专家学者、科研院所、中介机构、社会公众代表等共同参与审核，提出审核意见。

部门对所属单位报送的项目支出绩效目标和单位整体支出绩效目标进行审核。有预算分配权的部门应对预算部门提交的有关项目支出绩效目标进行审核，并据此

提出资金分配建议。提出的审核意见要反馈给下级单位，下级单位根据审核意见对相关绩效目标进行修改完善，重新提交上级单位审核，经审核的项目支出绩效目标，报财政部备案。审核通过后按程序报送财政部。

财政部门根据部门预算审核的范围和内容，对部门报送的项目支出绩效目标和部门（单位）整体支出绩效目标进行审核，提出审核意见并反馈给中央部门。部门根据财政部门审核意见对相关绩效目标进行修改完善，重新报送财政部门审核。财政部根据绩效目标审核情况提出预算安排意见，随预算资金一并下达部门。对经有预算分配权的部门审核后的横向分配项目的绩效目标，财政部可根据需要进行再审核。

（二）绩效目标审核的主要内容

对项目支出绩效目标的审核，采用“项目支出绩效目标审核表”（见表4-4）。其中，对一般性项目，采取定性审核的方式；对重点项目，采取定性审核和定量审核相结合的方式。部门（单位）整体支出绩效目标的审核，可参考项目支出绩效目标的审核工具，提出审核意见。

审核内容包括：

（1）完整性审核。绩效目标的内容是否完整，绩效目标是否明确、清晰。

（2）相关性审核。绩效目标的设定与部门职能、事业发展规划是否相关，是否对申报的绩效目标设定了相关联的绩效指标，绩效指标是否细化、量化。

（3）适当性审核。资金规模与绩效目标之间是否匹配，在既定资金规模下，绩效目标是否过高或过低；或者要完成既定绩效目标，资金规模是否过大或过小。

（4）可行性审核。绩效目标是否经过充分论证和合理测算；所采取的措施是否切实可行，并能确保绩效目标如期实现。综合考虑成本效益，是否有必要安排财政资金。

表4-4　项目支出绩效目标审核表

审核内容	审核要点	审核意见
一、完整性审核		
规范完整性	绩效目标填报格式是否规范，内容是否完整、准确、详实，是否无缺项、错项	优□ 良□ 中□ 差□
明确清晰性	绩效目标是否明确、清晰，是否能够反映项目主要情况，是否对项目预期产出和效果进行了充分、恰当的描述	优□ 良□ 中□ 差□
二、相关性审核		
目标相关性	总体目标是否符合国家法律法规、国民经济和社会发展规划要求，与本部门（单位）职能、发展规划和工作计划是否密切相关	优□ 良□ 中□ 差□

续表

审核内容	审核要点	审核意见
指标科学性	绩效指标是否全面、充分、细化、量化，难以量化的，定性描述是否充分、具体；是否选取了最能体现总体目标实现程度的关键指标并明确了具体指标值	优□ 良□ 中□ 差□
三、适当性审核		
绩效合理性	预期绩效是否显著，是否能够体现实际产出和效果的明显改善；是否符合行业正常水平或事业发展规律；与其他同类项目相比，预期绩效是否合理	优□ 良□ 中□ 差□
资金匹配性	绩效目标与项目资金量、使用方向等是否匹配，在既定资金规模下，绩效目标是否过高或过低；或要完成既定绩效目标，资金规模是否过大或过小	优□ 良□ 中□ 差□
四、可行性审核		
实现可能性	绩效目标是否经过充分调查研究、论证和合理测算，实现的可能性是否充分	优□ 良□ 中□ 差□
条件充分性	项目实施方案是否合理，项目实施单位的组织实施能力和条件是否充分，内部控制是否规范，管理制度是否健全	优□ 良□ 中□ 差□
综合评定等级	优□ 良□ 中□ 差□	
总体意见		

（三）绩效目标审核的结果及其运用

项目支出绩效目标审核结果分为“优”“良”“中”“差”四个等级，作为项目预算安排的重要参考因素。审核结果为“优”的，直接进入下一步预算安排流程；审核结果为“良”的，可与相关部门或单位进行协商，直接对其绩效目标进行完善后，进入下一步预算安排流程；审核结果为“中”的，由相关部门或单位对其绩效目标进行修改完善，按程序重新报送审核；审核结果为“差”的，不得进入下一步预算安排流程。部门整体绩效目标审核与此类似。

五、绩效目标的批复

按照“谁批复预算，谁批复目标”的原则，财政部门和部门在批复年初部门预算或调整预算时，一并批复绩效目标。原则上，部门整体支出绩效目标、纳入绩效评价范围的项目支出绩效目标和一级项目绩效目标，由财政部门批复；部门所属单位整体支出绩效目标和二级项目绩效目标，由部门或所属单位按预算管理级次批复。

绩效目标确定后，一般不予调整。预算执行中因特殊原因确需调整的，应按照绩效目标管理要求和预算调整流程报批。

六、绩效目标监控调整和应用

绩效运行监控、调整、评价和结果应用的内容，将在随后的章节阐述。

上述关于绩效目标管理的内容，主要针对部门预算，对于纳入部门预算的专项资金和专项转移支付资金按照专项资金和专项转移支付绩效目标管理办法实施。①

①《关于印发〈中央对地方专项转移支付绩效目标管理暂行办法〉的通知》（财预〔2015〕163号）。

▶ 第四节 绩效计划制度典型案例分析

一、美国的绩效计划制度

2010年美国国会通过的《政府绩效与成果法现代化法案（2010）》（GPRAMA）对联邦绩效计划有明确的规定，所述如下：

（一）GPRAMA的绩效计划制度

1.联邦政府绩效计划。

（a）联邦政府绩效计划——在执行第1105（A）（28）节的规定时，管理和预算办公室主任应与各机构协调，以制定联邦预算。除了美国政府的每项预算提交此类计划外，管理和预算办公室主任还应确保本款所要求的所有信息同时在第1122节提供的网站上提供，并定期更新，不低于每年一次。联邦政府的绩效计划应包括：

（1）建立联邦政府绩效目标，以确定在提交计划的年份所要达到的绩效水平，本标题第1120（A）节规定的每个联邦政府优先目标的下一个财政年度所要达到的绩效水平；

（2）鉴定识别在本财政年度机构、组织、计划活动、法规、税收支出、政策和其他活动对每个联邦政府的绩效目标的促进作用；

（3）对于每一联邦政府的绩效目标，确定一名政府官员领导，负责协调实现这一目标；

（4）制定共同的联邦政府绩效指标和季度目标，用于测量或评估：（A）实现每个联邦政府绩效目标的总体进展；

（B）每个机构、组织、方案活动、规章、税收支出、政策和第（2）款所确定的其他活动的个人贡献；

（5）确立明确定义的季度里程碑；

（6）确定政府范围内或跨部门性质的重大管理挑战，并说明应对这些挑战的计划，包括相关绩效目标、绩效指标和里程碑。

2.部门绩效计划。

（b）部门绩效计划——不迟于每年2月的第一个星期一，每个机构的负责人应在该机构的公共网站上公布计划，并通知总统和国会其可用性，一份涵盖该机构预算中规定的每一项方案活动。这样的计划应该有：

（1）建立绩效目标，以确定计划提交年度和下一财政年度的绩效水平；

（2）以客观，可量化和可衡量的形式表达这些目标，除非根据（c）款授权为替代形式；

（3）描述绩效目标如何促进——（A）标题5第306（A）（2）节所要求的机构战略计划中确定的总体目标和目的；（B）根据第（a）（1）款规定的联邦政府执行计划制定的任何联邦政府绩效目标；

（4）根据本标题第1120（b）节的要求，在绩效目标中确定被指定为机构优先目标的目标（如果适用）；

（5）提供一份如何实现绩效目标的描述，包括：（A）操作流程、培训、技能和技术、以及人力、资本、信息和其他实现目标所需的资源和战略；（B）明确界定里程碑；（C）确定机构内外对每个绩效目标作出贡献的组织、项目活动、规章、政策和其他活动；（D）说明该机构如何与其他机构合作，以实现其绩效目标以及相关的联邦政府绩效目标；（E）确定负责实现每个绩效目标的应被称为目标领导者的机构官员；

（6）建立一套平衡的绩效指标，用于衡量或评估实现每个绩效目标的进展情况，视情况而定，包括客户服务、效率、产出和成果指标；

（7）提供将实际的项目结果与既定的绩效目标比较的依据；

（8）机构将如何确保用于测量实现其绩效目标的进度数据的准确性和可靠性，包括确定：（A）用于确定和验证测量值的方法；（B）数据来源；（C）预期使用数据所需的精确度；（D）对数据的准确性有何限制；（E）如果需要达到所要求的精确度水平，该机构将如何弥补这些限制；

（9）描述机构面临的主要管理挑战，并确定：（A）计划采取的应对这些挑战的行动；（B）绩效目标、绩效指标和里程碑，以衡量解决这些挑战的进展；（C）负责解决这些挑战的机构官员；

（10）根据对机构任务和目标的贡献的分析，确定低优先级的项目活动，并包括将其指定为低优先级项目活动的基于证据的理由。

3.替代形式。

（c）替代形式——如果一个机构与管理和预算办公室主任协商，确定以客观、可量化和可衡量的形式表达某一特定计划活动的绩效目标是不可行的，管理和预算办公室主任可以授权替代形式。这种替代形式应：

（1）包括单独的描述性陈述：（A）（i）最低有效项目；（ii）一个成功的项目；或者（B）管理和预算办公室主任授权的替代方案，具有足够的精确度和依据此条件，即可以准确、独立地确定项目活动的绩效是否符合描述；

（2）说明为什么以任何形式表示项目活动的绩效目标是不可行或不实际的。

4.项目活动的修订。

（d）项目活动的修订——为遵守本节的规定，机构可以汇总、分解或合并项目活动，但任何汇总或合并不得忽略或最小化构成该机构主要职能或运营的任何项目活动的重要性。

5.附录及其他。

（e）附录——部门可以向年度绩效计划提交一份涵盖计划任何部分的附录——（1）根据行政命令规定的标准特别授权，为了国防或外交政策的利益而保密；（2）根据这种行政命令进行适当分类。

（f）固有的政府职能——本节的职能和活动应视为固有的政府职能。本节规定的执行计划的起草只能由联邦雇员完成。

（g）首席人力资源官——对于每一个设有首席人力资源官的部门，首席人力资源官应编制（B）（5）（A）款所述年度绩效计划的这一部分。

（h）定义——就本条及第1116至1125条及第9703及9704条而言，（1）“机构”的含义与第5章第306（f）条规定的含义相同；（2）“横穿”是指跨越组织（如机构）的界限；（3）“客户服务措施”是指对客户、公民或其他接收者的服务交付评估，其中包括对质量、及时性和满意度等因素的评估；（4）“效率衡量”是指项目活动的投入（如员工的成本或工时）与其产出（交付的产品或服务的数量）或结果（项目的预期结果）的比率；（5）“主要管理挑战”是指机构内部或跨机构的项目或管理职能，它们更容易受到浪费、欺诈、滥用和管理不善的影响（例如政府问责署确定为高风险或由监察主任确定的问题）如果表现不佳，可能严重影响机构或政府实现其使命的能力；（6）“里程碑”是指预定的事件，表示完成可交付主要成果或一组相关可交付成果或工作阶段；（7）“成果度量”是指对一项项目活动的结果与其预期目的相比较的评估；（8）“产出度量”是指以定量或定性的方式表示的活动或努力的列表、计算或记录；（9）“绩效目标”是指以有形、可衡量的目标表达的目标绩效水平，可以将实际绩效与之进行比较，包括以定量标准，数值或比率表示的目标；（10）绩效指标是指用于衡量产出或结果的特定值或特征；（11）“项目活动”是指美国政府年度预算的项目和筹资表（Program and Financing Schedules）中所列的具体活动或项目（Project）；（12）“项目评估”（Program Evaluation）是指通过客观测量和系统分析，评估联邦项目实现预定目标的方式和程度。

表4-5列出了美国2013年开始试行中期跨部门优先目标（Interim Cross-Cutting Federal Priority Goals）的情况。

表4-5　　2013年试行跨部门联邦优先目标

项次	跨机关优先目标	目标叙述	受指定机关
联邦政府跨机关政策领域目标（Policy Areas）			
1	科学、技术、工程和数学教育	至2020年美国大学毕业生为全球最高联邦政府与教育的合作伙伴共同努力，以提升科学、技术、工程质量和数学（STEM）品质。未来10年STEM学位的毕业生数量增加三分之一，也就是增加100万名STEM学科学位的毕业生	教育部、国家太空总署、国家科学基金、健康和人类服务部
2	退伍军人生涯的准备工作	提高退伍军人的职业准备。2013年9月30日止，提高“服务职业准备和备灾方案”符合条件的受益人员比例，从50%到90%，以提高其在就业市场上的竞争力。	劳工部、退伍军人事务部、国防部、教育部、商务部
3	宽频	提升宽频功能确保2016年美国4G宽频覆盖率98%	商务部、联邦通讯委会、农业部
4	大型企业和小型企业	增加对企业家和小企业所提供的服务。聚焦在初创企业和成长型企业，及弱势市场	中小企业署、财政部、商务部、国防部、国家科学基金会、退伍军人事务部、能源部、农业部、健康和人类服务部
5	能源有效利用	2035年降低能源强度（能源需求/实际GDP）至50%（2010年为基准起算）	环保署、交通部、能源部、居住及城市发展部
6	出口	2014年，美国出口值增加1倍	农业部、商务部、国务院、输出入银行、海外私人投资公司、中小企业署、美国贸易发展处、美国贸易代表办公室
7	职业训练	2015年，200万劳工接受技艺训练，并加强协调及提供就业培训服务，确保拥有全球最熟练的劳动力准备与技能培训。	劳工部、教育部、中小企业署、居住及都市发展部、
8	网络安全	2014年，95%的美国人能够安全使用行政机关资讯系统，包括有利的认证，可信任的网络连接，并持续监测工作。	国土安全部、商务部、服务管理总署、联邦资讯办公室
9	环境永续	2020年，减少直接温室气体排放量的28%，并且将其间接的温室气体排放量减少到13%（从2008年的基准起算）	各联邦机关

续表

项次	跨机关优先目标	目标叙述	受指定机关
联邦政府整体管理面向改进目标（Management improvements）			
1	财务管理	2014会计年度，联邦机关不当付款率将从2009年的5.42%减少至少2个百分点	OMB为首
2	人力资本管理	终结联邦政府人力的关键技能差距，以加强任务绩效。2013年9月30日，去除3至5个关键联邦政府职业或能力50%的技能差距，并结束其他机关特定高风险的职业和能力差距	以OMB、人事管理总属及国防部为首
3	资讯技术管理	改善IT服务传递，减少浪费，2015会计年度关闭至少1200个数据中心，节省纳税人30亿美元	24个联邦机关
4	采购和收购管理	降低机关收购公共产品和服务的成本，至少2项新的产品或服务，在2013年和2014年均至少减少10%的成本	OMB为首
5	不动产管理	有效地管理房地产，2012年底节省约30亿美元的成本	OMB、服务管理总署（GSA）及其他24个联邦机关

资料来源：庄丽兰、邱秀兰、盛淑华：《美国联邦政府绩效成果法现代化法（GPRAMA）之探讨》，《公共治理季刊》2013年第6期，第107页。

（二）美国环保署的案例

美国各部门已经形成了战略规划、绩效计划、项目群（Programs）和单个项目（Project）、预算有机衔接的预算申报和绩效管理体系。以下以美国环保署2020年预算申报文本为例，对此进行说明：

1.战略计划与部门优先目标。美国环保署在2020年的预算申报文件中首当其冲的是《协同工作：环保署2018—2020年战略规划》（*Working Together FY 2018-2022 U.S. EPA Strategic Plan*）。[①]该战略规划明确了美国环保署的3大总目标（Goal）和11个分目标（Objective），这些目标是制定绩效计划和申报预算的前提。

在这份战略规划中，明确了环保署2018—2019财年的优先绩效目标（APG）：

APG-1：通过实施污染控制措施来改善空气质量，以减少未达标区域的数量。环保署将与各州密切合作，到2019年9月30日将非达标区的数量从166个减少到138个。

APG-2：授权社区利用环保署水基础设施投资。到2019年9月30日，环保署将通过水基础设施融资项目增资160亿美元的非联邦资金。

① EPA. *Working Together FY 2018-2022 U.S. EPA Strategic Plan*, February 2018（Updated: September 2019）.

APG-3：加快清理的步伐，并将场地恢复到社区的有益用途。到2019年9月30日，环保署将增加102个超级基金地点和1368个棕色地带地点，以备预期使用。

APG-4：满足新的法定要求，以提高商业化学品的安全性。到2019年9月30日，环保署将按照法定时间表完成（不包括法律允许的延期）：100%实现《有毒物质控制法》（TSCA）要求环保署对现有化学品的风险评估；100%实现TSCA要求的对现有化学品的风险管理；80%的TSCA预制造公告最终确定。

APG-5：提高环境法合规率。到2019年9月30日，环保署将通过把《清洁水法案》（CWA）国家污染排放消除系统（NPDES）中允许的严重不符合许可限制的百分比从24%的黄线降低到21%来提高合规性。

APG-6：加速许可相关决策。到2019年9月30日，环保署将减少50%的许可超过6个月的决定。[①]

2.年度计划和项目预算。在环保署2020年度《预算摘要》（*FY 2020 EPA Budget in Brief*）文件中[②]明确了部门的绩效计划、优先目标和优先资助领域。

预算图表部分展示了按照总目标（Goal）的预算配置、按照功能分类拨款（Appropriation）的预算配置，预算分配的历史，预算限额、各类资源等信息。在目标总览部分展示了3大总目标和11项分目标在2018年、2019年和2020年的年度预算额度，列示了机构优先目标与总目标之间的关系，各分项目标对应的一级项目（Programs）内容和预算额度。比如：

目标1：改善空气质量。与州和地方合作，精确监测空气，确保更多的美国人生活和工作在高质量标准的区域。

分目标1.1：改善空气质量，到2022年9月30日，将非达标区的数量减少到101个。针对这一目标在2020财年，环保署要求4.253亿美元和1270.8全职人力工时（Full-time Equivalents，FTE）来改善空气质量。包括以下项目：国家环境空气质量标准（NAAQS）的实施；空气毒素——联邦固定源规制项目（Program）；州、地方和部落空气质量管理补助金；联邦车辆燃料标准和认证项目；大气保护项目；能源之星项目费用提案的实施；辐射。

上述每个项目（Program）都列出了项目实施目标、内容和预算额度。

附件部分展示了环保署2020年度绩效计划和国会拨款（Congressional Justification），按照项目领域的预算（Program Project by Program Area），按照拨款的部门资源（Agency Resources by Appropriation）、项目补助的分类（Categorical Program Grants by National Program and State Grant），分类补助（Categorical Grants）等信息。项目领域的预算列

---

① Working Together FY 2018-2022 U.S. *EPA Strategic Plan*，February 2018（Updated：September 2019）.p.5.

② United States Environmental Protection Agency Office of the Chief Financial Officer（2710A）. *FY 2020 EPA Budget in Brief*. Publication Number：EPA-190-R-19-001.March 2019，www.epa.gov.

示了所有的项目及其所属项目领域，比如项目领域包括清洁空气、室内空气和辐射、执行、国土安全等。

3. 国会拨款理由。国会拨款理由（Justification of Appropriation）[①]网上公开文件中共有16份。分别是：

2020财年CJ表00：简介和概述（PDF）（9页，257 K，2019年3月，190–R–19–002）；

2020财年CJ表01：资源汇总表（PDF）（5页，259 K，2019年3月，190–R–19–002）；

2020财年CJ表02：目的和目标概述（PDF）（44页，858 K，2019年3月，190–R–19–002）；

2020财年CJ表03：科学技术（PDF）（98页，676 K，2019年3月，190–R–19–002）；

2020财年CJ表04：环境计划和管理（PDF）（239页，1 MB，2019年3月，190–R–19–002）；

2020财年CJ表05：监察长办公室（PDF）（11页，337 K，2019年3月，190–R–19–002）；

2020财年CJ表06：建筑物和设施（PDF）（11页，362 K，2019年3月，190–R–19–002）；

2020财年CJ表07：有害物质超巨额基金（PDF）（91页，695 K，2019年3月，190–R–19–002）；

2020财年CJ表08：地下储罐泄漏（PDF）（26页，228 K，2019年3月，190–R–19–002）；

2020财年CJ表09：内陆溢油计划（PDF）（21页，191 K，2019年3月，190–R–19–002）；

2020财年CJ表10：州和部落援助赠款（PDF）（86页，614000，2019年3月，190–R–19–002）；

2020财年CJ表11：水基础设施融资和创新基金（PDF）（8页，265 K，2019年3月，190–R–19–002）；

2020财年CJ表12：危险废物电子清单系统基金（PDF）（7页，307 K，2019年3月，190–R–19–002）；

2020财年CJ表13：绩效计划（PDF）（29页，650 K，2019年3月，190–R–19–002）；

---

① United States Environmental Protection Agency. *Fiscal Year 2020 Justification of AppropriationEstimates for the Committee on Appropriations*. EPA–190–R–19–002 March 2019，www.epa.gov/ocfo.

2020财年CJ表14：项目绩效和评估（2018财年年度绩效报告）（PDF）（91页，2 MB，2019年3月，190–R–19–002）；

2020财 年CJ表15： 附 录（PDF）（215页，4 MB，2019年3月，190–R–19–002）。

01是资源总表，这一部分列出了拨款摘要，包括预算和全职工时预算。国会在三个总目标之下按照拨款（Appropriation）进行排列。比如第一个总目标之下按照科技、环境规划与管理、内陆石油泄漏计划、有害物质超级基金、地下储罐泄漏、州和部落援助拨款、危险废物电子舱单、系统基金、水基础设施融资和创新基金列出了各项预算和全职工时。

02是总目标和分目标概览，在这一部分包括目标和拨款摘要、三大总目标及其支撑项目的拨款。这一部分首先列出了第一个总目标下四个分目标在2018年度、2019年度和2020年度需要的预算授权（Budget Authority）和全职工时（Full–time Equivalents）。每个分目标下列出若干项目的绩效目标和拨款额度。比如：分目标1之下“州、地方和部落空气质量管理补助金”的额度和绩效目标表述如下：“对于2020财政年度，环境保护署申请1.6090亿美元，向州和地方提供联邦支持。相应的空气质量管理机构和地方（tribes）实施空气质量控制项目。与环境保护署合作的州负责各州实施计划（State Implementation Plan，SIP），该计划提供了一个各州为实现和维持国家环境空气质量标准（NAAQS）而开展的项目（Programs）和活动的蓝图，并遵守可见性义务。各州也将继续管理和维持现有监测网络，以提供用于开发和维护的高质量数据清洁空气计划的基线数据，这些数据用以支持研究和公众使用。一些赠款资金也将用于为国家和地方（Tribes）提供培训。[①]

03至12是按照拨款（Appropriation）对项目的子项目（Program Projects）分类的统计。比如科学技术类的项目群下的子项目（Program Projects in S&T）一共列出了清洁空气、市内空气和辐射、执行、IT和数据安全、运作和行政等类下的若干项目（Program Project），其中清洁空气类包括清洁空气津贴交易计划、大气保护计划、联邦支持空气质量管理、联邦车辆燃料标准认证项目（Program）在2018年度、2019年度和2020年度的预算投入，并明确年度绩效计划中是否具体到该项目（Program）的绩效指标。

美国预算申报《绩效计划》中绩效目标的各衡量指标与项目指标并不是一一对应的关系，比如，科学技术类之下的清洁空气（Clean Air）项目有清洁空气津贴交易项目（program）、大气保护项目（Program）、联邦支持空气质量管理、联邦车辆燃料标准认证四项，这四个项目隶属于总目标1（Goal1）——核心使命和分目标

① *United States Environmental Protection Agency Fiscal Year 2020*.Justification of Appropriation Estimates for the Committeeon Appropriations Tab 02：Goal and Objective Overviews，pp.12—13.

1（Objective：1.1）——改善空气质量，但并不是支持1.1分目标实现的全部项目。对于第一个子项目——清洁空气津贴交易计划而言，会阐明该项目的行动方案、项目2020年度绩效计划，但在环保署2020年度绩效计划的45个指标中，并没有直接对应这一项目（Program）的绩效指标。第二个子项目——大气保护项目，在2020年环保署绩效计划中也没有直接对应的绩效指标。子项目3则设置了项目的绩效目标和指标，但是在环保署2020年绩效计划中也没有对应的绩效指标。子项目4联邦车辆燃料标准认证则对应于2020年环保署的绩效计划中的指标编码（PM CRT），具体指标是签发的合格证书数量，这些证书能够证明相应的发动机、车辆、设备、部件或系统符合所有适用的排放要求，并且可能进入商业领域。[①]

表4-6　　美国环保署联邦车辆燃料标准认证绩效目标

	FY2013	2014	2015	2016	2017	2018	2019	2020	单位
目标						5200	5000	5000	证书数量
实际		4225	4360	4453	5109	4869			

13是绩效计划。绩效计划列出了2020年度3个总目标和11个分目标的绩效测量指标。比如：

总目标1核心任务——交付实际成果，为美国人提供清洁的空气、土地和水，并确保化学安全。

分目标1.1——改善空气质量：与各州和地方合作，准确测量空气质量，确保美国人在符合高空气质量标准的地区生活和工作（见表4-7）。

长期绩效目标——到2022年9月30日，将非达标区域减少到101个。支持这一长期绩效目标的年度绩效目标：绩效测量编码NA1（PM NA1）非达标区域的数量。

表4-7　　美国环保署改善空气质量绩效目标

	2019财年	2020财年	单位	方向
目标	138	136	非达标区域	减少

度量细节——该测量指标跟踪截至2017财年末指定为未达标的166个区域的状态，并在40 CFR第81部分中列出。地区不包括2017年10月1日后指定的未达标地区。非达标区域是指环境保护局确定不符合主要或次要要求的区域或附近地区空气质量，但不符合未撤销的主要或次要国家环境空气质量标准……。环保署2020年诸如此类的绩效指标共45个。

① United States Environmental Protection Agency Fiscal Year 2020 .Justification of Appropriation Estimates for the Committeeon Appropriations Tab 03：Science and Technology.EPA-190-R-19-002 March 2019www.epa.gov/ocfo. pp.53-64.

14是2018年的项目（Program）绩效和评价。该拨款还附有2018年的所有目标达成和项目评价情况，比如目标3.3：优先考虑稳健的科学：重新审视EPA强有力的研究和科学分析，支撑政策制定。衡量这一目标共有15个指标，其中8个达标，1个75%—99%达标，5个小于75%达标，1个没有达标。①

15附录，从多种角度对拨款（Appropriation）与项目及其子项目（Program Projects）的关系进行了描述。

一个维度是总目标和分目标与项目和行动的二维表。在每个分目标之下会列出各项目及其额度。

二个是各拨款类型（Appropriation）和项目的子项目（Program Projects）的二维表。比如：大气保护项目按照目标划分属于总目标1和分目标1.1，按照领域划分则是分属于科学技术下面的“环境项目和管理”13965万美元。应急准备项目分属于环境科学与技术之下3793万美元和在环境项目和管理下2219万美元。②

形成了目标与项目的对应关系后，就可以对项目进行整合。比如美国OMB曾经对美国移民与入籍服务（Immigration and Naturalization Service，INS）项目进行了清理整合，重建了项目的结构。③

二、英国的公共服务协议④

英国财政部在1998年7月发布了《综合支出审查》(*Comprehensive Spending Review*，*CSR*)，同年12月发布了1999—2002年度的《公共服务协议》(*Public Service Agreement*，*PSA*)。PSA是一份汇集了关于目标和宗旨、资源、绩效和效率目标以及相关政策举措等重要信息的文件。PSA由四个关键要素构成：

一是导言，列出了负责履行承诺的一个或多个部长，以及PSA的覆盖范围，因为有些涵盖了相关大臣（Secretary of State）负责的其他部门和机构。二是部门或交叉领域的目标和宗旨。三是在综合支出审查中被分配给部门的资源。四是提供服务

① United States Environmental Protection Agency. Fiscal Year 2020 Justification of Appropriation Estimates for the Committeeon Appropriations.Tab 14：Program Performance and Assessment.EPA-190-R-19-002 March 2019，www.epa.gov/ocfo.pp.732—742.

② United States Environmental Protection Agency. Justification of Appropriation Estimates for the Committee on Appropriations. Tab 15: Appendix EPA-190-R-19-002，March 2019，www. epa. gov/ocfo. pp. 812—813.

③ OMB（Office of Management and Budget），*Analytical Perspectives*：*Budget of the United States Government—Fiscal Year 2003*，U.S. Government Printing Office：Washington，2002.

④ HM Treasury. *Public Services for the Future*：*Modernisation*，*Reform*，*Accountability Comprehensive Spending Review*：*Public Service Agreements* 1999-2002.Presented to Parliament by theChief Secretary to the Treasuryby Command of Her Majesty，December 1998.Cm 418128 Sterling.published by The Stationery Office.

的关键绩效目标（Targets），在某些情况下，还应提供关键政策举措清单。五是关于该部门将如何提高其运营生产力的声明。六是下一步的行动。

（一）教育和就业部的绩效目标

教育和就业部（Department for Education and Employment，DfEE）的公共服务协议如下：

0. 导言

本PSA涵盖教育和就业部（DfEE）。教育和就业大臣（Secretary of State）负责实现第1部分中规定的目标，并将根据第3部分中的目标（其中一项与财政部共享）衡量绩效。教育标准办公室（Office for Education Standards in Education ，OFSTED）的PSA作为附件单独列出。女王陛下的英国学校总督察负责服务的交付。

1. 目的和目标（Aim and Objectives）

——目的（Aim）。旨在通过教育、培训和工作，使每个人都有机会充分发挥自己的潜力，从而建设一个包容和公平的社会和一个有竞争力的经济。

——目标（Objectives）。DfEE的目标是与政府内外的其他人合作，实现两个首要目的（Goals）：

一是包容各方的社会，人人都有机会充分发挥自己的潜力；

二是具有全球竞争力的经济，有成功的公司和公平高效的劳动力市场。

DfEE通过专注于三个中心目标对此做出独特的贡献：

——确保所有的年轻人在16岁时具备技能、态度和个人素质，这将给他们在快速变化的世界中提供终身学习、工作和公民身份的安全基础；特别是通过显著提高识字率、数学基础和中学的学业成绩，通过早期教育和在每个社区提供负担得起的优质儿童保育来支持家庭。

——在每个人身上培养对终身学习的承诺，以便改善他们的生活，提高他们在不断变化的劳动力市场中的就业能力，并培养经济和雇主所需要的技能；特别是增强学习的吸引力和可及性，提高劳动力供应的相关性和质量，以及说服雇主投资在他们雇佣的人身上。

——帮助没有工作的人就业；特别是帮助年轻人、长期失业者和其他在劳动力市场处于不利地位的人，包括单亲父母，让他们在公平和多样化的就业市场内获得可持续的工作岗位。

在追求这些目标的过程中，DfEE致力于：

——鼓励人们在自己的权利和责任之间建立联系；

——与政府、政府以外的组织和公众合作，设计和实施有效的政策；

——向其他国家学习并与之合作，特别是欧洲的合作伙伴；

——利用技术潜力；

——开放、创新和乐于学习，使该部所有工作人员都能充分发挥潜力，高效工作，并从资源中获得最大收益。

2.资源。《英国现代公共服务，投资于改革》（*Modern Public Services for Britain*, *Investing in Reform*）白皮书阐述了政府全面支出审查的结果，并为教育标准支出（ESS）和就业服务制定了三年的资源框架。在1999—2000年和2001—2002年，追加160亿英镑（在整个英国的190亿英镑之外）。这些资源形成了一个稳固的三年协议。

表4-8列出了三年期间的部门支出限额（DEL）。

表4-8 英国教育与就业部部门支出上限 单位：百万英镑

年份	1999—2000	2000—2001	2001—2002
总计*	15543	17403	18738
本期预算	13769	14898	15726
资本预算	1121	1593	1942
财务往来	653	912	1070

注：*部门支出限额包括教育标准办公室（OFSTED）。

1999—2002年的部门支出限额包括基于资源会计的学生贷款准备金（即显示补贴成本和坏账）；净贷款不计入部门支出限额；债务销售和向银行付款也不影响部门支出限额，除非销售导致补贴准备金的变化。在DfEE的部门支出限额中，83英镑、184英镑、1.84亿英镑被单划出来，保障在英格兰的"确保开端计划"（Sure Start）。"确保开端计划"（Sure Start）是一个跨部门管理的项目，由一个单独的公共服务协议负责。

在DfEE的DEL中，运行成本限额如表4-9所示。

表4-9 英国教育与就业部部门运行成本限额 单位：百万英镑

年份	1999—2000	2000—2001	2001—2002
OFSTED	1036	1036	1031

其中：环境、交通和地区部（Department of the Environment, Transport and the Region）为地方政府提供的1999—2002年教育标准支出（ESS）如表4-10所示。

表4-10 英国1999—2000年教育支出标准 单位：百万英镑

年份	1999—2000	2000—2001	2001—2002
地方当局教育标准支出	20414	21629	22940

DfEE部门支出限额和教育标准支出中设立了教育和就业服务发展基金，在2000—2001年为7.5亿英镑，在2001—2002年为10亿英镑（见表4-11）。服务发展基金将确保现有议程和那些仍在制定政策的领域之间的资金平衡。本基金的拨款须经财政部同意。DfEE有三年期的意外所得税（Windfall Tax）规定。

表4-11　　英国教育和就业服务发展基金意外所得税支出　　单位：百万英镑

年份	1999—2000	2000—2001	2001—2002
意外所得税支出总计	1031	1021	941

注：随着新政的实施，这些数字（The profile of these figures）可能会发生变化。

3.绩效指标（Performance targets）。DfEE将在政府提高生产力、促进公平和为所有人提供机会的雄心中发挥重要作用。更好的教育和培训将是提高生产力的基础，而更好地确定资源指标将使每个人都有机会充分发挥其潜力。为了应对这些挑战，DfEE设定了3个目标（Objective）。

目标1：将教育水平提高到具有国际竞争力的水平，确保幼儿在早年获得关键的学习支持，并为青年人在成年继续学习奠定良好的基础。

目标2：通过鼓励16岁以后的年轻人继续接受教育或培训，实现义务教育。

目标3：就业服务局（与社会保障部和福利机构一道）在帮助失业者，特别是那些在就业市场上需要额外帮助的人就业方面发挥中心作用。

除了这些目标外，DfEE还与其他政府部门合作，制定单独的联合PSAs，涵盖“良好开端计划”和打击非法药物的行动。

该部门承诺的绩效指标是：

——到2002年，将3岁儿童的托儿所覆盖率从34%提高到66%，重点放在该国最贫困地区；（目标1）

——2001年9月，30人以上的幼儿班（5—7岁）数量从47.7万下降到零；（目标1）

——到2002年，11岁儿童达到该年龄段识字标准［关键阶段2（KSZ）测试中的4级］的比例从63%提高到80%；（目标1）

——到2002年，11岁儿童达到该年龄段计算标准（KS2测试中的4级）的比例从62%提高到75%；（目标1）

——到2002年，学校旷课率减少1/3（未经允许的半天旷课率从0.7%到0.5%，）永久开除人数从12500人到8400人，未经授权缺课半年从0.7%减少到0.5%；（目标1）

——在取得一个或多个G级普通中等教育证书（GCSE）的16岁儿童比例增加，或同等水平人数，到2002年从92%提高到95%；（目标1）

——到2002年，16岁取得5个或5个以上普通中等教育证书等级A*—C的比例

从45%提高到50%；（目标1）

——到2002年，19岁取得国家职业资格二级或同等水平的比例从72%提高到85%；（目标2）

——到2002年5月，利用意外所得税的资金使25万个25岁以下的人脱离福利救助，并投入工作；（目标3）[与英国财政部目标（XVI）共享]

——每年4月公布1999—2000年新政目标，包括DfEE和DSS共同负责的单亲和残疾人新政，更新每个后续财政年度每年的数字；（目标3）

——每年4月公布在1999—2000年安置失业人员的目标，其中包括失业超过六个月的JSA申请者找到工作人数和残疾人数。该数字将在以后每个财政年度每年更新。1998—1999年目标包括：失业安置130万人；长期失业（6个月或以上）安置25万人；残疾人安置80000人；（目标3）

《国家儿童保育战略》旨在确保每个社区0—14岁儿童享有高质量、负担得起的儿童保育，包括正规保育和非正式安排的支持。它将通过增加地方和提供信息，提高护理质量，使儿童保育更易负担得起，并使之更容易获得。早年的发展和儿童保育伙伴关系将在当地社区实施这一战略。他们的第一个计划将发起对儿童保育需求的评估，并阐明如何满足这一需求。一旦这些计划获得同意，部门将在1999年夏季仔细考虑该战略的适当指标。

4.提高具体业务的生产力。明确的效率指标和服务提供指标是：

——1999—2000年继续教育和高等教育单位成本节约1%。

——对企业机构（TECs）而言，通过对年轻人进行培训，在其主要项目中，每年节省2%的单位成本。

——就业服务局（Employment Service，ES），通过有效地节约措施，支付工资、物价上涨以及其他压力的成本节约相当于每年平均4%的运行成本；

——DfEE将在总运营成本之内实现本协议中“3.绩效指标”。达到这些绩效指标的附加活动意味着每年2.5%的效率增益（Efficiency Gain）。

1999年4月将启动一个标杆项目，通过示范如何推广良好做法来降低成本，提高学校的效率。

DfEE有一个清晰的战略来实现效率节约和量入为出。

——在部门和理事会层面的效率承诺、业务计划（Business Plan）和优先事项由常务秘书每年监测两次；

——决心减少辅助职能的规模，将释放的资源重新集中到政策主管部门；

——一个部门层面效率研究项目（Programme）；

——试点推广全方位效率技术的部门内设机构。

——作为与DfEE签订的年度绩效协议的一部分，就业服务局（ES）报告其效率节约（Efficiency Savings）。

就业服务局（Employment Service）的效率战略力求通过更集约地使用其财产、与福利机构和其他机构更密切地合作；以及进一步挖掘IT技术的潜力，实现更高的物有价值（Value of Money）。作为综合支出审查的一部分，对就业服务的效率进行了全面审查。

其他举措包括：

——制定提高资本利用效率的备选方案；

——从1999年9月起试行16—18岁的教育维持津贴，以增加低收入家庭继续接受教育的人数；

——工业大学的商业和公司计划，该计划将由DfEE和财政部共同商定；

——关于义务教育和培训后社会和私人回报率的研究工作；

——就业服务局年度绩效协议中的指标，由DfEE/ES、财政部、苏格兰办事处和威尔士办事处每年商定。DfEE将继续制定更好的效率措施，并将这些措施扩展到更广泛的部门活动。

（1）更优质的服务。多年来，该部门已制定了更优质的服务业务计划（Business Planning）安排，确保在部门、委员会、内设机构和个人各级，按照“更优质服务”手册的要求，定期和系统地审查其所有交付活动和服务。1998年7月开始的五年期内的这些安排，重点是如何最好地提高每项活动或服务的性价比，制定适当的改进方案。

（2）电子政府。约35%的DfEE协商会文件和绿皮书、白皮书文件在互联网上发布，并提供电子邮件地址和标准表格，以鼓励电子回复。预计到2002年，这一比例将增至90%。60%的查询是以电子方式处理的，部门正在测试各种方法，以减少学校和学院的行政负担，方法是在已经广泛使用电子数据收集的基础上，用电子媒介物取代纸质通信。DfEE将在1999年3月31日前为电子政务制定一个具体指标。

（3）减少缺勤。DfEE致力于降低整个政府的因病缺勤水平。该部已采取行动，提高这一问题的知晓度，并提高各级管理人员对其在管理病假方面作用的认识，包括编制季度基准报告，发布指导意见，并审查管理病假方面的培训需求。到1999年2月，该部将制定一个减少缺勤的指标，并在1999年6月前与内阁办公室商定，为整个公共部门减少缺勤的总体指标做出贡献。

（4）欺诈行为。在1999—2000年。在DfEE内部，专业调查小组（Specialist Investigation Unit）负责所有涉及部门以及欧洲基金的内部调查和外部调查工作。该小组为工作人员和其他政府部门举办关于欺诈意识的研讨会，明确预防欺诈和如何发现欺诈的责任，作为其调查方案的一部分，进行基于风险的检查。

财务安全小组（Financial Scrutiny Unit）调查由技术合作公司资助的项目中的供应商欺诈行为。该部门调查复杂和跨区域的案件，并监督政府办公室

（Government Offices）和技术中心各小组的调查工作。

就业服务局（Employment Service）内的一个单位负责所有欺诈政策，调查涉及就业服务项目承包商的外部欺诈行为，以及涉及赠款的客户欺诈行为。它负责就内部欺诈调查向各区域提供咨询和指导。该小组还举办欺诈研讨会议，并开展基于风险的检测练习。

（5）政府采购。DfEE的采购通过应用专业技能来降低成本和风险，从而增加价值。它直接或间接地通过提供咨询意见来做到这一点，以便无论何时获得商品或服务，都能使物有所值最大化。这意味着在整个合同期内，获得有竞争力的价格、质量或服务最大化，成本最小化。DfEE的采购实践已经非常符合跨部门报告《政府采购效率》（Efficiency in Government Procurement）的建议。DfEE的实施计划确保采取进一步必要的行动。如果没有合同规定或其他非正式协议或公认的惯例来规定付款时间，该部门将在收到货物或服务，或出示有效发票，或类似付款要求后30天内付款，以较晚者为准。就业服务局也正在采取措施解决本报告中的行动要点。就业服务局在发展采购概念方面已经做了很多工作。它通过与外部组织合作，为不同失业群体通过各种新协议提供服务，并为企业提供支持服务，如信息技术和设施管理。就业服务局未来的采购策略将以此方法为基础。

（6）资产。该部门本身并不持有大量资产，因为大部分资本由其合作伙伴从地方教育当局到进修和高等教育机构持有。DfEE每年的资本支出仅占总运营成本的5%左右。部门将继续设法处理所有未使用的资产，特别是房地产，并更有效地利用剩余的资产。外部顾问最近进行的一项审查得出结论认为，该部的代理人（agents）“积极寻求所有可能的处置途径，结果现在提供了一些剩余财产。我们不认为剩余的资产仍然未售出是由于目前管理代理人的任何失误”。部门将继续使其他资产，主要是信息技术尽可能充分利用，以便从中获得最佳价值。

该部门拥有的另一笔可观资产是学生贷款债务。继1998年3月成功出售约10亿英镑贷款后，根据政府充分利用公共部门资产的政策，DfEE计划在1998—1999和1999—2000财政年度再出售约30亿英镑。销售将为政府目标提供资金，并将风险转移到私营部门。

教育标准办公室的PSA作为教育与就业部的附件列出。

（二）教育标准办公室（OFSTED）

1. 目的和目标。

目的：旨在通过独立检查和咨询提高教育质量和标准。

目标：对学校、托儿所和地方教育主管部门进行高质量的检查，提供独立的评价，帮助他们提高教育水平。根据检查证据，向教育和就业国务大臣提供高质量的建议，协助制定和评价政府政策。

2.资源。1999—2002年的部门开支限额见表4-12。

表4-12　　教育标准办公室支出限额　　单位：百万英镑

年份	1999—2000	2000—2001
部门开支限额总计	96	105

3.绩效指标。OFSTED将对政府层面的提高生产力和促进全民教育机会的目标发挥重要作用。提高所有教育的质量，特别是基本的计算能力和识字能力，是提高生产力的一个重要先决条件，而推广最佳做法将有助于确保向所有学生提供最高质量的教育服务。

——1999—2000年被检查的学校达到20%；

——1999—2000年检查8000个托儿所标牌；

——1999—2000年检查26个地方教育当局（LEAs），2000—2001年上升到30个；

——1999—2000年检查报告的91%符合英国总督察（HMCI）标准；

——1999—2000年合同检查的成本指标：5400万英镑，而1997—1998年的支出为1.07亿英镑；

——初任教师培训：1999—2000学年检查中学200个，小学40个。

4.提高具体业务的生产力。为实现这些目标，OFSTED将：

——提高业务的生产率：在所提供的资源范围内，力求经济、效率和效益地实现这些目标；

——与教育合作伙伴合作，提高标准；

——设法改善内部和外部的沟通。

内部效率的衡量标准是：处理所有信件所需的平均时间；对投诉作出实质性回应所需的平均时间；即期付款目标的实现程度；以及以每所学校平均投标人数衡量的合同竞争程度。

OFSTED将继续制定更好的效率衡量标准，并将其扩展到更广泛的活动范围。

（1）电子政府

OFSTED对所有的学校检查合同进行电子招标。所有来自学校、托儿所和教师教育的检查报告都放在互联网上，以供公众查阅。

（2）疾病缺勤

OFSTED致力于降低政府的疾病缺勤水平。事实上，OFSTED的疾病缺勤已经低于公务员的平均水平。OFSTED的目标是到2002年将这个数字再降低10%。

（3）欺诈

OFSTED提供了《财务和会计准则》和《员工守则》，为员工发布了关于管理欺诈风险的指南。

（4）采购

OFSTED在检查与其他咨询服务采购中运用专业技能，降低成本和风险，增加采购价值。所有直接参与的工作人员都受过培训或正在接受培训。

资料来源：The Stationery office. *Public Services for the Future：Modernisation，Reform，Accountability Comprehensive Spending Review：Public Service Agreements 1999—2002*. Cm4181. 28Sterling.

（三）跨部门绩效目标

1999年，英国内阁办公室（Cabinet Office）的战略决策组（Strategic Policy Making Team）发布了《21世纪的专业化政策制定》文件，提出一个“现代化政策制定的描述模型”。该模型要求内阁办公厅或财政部与各部门签订“公共服务协议”（绩效协议）时，应突出并明确界定跨部门目标。①随2000年综合支出审查发布的公共服务协议中共设立了180个目标，其中跨部门目标就有38个，如表4–13所示：

表4–13　　公共服务协议的目标类型

共同目标与部委名称		目标类型				合计
		输入	过程	输出	结果	
跨部门的目标	皇家检察署	0	2	3	5	
	DfEE	0	0	0	4	4
	DFID	0	0	0	2	2
	DETRO	0	0	2	2	
	DSS	0	0	0	4	4
	DTI	0	0	0	5	5
	FCO	0	0	0	3	3
	HMT	0	0	0	4	4
	HO	0	0	2	3	3
	LCD	0	0	1	2	3
	MOD	0	0	0	1	1
	小计	0	0	5	33	38

① Cabinet Office UK，Strategic Policy Making Team（1999），*Professional Policy Making for the Twenty First Century*，http：//dera.ioe.ac.uk/id/eprint/6320.

续表

共同目标与部委名称		目标类型				合计
		输入	过程	输出	结果	
单一部委的目标	内阁办公室	0	1	5	6	
	CPS	0	0	2	0	2
	DCMS	0	0	5	1	6
	DfEE	0	0	1	8	9
	DFID	0	0	0	4	4
	DETR	0	1	9	7	17
	DoH	0	0	5	5	10
	DSS	0	1	4	1	6
	DTI	0	0	3	4	7
	FCO	0	0	2	7	9
	HMCS	0	1	7	0	8
	HMT	0	0	4	2	6
	HO	0	0	6	7	13
	国内税务局	0	1	4	0	5
	LCD	0	0	3	3	6
	MAFF	1	1	6	0	8
	MOD	2	1	2	2	7
	Northern	0	0	4	5	9
	Sure Start	0	0	4	0	4
	小计	3	7	76	56	142
	2000年《公共服务协议》总计	3	7	81	89	180

注：1. Sure Sian（试行）目标对Sure Start unit（试行单位）而言属于单一部委的目标（Chief Secrtary to the Treasury，2000）。2. 缩写词：CPS皇家检察器；DCMS文化、媒体和体育部；DfEE教育与就业部；DETR环境、运输与地区部；DoH卫生署；DSS社会保障部；DFID国际发展部；DTI贸易和工业部；FCO外交和英联邦事务部；HMCS英国海关与消费税局；HMT财政部；HO内政部；LCD大法官事务部；MAFF农业、渔业与食品部；MOD国防部；Northern北爱尔兰事务办公室。

资料来源：奥利弗·詹姆斯、中村绫子、尹晓婧、崔玲、孙广厦：《公共组织横向协调中的共同绩效目标：英国公共服务协议制度中的控制理论与本位主义》，《国际行政科学评论（中文版）》2015年第4期，第160—179页。

2000年的综合支出审查中专门设立了一部分跨部门目标审查（Section V：Cross-Departmental Reviews）。该部分内容如下所述：①

① HM Treasury. *Prudent for a Purpose*：*Building Opportunity and Security for All 2000 Spending Review*：*New Public Spending Plans 2001-2004*. Presented to Parliament by the Chancellor of the Exchequer by Command of Her Majesty July 2000.

1.22跨部门审查概述

传统部门结构无法应对政府面临的许多挑战。解决毒品、犯罪和社会排斥等问题需要各部门和机构之间更好的协调和团队合作。

设立了15个跨部门审查，作为2000年支出审查的组成部分。这些措施产生了大胆和创新的成果，将对英国的公共服务质量产生真正的影响。

（1）背景

22.1作为这次支出审查的一个关键部分，政府设立了15个跨部门审查，以便系统地审查跨越部门界限的问题。这15项审查如下：

政府对贫困地区的干预（第23章）；五岁以下儿童的良好开端和服务（第24章）；面临危险的青年（第25章）；工作福利和ONE（系政府向劳动力提供的福利和就业咨询综合服务的缩写）（第26章）；刑事司法系统（第27章）；减少犯罪（第28章）；非法毒品（第29章）；活跃社区（第30章）；照顾和支持老年人（第31章）；农村和农村项目（Programmes）（第32章）；地方政府财政（第33章）；科学研究（第34章）；知识经济（第35章）；预防冲突（第36章）；苏联的核安全（第37章）。

22.2这些跨部门审查是在政府关于白厅（Whitehall）管理跨部门政策和服务的报告中提出的建议的基础上进行的。更多详情见方框22.1。

方框22.1：白厅对跨部门政策和服务的管理

《连线》（*Wiring It Up*）是一份关于白厅管理跨部门政策和服务的报告，由政府绩效和创新小组（Government's Performance and Innovation Unit）发布（www.cabinet-office.gov.uk/Innovation）。这个报告提出了一些建议，旨在解决在处理跨领域问题方面的弱点。建议包括：

——强调部长和高级公务员强有力领导的重要性，创造一种跨部门政策和目标与纯部门政策和目标同等重要的文化；

——通过邀请外部专家和从业人员参与，改进跨部门决策过程。在早期阶段，充分关注公共服务使用者的实际需要，而不是提供服务的便利；

——使公务员具备处理伙伴关系工作中涉及的更复杂关系的技巧和能力；

——采用更为灵活的预算，以便适应跨部门预算的形式和集中适当的资金；

——审计应鼓励在跨部门工作中，人们承担更大的、不可避免的风险；

——建立一个跨部门工作能够蓬勃发展的战略框架。

15个跨部门审查对推动这些改革发挥了重要作用。

（2）结果

22.3每一次审查都设立了跨部门小组，通常包括一线服务提供者和外部专家。白皮书的这一节阐述了每次审查的主要结果。其中包括：

——一项解决贫困地区问题的激进新战略，旨在缩小最贫困地区与该国其他地区差距；一项在三年内价值8亿英镑的邻里重建基金，以确保这些目标在当地实现；

——地方战略伙伴关系，作为社区规划的一部分，将地方一级的服务提供者聚集在一起；以农村的“集镇倡议”为基础；

——大幅度扩大“良好开端”项目（Sure Start Programme）——到2004年将项目数量从250个增加到至少500个，使4岁以下所有贫困儿童的1/3得到帮助。

——一个解决儿童贫困问题的儿童基金，在3年内价值4.5亿英镑，重点是自愿提供服务，并为新的连接服务制定综合提供战略，以确保处于危险中的年轻人安全、成功地从童年过渡到成年；

——2001—2002年。价值8.75亿英镑的就业机会基金，到2003—2004年增加到14亿英镑，以加强新政和扩大“一揽子”服务，帮助人们从福利救济转向工作；

——对地方犯罪和混乱伙伴关系进行新的投入；制定新的、更好的综合战略，减少整个刑事司法系统的拖延和效率低下；

……

（3）支出计划

22.4解决跨部门问题的额外资金已列入第三节规定的部门支出计划。在某些情况下，这些资金已被纳入“集合预算”（Pooled Budgets），由单一部门负责，但由跨部门部长小组管理。在其他情况下，各部门利用其他机制更好地协调其政策和项目——例如，公共服务协议中的共同或联合目标。

22.5除了纳入主要部门协议的资金外，政府还设立了一个政策创新基金，3年内价值1.5亿英镑。部长们将在这段时间内分配这一基金，使新的重大政策创新得以试点和实施。

23.政府干预贫困地区的跨部门审查

（1）范围

政府干预贫困地区的跨部门审查考虑了如何最好地实现政府的目标，即通过在最贫困的地区提供更多的工作、更好的教育、更少的犯罪和更好的健康。显著改善贫困地区与全国其他地区之间的差距。特别是，它试图确定如何通过主要的社会、经济和环境项目，推广社区新政和其他基于地区的倡议的经验教训。

（2）背景

23.1与英格兰其他地区相比，44个最贫困的地区的失业率增加了近2/3；死亡率提高了30%；没有获得一个普通中等教育证书的儿童增加了1/4。贫困地区的入室盗窃率往往是全国平均水平的许多倍。其中一个原因是，在最需要公共服务的贫困地区，公共服务往往很差。另一个原因是，他们经常无法与邻里、社区、志愿者和私营部门合作。

23.2只有解决这些问题，政府才能为所有人提供机会。在1998年综合支出审查中，政府推行社区新政，以试行政府干预最贫穷社区的新办法。其他以地区为基础的倡议——特别是教育行动区、就业区和卫生行动区——已在试点基础上建立。与此同时，社会排斥小组（Social Exclusion Unit）还制定了一项全国邻里更新战略，这是一项重大协商活动的主题。

（3）结果

23.3审查的结论是，在未来，学校和警察等核心公共服务部门应成为消除贫困的主要力量。这意味着重新确定主要项目的重点，以确保改善贫困社区的生活是其主要目标之一；在地方建立新的和更强有力的协调机制，使服务部门能够更有效地合作；并确保针对该地区的倡议发挥真正属于主要服务部门的作用，而不是试图弥补他们的失败。

（4）聚焦主要项目

23.4作为2000年支出审查的一部分，各部门确定了开始缩小最贫困地区与该国其他地区之间差距的具体指标。

方框23.1列出了《国家邻里更新战略》（*National Strategy for Neighbourhood Renewal*）四项主要成果（教育、就业、卫生和犯罪）的贫困地区指标以及保障房指标。

方框23.1：PSA的关键指标——解决贫困问题

——教育方面，到2004年，政府将使每个地方教育当局（LEA）中获得5个或5个以上A*至C（或同等）普通中等教育证书的学生比例至少提高到38%。在关键阶段2（11岁）降低英语和数学成绩差距的指标将在适当时候宣布。

——在截至2004年的3年中，考虑到经济周期，政府将确保最初劳动力市场状况最差的30个地方辖区的就业率有所提高，确保减少这些地区的就业率与总就业率之间的差距。

——政府将降低贫困地区的犯罪率，以便到2005年，没有一个地方当局的家庭盗窃率超过全国平均水平的3倍，同时将全国盗窃率降低25%。

——根据对贫困地区政府干预的跨部门审查，将在国家国民健康服务计划中宣布一项健康不平等指标。

——政府将确保到2010年，所有保障房都达到体面的标准，到2004年，生活在不体面保障房中的家庭数量将减少1/3，大部分改善工作将在最贫困的地方进行。

23.5为确保实现这些指标，各部门将审查其资金分配过程，以确保有足够的额外资金到达贫困地区。作为第一步，覆盖最贫困地区的当局将受益于一项新的邻里重建基金，2001—2002年价值1亿英镑，2002—2003年价值3亿英镑，2003—2004年价值4亿英镑，使他们能够开始改善贫困社区的服务。

（5）鼓励地方伙伴关系和共同提供服务

23.6社会排斥小组、绩效和创新小组和其他机构的研究表明，主要服务部门需要在地方层面共同努力，以改善成果，特别是解决贫困社区面临的联合问题。在新的社区规划职责和广泛的现有跨部门伙伴关系的基础上，将鼓励全国各地的服务提供者建立地方战略伙伴关系，将公共、私营和社区部门结合起来，使投资与改革相匹配。这也是鼓励将现有伙伴关系合理化为更简单和更少官僚结构的更广泛努力的一部分。

23.7最贫困地区的最低生活保障计划将通过社区新政获得启动资金。这将确保地方人民和社区有权在确定地方优先事项和决定地方行动以扭转其邻里关系方面充分发挥作用。秋季将有更详细的指南阐述地方战略伙伴关系的作用。

（6）实现地区指标的改革举措

23.8政府针对特定区域改革的提案，有助于将政府的作用聚焦于重要服务。社区新政的下一阶段将重点支持更多、更小的计划。它将提供额外的支持，帮助当地居民影响公共服务，促进地方和社区参与，建立一个国家社区重建中心，以改善在贫困地区获得有效信息的机会，并提供更好的社区一级数据。

23.9实施国家邻里重建战略的行动计划——包括本章所述倡议的进一步细节——将于秋季公布。

（7）支出计划

23.10社区新政和邻里重建基金的支出计划见表23.1。此外，贫困地区将受益于前几章所述主要服务的显著增加。主要数字如表4–14所示。

表4–14　社区新政和邻里重建基金的支出计划　单位：百万英镑

年份	2000—2001	2001—2002	2002—2003	2003—2004
社区新政	120	290	420	490
邻里更新基金	0	100	300	400

资料来源：HM Treasury. *Prudent for a Purpose*: *Building Opportunity and Security for All 2000 Spending Review*: *New Public Spending Plans 2001-2004*. Presented to Parliament by the Chancellor of the Exchequer by Command of Her Majesty July 2000.

其余跨部门支出审查从略。

三、杭州的绩效计划

《杭州市绩效管理条例》于2015年8月27日经杭州市第十二届人民代表大会常务委员会第三十次会议通过，2015年9月25日浙江省第十二届人民代表大会常务委员会第二十三次会议批准，自2016年1月1日起施行。

根据《杭州市绩效管理条例》，经杭州市综合考评委员会（杭州市绩效管理委员会）2017年第二次全体会议审议通过了《杭州市“十三五”绩效管理总体规划》，杭州市考评办将《关于印发杭州市“十三五”绩效管理总体规划的通知》（杭考评办〔2017〕27号）印发给了各区、县（市）党委和人民政府，市直属各单位）。

（一）杭州市“十三五”绩效管理总体规划

《杭州市“十三五”绩效管理总体规划》是指导未来五年杭州市绩效管理工作的纲领性文件，该规划包括以下几个部分的内容：背景情况、目标愿景、主要任务、保障措施等方面的内容。在“主要任务”部分按照可量化、可考核的绩效管理要求设定了杭州市包括经济发展、创新创业、生态环境、民生福祉、文化建设等方面具有代表性的25项关键绩效指标（经济发展部分见表4-15）。

规划“主要任务”部分还列出了“十三五”时期的重点专项考核目标，该目标主要是指适用于量化考核的阶段性重点工作目标，比如推进城市国际化的目标是“打造具有全球影响力的“互联网+”创新创业中心、国际会议目的地城市、国际重要的旅游休闲中心、东方文化国际交流重要城市等四大个性特色，加快形成一流生态宜居环境、亚太地区重要国际门户枢纽、现代城市治理体系、区域协同发展新格局等四大基础支撑。到2020年，城市创新创业能力和产业国际竞争力明显增强，城市功能和人居环境更加完善，公共服务水平和社会文明程度显著提高，国际往来和人文交流更加深入，成为具有较高全球知名度的国际城市。到2020年，全市集聚海外高层次人才2万名左右；进入全球会议目的地城市前80强行列；实现旅游总收入3860亿元，年均增长11.9%；实现旅游外汇收入40亿美元，年均增长8%；接待入境游客435万人次，年均增长4%；全市外籍人员子女学校达到8所。该目标的考核牵头部门是市发改委，考核方式是目标考核和绩效评估。

表4-15　杭州市“十三五”时期关键绩效指标（经济发展部分）

领域	关键指标	指标值	考核年份	分年度目标	责任单位
经济发展	地区生产总值	到2020年达到14300亿元（2015年价格）	2017	增长8%	各区、县（市）政府
			2018	年均增长7.5%	
			2019		
			2020		
	地方一般公共预算收入	保持稳步增长	2017	增长7.5%	市财政局
			2018	完成市政府下达指标。税收占地方一般公共预算收入的比重保持全国副省级城市第一	
			2019		
			2020		

续表

领域	关键指标	指标值	考核年份	分年度目标	责任单位
经济发展	有效投资	保持适度增长	2017	完成市政府下达指标	市发改委
			2018		
			2019		
			2020		
	“1+6”产业增加值	年均增长10%	2017	完成市政府下达指标	市经信委、市发改委、市文创办、市旅委、市金融办
			2018	（“1+6”产业：信息产业、文化创意产业、旅游休闲产业、金融服务产业、健康产业、时尚产业、高端装备制造产业）	
			2019	—	
			2020	—	
			2018	—	
			2019		
			2020		

（二）部门和单位绩效规划

通知印发后各地各单位在2017年12月底前完成了本地本单位“十三五”绩效管理规划的修改补充和发布工作，并报送市考评办（绩效办）备案。市考评办（绩效办）将按照综合考评绩效目标管理相关考核办法，对各地各单位绩效管理规划的编制和发布工作实施考核。

以杭州市科学技术协会（简称科协）为例，杭州市科协的“十三五”绩效计划包括使命和愿景、重点工作目标、绩效管理重点目标、保障措施。其中每一项重点工作目标都包括现状和问题分析、工作举措和发展目标三部分。比如“（一）提升科普和公民科学素质整体水平”。

现状和问题分析：“十二五”期末，我市公民具备科学素质比例为10.04%，在全国同类城市中位居前列，但相比国内先进城市和世界上发达国家的水平，还有较大差距，与建设国家自主创新示范区和公众对科普的需求相比，杭州科普发展还存在一些不适应、不协调和制约因素，突出表现为：城乡发展不均衡、系统推进不平衡，市民科学素质与北京、上海等国内先进城市相比还有较大差距，特别是农民具备科学素质的比例偏低；公共科普设施（如：科普画廊、科技馆）在选址、建设上存在立项审批难；小型社区（村）科普馆的兼职管理员日常更换，科普展教功能受到影响；科普人才队伍老龄化，新兴产业科普人才稀缺；原创科普作品尤其是原创特色传媒资源比较缺乏；报刊及电视的科普专栏偏少，科普信息化服务能力尚不能满足公众需要；科技成果科普化尚未建立有效的转化机制；科普资源的开放共享程度偏低，广泛引导社会力量参与科普事业的协调机制尚需完善。

工作举措：以提高科普服务能力建设、推进资源共建共享为抓手，以科普信息化建设为核心，以“科普+互联网”模式，以重大事件和社会热点为主要内容，充分发挥科普和科学素质纲要工作领导小组的作用，针对公众不同需求，会同相关部门完善科普体系建设，建立健全公民科学素质评价和共建责任制度，拓展科普传播渠道，提升科普供给的服务能力和服务质量，实现科普工作转型升级。加大科普资源建设和开发力度，促进科普资源的开发开放，引进共享优质科普资源。培育打响“科普教育基地”品牌，努力把低碳科技馆建设成为一流主题科技馆，推进县市科技馆和基层科普场馆建设。

发展目标：围绕“节约能源资源、保护生态环境、保障安全健康、促进创新创造”的工作主题，坚持需求导向，贴近民生，广泛动员社会力量，充分发挥G20峰会的辐射效应，扎实推进全民科学素质工作。到2020年，公民具备基本科学素养比例达到15%。

同时，绩效管理重点目标中每一项整改目标都有原因分析、整改方向和整改措施和预期交付。

本章小结

战略规划是开展战略管理的基本指引，也是预算绩效计划的前提基础。中期支出框架是将政策制定、计划安排和预算编制结合的有效工具。中期支出框架的编制要将计划与资源管理过程中政策制定、计划安排与预算编制相结合。部门预算绩效计划是预算部门对未来在一定时期内，对整体层面、政策和项目等各层面要达到的绩效目标、绩效水平和实现绩效的方案举措的筹划和承诺。预算绩效目标管理是对绩效目标设定、审核、批复、调整和结果运用等环节开展的管理活动，是战略规划、绩效计划和预算编制的重要组成部分。美国的绩效计划制度、英国的公共服务协议制度对我国公共部门预算绩效计划改革具有重要的借鉴意义。

课后习题

名词解释

公共部门战略规划　中期支出框架　中期绩效框架　绩效目标管理　公共服务协议

简答题

1. 简要叙述公共部门战略规划的三项任务。
2. 简要叙述绩效目标审核的主要内容。

论述题

1. 请详细说明中期支出框架的层次。
2. 请详细说明绩效目标的类型。
3. 比较分析美国、英国的绩效计划制度。

本章推荐阅读文献

[1][美]保罗·R·尼文:《政府与非营利组织平衡计分卡》,中国财政经济出版社2004年。

[2]财政部:《美国政府绩效评价体系》,经济管理出版社2004年。

[3][美]赫伯特A.西蒙:《管理行为(原书第4版)》,机械工业出版社2013年。

[4][美]罗伊·T.梅耶斯等:《公共预算经典(第一卷):面向绩效的新发展》,苟燕楠,董静,译,上海财经大学出版社2005年。

[5]苟燕楠:《绩效预算——模式与路径》,中国财政经济出版社2011年。

[6]马骏、赵早早:《公共预算:比较研究》,中央编译出版社2011年。

[7]世界银行:《超越年度预算 中期支出框架的全球经验》,中国财政经济出版社2013年。

[8][美]汤姆森,斯迪克兰德:《战略管理:概念与案例》(第10版),段盛华、王智慧主译,徐二明审校,北京大学出版社2000年。

[9] HM Treasury. *Spending Round 2019*, CP17, September 2019.

第五章 部门预算绩效审查

内容提要

部门预算绩效审查指的是预算部门和财政部门针对部门预算的结构、总量、方向等，在项目立项、政策出台、部门预算安排之前，通过支出审查、事前绩效评估、预算评审和成本效益分析等形式开展审核、评估、分析和论证活动，旨在将绩效标准和绩效信息纳入预算支出决策。支出审查又被称为公共支出审查，是一种确定财政支出优先次序的工具，从而将有限的政府资源重新分配至最佳效益的项目上，最终降低公共财政的规模和增长水平。事前绩效评估是财政部门、预算部门和单位在重大政策出台和项目立项前，对新增预算需求进行的论证、研判和审查活动。预算评审是财政部门和预算部门按照部门预算管理权限，在项目入库和安排预算之前，对部门预算中的项目支出预算进行的审核、评议和审查活动。成本效益分析是部门预算绩效审查的有效方法。

▶ 第一节 支出审查[①]

一、支出审查概述

支出审查（Expenditure Review）又被称为公共支出审查（Public Expenditure Review），是一种确定财政支出优先次序的工具，即通过运用特定程序，对现有预算支出的实施机构和部门、实施方案、业务流程等进行评审、检查和评估，对提供无效或不必要公共产品的支出政策进行削减，有针对性地制定节支和优化支出顺序方案，从而将有限的政府资源重新分配至最佳效益的项目上，最终降低公共财政的规模和增长水平。[②]如加拿大2016年新的财政委员会在《成果政策》（*Policy on Results*）中将支出审查定义为“为支持优质管理、作出良好支出安排及创新，对与优先事项、资源和政府项目成果一致程度进行审议的周期性或有针对性的活动”。[③]

支出审查的目标是“评估所有部门和机构的支出方案的有效性和物有所值，并为政府提供一套决策方案，以便政府能够：实现财政整顿的总体目标，包括支出目标和减员目标；重新调整支出与政府优先事项计划；以及在公共部门改革的背景下，考虑实现政府目标的新途径”。[④]

支出审查的兴起与20世纪80年代以来西方国家面临经济危机、财政危机、管理危机和信任危机直接相关，是实现新

---

① 本节写作部分参考了“预算绩效管理国际发展趋势——预算绩效管理国际研讨会”上国际货币基金财政事务部副处长特里萨·克里斯汀（Teresa Curristine）、美国国家行政学院教授史提夫·雷德伯恩（Steve Redburn）、加拿大财政委员会秘书处执行主任德里克·阿姆斯特朗（Derek Armstrong）、英国财政部高级政策顾问乔·尼达姆（Jo Needham）的演讲内容，在此深表感谢。感谢财政部预算司郑涌处长提供了参会学习交流机会。

② 财政部预算司：预算绩效管理国际发展趋势——预算绩效管理国际研讨会综述（上），《中国财经报》2019年7月6日“绩效新时代”专刊。

③ Policy on Results.https：//www.tbs-sct.gc.ca/pol/doc-eng.aspx？id=31300&section=html 2019-05-06.

④ Department of social protection. *Comprehensive Review of Expenditure*，September 2011，www.welfare.ie.

公共管理经济、效率、效益理念的重要工具。“自20世纪80年代开始，英国、荷兰、丹麦、芬兰、加拿大等国为加强财政整顿，在预算编制过程中有选择地审查部分支出事项。2008年金融危机爆发后，多数国家税收增长乏力，甚至养老和医疗等刚性支出都难以为继。化解庞大的财政赤字压力、提供充足的政府救市资金成为各国政府的当务之急。如何确定支出事项的优先顺序一直是困扰财政部门和决策者的重要问题。在传统的‘基数+增长’的预算编制模式下，由于缺乏有效的绩效信息，加之各支出部门和受益群体为“维护既得利益”而施加的阻力，政府支出结构很难优化，支出削减效果不理想。支出结构固化使决策者如果想压减预算，只能选择对所有项目或者转移支付采用‘一刀切’的方式统一压减，难以发挥财政部门在预算分配中的主动性。新增支出往往只能依赖税收增长，预算需求和资源的错配经常发生，预算削减的针对性和效果都不理想。为弥补原有模式缺陷，同时给新增支出创造财政空间，预算支出审查从一项临时举措逐步转变为越来越多国家预算管理的‘常规做法’。截至2018 年底，在36个OECD成员国中，有27个成员国已开展预算支出审查（2011年仅有16个）。”①

二、支出审查的主体和方式②

支出审查可以采取自下而上、自上而下以及上下联合的方式。

自下而上方式，即先由支出部门内部自评，确定节支方案后再呈报中央，应用国家包括英国、爱尔兰和加拿大等。如英国综合支出审查（Comprehensive Spending Review）主要由各支出部门自行设计，自我评价后提交至财政部，收到各部门提交的方案后，财政部也可以提出新的方案，再由内阁公共开支委员会（Public Expenditure Committee）统一负责评审。

自上而下方式主要由财政部门主导并独立提出资金削减方案，部门很少参与。比如法国（见专栏5-1）、加拿大（见专栏5-2）等国家。

上下联合方式一般由财政部和支出部门共同完成审查和方案制定工作，荷兰和丹麦主要采用此方式。

作为预算管理的专业部门，各国的财政部门都会全程参与预算支出审查，支出部门提出的削减方案在提交最终决策领导之前，财政部要严格履行监督程序并完成审查报告，其提出的评审意见和削减方案将作为预算决策的关键依据。

经验表明，单纯采用自上而下的预算支出审查方法往往难以奏效，因为如果支

①② 财政部预算司：《预算绩效管理国际发展趋势——预算绩效管理国际研讨会综述（上）》，《中国财经报》2019年7月6日“绩效新时代专刊”。

出部门对需要自己执行的节支措施不理解或不认同，实施时会面临重重困难，效果也不理想。因此，各国多采用自下而上或联合审查的方法，以使支出部门在确定节支方案的过程中发挥积极作用。

▶ 专栏5-1：法国的公共政策全面修订

2007年，萨科奇总统执政后，与弗朗索瓦·菲永总理一同制定和实施了称为“公共政策全面修订”（RGPP）的全面改革计划，旨在对公共支出进行结构性削减。法国各部部长得到了授权，负责制定行动计划、设立自己的效率和服务水平目标，每位部长的部门预算都包括提高财务效益和工作效率的内容。为了确保采取统一、强有力而透明度高的治理工作，监督委员会由预算部长以及总统和总理办公室主任等重要成员领导。该委员会每三个月与部长们召开一次正式的进展报告会。为了鼓励提高透明度，政府将绩效考核作为工作的核心。预算部长每季度通报一次各部门的进展情况（公民可以访问 rgpp.modernisation.gouv.fr 以了解最新信息）。这种沟通使各部更有可能持续关注各项改革措施，直至它们得到实施。

这项计划还设立了其他目标：实现政府机构现代化；改善为公民和企业提供的服务；确保公务员能够因为工作而得到更多的表彰；以及推广注重效果的文化。正如菲永总理之前所说的，整体目标是“用更少的资源，取得更好的成效”。该计划预期到2012年节约77亿欧元，但由于这一目标是在世界金融危机爆发之前设定的，因此，它并不能解决政府救市计划所需的进一步增加公共债务的问题。但无论如何，该计划都称得上是“政府全面转型”的一个范例。因为该计划由370项经过开支审查筛选出的举措组成，在审查中，每个政府部门都参与确定节约开支和提升效率的机会。所有措施都同时推出。其中一些措施意味着要进行广泛的政府重组，如建立包括房地产、人力资源和养老金管理在内的跨部门协同服务。有些举措设立了至关重要的目标，例如，实施新的基于绩效的大学资助体系；也有一些举措设立了象征性目标，例如，加快入籍程序。改革工作运用了各种改进手段，包括精益运营技术、信息技术和绩效管理，等等。

资料来源：Francois Bouvard，Eric Labaye. *The case for government reform now*，McKinsey Quarterly，June 2009，中文版。

▶ 专栏5-2：加拿大的多种类型的支出审查

加拿大早在20世纪80年代初就开展了支出审查活动。1984年尼尔森工作组第一次对加拿大政府大约1000个项目和920亿美元支出进行了审查，此次审查名义上是改善服务提供并将制定政策的权力下放，但实际上是为了寻求项目削减和提高效率。

20世纪90年代初期，加拿大还启动了一系列其他审查工作，以实现减少赤字和资金重新分配的目的。

1.项目审查（1994—1995年）

1993年加拿大的财政赤字已经达到了385亿美元，为了应对持续的财政赤字，改善财政状况，项目审查作为有效的工具被引入。审查后，一批项目被私有化，或将责任转移到其他各级政府，或者取消掉。在三年的时间里，共计削减了189亿美元的项目支出。1998年由财政委员会领导的项目完整性审查在削减一些项目的同时，为健康和安全相关部门增加了资金。

2. 2002—2003年的审查

2002—2003年，政府宣布进行10亿美元的再分配，为更高优先事项提供资金。为此，财政委员会秘书处组织牵头，对各部长向财政委员会秘书处提供的结余和现行备选方案进行了审查，为政府资金分配决策提供了支撑。

3.支出管理审查（2003—2008年）

2003—2004年和2004—2005年政府开展了大规模财政整顿之后，支出审查委员会（Expenditure Review Committee，ERC）以管理为重点对项目进行了两轮审查，旨在提高各部门的绩效和项目的协同程度。管理审查加深了对若干横向领域（例如公共安全、生物技术）项目和支出的认识，为未来横向审查的发展奠定了基础（例如行政服务审查）。但是由于各部门之间协作不充分，缺乏有关部门项目支出和成果的可靠信息，这两轮审查在确定较低优先项目和无效项目方面基本上没有成功。2006年受政府人事调整的影响，支出审查委员会的许多建议未得到充分实施。2008年开展的行政服务审查结果得到了很好的运用，引发了重大变革，例如将IM / IT职能并入了一个新机构——加拿大服务共享局。

4.战略审查（2007—2010年）

为了“从根本上改变政府的运作方式”，实现优质管理和财政信用，加拿大启动了持续四年的战略审查。最初，这些审查是在财政盈余时期引入的，旨在提高绩效，而不是寻求结余。2008年金融危机之后，战略审查要求审查组织也提供5％的重新分配目标，以资助更高级的政府优先事项，并且不再接受再投资提案。

战略审查是对政府项目和支出进行系统性的评估，覆盖所有项目和支出。战略审查包括组织和项目两个层面。

组织层面重点关注以下问题：

——当前的项目组合是否一致地促进联邦组织的战略成果？ 是否需要调整？

——联邦组织在未来几年中将面临哪些新问题和新挑战？

项目层面重点关注以下问题：

——该项目是政府的优先事项吗？

——该项目与联邦政府的核心职能是否一致？

——是否仍存在设立该项目的必要？

——项目是否达到预期效果？

——该项目是否有效地取得成果？

——是否可以对内部服务进行改进，以最大限度地提高效率？

——是否有机会减少重叠和重复以提高效率和结余？

战略审查的目的是优化管理和提升财政信用。

对于管理而言，战略审查有助于更好地了解联邦组织及其成果以及为实现这些成果而制定的项目。有助于识别重复、低效、无效或有效的方法，以及解决针对这些问题的战略。有助于帮助在预算过程中嵌入“基于成果的管理”工具。

对于财政信用而言，战略审查根据联邦政府的职能、优先事项和项目绩效，在预算规划过程中确定对现有支出的系统性和定期性审查。战略审查提供了一个强有力的流程，覆盖98%的直接项目支出，以实现可持续的削减，并实现每年约30亿美元的持续结余，确定可能重新分配到更高优先级的结余。战略审查工作设定了5％的重新分配目标，并根据综合审查的结果，各组织确定最低优先级和最低绩效的项目，支持管理的优化改进。

5.战略与运营审查（2011年）

到2011年，受经济和金融危机影响，加拿大政府以财政紧缩为重点，加强了战略和运营审查。“战略和运营审查”涉及大多数联邦组织，为期一年，涵盖约750亿美元的直接项目支出。“战略和运营审查”重点是降低运营成本，鼓励组织检查各种备选方案，重新设计业务流程。此次审查寻找到了部门和跨领域的结余机会，并且要求制定5％和10％的结余分配方案。通过战略运营审查，2012年预算公布了52亿美元的持续结余。

6. 2014—2015年审查新举措

联邦政府出台了一系列改进措施。一是改进成本计算的工具、指南和标准，以更严格地估算新支出。二是对现有支出进行审查，以确保其保持高效、提高资金效益，并继续满足加拿大公民的需求。包括持续的有针对性审查、定期废止项目。在2014—2015年至少实现40亿美元的持续结余。

资料来源：德雷克（Derek）：《加拿大政府支出审查概述》，北京：2019年预算绩效管理国际研讨会。

三、支出审查的对象和范围

一是，按照部门分类。支出审查分为部门审查和跨部门审查。部门审查的范围较小，一般一次审查一个部门，也可同时审查多个部门，但每个部门单独进行。跨部门的横向审查范围较大，涵盖了一系列由多个部门或政府授权机构共同实施的相互关联的政策、项目群。

二是，按照范围分类。支出审查可分为综合性支出审查和选择性支出审查。综合性审查不受限于任何预设的审查主题或支出事项，要求审查部门和机构所有预算项目，更好地关注本部门或机构的项目和服务，精简内部操作，转变工作方式，并提出尽可能实用的、最重要的节支方案，多被应用于满足财政困难时期削减赤字的需要。如英国的综合支出审查（CSR），被称为一种“全面彻底（由根到枝）”的审查，几乎涵盖了法定支出、对地方的转移支付等在内的所有事项。

选择性审查针对特定领域或对象，包括对特定项目、流程、机构等的审查，尤其是将关注度较高和存在争议的事项（如环境保护、公共健康等）作为重点，也常采取滚动方式在一定周期内逐步覆盖所有审查对象。例如：2008—2010年，加拿大政府组织的预算支出审查，每年会覆盖1/3的联邦政府机构。

三是，按照属性。支出审查按照属性分为资源类审查和资本类审查两类。资源类支出审查是经常性支出的审查，资本类审查是针对固定资产投资类的审查。

四、支出审查的主要内容

支出审查包括以下主要内容：

一是战略审查。战略审查是通过找出与国家宏观战略不符、政策有效性较差或政策优先次序较低的项目和政策，提出削减所提供的公共产品或服务以减少开支。如2010年荷兰曾实行战略审查，该审查选取了20项重大政策，目的是提出在未来4年内压缩20%支出的方案。

二是管理审查。管理审查旨在评估项目和机构职能，以确保两者之间保持相关性、有效性和可负担性。

三是效率审查。即对现有支出或项目的实施方式进行审查，看其在流程设计、组织实施等方面是否存在资金浪费、低效无效等问题，在不改变原有支出提供的公共产品或服务（即产出）的情况下提出节支建议。仅依靠效率审查难以达到大幅、快速削减开支的目标，实际削减幅度很少能超过2%。

四是结余审查。结余审查是一种财政整顿活动，主要通过减少具体的项目支出和提高政府运作效率来控制总支出规模。

五、支出审查结果运用与成效

支出审查在削减低效无效资金、提高战略决策质量、改进管理等方面发挥了至关重要的作用。

一是减少浪费。审查将有助于确保项目的效率和实效。以美国为例，自2011年起，美国审计署根据法律授权对项目、机构、政策进行审查，重点审查部门内部或者部门之间是否存在重复项目或活动。通过审查，2012—2014年共取消或合并可能存在重复、重叠、零散等问题的项目587个，削减和节约财政资金690亿美元。英国2010—2014年通过审查削减了部门预算总支出（医疗和海外援助除外）的19%。如表5-1所示。

二是有助于战略与预算的匹配。预算支出将更好地与政府优先事项保持一致。

三是改进管理。审查将加强财经纪律，并在决策中充分考虑结果信息，优化方案设计。

四是增加创新。审查鼓励尝试新的和变革性的方法来提高治理能力。

表5-1　　　　　　　　OECD国家支出审查节支情况

国家	时间	节支金额
美国	2012—2014年	通过对项目重复、重叠、零散等问题进行审查，削减预算690亿美元
英国	2010—2014年	810英镑，占部门预算（卫生和海外援助预算除外）的19%
加拿大	2011—2012年	52亿加元，占直接联邦计划支出的2%
法国	2011年	150亿欧元，占2011年公共支出的3.4%
荷兰	2010年	360亿欧元
爱尔兰	2008—2011年	78亿欧元

资料来源：财政部预算司：《预算绩效管理国际发展趋势——预算绩效管理国际研讨会综述（上）》，《中国财经报》2019年7月6日“绩效新时代”专刊。

第二节　英国支出审查的案例分析[①]

一、英国的支出审查历史

英国支出审查的前身是20世纪70年代成立的公共支出调查委员会（Public Expenditure Survery Committee，PESC）。20世纪80年代的雷纳评审也具有支出审查的作用。1979年撒切尔夫人上台执政后，信奉“新右派”政治经济思想，在国家发展战略上进行了转折性的调整，重新界定了国家与社会、政府与市场之间的关系，推行私有化、市场化和社会化导向的新公共管理，旨在引入市场机制和企业化管理机制，卸载政府职能，提高行政效率。撒切尔夫人上任伊始就任命雷纳爵士担任效率顾问，在内阁办公厅设立了一个效率小组，对中央政府各部门的运作情况进行全面的调查、研究、审视和评价活动，以削减那些不必要的活动和组织，调整优化机构职能，以减低成本，提高行政效率。雷纳评审持续长达十几年，“从1979年到1987年，共实施了300多项计划，节省政府开支10亿英镑。中央政府公职人员由当时的75万人减少到现在46.8万人”。[②]

英国的支出审查作为政府计划的一个组成部分，正式开始于20世纪90年代。1992年之前主要是公共支出调查的形式开展，财政部与各部委每年开展双边磋商。1992—1998年支出审查更多采用自上而下的方法，每年制定未来三年的整体“总限额”。1998年之后，在支出审查中设立固定不变的多年期部门预算支出限额。截至2019年英国先后在1998年、2000年和2007年开展了综合支出审查，2002年、2004年、2010年、2013年、2015年和2019年开展了多次支出审查。

① 本节写作参考了乔·尼达姆：《支出审查：英国的经验》，北京：2019年预算绩效管理国际研讨会。

② 龚禄根：《英国社会服务承诺制提高了公共服务质量》，《中国行政管理》1998年第11期，第26—28页。

二、组织实施

英国的支出审查由财政部协调，各部门自主组织开展，有时会听取独立专家的意见。各部门根据财政部门在中期财政框架内设定的部门支出限额（Departmental Expenditure Limit）开展各项支出审查活动。部门支出限额（DEL）分为两类：资源类部门支出限额（RDEL）和资本类部门支出限额（CDEL）。资源类部门支出限额是向各部门提供的用于日常资源及行政管理的资金。资本类部门支出限额是向各部门提供用于投资的资金。

英国支出审查一般包括三个阶段，如图5-1所示：

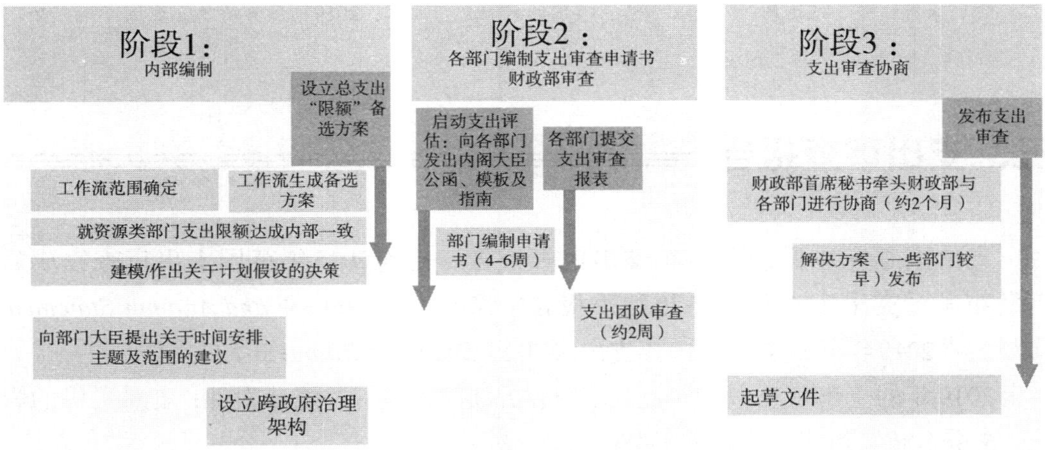

图5–1　英国支出审查流程图

资料来源：乔·尼达姆：《支出审查：英国的经验》，北京：2019年预算绩效管理国际研讨会。

第一阶段是部门内部编制阶段。这一阶段部门按照设定的支出限额，结合部门职能范围、工作流程等因素，形成备选的支出方案。

第二阶段部门申请与财政审核阶段。这一阶段财政部门向各部门发出启动支出评估的公函和模板，各部门按照操作指引开展支出评估，完成支出审查报告，财政部门对支出审查报告进行审核。

第三阶段支出审查协商阶段。财政部首席秘书（Chief Secretary to the Treasury）牵头与各部门进行协商，协商一致后发布支出审查报告。

资源类部门支出限额审查流程以基准线为起点。资本类部门支出限额审查采用的是零基准方法。如图5–2所示。

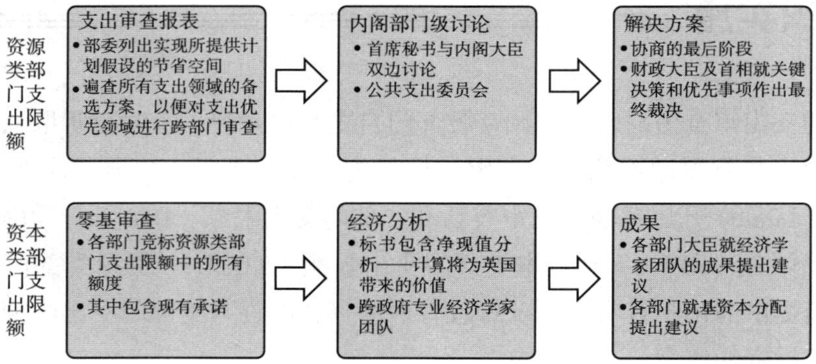

图5-2　资源和资本性支出审查

资料来源：乔·尼达姆：《支出审查：英国的经验》，北京：2019年预算绩效管理国际研讨会。

三、支出审查报告

支出审查完成后需要发布支出审查报告。比如2015年英国支出审查完成后就发布了《支出审查和2015年秋季报告》(*Spending Review and Autumn Statement 2015*)。[①]2019年发布了《2019年支出周期》(*Spending Round 2019*)。[②]

2019年的支出审查包括了：1.简介；2.部门方案；3.统计附件；4.对平等的影响；5.资金政策声明；附录五部分内容。

(一) 2019支出审查报告概况

2019支出审查报告在简介部分概述了此轮支出审查的概况。[③]

这一轮支出审查制定了政府2020—2021年的支出计划。它为公共服务的优先事项提供资金：高质量、容易获得的医疗保健；确保每个儿童都接受良好教育的学校和学院；减少犯罪和保障人民的安全。它还让政府部门和权力下放的行政部门在10月31日将重点放在退出欧盟(Brexit)上。2020年将进行全面的多年支出审查(Full Multi-Year Spending Review)。

这一轮支出计划实现了2015年来部门日常支出计划最快的实际增长。从2019—2020年度到2020—2021年度，部门日常支出实际增长率将达到4.1%。自

① HM TreasuryPolicy paper. *Spending review and autumn statement* 2015.Updated 27 November 2015 .This publication is available at www.gov.uk/government/publications.

②③ HM Treasurypolicy paper. *Spending Round* 2019. Published 4 September 2019，Presented to Parliament by the Chancellor of the Exchequer by Command of Her Majesty.September 2019.CP 170.ISBN：978-1-5286-1583-9. https：//www.gov.uk/government/publications/spending-round-2019-document/spending-round-2019.

2010年以来，英国政府每年的贷款额已经减少，目前仅占国内生产总值（GDP）的1.1%，这使得英国政府能够以可持续的方式在公共服务上投入更多资金。

2019年支出审查是在现行财政规则的范围内完成的：在2020—2021年将结构性赤字控制在国内生产总值的2%以下，债务占国内生产总值的比例下降。拥有一个确保公共财政可持续发展和政府有能力应对全球经济挑战的财政锚定仍然很重要。

支出审查采取负责任的方式来增加支出。它的目标是在人民的医疗、教育和打击犯罪的优先事项上增加资金。但自2002年支出审查以来，没有一个部门面临削减日常预算的问题。

在这一轮支出审查宣布增加的支出必须给英国人民带来最大的利益。纳税人的每一英镑都应该对人们的日常生活产生有意义的影响。这一轮支出审查标志着对政府将取得成果的新关注。这一方法将在2020年的支出审查中得到进一步发展。

（二）结果指标

2019年支出审查报告设置了优先领域的中长期成果指标，表5-2列出了政府在某些优先领域的公共服务中长期成果和绩效指标的例子。政府正在制定详细的成果和指标，并将在秋季公布。这些商定的成果和指标将构成2020—2021年单一部门计划的核心部分，该计划将为本轮支出审查中商定的资金制定详细的实施计划。

根据巴伯（Michael Barber）爵士的报告《为公民提供更好的结果》的建议，政府正在嵌入一个新的公共价值框架，以使政府服务提供物有所值达到最大化。①这些改革将意味着未来的支出决策，包括明年的年度支出审查，将通过更加注重将要交付的结果和更好的绩效和影响证据来形成。它们将有助于确保政府为纳税人的钱提供最佳价值，并使英国推动公共价值的做法处于国际领先地位。

表5-2　　部分优先事项成果指标示例

示例结果	相关部门	绩效指标示例
确保学校提供普遍的高质量教育，使年轻人更好地掌握所需的技能	教育部	在关键阶段2（DfE）结束时，学生在阅读、写作和数学方面达到预期标准的比例
		获得GCSE英语和数学4级或以上的16岁学生的比例；以及进入和获得EBAC资格（DfE）的比例
		三年后新聘合格教师比例（DfE）

① led by Sir Michael Barber. *Delivering Better Outcomes for Citizens*: *Practical Steps for Unlocking Public Value*. November 2017.

续表

示例结果	相关部门	绩效指标示例
通过优秀的技术和高等教育，改善支持生产性经济、适应未来所需的技能渠道	教育部和商业、能源和工业战略部（BEIS）	继续教育或高等教育毕业后1年、3年和5年的平均收入（DfE）
		获得GCSE英语和数学4级或以上成绩的19岁学生比例（DfE）
		英国的领域加权引用影响力（高等教育研究质量的衡量标准）（BEIS）
帮助人们更健康、更独立地生活更长时间	卫生和社会保健部	英国出生时无残疾预期寿命（ONS）
		社会护理：65岁以上老人出院91天后仍在家的比率（NHS数字）
		癌症确诊后至少1年和5年存活率（NHS数字）
通过支持适合未来的卫生和保健工作队伍改善卫生和保健	卫生和社会保健部	病假率（NHS数字）
		建议将其组织作为工作场所的NHS员工比例（NHS调查）
		非医疗NHS工作人员（如护士和健康访客、助产士、救护人员）空缺率（NHS数字）
减少犯罪	内政部	总体犯罪（英格兰和威尔士犯罪调查，国家统计局）
		警察人数，包括增加20000名警察的进展情况（内政部）
		严重暴力（警方记录的犯罪，国家统计局和国家医疗服务数字）
改善监狱的安全和条件	司法部（MoJ）	每1000名囚犯中囚犯（囚犯和工作人员）的攻击率（MoJ）
		每1000名囚犯的自残率（MoJ）
		每1000名囚犯的自残死亡率（MoJ）
通过改善数字基础设施和数字技术推动经济增长	数字、文化、媒体和体育部（DCMS）	千兆位网络覆盖的场所数量（Ofcom）
		数字行业对英国总增加值的贡献（DCMS）
		来自至少一家移动网络运营商地理覆盖良好的英国陆地百分比（Ofcom）

这一轮支出审查确认，2020—2021年将设立2亿英镑的基金，用于试点跨公共部门工作的创新方法。其目的是建立一个更好的证据基础，并检验两个或多个公共部门组织之间的联合工作如何能够改善成果，并具有更好的性价比。

（三）部门方案

2019年支出审查列出了政府部门的不包括折旧的资源支出限额（RDEL），以及主要的支出方向。表5-3是卫生和社会保健部（DHSC）的部门支出方案。其余部门支出方案从略。

表5-3　　英国卫生和社会保健部资源支出限额　　单位：十亿英镑

	2019—2020	2020—2021
RDEL不包括折旧	132.3	138.9
其中：英国国家医疗服务局	123.7	129.9

2.1卫生和社会保障部的资源预算将实际增长3.1%。这一解决方案重申了政府对医疗和社会保健的承诺，2023—2024年度预算与2018—2019年度预算相比，国民保健服务每年增加339亿英镑的现金，并推动其他重要预算，为患者和公众提供更好的健康结果。

2.2方案包括：

1.英格兰健康教育预算实际增长3.4%。这将包括增加1.5亿英镑用于维持专业发展，在三年内为每个护士、助产士和联合健康专业人员提供1000英镑的中央培训预算，并增加更广泛的教育和培训预算，以支持国民保健服务长期计划的实施；

2.切实增加公共卫生补助预算，以确保地方当局能够继续提供预防和公共卫生干预措施；

3.提供额外资金，履行政府对20家医院陈旧设施和设备升级的承诺，分享8.54亿英镑的新资金。在2019—2020年，国家健康服务体系（National Health Service，NHS）的资本支出增加了10亿英镑，以允许进行现有的升级和解决最紧迫的基础设施项目；

4.政府将在人工智能领域投资2.5亿英镑，其中包括2020-2021年的7800万英镑，以帮助解决医疗领域的一些最严峻挑战，包括更早发现癌症和发现新的治疗方法。

2.3在社会照料方面，地方政府的解决方案为成人和儿童的社会照料增加了10亿英镑。政府还将对一项2%的方案进行磋商，这项方案将使服务机构能够获得另外5亿英镑的成人社会护理资金。这笔资金将支持地方政府满足不断增长的需求，并继续稳定社会保障体系。另外，政府仍致力于将成人社会照料置于更公平和更可持续的基础上，并将在适当时候提出建议。

2.4卫生和社会保健部将在下次资本审查时，获得新的多年期资本协议，并将着眼于为该国的卫生基础设施提供更明智、更具战略性的长期方法，把投资重点放在最需要的地方。该计划将包括建设新医院、现代化诊断和技术的资金，并有助于消除目前国家医疗服务体系中的关键安全问题。

四、支出审查与公共服务协议

从1980年开始英国开始编制中期财政战略框架（Medium Term Financial Strategy，MTFS）。每一个中期财政战略框架都提供了未来四年或五年的解释性财政计划。这些计划包括公共部门借款需求（PSBR）、主要的收入及支出。在中期财政战略框架下，为了达到一般性政府支出的目标，1992年英国采用了自上而下的方法，控制每个预算部门的预算总额（Control Total），给定每个预算部门的支出上限，确保预算支出能够与财力相匹配。[①]1997年英国颁布了《财政稳定准则》（*Code for Fiscal Stability*），该准则确立了两大规范：一是黄金规范（The Golden Rule），规定英国政府借贷而来的资金只能够用来进行投资，而不能够用来进行经常性支出的花费；二是可持续投资规范（The Sustainable Investment Rule），规定英国政府公共部门的未偿债务余额占 GDP 的比例必须维持在一个固定的数值之下，目前英国政府将其水平定在40%。[②]

（一）1998年综合支出审查与公共服务协议

1997年布莱尔上任后，开展了综合支出审查，在1998年6月公布了《经济财政策略报告书》（*Economic and financial strategy report*，*EFSR*），7月公布了《综合支出审查》白皮书（*Comprehensive Spending Review*，*CSR*）。该白皮书包括目录、首相序言、CSR摘要、CSR概述、政府的主要目标、部门和跨部门审查等内容。综合支出审查明确了政府优先事项，并给出了四年（1998—1999年、1999—2000年、2000—2001年、2001—2002年）的部门支出限额。

根据《综合支出审查》白皮书，各部门必须签订3年期的公共服务协议，由各部与财政部协商签订，协议的结果呈现在1998年12月由财政部长向议会提交的《公共服务的未来》（*Public Services for the Future*：*Modernisation*，*Reform*，*Accountability Comprehensive Spending Review*：*Public Service Agreements 1999—2002*）白皮书中。该协议内容包括设定整个政府体系内的目标与任务；3年期资源上限；绩效目标与改进生产力目标，如减少欺骗、减少病假、改进采购作业、改进顾客服务、电子化

---

① http：//www.hm-treasury.gov.uk/d/pesa2011_annexg.pdf.

② OECD. United Kingdom. *OECD Journal on Budgeting Special Issue* 2004. 4，3：405-443. 刘志宏：《英国财政预算改革之研究》，《政策研究学报》2012年第12期。

政府等。[①]公共服务协议包括与中央部门签订的公共服务协议和与地方政府签订的公共服务协议（Local Public Service Agreement，LPSA）。

（二）2000年支出审查与公共服务协议

2000支出审查发布后，新的公共服务协议（PSAs）很快就发布了，与往期不同点如下：一是PSAs目标（Targets）数量从大约600个缩减成160个；各部门的目标设定3到10余个不等。二是将目标值依其重要性予以区分，具有策略性、易于掌握的预定目标仍列于PSAs中，而对于其他行政管理承诺、生产性或效率性的目标，则放入服务提供协议（Service Delivery Agreements，SDAs）中。三是将公共服务协议的章节改为“使命”（Aims）、“目的和目标”（Objectives and Targets）及“谁对于服务的提供负责任？”三章，第三章明确了部门和跨部门项目的职责。[②]

（三）2007年综合支出审查与公共服务协议[③]

2007年综合支出审查设定了下一个支出期（2008-2011年）的30个新的公共服务协议，以便政府的优先成果得以持续的改善。在2009年预算中，政府重新调整了绩效管理框架，以更好地反映其经济优先事项。公共服务协议（PSAs）框架现在包含了一个增加的总体目标：“帮助人们和企业更快、更强地度过经济衰退，支持长期经济增长和繁荣。”这一目标将通过履行国家经济委员会的承诺来实现，以帮助人民和企业更快、更强地度过经济衰退，包括收回财产、学徒、企业获得资金和帮助失业者的一揽子计划，关于经济绩效和生产力、技能、就业、住房、商业成功、交通、科学和创新的公共服务协议。

新的公共服务协议（PSA）规定了政府在下一个支出期（2008-2011年）希望实现的关键优先成果。每个公共服务协议都有一个单独的交付协议（Delivery Agreement）作为基础，该协议与所有参与部门共享，并在与交付合作伙伴和一线员工协商后制定。

交付协议可以在网上公开获得，规定了交付计划和关键交付合作伙伴的作用。

交付协议还描述了一揽子国家层面的成果导向（Outcome-Focussed）的绩效指

---

① HM Treasury. *Public Services for the Future：Modernisation，Reform，Accountability Comprehensive Spending Review：Public Service Agreements 1999-2002*. Presented to Parliament by the Chief Secretary to the Treasury by Command of Her Majesty，December 1998.Cm 4181 28 Sterling.published by The Stationery Office.

② Chief Secretary to the Treasury. 2000 *Spending Review：Public Service Agreements Cm* 4808. London：The Stationery Office. 2000. 另参考了“第五章政府绩效管理”：“公共服务协议”制度，book118.com.https：//max.book118.com/html/2017/0715/122264987.shtm.

③ HM Treasury（2007）. *Public Service Agreements 2008-2011*.（http：//www.hm-treasury.gov.uk/pbr_csr07_psaindex.htm）.

标，这些指标将用于衡量每一个公共服务协议的进展情况。一部分指标还附有具体的国家层面的目标或最低标准，详情载于相关的交付协议。

政府还公布了一项服务转型协议（Service Transformation Agreement），该协议是新的公共服务协议框架的基础，阐明了政府围绕公民服务的愿景，以及各部门在推进这一富有挑战性议程方面的具体行动。PSA交付协议和服务转型协议（PSA Delivery Agreements and the Service Transformation Agreement）如下所示，PSA编号列在相应目标的旁边：

——帮助人们和企业更快、更强地走出衰退，支持长期经济增长和繁荣（PSAs1–8和20）。

——人人享有公平和机会（PSAs 9–11和14–16）

——更好的生活质量（PSAs 12–13、17–19和22）

——更强大的社区（PSAs 21和23–26）

——一个更加安全、公平和环境可持续的世界（PSAs 27–30）①

2010年5月，英国保守党和自由民主党联合政府成立，并在6月废除了公共服务协议制度，改为要求各部门制定“业务计划”（Business Plan，BP）。与公共服务协议相比，业务计划明确了各项改革目标的优先次序，确定了关键改革项目的时间节点，制定了更为具体和详细的改革措施与绩效考核指标。同时，财政部在网站上定期发布业务计划的进展情况，每年对计划内容进行更新和调整。部门业务计划一般由联合优先次序、结构性改革计划、部门支出预算和预算透明度四部分构成，一些部门会在计划引言部分加入部门愿景（Vision），以阐明部门的战略目标。②

① https：//webarchive.nationalarchives.gov.uk/+/http：//www.hm-treasury.gov.uk/pbr_csr07_psaindex.htm.

② 郑德琳：《从公共服务协议到部门业务计划——英国新绩效预算改革对我国的启示》，《财会研究》2018年第3期，第5—9页。

第三节 事前绩效评估与项目立项评估决策

事前绩效评估是预算支出政策和项目事前绩效评估的简称，指的是财政部门、预算部门和单位根据党委政府决策部署，部门职责和事业发展规划等内容，在重大政策出台和项目立项前，结合预算评审、政策决策和项目审批等工作，运用科学、合理的论证方法，对新增预算需求的必要性、绩效目标合理性、投入经济性、实施方案可行性、筹资合规性等方面进行的论证、研判和审查活动。事前绩效评估的结果分为予以支持、部分支持和不予支持等类型，直接与政策设立、项目立项、入库和预算安排挂钩，事前绩效信息决定了预算安排，是绩效决定型预算的一种实现形式。比如2010—2019年，北京市财政部门共对491个项目（政策）、791亿元资金开展了事前绩效评估，人大代表、政协委员和行业专家参与预算评估2200多人次。经过评估，61个项目（政策）、77亿元资金不予支持。其中：2019年度事前绩效评估项目（政策）145个，涉及资金80.49亿元。经评估，予以支持103个，部分支持15个，不予支持27个，不予支持资金14.92亿元，约占申报资金总额的18.54%。①

在评估研究的理论体系中，事前绩效评估是前置性评估的重要类型，诸如需求评估、社会稳定风险评估、可行性评估、项目理论评估、环境与社会影响评估等都是与事前绩效评估既有联系，又有区别的前置性评估类型。事前绩效评估侧重从预算管理的角度评判政策和项目是否符合满足财政资金的配置效率和使用效益准则。

事前绩效评估与支出审查的内容总体上是吻合的，事前绩效评估与支出审查发挥了类似的省减资金、提高资金配置

① 高枝：《推进人大预算审查监督重点向支出预算和政策拓展》，《北京日报》2019年3月7日。

效率和使用效益作用。事前绩效评估的立项的必要性和绩效目标的合理性与战略审查和职能审查有重合点，效率审查类似于投入的经济性和实施方案的可行性，结余审查类似于筹资的合规性和投入的经济性。区别在于支出审查是更为宏观的制度架构，还涉及政府部门未来几年的财力安排、支出限额、政府和部门优先绩效目标等内容。我国实施的事前绩效评估目前主要还停留在项目和政策层面，尚待上升到部门整体层面。

成本效益分析深化了事前绩效评估投入经济性评估的深度，与支出审查的内容具有高度契合性。北京市2018年通过开展基于成本效益分析的全成本预算绩效管理，压减项目成本幅度达6.3%。①

立项评估决策是将项目评估结论作为项目立项审批或项目入库等预算决策重要依据的决策机制。事前绩效评估与建设投资项目立项审批决策相比，考量内容上存在一些类似之处，前者更加强调项目立项的绩效约束。事前绩效评估还为经常性项目的立项评估提供了框架与标准。

一、事前绩效评估的历史与现状

2004年《财政部关于开展中央政府投资项目预算绩效评价工作的指导意见》（财建〔2004〕729号）提出了“政府投资项目前期绩效评价”要求。2015年《关于加强中央部门预算评审工作的通知》（财预〔2015〕90号）明确“预算评审的内容主要包括完整性、必要性、可行性和合理性等方面”，就属于事前绩效评估的内容。

2010年北京市财政局率先开展预算项目支出“事前绩效评估”试点，经过多年探索形成了较为完善的事前绩效评估制度体系。2016年北京市《预算审查与监督条例》明确了市人大参与事前评估的具体要求。2017年北京市发改委制定了《北京市市级项目支出事前绩效评估管理实施细则》，开启了投资主管部门开展事前绩效评估的先河。2018年《中共中央 国务院关于全面实施预算绩效管理意见》印发后，北京市及时对标探索，启动了事前绩效评估实施办法的修订，2019年10月17日北京市印发了《北京市市级财政支出事前绩效评估管理办法》（京财绩效〔2019〕2129号）。

近期全国各地都开始了事前绩效评估制度办法的制定，比如广东省印发的《省经财政专项资金管理办法（试行）》中也提及专项设立前置性审核的相关内容，上海市印发的《上海市市级财政政策预算绩效管理办法（试行）》明确了政策事前绩效评估的要求，其余省份也都在相应的文件中明确了事前绩效评估的要求。

① 北京市财政局：探索建立具有北京特色的全面预算绩效管理体系，财政部官网。

二、事前绩效评估的对象

按照《中共中央 国务院关于全面实施预算绩效管理意见》（以下简称《意见》）的要求，各部门各单位要“对新出台的重大政策、项目开展事前绩效评估”，投资主管部门“要加强基建投资绩效评估”，各级财政部门“要加强新增重大政策和项目预算审核，必要是可以组织第三方机构独立开展绩效评估”。《意见》从预算申请和预算审核等环节对新出台的重大政策、项目绩效评估做了要求。在执行过程中，遇到的第一个问题就是何谓“重大政策、项目”？

（一）重大政策和项目的判断标准

重大政策、项目也被冠以“重点支出”“重大投资”“重大专项”等称谓。目前认定“重大”的标准尚未达成共识。较为通行的标准有金额标准和任务标准，本书进一步提出管理标准。

1. 金额标准。该标准将预算资金额度较大或限额以上的界定为重大。比如《北京市预算审查监督条例》规定“重大投资项目一般是指市人民政府拟新安排的单个项目市政府固定资产投资总额占本市年度政府固定资产投资总额1%以上的项目，或者按市人民政府固定投资总额排序前10位的项目”。2018年北京市财政局对500万元以上新增事业发展类项目（政策）全部开展事前绩效评估，重点评估支持区域经济发展、“疏整促”、学前教育、美丽乡村建设等重大政策和项目。2019年北京市财政局对全部政策和限额以上的项目开展事前绩效评估。

2. 任务标准。该标准将党委政府的重点工作和任务作为重大政策和项目。比如《北京市预算审查监督条例》规定“重点支出是指市人民政府确定的全市年度重点工作或者重点事项在市级支出预算中的财力安排。”

3. 管理标准。上述两种标准在实践中具有简单、容易判断的优点，但是没有说明《意见》中提及的部门和单位（包括投资主管部门）开展的新增重大政策、项目事前绩效评估和财政“必要时可以组织第三方机构独立开展绩效评估”是否存在差异。对此，本书尝试提出重大政策、项目判断的管理标准，并进一步阐明部门（单位）和财政开展事前绩效评估对象、目的、机制等方面的差异。

我国一级政府的预算由四本预算构成，包括一般公共预算、政府性基金预算、国有资本经营预算和社会保险基金预算。一般公共预算拨款和政府性基金预算拨款构成部门预算收入。部门预算之外，一级政府会统筹一般公共预算、政府性基金预算、国有资本经营预算，采用纳入部门预算管理、专项转移支付或者两者兼有的方式设置具有专门用途和绩效目标的财政资金，以支持特定时期一级政府的战略部署。有些专项资金由部门申请和使用，有些专项资金既包括部门使用的资金也包含专项转移支付资金。比如无锡市的政府投资专项涉及的分管部门有水利局、卫计委、市政园林局、交通运输委、重建中心、财政局等；农业发展专项则既涉及农委、农机局、气象局、财政局，还涉及市对区的专项转移支付。[①]因此从预算管理的角度来看，重大政策和项目应该是分层级的，包括政府层面和部门层面。

政府层面的重大政策和项目是政府设立的专项资金支持的政策和项目，包括纳入本级部门预算和以专项转移支付形式由下级政府使用的资金。政府层面的专项资金与部门预算资金安排的政策、项目在设立目的、管理层级、预算编制、入库管理、预算执行、资金管理等方面存在差异，如表5-4所示。

表5-4　　政府专项资金和部门预算项目的差异

	政府专项资金	部门预算
设立层级	政府层面	部门层面
预算编制	财政统筹、部门编制	部门是主体
入库管理	目录清单制管理（“战略领域”“财政事权”“政策任务”）	部门项目库管理（一级项目和二级项目）
预算执行	跨部门、跨层级、跨地区	部门主管
资金管理	纳入部门预算管理和专项转移支付	直接编入部门预算

一是设立层级不同。政府专项资金由一级政府设立，在年度预算草案和决算中向人大报告。比如：广东省政府提交给省人大的《2018年预算执行情况和2019年预算草案附件二》就列出了2019年省级财政专项资金目录结构表和资金明细情况表。部门预算政策和项目则由部门设立，以部门预算的形式报告和公开。

二是预算编制方式不同。目前我国部门预算的编制主体是预算部门，由预算部门汇总各级单位预算和本级预算，提出预算建议数，财政下达预算控制数后，编制部门预算草案，最终由财政汇总纳入政府预算。

专项资金预算的编制则由财政部门统筹协调、资金主管部门管理执行。比如：《深圳市市级财政专项资金管理办法》规定专项资金设立和预算编制的程序为：“（一）资金主管部门组织专家论证，编写可行性研究报告，严格按照有关规定进行公平竞争审查，并通过政府网站或新闻媒体向社会公开征求意见，以正式文件（含公平竞争书面审查结论）向市财政部门提出申请；（二）市财政部门对专项资金设立申请进行前置性审核，根据本办法第十三条规定，对专项资金的设立依据、规模、期限、具体用途、支持对象、支持范围和绩效目标提出审核意见；（三）经审核符合设立条件的，由市财政部门会同资金主管部门报市政府审议；（四）市政

① 2019年市本级政府专项资金和专项转移支付目录清单，http：//cz.wuxi.gov.cn/doc/2019/03/01/2427965.shtml。

府审议批准后按本办法第二十条规定纳入专项资金目录清单。”①

在实施过程中专项资金与部门预算同步编制，并纳入部门预算。“资金主管部门应当按照《中华人民共和国预算法》等规定，以执行为导向，统筹规划，突出重点，根据专项资金目录清单和中期财政规划编报专项资金预算，纳入本单位部门预算。未列入专项资金目录清单的，不安排预算。”“（一）资金主管部门将专项资金预算随同其部门预算一并报送市财政部门（以下称‘一上’）；（二）市财政部门审核资金主管部门‘一上’数据，并下达预算编报控制数（以下称‘一下’）；（三）资金主管部门根据‘一下’控制数，按规定格式和要求将专项资金预算、绩效目标随同其部门预算草案再次报送市财政部门（以下称‘二上’）；（四）市人大审议通过部门预算草案后，由市财政部门批复下达（以下称‘二下’），资金主管部门按批复的预算执行。”②《广东省省级财政资金项目库管理办法（试行）》也要求“提前细化分配的专项资金中，属省级预算单位使用的，由省级预算单位编入部门预算；属对市县专项转移支付的，分地区、分项目编列”。③

三是入库管理方式不同。部门预算项目（政策）实施项目库（政策库）管理，部门储备成熟的项目（政策）作为预算编制的依据。专项资金则实施目录清单制管理，比如广东省将专项资金目录清单分为“战略领域”“财政事权”“政策任务”3层结构编制，实现了政府层面的战略部署和各个部门政策任务的有机衔接。2019年度广东省共14个专项项目，59个使用方向。目录清单中的项目则按照项目库进行管理。

四是预算执行方式不同。部门预算执行一般只涉及部门内部，专项资金往往是跨部门、跨层级和跨地区的资金，具有共同的目标，但执行的时候分散在各个部门。需要通过绩效目标管理、绩效运行监控和绩效评价等手段，形成目标的层级分解体系，并按照目标层级分解体系开展绩效管理。比如深圳市规定“资金主管部门负责开展专项资金绩效评价，并将评价结果报送市财政部门。市财政部门根据工作需要组织开展重点专项资金项目支出绩效评价和再评价。评价结果作为下一年度专项资金预算安排的重要依据”。④财政部门对跨部门、跨层级和跨地区专项资金展开绩效评价的时候，并不是简单地进行审查复核，而要在事前绩效评估的基础上，做好评价方案的总体设计和统筹，形成整体、区域和项目的层级分解的绩效评价指标体系，确保评价的整体性、系统性和协同性。

五是资金管理方式不同。专项资金在使用过程中一般采用纳入部门预算管理或者专项转移支付编列到地区和项目的方式管理。部门预算资金则按照部门预算的政策管理、项目管理和资金管理的系列管理办法实施。

①②④《深圳市人民政府关于印发市级财政专项资金管理办法的通知》（深府规〔2018〕12号）。

③《关于印发〈广东省省级财政资金项目库管理办法（试行）〉的通知》（粤财预〔2018〕263号）。

（二）重大政策和项目的层级性

一级政府组织的科层制形态和一级政府预算由总预算和部门预算构成，决定了重大政策和项目具有层级性，不同层级的重大政策和项目具有不同的判断标准。实践中，我们可以综合使用金额、任务和管理标准综合判定重大政策和项目，如表5-5所示：

表5-5　　重大政策和项目判断标准的层级性

	金额标准	任务标准	管理标准
政府层面	财政限额以上	政府优先事项	专项资金（包括专项转移支付）
部门层面	财政限额以下，部门限额以上	部门优先事项	部门使用的专项资金和事业发展类政策和项目
单位层面	部门限额以下，单位限额以上	单位优先事项	单位使用的专项资金和事业发展类政策和项目

综合考量金额标准、任务标准和管理标准，我们可以将重大政策和项目分层次进行界定为：一是政府层面的重大政策和项目，是一级政府确定的年度重点工作、重点事项和重大投资在本级支出预算中的财力安排，包括财政专项资金、专项转移支付资金和固定资产投资规模较大的项目。二是各部门各单位的重大政策和项目，是与政府层面的重大政策和项目有机衔接，并根据部门优先事项和资金限额确定的政策和项目。

事前绩效评估就是对这些重大政策、项目的新增预算在政策设立和项目立项入库之前开展的评估。实践中，如果按照金额标准来区分，可以划定一个统一数额来界定是否属于重大，限额以上的由财政组织事前绩效评估，限额以下的由部门和单位组织事前绩效评估。如果按照任务标准，则那些跨部门的优先事项由财政组织事前评估，部门和单位内部的事项由部门和单位组织事前评估。如果按照管理标准，则凡属于专项资金的由财政组织事前评估，专项资金以外的由部门组织事前绩效评估。

三、事前绩效评估主体和各行动者

对于事前绩效评估的主体，《意见》划分为三个层面：一是单位层面；二是部门层面，包括投资主管部门；三是财政层面。财政部印发的《关于贯彻落实〈中共中央 国务院关于全面实施预算绩效管理的意见的通知〉》（财预〔2018〕167号）只提及各部门各单位开展事前绩效评估，对财政部门开展事前绩效评估没有做表述。实践中，北京市在2017年之前开展的事前绩效评估全部是由财政组织开展的，2018年各部门各单位也开始了事前绩效评估工作。

上述三类主体在预算管理中的权责不同，他们开展事前绩效评估的目的和方式存在一定程度的差异，如表5-6所示：

表5-6　　不同主体开展事前绩效评估比较（以项目为例）

	单位	部门		财政
		有预算再分配权的部门（比如投资主管部门等）	无预算再分配权	
性质	对单位申报的新增预算项目该不该设立进行的综合性评估论证	对主管行业部门申报的项目在立项审批之前开展的综合性评估论证	对部门预算政策和项目该不该设立进行的综合性评估论证	对部门申报的部门预算和专项资金预算进行审核或直接评估
责任主体	财务部门牵头	部门内投资管理和其他各项目主管部门	财务部门牵头	各支出主管部门
内部工作机制	业务部门申报项目，财务部门组织开展	项目申报单位申报项目，部门内部各业务主管部门组织开展	业务部门申报项目，财务部门组织开展	预算评审或绩效评价部门组织开展，支出部门配合开展
评估方式	单位组织	主管业务部门组织	限额以下单位组织，限额以上交由财政组织	审核、评审或者委托第三方
目的	提高单位项目库入库质量，提高资金配置效率	提高项目立项审批的科学性，提高项目储备质量	提高部门项目立项科学性，提高项目储备质量	推动立项评估决策，做实项目库

（一）各单位开展的事前绩效评估

各单位根据事业发展规划和相关政策要求，各业务部门提出立项申请，提交立项申请材料，在单位预算绩效管理委员会（如果有）的统一领导下，可由财务部门牵头组织开展事前绩效评估，重点论证立项必要性、投入经济性、绩效目标合理性、实施方案可行性、筹资合规性等，评估结果作为项目纳入单位项目库的依据。单位开展事前绩效评估有助于做实项目库，完善包含项目支出预算明细、项目计划、项目申报依据、项目可行性论证或专家评审意见、项目绩效目标等基础要素以及申报的其他基础信息，为单位预算的编报做好项目储备。

（二）主管部门开展的事前绩效评估

主管部门可以分为有预算再分配权的主管部门和无预算再分配权的主管部门，

前者如投资主管部门，后者如林业部门。

2017年北京市发改委制定了《市人大代表参与政府重大投资项目事前评估实施细则（试行）》，由北京市发改委投资处会同项目主管处室征求市人大预算工作机构意见，2018年11月选定了轨道交通28号线（CBD线），在全国首次开展了重大投资项目事前绩效评估。市发展改革委在审批项目建议书、项目建议书（代可行性研究报告）或资金申请报告前，采用了委托第三方咨询机构组织开展的方式进行。[①]2018年12月2—3日，北京市发改委首次邀请了两位市人大代表及市人大预算监督机构参与轨道交通28号线（CBD线）的事前评估，同时还邀请了14位该领域经济技术方面的知名专家以及市规划国土委、市重大项目办、市水务局、市公安消防局、北京铁路局、CBD管委会等11个部门和单位参加，经过2天的评估论证，市人大代表及专家组认为该项目符合北京市政府投资项目立项的相关要求，同时就折返方案、车站设置、技术标准、交通衔接、车辆选型等方面提出了25条意见和建议，市发展改革委要求项目单位要按照专家组意见对项目建设方案进行完善，确保该项目建成精品工程、民心工程。[②]事前绩效评估结论反馈给项目建设单位，建设单位完善建设方案后再报发改委进行立项审批。

没有预算再分配权的部门在开展事前绩效评估的时候，一般由业务部门申报项目，在部门预算管理委员会（如果有）的领导下，由财务部门牵头组织开展事前绩效评估，评估结论作为项目入库的依据，为部门预算的编制提供依据。比如：国家卫健委在2019年开展了国家重大公共卫生项目的事前绩效评估，从项目的必要性、内容完整性、目标合理性、实施可操作性、管理适当性进行了评估，形成了项目分批次启动的建议，一些项目要求完善、一些项目要求调整、一些项目要求重新申报。

（三）财政部门开展的事前绩效评估

财政部门在安排预算的时候，将事前绩效评估结论作为预算安排的参考依据，进行审核评估，包括前置性审核评估、复核性审核评估和直接开展事前绩效评估三种形式。

一是前置性审核。主要针对专项资金预算的编制。在专项资金预算编制过程中，资金主管部门组织专家论证，编写可行性研究报告，严格按照有关规定进行公平竞争审查，并通过政府网站或新闻媒体向社会公开征求意见，以正式文件（含公平竞争书面审查结论）向市财政部门提出申请。财政部门对专项资金设立申请进行

---

① 北京市发改委：《市人大代表参与政府重大投资项目事前评估实施细则（试行）》2017年。

②《财经办、预算工委首次组织市人大代表参与政府重大投资项目事前评估》，北京市人大常委会门户网站 2017年12月5日。

前置性审核，对专项资金的设立依据、规模、期限、具体用途、支持对象、支持范围和绩效目标提出审核意见。①

二是复核性审核。对部门提交的事前绩效评估报告的真实性、准确性、科学性、完备性等方面进行复核性评估。

三是直接开展事前评估，财政对选中的政策和项目直接组织专家或第三方开展事前绩效评估。对于有预算再分配权部门提交的事前绩效评估报告，财政部门进行预算审核和评审，必要时，可以直接组织第三方独立进行再评估。对于没有预算再分配权的部门，财政部门可以在划定部门支出控制数的基础上，给出财政事前绩效评估项目的限额，限额以下的项目由部门自行组织，限额以上的项目由财政部门委托第三方组织开展。

无论是前置性审核、复核性审核还是直接开展事前绩效评估，应该具有相同的评估内容和指标体系。财政的重要职责是建立事前绩效评估的共性指标框架，将立项决策的各要素定量化和指标化，在提高预算审核质量，提高入库项目成熟度的同时，引导部门建立立项评估决策机制。

四、事前绩效评估的内容和指标体系

事前绩效评估可以分为政策事前绩效评估和项目事前绩效评估。北京市在开展事前绩效评估的多年探索中，逐渐形成了政策和项目两大类事前绩效评估指标体系。

北京市自2010年开展事前绩效评估以来，管理制度和指标体系不断完善，2012年出台了《北京市市级项目支出事前绩效评估管理暂行办法》（京财预〔2012〕2892号）；2014年印发了《北京市市级项目支出事前绩效评估管理实施细则》（京财绩效〔2014〕1933号），形成了包括项目的相关性、预期绩效的可实现性、实施方案的可行性、预期绩效的可持续性、资金投入的可行性及风险“5大维度24个评估点”的定性评估诊断体系。2017年北京市建立了包括政策、转移支付和项目的事前量化评估指标体系，并根据定量的得分判定评估结果。2018年北京市进一步完善了定量评估指标体系。2019年北京市财政局印发了《北京市市级财政支出事前绩效评估管理办法》，进一步完善了指标体系。②

一是项目事前评估指标体系。形成了包括立项必要性、投入经济性、方案可行

①《深圳市人民政府关于印发市级财政专项资金管理办法的通知》（深府规〔2018〕12号）。

②《北京市财政局关于印发〈北京市预算绩效管理办法〉和〈北京市市级财政支出事前绩效评估管理办法〉的通知》（京财绩效〔2019〕2129号）。

性、筹资合规性“5个一级指标，14个二级指标和35个三级定量指标”的项目事前评估共性指标体系，其中的二级指标包括政策相关性、职能相关性、需求相关性、财政投入相关性、投入合理性、成本控制措施有效性、目标明确性、目标合理性、实施内容明确性、实施方案可行性、过程控制有效性、筹资合规性、财政投入能力、筹资风险可控性共计14个。

二是政策事前评估指标体系。建立了包括政策设立必要性、政策目标合理性、政策资金合规性、政策保障充分性、政策的可持续性“5个一级指标，8个二级指标，24个三级定量指标”的政策事前共性评估指标体系，8个二级指标是依据充分性、决策规范性、目标明确性、目标合理性、财政投入可行性、资金分配合理性、保障措施适当性、政策资源的可持续性。

近期北京市根据最新的政策要求，进一步补充修订了事前绩效评估办法和指标体系，形成了“对象全覆盖、格局全方位、指标定量化、跟踪全过程、制度有创新”的发展势态。

与北京的事前绩效评估指标类似，上海、广东等地也在相关文件中明确了事前绩效评估的基本内容。比如：上海市印发的《上海市政策预算绩效管理办法》明确了预算主管部门出台新增重大政策时开展事前绩效评估，内容包括政策制定必要性、政策投入经济性、绩效目标合理性、实施方案可行性、筹资合规性等方面。《广东省人民政府关于印发广东省省级财政专项资金管理办法（试行）的通知》（粤府〔2018〕120号）要求：“省业务主管部门应通过内部集体研究、实地调研、专家论证、委托第三方专业机构评审等方式，对新增设立专项资金的必要性、科学性、合理性、可行性等进行研究论证。属于国家政策要求和省委、省政府重大部署的，按照有关规定开展研究论证。”《深圳市市级财政专项资金管理办法》要求市财政部门对专项资金设立申请进行前置性审核，对专项资金的设立依据、规模、期限、具体用途、支持对象、支持范围和绩效目标提出审核意见。

五、事前绩效评估的流程和方式

事前绩效评估可以分为正式程序和简易程序两类。正式程序一般包括事前评估准备、事前评估实施、事前评估总结及应用三个阶段。按照北京市财政局开展事前绩效评估的经验，正式程序包括18个步骤，即确定事前评估对象、制定总体工作方案、下达事前评估任务、成立事前评估工作组、开展业务培训、下达事前评估入户通知书、入户调研、拟定工作方案、组建专家组、收集审核资料、进行预评估、多方获取项目信息、召开专家评估会、形成评估结论、撰写报告、提交报告、结果反馈与应用、结果汇报等步骤。正式程序一般会委托第三方机构提供辅助和支撑，并综合采用现场踏勘、专家咨询、问卷调查、召开座谈会等多种方式实施。整个事前评估过程会邀请人大代表和政协委员参与并独立出具意见。

简易程序是对正式程序的简化，比如北京市民政局组织的2020年项目事前绩效评估，就采用了集中审核的方式进行，民政局遴选出重点项目后，委托第三方组织专家，邀请人大代表和人大预算监督机构参与评估论证，采用现场陈述和现场集中审核的方式进行。还有些部门会采用资料函评或集中会评的方式进行事前绩效评估。

六、事前绩效评估与国家治理

将事前绩效评估嵌入国家治理体系中，有助于发挥事前绩效评估的多重功能。

（一）事前绩效评估与人大预算审查监督

北京市委发布的《关于人大预算审查监督重点向支出预算和政策拓展的实施意见》中明确了人大介入事前绩效评估的机制。

一是介入事前绩效评估项目的确定。“预算绩效监督要进一步向事前延伸。市、区人大常委会预算工作机构要收集整理相关专门委员会和人大代表关注的内容，将其函告同级政府相关部门，为确定事前绩效评估项目提供参考。”①

二是直接参与事前绩效评估。为了落实人大预算审查监督“要进一步向事前监督延伸，在支出政策措施制定和预算草案编制过程中要向政府财政等部门反映人大代表的意见建议，确保政策措施和预算草案更科学、更合理”，②北京市人大代表和预算工作机构工作人员全程参与部门和财政组织的事前绩效评估。比如北京市民政局在2020年预算编制中，邀请了人大代表、人大预算工委代表、7名专家开展了民政局重大政策和重点支出事前评估论证，论证持续三天，对民政局拟申请2020年预算的47个重大政策和项目开展了评估论证。论证程序为召开专家准备会、项目单位汇报、专家质询、形成专家组论证意见、论证意见进行复核等环节。论证评审结论分为4种，分别是：予以支持、部分支持、暂缓支持和不予支持。论证会中人大代表和人大预算工作机构的代表发表评估论证意见，对项目评审结论发挥着重要的引导作用。

三是事前绩效评估结论作为专题审议重要参考。“市、区人大有关专门委员会

①②《中共北京市委办公厅关于人大预算审查监督重点向支出预算和政策拓展的实施意见》。

可以对支出预算和政策拓展所要求的相关内容开展专题审议。市、区人大常委会预算工作机构要根据同级党委确定的中心工作和重点任务，围绕有关支出预算总量与结构、重点支出和重大投资项目、部门预算、转移支付、政府债务、预算收入等方面存在的相关突出问题，就开展专题审议研究提出工作方案建议，并做好有关工作。在预算初审时，邀请其他有关的专门委员会、人大代表和专家学者参加。必要时，可以委托社会中介机构对专题审议的内容开展专题评估。开展专题审议时，政府财政、发展改革、审计及相关预算部门负责人应当介绍有关情况并回答问题。预算工作机构委托开展的专题评估的相关意见和有关专门委员会的专题审议意见作为财政经济委员会进行审议的重要参考”。①

四是部门开展事前绩效评估结果向人大反馈。“市、区政府相关部门开展事前绩效评估要将重大支出政策、重点支出及重大投资项目纳入事前绩效评估范围，并逐步实现评估范围的全覆盖，要及时向同级人大反馈事前绩效评估项目的预算安排变动情况。事前绩效评估项目应当按照政府有关部门要求提供完整资料”。②

人大深度介入事前绩效评估提高了人大预算审查监督的质量，是新时代加强党的领导，促进国家治理体系和能力现代化的重要制度安排。

（二）事前绩效评估与政协民主监督

《中共中央关于加强人民政协工作的意见》指出，“就国家和地方的重要问题在决策之前和决策执行过程中进行协商，是政治协商的重要原则”，党的十七大报告进一步明确提出“把政治协商纳入决策程序”。北京市财政局在开展事前绩效评估的时候，邀请人大代表和政协委员全程参与，人大代表和政协委员单独出具意见和建议，并对事前评估工作进行全程监督。事前绩效评估邀请政协委员参与是落实“把政治协商纳入决策程序”，发挥政协“政治协商、民主监督、参政议政”的重要机制。

（三）事前绩效评估与重大行政决策程序

中华人民共和国国务院令第713号公布了《重大行政决策程序暂行条例》，自2019年9月1日起施行。该条例明确了重大行政决策的范围和基本程序要求，对决策启动、公众参与、专家论证、风险评估、合法性审查、集体讨论决定和决策公布等环节做了明确的要求。事前绩效评估体现了重大决策行政决策对诸如可行性研究、进行成本效益分析、人大监督、政协参与、公众参与等方面的要求。事前绩效评估是将重大行政决策程序的法定要求落地的具体实现形式。

①②《中共北京市委办公厅关于人大预算审查监督重点向支出预算和政策拓展的实施意见》。

（四）事前绩效评估与督查、审计和绩效评价

事前绩效评估结果的深度运用需要在执行环节加强与党委政府督查、审计监督和绩效评价的结合。为了推动党和政府重大决策部署的贯彻落实，我国建立了督查、审计和绩效监控评价机制。一是督查机制。我国建立了政府统一领导、办公厅（室）综合协调、督促检查机构组织实施的工作体系。地方各级政府、各部门主要负责人是抓落实的第一责任人。督查系统具有统一、高效的优势，将事前绩效评估纳入党委政府督查的重要内容，有利于事前绩效评估建议的整改落实。二是审计监督。开展国家重大政策措施落实情况跟踪审计是审计监督的重要职能，将事前绩效评估结论作为开展重大政策措施落实情况跟踪审计的重要内容，有助于事前绩效评估效能的发挥。三是绩效运行监控和评价。按照建立全方位全过程全覆盖预算绩效管理体系的要求，在绩效运行监控和评价中关注事前绩效评估整改意见，形成事前事中事后完整闭环，有助于提高财政支出的配置效率和使用效益。

第四节 预算评审①

一、预算评审的基本概念

2014年8月，财政部党组印发了《中共财政部党组关于调整内设机构和职责的决定》，将投资评审中心更名为预算评审中心，主要承担对部门预算项目进行评审、研究提出项目支出标准、开展项目事后绩效评价等职责。

预算评审有广义和狭义之分，狭义的预算评审是财政部门和预算部门按照部门预算管理权限，在项目入库和安排预算之前，按照"先评审后入库"和"先预算评审后安排预算"的原则，运用科学的方法和专业技术手段，对部门预算中的项目支出预算的完整性、必要性、可行性和合理性等方面进行的审核、评议和审查活动。广义的预算评审从机构的角度进行界定，涵盖了预算评审中心的全部职能，包括预算管理全过程中的预算项目评审、支出标准体系建设、绩效目标审核、事中监控和事后评价等内容。本章探讨狭义的预算评审概念。

二、预算评审的制度要素

（一）预算评审主体

中央部门（即直接向财政部报送部门预算的一级预算单位）和财政部按照部门预算管理权限，分别组织开展预算评

① 本节写作参考了财政部预算司：《中央部门预算编制指南（2020）》，中国财政经济出版社2019年及相关文件的规定。

审工作。财政部负责制定预算评审的管理制度，对各部门评审工作进行指导，对纳入财政部项目库的项目组织评审，运用评审结果。中央部门预算评审工作应由部门内部负责预算管理的内设机构组织，主要职责是制订评审制度，选择中介机构和专家，监督评审过程，运用评审结果，安排评审经费等。接受委托的中介机构和专家独立开展评审工作，对出具的评审报告负责。①

预算司负责预算评审组织管理工作，制定财政预算评审管理制度，提出加强预算评审工作的政策措施，拟订年度预算评审工作方案并组织实施，指导预算评审中心工作。部门司负责指导对口中央部门预算评审工作，提出纳入预算评审的部门预算项目建议，根据评审结果安排项目支出预算。预算评审中心按预算司要求承担部门预算项目评审工作，配合预算司制订项目支出预算评审制度规章，对纳入评审范围的中央部门预算项目的真实性、合理性、准确性进行评估，提出具体审核意见，对中央部门预算评审工作提供业务指导和技术支持。②

（二）预算评审对象

预算评审主要针对部门预算中的项目支出预算。拟纳入中央部门项目库的项目原则上都要进行预算评审，考虑到评审工作经济性，同时避免重复评审，以下项目可不纳入部门评审范围：已确定立项且按规定的支出标准和要求测算的项目、按规定由项目主管部门（指负责专项资金管理并审核相关部门申报项目的部门）评审的项目、绝密级项目（另有规定的除外）、总支出规模在100万元以下的项目、其他按规定不予评审的项目。预算执行中拟申请追加预算的项目，以及项目内容、绩效目标或支出总规模等发生调整的项目，原则上也要履行部门评审程序。部门申报的项目中拟纳入预算安排的重大项目、财政专项安排的基本建设项目、专业性强或技术复杂的项目优先纳入财政部评审范围。预算执行中拟追加预算的项目，财政部也要有选择地进行评审。

（三）预算评审内容

预算评审的内容主要包括完整性、必要性、可行性和合理性等方面。完整性主要是项目申报程序是否合规，项目申报内容填写是否全面，项目申报所需资料是否齐全等。必要性主要是项目立项依据是否充分，与部门职责和宏观政策衔接是否紧密，与其他项目是否存在交叉重复等。可行性主要是项目立项实施方案设计是否可行，是否具备执行条件等。合理性主要是项目支出内容是否真实、合规，预算需求

①《财政部印发〈关于加强中央部门预算评审工作〉的通知》（财预〔2015〕90号）。

②《财政部办公厅〈关于充分发挥预算评审中心职能作用切实加强预算管理〉的通知》（财办预〔2015〕21号）。

和绩效目标设置是否科学合理等。

随着《中央部门预算绩效目标管理办法》(财预〔2015〕88号)的实施,绩效目标设定成为项目入库和预算安排的前置条件,绩效目标审核成为了预算评审的一项重要内容。

实践中预算评审的要点包括如下七个方面:

1.评审项目立项的必要性。通过了解部门职责和有关的行业发展规划,国家当前关于该行业或领域的有关政策等,评审项目立项的必要性。

2.评审项目的统筹规划性。通过了解部门经费渠道与项目支出总体情况,判断评审项目与其他项目之间的关系,是否缺乏统筹,是否存在交叉重复等问题。

3.评审项目的部门间协调问题。对于一个项目涉及中央部门内部不同部门的,通过了解部门内部机构设置和职责分工,评审项目不同内容之间是否存在衔接问题。

4.评审项目的实施方式是否可行。了解项目实施方式,评审项目实施方式是否合理、合规,是否存在应招标未招标问题,通过优化调整项目实施方式,结合市场价格水平评审项目预算。

5.评审项目的政府与市场边界问题。区分政府与市场的边界,确定预算支持重点。评审中,按照厘清政府与市场边界的思路确定评审原则,即具有公益性的事业活动或者服务于政府政策目标的企业活动应由中央财政给予补贴,而参与市场竞争、具有盈利能力的事业单位活动或者不具有公益性的企业活动不应纳入财政补贴范围。

6.关注延续性项目的绩效监控。根据延续性项目以前年度执行和绩效情况,评审当年预算。对于延续性项目预算,不仅要审核当年预算申报情况的真实性、完整性和科学性,还要审核项目以前年度的执行情况和绩效状况。延续性项目预算以前年度的执行情况和绩效评价是核定当年预算的重要依据,对于执行情况不理想、资金大量结转的项目或者绩效目标完成较差的项目,应审减当年或以后年度预算,或中止项目。

7.优化项目实施方案,提高项目实施的可行性。评审中,对于新增项目预算,重点评审其必要性和可行性。一方面深入到项目单位,如实了解项目实施的目标和条件,督促项目单位细化项目的具体内容,核实项目的工作量、费用标准。另一方面,发挥专家智慧,优化项目实施方案,并相应调整项目的费用结构,提高项目预算的可执行性。①

① 财政部预算司:《中央部门预算编制指南(2020年)》,中国财政经济出版社2019年,第114—115页。

（四）预算评审的方式

根据预算管理级次的不同，各部门可实行集中评审或分级评审，具体形式由部门自行确定。根据不同类型项目的特点，可采取由部门所属评审机构、委托有相应资质的社会中介机构或组织专家组评审等方式开展预算评审。对技术性、专业性较强的项目，原则上应委托专业评审机构评审。委托社会中介机构评审的，要根据政府购买服务的要求，按照《政府采购法》规定的方式确定承接主体，签订委托合同。组织专家组评审的，原则上应设立专家库并从中随机抽取符合相关专业要求的专家。财政部的评审工作主要由预算评审中心和财政部驻各地监管局承担。①

三、预算评审流程

预算评审流程一般包括前期准备、制订评审方案、实施评审、报告撰写与稽核、出具报告和案卷归档等环节。具体如下：

1．前期准备。根据部门预算评审工作计划，项目评审负责人及时通知项目申报单位做好预算评审准备工作。同时，评审人员要获取项目资料，了解项目的主要内容，收集、熟悉相关政策制度文件和标准规范。

2．制订评审方案。在前期准备工作基础上，制订项目预算评审方案，确定评审方式、评审重点、评审方法和评审时间安排，确定参加项目预算评审的中介机构人员和行业专家，做好任务分组和人员分工。

3．实施评审。根据评审方案，实施项目预算评审。项目预算评审主要是对项目完整性、必要性、可行性以及预算合理性进行全面审核。

不同评审人员按照任务分工进行评审。评审中心工作人员主要负责评审业务联系、沟通协调、政策把握、评审进度控制、评审结论复核、事务所人员以及行业专家管理等组织管理工作。行业专家主要利用自身专业优势，评审项目的必要性和可行性，审核项目实施方案和绩效目标的合理性，以及项目预算与项目实施方案及目标的匹配性等。中介机构人员则主要负责审核项目资料和预算完整性、核实工作量、材料与设备市场询价以及资料收集整理等预算评审基础性工作。

对于项目预算合理性的评审，主要的方法有：已经制定相关支出标准的，按标准核定，如办公家具配备标准、会议费标准、培训费标准、出国费标准，等等；材料、设备等价格，通过市场询价确定；对于工程修缮类项目，按照工程造价审核的方法通过识图算量、套用定额和市场价格确定；需要调整项目实施方案的，通过评

① 《财政部关于加强中央部门预算评审工作的通知》（财预〔2015〕90号）。

审专家的专业审核，形成专家意见后，按专家意见相应调整预算。

评审过程中要形成评审工作底稿，评审工作底稿应包括评审事项、审核过程、审核依据、审核结论、编制人员及编制日期等内容，重大事项工作底稿还需附原始凭证或取证材料。同时，要做好评审工作底稿的复核工作。

评审中可建立重大事项会商机制，充分讨论，必要时可进一步聘请专家进行咨询。项目评审负责人要做好沟通协调，以及质量、进度控制等工作，并对初步评审结论进行复核。在此基础上，与项目申报单位交换意见，并根据交换意见情况，对初步评审结论进行调整，形成最终评审结论，由项目申报单位签署意见、盖章。

4. 报告撰写与稽核。评审报告主要围绕评审内容展开，一般应包括基本情况、评审结论、问题和建议，如有特殊情况需要说明的，可在报告中体现。基本情况是对项目情况的介绍，包括项目背景、项目内容、项目申报预算、项目实施周期等，延续性项目还应包括以前年度预算批复及执行情况。评审结论主要阐述针对项目完整性、必要性、可行性和合理性以及绩效目标的评审意见。关于预算调整情况，应在合理归类的基础上，对预算调整内容、调整原因等进行准确描述。问题和建议主要是评审中发现的项目申报、预算编制和管理等方面存在的问题及建议，问题的定性应准确，建议应具有针对性。此外，应建立评审稽核机制，做好评审报告的内部稽核工作，对评审结论的客观公正性和科学合理性，以及评审报告的完整性和表述的准确性进行稽核。

5. 出具报告和案卷归档。根据稽核意见对评审报告进行修改完善，按照规定程序报有关部门。同时，及时整理项目评审资料，按规定将工作底稿、评审报告等整理归档。[①]

① 财政部预算司：《中央部门预算编制指南（2020年）》，中国财政经济出版社2019年，第110—112页。

第五节 成本效益分析与全成本预算绩效管理

成本效益分析（Cost-Benefit Analysis，CBA）是一种运用经济学方法，通过对一个政策或项目的成本和效益进行比较以支持决策的评估方法。公共部门成本效益分析（P-CBA）强调比较政府干预（包括公共政策、规制和项目等多种形式）或不干预的多个备选方案之间的成本效益比，按照净效益的高低对方案进行优先级排序，并做出理性的决策。[①]公共部门成本效益分析围绕公共部门活动展开，可在公共决策和预算管理的事前、事中以及事后展开。这里的“成本”不仅仅包括财政支出，还包括政府干预对公众带来的各项“损失”以及投资于其他替代方案的机会成本；“效益”分为直接和间接效益，一般通过剔除干预情况下多付出的代价、公众的支付意愿等方式将其量化。相比于其他决策支持和绩效评价工具，成本效益分析的特点主要体现在以下三个方面：一是公共福利的视角；二是对非市场价值的关注；三是对货币化计量的强调。[②]

一、成本效益分析的历史发展

最初成本效益分析主要在私营部门得到了广泛的应用，20世纪以来，被美国、英国等国家引入到了公共工程项目决策中。1902 年，美国国会通过的《河流与港口法》规定工程

① 将投入与结果进行比较的方法被称为效率评估或经济评估。一般而言，经济评估分为成本效益分析（Cost-Effecifiveness Analysis，CEA）、成本收益分析（Cost-Benefit Analysis，CBA）、成本效用分析（Cost-Utility Analysis，CUA）、成本最小化分析（Cost Minimization Analysis，CMA），本书考虑到日常用语习惯，本章所指的成本效益分析其实是学术文献中的成本收益分析（CBA）。

② 许光建，魏义方：《成本收益分析方法的国际应用及对我国的启示》，《价格理论与实践》2014年第4期，第19—21页。

委员会开展工程项目时要考虑与工程相关的最终成本以及公共商业利益。①1936年，美国国会通过《防洪法案》，要求行政机关在防洪工程中权衡成本与收益，规定防洪预计可获得的收益应该超过估算的成本。②

第二次世界大战后，随着"福利国家"时代的到来，不断增加的社会保障和社会福利支出使得提高财政资金成本效益的呼声日益高涨。成本效益分析的应用范围也从工程项目领域拓展到了公共政策和项目等领域，并逐渐发展成为政府重大投资、项目和规制出台的前置法定条件。如20世纪50年代美国成本效益分析的应用领域从工程扩展到了军事以及健康卫生等领域，并作为PPBS的核心工具，拓展到了所有联邦政府部门。20世纪60年代以来，英国政府也开始将成本效益分析方法运用在交通运输计划的投资分析上，伦敦和伯明翰之间的铁路建造计划就是一个典型的应用案例。1967年的英国政府白皮书，正式要求将成本效益分析应用到国营事业的投资方案评估上。加拿大联邦政府与各省之间对于佛瑞瑟河（Fraser River）的防洪协定，也要求将事前的成本效益分析作为政府决策参考。

20世纪80年代以来，成本效益分析成为OECD国家普遍采用的一项法制化、常态化公共支出分析和公共政策评估手段，并引入到预算管理、公共部门决策和规制影响评估，成为公共部门正当决策程序和实体性标准。③

美国、英国、澳大利亚、加拿大、新西兰等国家，纷纷发布了"成本效益分析"的使用手册、应用指南等文件。澳大利亚财政部1991年发布的《成本效益分析手册》（*Handbook of Cost-Benefit Analysis*）（2006年更新第二版）、加拿大财政部1998年编写的《效益——成本分析指南》（*Benefit—Cost Analysis Guide*）、新西兰财政部2005年出版的《成本效益分析初级读本》（*Cost Benefit Analysis Primer*），等等。

1983年，我国国家计委制定并颁布《关于建设项目可行性研究的试行管理办法》，提出对工业项目进行"社会及经济效果评价"。除了建设项目以外，成本效益分析在我国实践运用也延伸到了政府监管领域。2004年，国务院发布的《全面推进依法行政实施纲要》中指出要"积极探索政府经济立法项目的成本效益分析制度"；全国老龄办要求对我国的养老事业和养老体系围绕主要目标、重点任务以及重大项目实施情况开展评估，加强前后情景对照和成本效益分析；④国家发改委《关于推进高铁站周边区域合理开发建设的指导意见》中强调，要进一步完善高铁站周边开发建设项目的资金管理，加强成本效益分析评估，合理管控建设节奏和规模，

---

① *River and Harbor Act of 1902*, 32 Stat. 331, 372（1902）.

② *Flood Control Act of 1936*, 33 USCS § 701a（1936）.

③ 刘权：《作为规制工具的成本收益分析——以美国的理论与实践为例》，《行政法学研究》2015年第1期，第135—144页。

④ 全国老龄办关于《"十三五"国家老龄事业发展和养老体系建设规划》实施情况中期评估的通知（全国老龄办发〔2018〕12号）。

防止脱离财力实际搞开发。[1]随着我国政府职能的转变和财税体制改革的不断深化，提高财政资金的使用效率和效果成为推进国家治理体系和治理能力现代化的必然要求，成本效益作为一项提高财政资金使用效率的评估工具必然得到越来越多的重视。

2018年中央全面深化改革委员会第三次会议审议通过了《中共中央 国务院关于全面实施预算绩效管理的意见》，在对预算绩效管理的总体要求中强调“更加注重结果导向、强调成本效益、硬化责任约束”，在减税降费、高质量发展的背景下，成本效益分析从一个财务分析工具，上升为预算绩效管理的总体要求和指导思想，为新时代预算绩效管理工作的开展提出了新要求。各地区各部门也开始将成本效益分析运用于预算管理的实践，比如：2018年北京市印发《北京市财政局关于推进绩效成本预算管理工作的通知》（京财绩效〔2018〕2441号），开始“吃螃蟹”式的全新探索，该通知要求在成本效益分析的基础上建立“部门职责—保障范围—行业标准—投入成本—工作数量—实施结果—绩效考核”的预算管理机制，通过客观测算、全面衡量实施成本，测算成本定额标准，形成以成本、质量和效益为主要内容的预算绩效考核指标和标准，为财政投入提供决策依据。

二、成本效益分析的基本步骤

成本效益分析被广泛地运用于项目、政策、法案、措施、规制等领域。美国管理预算办公室将成本效益分析区分为联邦计划或政策的效益成本或成本效益分析；监管影响分析；租赁、购买决策分析；资产评估及出售分析等类型。[2]澳大利亚发布了成本效益分析的手册，厘清了成本效益分析的基本概念、基本步骤和基本议题[3]。

（一）明确问题和限制因素

在专注于项目本身之前需要将项目或方案放在更广泛的背景下，对问题、背景进行调查和评估，确定项目或方案要实现的目标，并确定受益者。

为确保所有备选方案都是可行的，需要综合考虑实现目标过程中的限制性因

① 国家发展改革委、自然资源部、住房城乡建设部、中国铁路总公司《关于推进高铁站周边区域合理开发建设的指导意见》（发改基础〔2018〕514号）。

② Office of Management and Budget.*Guidelines and Discount Rates for Benefit-Cost Analysis of Federal Programs.* OMB Circular.1992.No. A–94.

③ “二、成本效益分析的基本步骤”翻译自：Australia. Dept. of Finance and Administration. *Handbook of Cost-Benefi t Analysis January 2006.* Financial management reference material ; no. 6.（2006）（6）xvi, 164.https：//www.mendeley.com/catalogue/handbook–costbenefit–analysis–january–2006/.

素。限制因素可能包括：财务（例如预算限制、价格上限和价格下限）；分配（例如与项目利益在个人或团体之间分配有关的要求）；管理（例如对可用于实施活动的工作人员的数量或质量的限制）；环境（例如必须满足的环境保护标准）；潜在的不确定因素。

（二）列出备选方案

虽然所确定的每一个备选方案都意味着需要进行大量的后续分析，但所产生的备选方案的数量应足以为决策者提供实际的选择余地。追求备选方案数量的过程中需要避免不同的备选方案之间的“同质性”。除此之外，“不做任何事”选项也要被纳入考虑范畴，无论是否进行政策或项目干预，成本和效益作为增量都会随着时间的推移而增加，需要对“干预”和“非干预”两种情况下的净效益进行对比。

（三）列出效益和成本清单

在确定具体的效益和成本科目之前需要绘制项目的因果链，以便能够将项目生命周期发生的全部成本和效益都考虑到。效益清单可包括下列事项：能够以收入反映的项目产出；该项目资本设备的报废残值；避免的成本——在“无所事事”“没有项目干预”的状态下相较于干预后多发生的成本；生产力的节约——项目实施可能会带来的现有支出的减少；健康、环境水平的提高和其他社会福利（这些科目不在市场上进行销售，不存在市场化的价格或其价格低于社会价值）；失业率降低等。

成本清单可能包括：资本支出；项目生命周期的运营和维护成本；劳动力成本；其他投入成本（材料、制成品、运输和仓储等）；设计和研发成本；占用已有公共用途的土地或设施的机会成本；对利益相关方的不利影响（例如空气污染、噪音污染等环境成本）。

（四）量化成本和效益

明确成本和效益科目后，需要将成本和效益货币化表示。如果相关科目存在市场价格，是比较理想的情况，市场价格提供了大量信息。在大多数市场中，处于边际的消费者愿意支付不高于或不低于市场实际的价格，因此这个价格通常可以作为衡量商品或服务价值的单位。同样，投入品的价格通常反映出这些投入品的替代品的价值。但是，有时必须调整实际价格，将私人成本和收益转化为社会成本和收益，即反映经济整体而不是个人或团体得失的成本和收益。

成本和效益必须在整个项目期间进行估算，因此，预测是评估成本和收益过程中的关键部分，当前计量经济技术已经广泛应用于成本和收益的预测。无论使用何种技术，都常常存在着高估收益增长率和低估成本增长率的倾向。

公共项目的成本和效益往往存在无法量化的科目，这些科目无法用数字反映但是对于决策至关重要，应该提供给决策者适当的描述性信息，以便在决策过程中与可量化变量一起进行权衡。

（五）进行成本效益分析

除了最简单的成本效益计算外，所有成本和效益的数据的输入和输出都应该通过计算机电子表格来实现。电子表格能够存储大量数据，进行快速计算，且方便我们进行敏感性测试。最重要的是，电子表格可以将数据以客户能够理解的形式展示出来。表5–7展示了一个假设并简化后的土地开发项目评估的电子表格，该项目预计持续8年。7年来以每年100块的速度开发了700块土地，已开发的地块每块售价15万美元。该项目的成本主要包括土地征用和开发所需要资源。若实际贴现率为7%，计算净现值为1440万美元，内部收益率为15.0%，大于7%。这些结果表明，拟议的土地开发项目提供了净社会效益，应该实施。

表5–7　　土地开发项目的成本效益分析电子表格

单位：万美元（按2004年价格水平）

时间	第一年	第二年	第三年	第四年	第五年	第六年	第七年	第八年
收益								
开发地块数量		100	100	100	100	100	100	100
地块售价		15	15	15	15	15	15	15
总收益		1500	1500	1500	1500	1500	1500	1500
成本								
购买土地	1000							
土地开发	800							
道路、排水	1600							
水源、污水	1300							
其他成本	500	100	100	100	100	100	100	100
市场、销售		150	150	150	150	150	150	150
总成本	–5200	–250	–250	–250	–250	–250	–250	–250
净效益	–5200	1250	1250	1250	1250	1250	1250	1250
折现率按7%	0.9346	0.8734	0.8163	0.7629	0.713	0.6663	0.6227	0.582
净现值（NPV）	–4859.92	1091.75	1020.375	953.625	891.25	832.875	778.375	727.5
项目净现值			1435.83					
项目内含报酬率			15%					

（六）评估净效益

为了便于比较备选方案，需要绘制净效益的图表（即总成本减去每个时间段内发生的总效益）。图5–3显示了两条净效益（总效益—总成本）曲线。

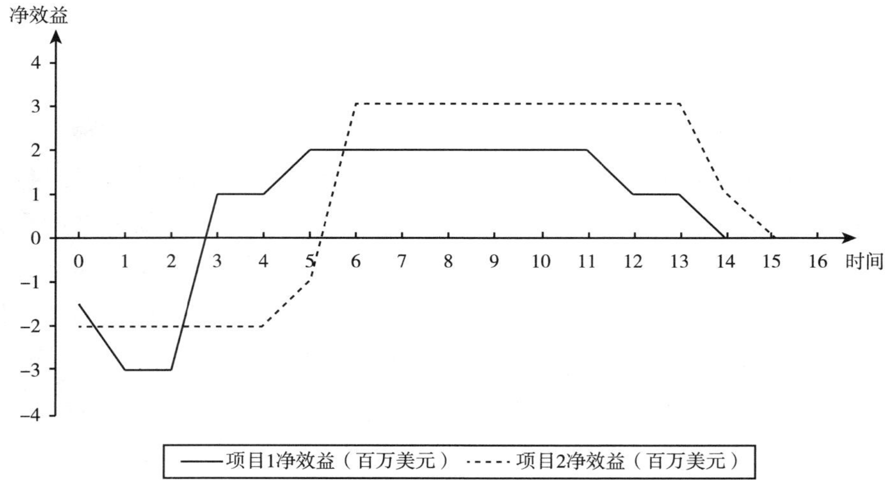

图5–3　两个项目的净效益曲线

根据图5–3可以看出，成本在项目早期所占权重较大，项目1虽然比项目2更早回本，但是项目2在未来的盈利能力高于项目1。

通常情况下，未来成本和效益将以当年的价格水平作为基数进行估算，这时我们选择实际的折现率，而不是考虑通胀后的名义上的折现率。在通胀率不能被较为准确地估计的情况下，我们没有必要采用考虑通胀的名义数值进行成本效益的核算。

将项目生命周期中每年的总成本从当年的总效益中减去即得出每年的净效益。考虑到未来现金流随着年限的增加能够反映的当前的价值越小，我们需要将每年的净收益分别折现后相加得到净现值（NPV）。净现值的计算公式为：

$$NPV=\sum_{t=0}^{t}\frac{(B_t-C_t)}{(1+r)^t}$$

B为项目生命周期每年度的货币收益，C为项目生命周期每年度发生的货币成本，r为折现率，t为年份。在考虑预算、限制条件、无形资产和分配等因素的前提下，项目可以被接受的条件是净现值大于等于0。如果预算和其他限制因素使得有必要对备选项目进行排序，则应选择净现值最高的项目。除了净现值法，也可以使用其他方法作为决策标准，如内部收益率、效益成本比和回收期等。但需要注意的是净现值依然是目前被认为最优的评估方法，其他方法在运用时都存在一定的限制条件。如内部收益率和效益成本比求出的是绝对值，不能反映项目规模的大小；回收期法忽略了项目回本后的项目生命周期的现金流大小，等等。

（七）敏感性分析

净现值是基于对未来成本和收益的估计算出来的，这些成本和效益的数据是不确定的。可以采用敏感性分析的方法来帮助分析师更好地了解项目的风险和不确定性。这种分析是通过计算改变影响成本或效益的关键变量的数值所对应的净效益数值的改变，来判断哪些变量的变化对于净效益的大小有较大的影响。在保持其他变量的数值不变的情况下，某一变量改变较小的幅度就会使净效益从正变为负，则该变量就被认为是所评估项目的敏感变量。分析师可以对可能的敏感变量依次进行敏感性分析，找出敏感性较高的关键变量，以便向决策者提供对项目风险的充分评估。但如果项目涉及多个（四个或五个以上）可能的敏感变量，且这些变量之间相互作用，敏感性分析的方法就不再适用，因为这种方法一次只能计算一种变量且无法反映变量之间的联系。这种情况下需要进行全面的风险分析，得到关键变量数值的概率分布，并且通过重复的计算迭代，计算生成项目净现值的概率分布。

（八）考虑社会公平

成本效益分析的程序涉及将个体的成本和效益相加，而不明确考虑这些成本和效益在个体之间的分配。然而，决策者在决定是否开展项目时通常希望知道哪些人获得了收益，哪些人的收益受到了损失，不同群体获得的收益或者受到的损失的大小。在大多数情况下，分部关联矩阵可以辅助我们解决分配问题，该矩阵列出了从项目中获益或受损的群体身份以及这些受益和损失的预期规模。在特殊情况下，分析师在赋予特定的群体所获得的收益和遭受的损失的权重时，可以通过参考已制定的政府政策和已经发生过的各种情况，来证明分配的合理性，任何此类权重的依据都应明确说明。但是，应始终提供完整的未赋予权重的成本效益分析报告。

（九）撰写报告

成本效益分析的最后一步是编写分析报告，其中包括向决策者提出的建议，该报告应使决策者能够令人信服地回答“你做了什么，为什么这么做？”报告应包括：简要的书面摘要和分析结果的电子表格摘要；进行成本效益分析的原因；项目或方案的目标；所考虑的备选方案的说明；进行分析时所考虑的限制因素和选择的替代方案；成本、效益和净效益的时间剖面图以及关键变量的敏感性信息；无形成本和无形收益信息；进行分析时所做假设，以及对如何估计收益和成本的说明；对分配的描述；对结果的分析和讨论。

三、全成本预算绩效管理①

全成本预算绩效管理，是指运用成本效益分析方法对公共产品和服务进行全成本核算，完善财政支出定额标准体系，实现预算绩效管理中成本定额标准、财政支出标准和公共服务标准相统一，实现预算安排核成本、资金使用有规范、综合考评讲绩效的预算管理模式。

近些年北京市面临着减量发展、财政收入低位运行、财政收支矛盾进一步凸显的新形势，2018年，在市委副书记、市长陈吉宁同志批办和督导下，北京市财政局开始探路全成本预算绩效管理。

（一）稳步推进

按照“点面结合、分类推进、重点突出、积极稳妥”的工作原则，北京市财政局拟定了成本预算绩效“破题研究、试点推进、提质扩围”的三步走工作思路，计划用3年左右时间，运用全成本核算方法，对公共产品和服务项目开展成本效益分析，推动建立科学、规范、高效的全成本预算绩效管理新模式。

第一步破题研究，迈出成本预算绩效第一步。2018年4月，选取了社会关注度高、与百姓生活密切相关的学前教育和养老机构运营2个项目进行研究分析，形成幼儿园运营和养老机构运营财政补助定额标准，结果已运用于2019年预算编制，实现了国内成本预算绩效改革的“破题”。

第二步试点推进，探寻成本预算绩效管理路径。2018年底，启动了第二批8个重点领域，包括老旧小区综合整治、平原造林养护、自来水集团补贴、京交会、“投贷奖”联动政策、院前急救、地面公交补贴、城市管网供热等成本效益分析工作，总结形成了成本预算绩效管理方法和路径。

第三步提质扩围，构建成本预算绩效管理体系。为巩固试点成果，2019年6月继续推动了第三批19个项目成本效益分析工作，并将范围扩大到农业及生态保护、城市运行管理、医疗卫生建设等公共服务领域，着力强化预算部门的成本、绩效和责任意识，构建成本预算绩效管理体系。

① 吴素芳：《求真务实努力探索具有中国特色的全面预算绩效管理体系——北京市财政局局长吴素芳同志参加2019年预算绩效管理国际研讨会并作演讲》，2019年9月21日，北京市财政局绩效处。

（二）全员参与

推动全成本预算绩效管理需要各级政府、预算部门和财政部门共同努力。

一是“各级政府和各部门各单位要将成本意识贯穿于预算管理各环节，运用成本效益分析法，对公共产品和服务实施全成本管理，科学测算、全面衡量各方投入成本，合理设置预期绩效目标和监督考核指标，在预算管理中实现成本定额标准、财政支出标准和公共服务标准相统一”。[①]

二是“市、区两级财政部门要强化成本效益分析结果的应用，完善财政支出定额标准体系，建立以服务质量、投入成本和实施效果为重要考核内容，以结果为导向配置公共资源的预算管理模式”。[②]

（三）结果运用

通过全成本预算绩效管理试点，压降成本、建立定额标准、确定绩效评价体系、转变财政支持方式等方面取得了实质性突破和成效。

一是控制支出成本。以成本预算绩效管理为抓手，结合事前绩效评估、预算评审等手段控制支出成本，逐步实现财政资金的全链条、全成本管控。

二是完善支出标准。将全成本分析工作与支出标准建设相结合，全面梳理现有的项目支出定额标准，逐步建立内容完整、定额科学、修订及时的项目支出定额标准体系，打破固化的预算分配模式。

三是硬化考核责任。将成本预算绩效分析指标体系应用于预算绩效管理考核，预算绩效结果与政府绩效考核挂钩，考核结果作为政策调整和预算安排以及转移支付资金分配的主要依据。

①②《中共北京市委 北京市人民政府关于全面实施预算绩效管理的实施意见》（2019年7月9日）。

本章小结

绩效审查是预算决策的重要环节，在预算决策中发挥着重要的作用。支出审查、事前绩效评估、预算评审和成本效益分析是绩效审查的常见形式。支出审查是部门预算绩效审查的重要内容，其重点关注支出上限和资源配置的优先顺序。事前绩效评估指的是财政部门、预算部门和单位在重大政策出台和项目立项前，对新增预算需求进行的论证、研判和审查活动。预算评审是财政部门和预算部门按照部门预算管理权限，在项目入库和安排预算之前，对部门预算中的项目支出预算的完整性、必要性、可行性和合理性等方面进行的审核、评议和审查活动。成本效益分析是部门预算绩效审查的有效方法，也是全成本预算绩效管理的核心分析技术，是一种运用经济学方法，通过对一个政策或项目的成本和效益进行比较以支持决策的评估方法。

课后习题

名词解释

支出审查　事前绩效评估　预算评审　成本效益分析　全成本预算绩效管理

简答题

1. 简要叙述事前绩效评估的主体。
2. 简要叙述事前绩效评估的内容和指标体系。
3. 简要叙述支出审查的方式与内容。

论述题

1. 请说明政府专项资金和部门预算项目的差异。
2. 请说明预算评审的制度要素。
3. 请详细说明成本效益分析的基本步骤。

本章推荐阅读文献

[1] 北京市财政局关于印发《北京市预算绩效管理办法》和《北京市市级财政支出事前绩效评估管理办法》的通知（京财绩效〔2019〕2129号）。

[2]《财政部关于加强中央部门预算评审工作的通知》（财预〔2015〕90号）。

[3][美]亨利.M.莱文、帕特里克.J.麦克尤恩：《成本决定效益：成本—效益分析方法和应用》（第2版），金志农、孙长青、史昱，译，中国林业出版社2006年。

[4] 谢旭人：《中国财政管理》，中国财政经济出版社2011年。

[5]《中共北京市委办公厅关于人大预算审查监督重点向支出预算和政策拓展的实施意见》。

[6] HM Treasury policy paper.*Spending Round* 2019. Published 4 September 2019, Presented to Parliament by the Chancellor of the Exchequer by Command of Her Majesty.September 2019.CP 170.ISBN: 978-1-5286-1583-9.

[7] Public Services for the Future: Modernisation, Reform, Accountability Comprehensive Spending Review: Public Service Agreements 1999-2002.

第六章 部门预算绩效运行监控

内容提要

绩效运行监控是绩效管理的中间环节，旨在对战略实施、预算执行、绩效目标运行等情况进行跟踪管理和督促检查，及时发现问题并采取有效的措施予以纠正。绩效运行监控的重点是预算执行和绩效目标的实现程度，如果发现了监控中存在偏离现象，则需要延伸到对战略实施过程中影响预算执行和绩效目标实现的各个决策因素和管理因素开展审查，以便及时纠偏。常见的绩效运行监控包括战略审查、重大政策全过程跟踪和项目绩效运行监控等形式。

第一节 部门战略实施、预算执行与绩效运行监控概述

预算绩效运行监控与战略目标监控、预算执行监控是“一体三面”的统一关系。

一、战略实施及其监控机制

战略实施（Implementation）又翻译为战略执行，就是将组织的战略规划变成行动，然后转变成结果的过程。为了确保实施过程沿着预定的轨道运行，需要对实施过程进行控制。预算绩效运行监控是战略实施过程控制的重要机制，这种机制重点关注部门预算执行和绩效目标的实现程度，并根据偏离情况，及时采取纠偏措施，以确保战略目标能够转换为预定的结果。

战略实施的主要任务包括：一是建立一个有竞争力、生产能力和资源力量的组织以成功地实施战略。二是建立预算，将足够的资源投入到对战略成功至关重要的价值链活动中。三是建立支持战略的政策和程序。四是对价值链活动进行最佳运作，并不断提高其运作水平。五是建立信息、交流和运营系统，使公司的人员在日常能够成功地承担其战略角色。六是将报酬和激励与达到业绩目标及实施战略相联系。七是创立一种支持战略的工作环境和公司文化。八是发挥带动战略实施所需的内部领导作用，不断提高战略实施水平。[1]

①［美］汤姆森、斯迪克兰德：《战略管理：概念与案例》（第10版），段盛华、王智慧主译，徐二明审校，北京大学出版社2000年版，第285页。

卡普兰和诺顿指出“化战略为行动是一个从宏观到微观，从抽象到具体的过程，需要在财务、客户、内部业务流程以及学习与创新四个层面建立目标、指标，明确目标值，并制定针对性的行动方案。整个战略实施的过程包括四个重要的方面，阐明并诠释愿景和战略、沟通与联系、计划与制定目标值、战略反馈与学习”。①

本书按照控制论的观点建构战略、预算和绩效系统集成分析框架，预算绩效运行监控与战略目标监控、预算执行监控是“一体三面”的统一关系。当发现绩效目标和预算执行偏离后，延伸分析造成偏离的决策、管理和组织等原因，并及时采取纠偏措施。

二、部门绩效运行监控的含义

部门绩效运行监控是财政部门和预算部门及其所属单位对部门战略实施和预算执行的绩效信息汇总分析，对部门战略实施、财政支出的预算执行和绩效目标实现程度等方面开展的监督、控制和管理活动。

绩效运行监控旨在实现以下目的：（1）服从（Compliance），用以监测政策执行主体是否忠实地执行政策制定者的意愿和目标。（2）审计（Auditing），用以监测公共政策的标的团体是否真正地得到了政策所进行的利益、资源和服务分配。（3）会计（Accounting），在政策执行过程中，发布经济社会统计指标和信息。（4）解释（Explanation），通过对政策过程的监测，解释政策结果产生的原因和政策成败的原因。②

战略实施的任务是将战略计划转变为行动，然后转变成结果。绩效运行监控系统有助于确保战略目标沿着既定轨道运行并有效实施。通过对预算过程和结果的绩效监控，可以有效地监测项目进展的情况、完成的情况和产生的社会效益。这些监测信息有助于及时发现实施情况与预定目标之间的差距，从而为预算的控制、调适和修正提供依据。

我国目前已经逐步构建起中国特色现代财政国库管理制度，涵盖了国库集中收付、国库现金管理、政府采购管理、预算执行情况报告、政府会计核算管理以及财政国库动态监控等诸多方面，为预算执行动态监控提供了支撑手段。

---

① [美] 罗伯特·卡普兰、大卫·诺顿：《平衡计分卡：化战略为行动》，刘俊勇、孙薇，译，广东经济出版社出版2004年，第一章。

② 威廉·N·邓恩：《公共政策分析导论（第4版）》，中国人民大学出版社2011年。

三、部门绩效运行监控的主体①

合理划分部门绩效运行监控的责任主体是绩效运行监控的关键。

（一）财政部门职责

一般而言财政部门的职责是：

1. 建章立制。财政部门制定绩效运行监控的制度和工作规范，为部门（单位）开展绩效运行监控提供基本框架和指导原则。

2. 指导监督。对预算部门开展绩效监控进行总体组织和指导，通过监督检查等方式对部门（单位）开展绩效运行监控的情况进行监督和指导。

3. 开展重大政策和项目的监控。财政部门独立或者会同各部门开展重大政策和项目的绩效运行监控。

4. 督促绩效监控结果应用。具体内容同第三章第二节关于财政部门在预算绩效管理中的职责。

5. 应当履行的其他绩效监控职责。

（二）预算部门（单位）的职责

各部门各单位是实施预算绩效监控的主体。主要职责包括：

1. 组织实施。预算部门（单位）根据本单位的实际和特点，制定本部门（单位）绩效运行监控的实施办法和细则，为开展绩效运行监控提供组织、管理和技术方面的指引。主管部门牵头负责组织本部门本级开展预算绩效监控工作，对所属单位的绩效监控情况进行指导和监督，明确工作要求，加强绩效监控结果应用等。按照要求向财政部报送绩效监控结果。②

2. 开展日常监控。按照“谁支出，谁负责”的原则，预算执行单位（包括部门本级及所属单位）负责开展预算绩效日常监控，并定期对绩效监控信息进行收集、审核、分析、汇总、填报；分析偏离绩效目标的原因，并及时采取纠偏措施。

3. 整改落实。接受财政部门和相关部门的监督检查，根据整改意见，完善预算支出管理和绩效管理。

（三）第三方参与

对于任务繁重、技术复杂的项目，财政和部门可以委托专家、中介机构等第三

①②《财政部关于印发〈中央部门预算绩效运行监控管理暂行办法〉的通知》（财预〔2019〕136 号）。

方具体实施。

四、绩效运行监控的原则[①]

绩效运行监控要遵循以下基本原则：

1. 权责统一原则。绩效运行监控作为预算执行环节的重要绩效管理活动，要按照“谁支出，谁负责”的原则开展绩效运行监控活动。预算部门和单位是绩效监控的责任主体，承担具体的监控工作。财政部门发挥财政监督作用，同时会同各部门做好绩效运行监控结果的运用。

2. 战略导向“双监控”原则。预算绩效管理将绩效管理的理念和方法引入“预算”全过程中，实现预算与绩效管理的一体化，因此绩效运行监控应该在战略目标的引导下，同时监控预算执行情况和绩效目标实现情况，实施“双监控”。

3. 突出重点原则。坚持全面论和重点论的统一，预算部门和单位将绩效运行监控覆盖所有财政资金，财政部门在全面覆盖的基础上对重大政策和项目建立全过程绩效跟踪机制。

4. 统筹协调原则。在政府运作和政策执行过程中，行业主管部门、党委政府督查部门、人大、审计都会对重大政策、投资和项目的实施从各自的履职角度开展监督，都发挥着一定的运行监控作用，为了避免交叉重复和力量分散，可以通过部门会商机制，形成绩效运行监控的政策和项目清单，统一方案、统一行动，形成监控合力，确保政策和项目有效执行。

五、绩效运行监控的内容

绩效运行监控涉及部门整体绩效运行监控、政策和项目绩效运行监控，内容包括绩效目标实现程度、预算执行情况和延伸情况等。

1. 绩效目标完成情况。在战略目标分解的基础上，形成监控指标体系，重点监控绩效目标实现程度。一是预计产出的完成进度及趋势，包括数量、质量、时效、成本等。二是预计效果的实现进度及趋势，包括经济效益、社会效益、生态效益和可持续影响等。三是跟踪服务对象满意度及趋势。

2. 预算资金执行情况，包括预算资金拨付情况、预算执行单位实际支出情况以及预计结转结余情况。

---

①《北京市财政局关于印发〈北京市市级财政支出绩效跟踪管理办法〉的通知》（京财预〔2013〕1205 号）。

3.重点政策和重大项目绩效延伸监控。必要时，可对重点政策和重大项目支出具体工作任务开展、发展趋势、实施计划调整等情况进行延伸监控。具体内容包括：政府采购、工程招标、监理和验收、信息公示、资产管理以及有关预算资金会计核算等。

4.其他情况。除上述内容外其他需要实施绩效监控的内容。[①]

各地实践中，北京市对于市级项目支出绩效运行监控重点关注九项内容：项目初始绩效目标、项目调整情况、绩效目标调整情况、项目资金到位情况、项目财务管理情况、制度建设及执行情况、组织机构情况、项目进度情况、阶段性完成情况。

广州市突出点面结合，拓展绩效监控的广度和深度。一是广度覆盖。印发《关于报送项目绩效运行跟踪监控信息表的通知》，对全市预算资金在500万元以上的843个支出项目开展监控，涉及68个部门的预算资金541.27亿元。二是深度探索。印发《广州市本级2017年度全过程预算绩效运行跟踪监控管理实施方案》，要求市残联、市知识产权局两个全过程预算绩效管理试点部门按照方案开展绩效监控，并尝试第三方监控、部门整体监控等新举措。从监控范围上看，广州市以实施项目监控为主，尝试开展部门整体绩效监控。2017年广州市财政局委托第三方机构对广州市知识产权局开展绩效监控，包括该局17个支出项目和1个专项资金，在此基础上对该局整体资金运行绩效进行了监控，涉及预算资金1.4946亿元。通过监控，评判部门整体支出绩效情况，反映该局总体支出率偏低，支出进度不够均衡，培训、调研类项目支出进度较慢等问题，并提出相关建议，有利于预算部门从整体上掌握资金情况，加强绩效管理。[②]

六、绩效运行监控的实施流程

绩效运行监控主要包括绩效运行监控的计划、实施、报告与结果运用三个阶段。

（一）绩效运行监控计划

绩效运行监控计划旨在做好监控准备、合理选取绩效指标、完成监控方案。在建立监测体系之前，需要了解是否已经具备监控的技术和人员条件，明确监控的动

①《财政部关于印发〈中央部门预算绩效运行监控管理暂行办法〉的通知》（财预〔2019〕136号）。

② 广州市推行“五结合”探索绩效运行监控新模式http：//www.mof.gov.cn/xinwenlianbo/guangdongcaizhengxinxilianbo/201712/t20171205_2767907.htm。

机和需求、职责人分工等。绩效运行监控要以结果为导向，合理选取绩效指标。最后要制订绩效运行监控的实施计划，它包括时间进度、人员配置和成本核算等方面内容。

（二）绩效运行监控实施

绩效运行监控可以分为日常监控和半年总结分析。

日常监控是指预算部门（单位）在预算执行过程中，不定期对预算执行和绩效情况进行的监督、检查和审查活动。一般要求财政部门会同各部门（单位）对重点项目实施全过程日常运行监控，及时发现问题，及时调整、纠正。

半年总结分析是指预算部门（单位）根据项目特点和绩效目标的重要程度，根据日常跟踪情况，每半年对部门（单位）整体和项目财政支出情况进行的总结分析。总结分析结果需要报送财政部门，并接受财政部门监督检查。比如：对于中央部门绩效运行而言，《财政部关于印发〈中央部门预算绩效运行监控管理暂行办法〉的通知》（财预〔2019〕136号）要求：每年8月，中央部门要集中对1—7月预算执行情况和绩效目标实现程度开展一次绩效监控汇总分析，具体工作程序如下：

1.收集绩效监控信息。预算执行单位对照批复的绩效目标，以绩效目标执行情况为重点收集绩效监控信息。

2.分析绩效监控信息。预算执行单位在收集上述绩效信息的基础上，对偏离绩效目标的原因进行分析，对全年绩效目标完成情况进行预计，并对预计年底不能完成目标的原因及拟采取的改进措施做出说明。

3.填报绩效监控情况表。预算执行单位在分析绩效监控信息的基础上填写《项目支出绩效目标执行监控表》（见表6-1），并作为年度预算执行完成后绩效评价的依据。

4.报送绩效监控报告。中央部门年度集中绩效监控工作完成后，及时总结经验、发现问题、提出下一步改进措施，形成本部门绩效监控报告，并将所有一级项目《项目支出绩效目标执行监控表》于8月31日前报送财政部对口部门司和预算司。①

①《财政部关于印发〈中央部门预算绩效运行监控管理暂行办法〉的通知》（财预〔2019〕136号）。

表6-1　　中央部门项目支出绩效目标执行监控表

（　年度）

项目名称					
主管部门及代码			实施单位		
项目资金（万元）		年初预算数	1–7月执行数	1–7月执行率	全年预计执行数
	年度资金总额：				
	其中：本年一般公共预算拨款				
	其他资金				
年度总体目标					

绩效指标	一级指标	二级指标	三级指标	年度指标值	1–7月执行情况	全年预计完成情况	偏差原因分析						完成目标可能性			备注
							经费保障	制度保障	人员保障	硬件条件保障	其他	原因说明	确定能	有可能	完全不可能	
	产出指标	数量指标														
		质量指标														
		时效指标														
		成本指标														
		……														

续表

项目名称																
绩效指标	效益指标	经济效益指标														
		社会效益指标														
		生态效益指标														
		可持续影响指标														
		……														
	满意度指标	服务对象满意度指标														
		……														

（三）绩效运行监控报告和结果运用

绩效运行监控报告包括正文和附件两部分。报告正文主要包括以下主要内容：绩效运行监控工作组织实施情况；年度预算执行情况；绩效目标完成情况；存在的问题及原因分析；下一步改进的工作建议；其他需要说明的问题。①

绩效运行监控结果运用包括以下两个方面：②

1.财政部门。财政部门在绩效监控结果运用中主要职责包括：

（1）财政部门将绩效监控结果作为以后年度预算安排和政策制定的参考。

（2）对中央部门绩效监控结果进行审核分析，对发现的问题和风险进行研判，督促相关部门改进管理，确保预算资金安全有效，保障党中央、国务院重大战略部署和政策目标如期实现。

①《北京市财政局关于印发〈北京市市级财政支出绩效跟踪管理办法〉的通知》（京财预〔2013〕1205号）。

②《财政部关于印发〈中央部门预算绩效运行监控管理暂行办法〉的通知》（财预〔2019〕136号）。

（3）将绩效监控工作情况作为中央部门预算绩效管理工作考核的内容。

（4）将是否开展绩效运行监控作为实施财政绩效评价的重要参考因素。

2. 预算部门。部门通过绩效监控信息深入分析预算执行进度慢、绩效水平不高的具体原因，对绩效监控中发现的绩效目标执行偏差和管理漏洞，应及时采取分类处置措施予以纠正：

（1）对于因政策变化、突发事件等客观因素导致预算执行进度缓慢或预计无法实现绩效目标的，要本着实事求是的原则，及时按程序调减预算，并同步调整绩效目标；

（2）对于绩效监控中发现严重问题的，如预算执行与绩效目标偏离较大、已经或预计造成重大损失浪费或风险等情况，应暂停项目实施，相应按照有关程序调减预算并停止拨付资金，及时纠偏止损。

对绩效监控过程中发现的财政违法行为，依照《中华人民共和国预算法》《财政违法行为处罚处分条例》等有关规定追究责任，报送同级政府和有关部门作为行政问责参考依据；发现重大违纪违法问题线索，及时移送纪检监察机关。

第二节 战略审查和重大政策全过程跟踪

按照绩效运行监控对象的差异，可以将绩效运行监控分为战略审查、重大政策全过程跟踪和项目绩效运行监控等形式。

一、战略审查[1]

战略审查是贯穿在战略制定和实施全过程中的控制活动，旨在确保战略与环境的一致性、战略目标的合理性、战略实施的可行性和战略结果的有效性。

战略实施中的审查有两种基本形式：监控战略重点和里程碑审查[2]。

第一，监控战略重点：战略本身是一个有机系统，具备相对稳定的结构，有整体和局部、主要环节和次要环节之分。对战略过程进行监测可聚焦战略的重要部分和环节，这就要求在战略规划阶段就对战略成功实施的重点进行甄别并达成共识，在实施过程中着重观察战略重点的实际状况。

第二，里程碑审查：管理者常常试图识别出在战略实施期间能到达的重要里程碑。这些里程碑可以是关键的事件、主要的资源分配，或战略进程中的时间节点。里程碑审查通常需要全方位地对战略进行重新评价，并决定组织的方向是应该延续抑或需要加以调整。

战略实施中的审查包括三项基本活动：（1）检查战略的内在基础；（2）比较实际结果和预期结果；（3）采取纠正措施。实施战略控制也能通过运作控制系统来进行，比如预算、

① 曹堂哲等：《政府绩效测量与评估方法》，经济科学出版社2017年，第339—344页。

②［美］约翰·A·皮尔斯二世、小理查德·B·鲁滨逊著：《战略管理——制定、实施和控制（第8版）》，王丹等，译，中国人民大学出版社2004年。

进度和关键成功因素等。设立绩效标准、衡量实际绩效、识别标准集的偏差、开始改善措施是建立有效运作控制系统的基本步骤。

在实践中，全面质量管理（TQM）和公共部门平衡计分卡是被广泛运用的战略审查工具。此外，定期召开的运营回顾会议和战略回顾会议是战略审查的重要方法。一般来说，运营回顾会议是以周或月为单元召开，主要聚焦部门内部战略事项的日常状况。战略回顾会议以月度或季度为单元召开，对有关战略的跨部门的重要事项进行深入交流讨论，根据实际需要进行必要调整。

专栏6-1给出了美国联邦政府开展战略审查的案例，美国政府通过战略审查，有效地确保了各层级绩效目标的实现。

▶ 专栏6-1：美国的战略审查

2010年美国国会通过了《政府绩效与结果法案现代化法案（2010）》（GPRAMA，2010）要求制订跨机构和机构优先目标，并需要由高级领导层以数据为基础按季度开展审查。建立了联邦政府绩效促进委员会，以便分享最佳做法并进行能力建设。GPRAMA设置了“季度优先进度审查和绩效信息的使用”条款对政府层面和部门层面的绩效实施审查、追踪和监控，形成了三种绩效审查的形式（见表1）。

表1　美国的三种绩效审查形式

目标	时间间隔	绩效审查	目前的数目
1.联邦跨机构优先目标（CAP）	每4年一次	季度审查 由总统管理和预算办公室（OMB）主任和联邦绩效促进委员会（PIC）进行	14
2.机构优先目标（APG）督促部门领导把重点放在通过改进工作来实现结果上	每2年一次（当期时间段为2018—2019年）	季度审查 由机构首席运营官（COO）和绩效促进管（PIO）进行	85
3.战略目标	每4年一次（当期时间段为2018—2022年）	年度战略审查 由各机构和总统管理和预算办公室（OMB）进行	330

资料来源：在中心网址（Performance.Gov）进行季度绩效报告。

1.美国联邦机构的战略目标每4年更新一次（当期时间段为2018—2022年），每个年度由各机构和OMB进行战略审查。战略审查的内容包括对一个部门的内部优势、劣势和外部机会和威胁进行分析（SWOT）。在对每一个因素进行分析的同时列出影响因素和可控因素。

2.联邦跨机构优先目标（CAP）审查目的是推动优先目标跨越机构和项目的边界，使用证据来为重大的开支、税收、监管方案的战略政策选择提供依据。OMB主任在绩效促进委员（Performance Improvement Council，PIC）的支持下，与相应官员至少每季度一次对每个联邦政府优先目标在最近一个季度取得的进展、总体趋势以及达到计划绩效水平的可能性进行审查。审查的内容包括：组织人员、活动贡献、风险控制等。

3.机构优先目标审查的活动中，机构负责人和首席运营官（Chief Operating Officers）在部门绩效改进官员（Performance Improvement Officer）的支持下，与相应的目标领导者（Goal Leaders）一起审查在最近一个季度取得的进展、总体趋势以及达到绩效计划水平的可能性，审查过程如图1所示：

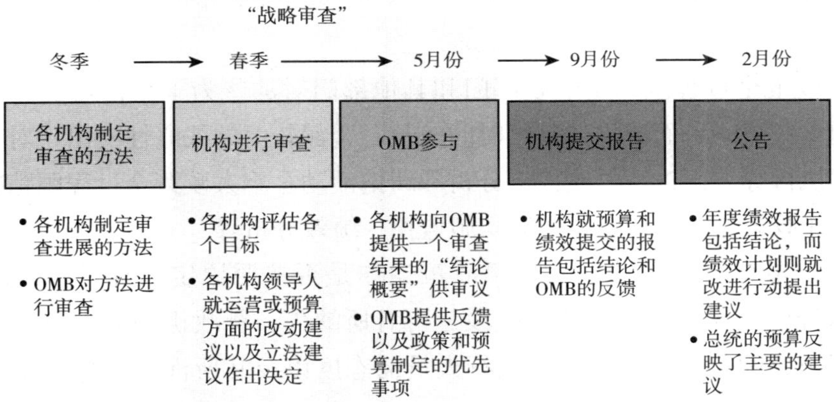

图1　美国联邦政府部门优先目标审查流程

资料来源：Stevens：《美国支出审查情况》，北京：2019年预算绩效管理国际研讨会。

一般是上年冬季由各部门制定审查方法，OMB对方法进行审查。当年春季部门开展审查活动，各部门对各目标进行评估，OMB在春季参与“战略审查”。当年夏季各部门与OMB工作人员见面讨论审查结论，为预算建议提供依据，审查分为三个部分内容：一是评估任务绩效。使用评估、研究得到的数据、其他证据来讨论每个战略目标（战略、项目）的审查结论；确定取得显著进展的目标；确定作为改进重点的目标。二是评估事业风险。使用机构风险评估过程得到的证据、美国政府问责署（GAO）

“高风险”名单来评估和报告最大的绩效风险；估计GAO的“高风险”建议整改的日期；确定OMB、各机构、国会为应对风险而需要采取的行动。三是管理优先事项。机构战略审查得出的结论应该：报告总统管理议程（President’s Management Agenda，PMA）目标取得的进展；评估机构的管理和决策支持能力；报告《基于证据的政策基础法案》（2019年新修订）的实施情况。当年九月部门需要提交按照OMB意见反馈修改的预算和绩效报告。来年二月将绩效报告公开。

资料来源：《预算绩效管理国际发展趋势——预算绩效管理国际研讨会综述（上）》，《中国财经报》，2019年7月6日绩效新时代专刊和Stevens：《美国支出审查情况》，北京：2019年预算绩效管理国际研讨会。

二、重大政策全过程跟踪

重大政策全过程跟踪是财政部门和其他部门对那些为了贯彻落实党委政府决策部署和重大战略，而设立的延续时间较长、金额较大的战略性支出，对其绩效目标、预算执行等方面进行的监控、分析和纠偏活动。重大政策全过程跟踪在有些文献中也称作政策监测与评估，政策实施监控、绩效分析等。

重大政策全过程跟踪内容包括政策运作是否按照原定设计进行，政策是否惠及标的群体，政策方案在执行阶段是否有所缺失，行政机关的作业流程是否有效率，资源分配是否经济，政策执行人员的态度以及其所涉及的标的团体是否恰当等。

美国学者莫里斯和吉本（L. Morris & C. T. Fitz-Gibbon）从政策执行的角度，总结了重大政策全过程跟踪（政策监测与评估）的基本框架。该框架包括以下内容①：

1. 内容摘要。其内容主要说明政策执行监测与评估的对象。包括政策名称、进行评估的理由，由评估所要达到的功能及评估后的主要发现和建议。

2. 政策背景与政策环境。意在描述政策形成的过程，所要达到的目标，以及可利用的资源。其详细的区分包括政策背景、政策渊源、政策目标、历史背景、政策的标的团体以及行政措施与安排。

3. 既定政策的主要特性。包括政策执行计划的内涵，执行时所用的资源，负责

① [美] Morris L. L., Fitz-Gibbon. C. T.: *How to Measure Program Implementation*, Beverly Hills: Sage Publications, 1978.

执行的人员，标的团体的情形以及执行的进度，等等。

4. 描述执行评估。这个部分讨论评估的政策活动，包括执行评估的重点、执行评估的环境；也就是了解原定政策与执行的政策是否相符合，以及是否有时间或经费上的限制。

5. 结论与相关考虑。主要内容包括每个地方是否按计划与标的团体的期望执行，哪些政策要素需要删除或修正，所有资源分配是否恰当，执行活动是否适合政策目的，标的团体的参与以及执行人员遵守规则与负责的情形。

从2017年开始，北京市财政局选择了支持区域经济发展政策、个人所得税征收奖励政策、“疏整促”政策、学前教育转移支付资金等重大政策和项目开展了事前绩效评估，随后持续开展了绩效跟踪和分析，开启了“对实施期超过一年的重大政策和项目实行全周期跟踪问效”的先河。对重大政策实行全周期跟踪问效，需要落实好重大政策和项目事前绩效评估的“先手棋”，理顺政府、部门、政策和项目的层级分解关系，在预算编制环节加强绩效目标管理和资金统筹，在预算执行环节建立部门间会商机制，加大统筹协调，统一标准、统一方案，统一管理办法，形成合力，持续开展绩效监控；对接高质量发展，加强绩效评价和结果运用。①

① 曹堂哲：《全面实施预算绩效管理看北京——“北京模式”的创新和未来》，北京市财政局官网。

第三节 预算执行动态监控

预算执行动态监控，是指财政部门根据财政预算、财政国库管理制度和相关财政财务管理规定，通过动态监控系统，及时监控财政资金支付和清算过程，发现、纠正和有效查处违规或不规范操作问题，以防范资金支付使用风险，促进财政资金安全、规范操作，强化预算支出执行的监督管理活动。

预算执行动态监控需要财政部门、预算部门（单位）和代理银行密切配合，以深圳市为例，他们各自的职责如下：①

财政部门是动态监控管理的主管部门，主要职责为：研究制定动态监控管理制度，制定并完善预警规则；与预算单位、代理银行、下级财政部门建立健全动态监控工作沟通协调机制；指导下级财政部门开展动态监控工作；组织开展日常动态监控、问题核查和违规处理工作，建立核查通报制度；建立年度分析报告制度，对监控中发现的问题和情况进行分类梳理和总结，提出强化管理的对策建议；管理和维护预算执行动态监控系统；受理国库集中支付投诉，依照权限及时进行调查和处理。

预算部门（单位）是本部门（单位）的预算执行主体，负责本部门（单位）的预算执行，并对执行结果负责。预算部门（单位）在动态监控中的主要职责为：按财政预算、国库管理制度及财政财务管理等有关规定规范支付财政资金；配合财政部门的核查工作，对本部门（单位）存在的违规行为及时进行纠正和整改，并按要求将整改结果及时反馈市财政部门；对所属预算单位的预算执行负有监督检查职责；与财政部门建立动态监控工作沟通协调机制。

代理银行在动态监控中的主要职责为：按照财政国库管

①《深圳市财政委员会关于印发〈深圳市预算执行动态监控管理暂行办法〉的通知》（深财规〔2016〕4号）。

理制度规定的业务流程，在财政授权额度内根据预算单位的支付指令，及时、准确地支付和清算资金；根据有关法律法规及制度规定，对国库集中支付凭证进行审查，发现预算单位违规支付事项的应予以拒付，并及时向市财政部门报告相关情况；配合市财政部门的核查工作，对本单位存在的违规行为及时进行纠正和整改，并按要求将整改结果及时反馈市财政部门；依法根据市财政部门的要求对违规的资金支付及时实施拦截；负责对所属分支机构国库集中支付业务进行监督管理，与市财政部门建立监控工作沟通协调机制。

2017年财政部印发《中央财政专项扶贫资金管理办法》要求对中央专项扶贫资金开展绩效运行监控，打造了“制度+科技”的预算执行动态监控模式。专栏6-2是中央扶贫专项资金绩效运行监控的范围和内容情况。

2020年1月8日财政部印发了《中央财政预算执行动态监控管理办法》(财库〔2020〕3号)，形成了较为完善的中央预算执行动态监控制度规范。

▶ 专栏6-2：中央扶贫专项资金绩效运行监控

2017年3月13日财政部关于印发《中央财政专项扶贫资金管理办法》的通知（财农〔2017〕8号）要求对扶贫资金开展绩效运行监控。要求“预算执行中，市县级有关部门应当建立扶贫项目资金绩效目标执行监控机制，组织资金使用单位定期对预算和绩效目标执行情况进行跟踪分析，并向本级财政和扶贫部门报送绩效目标执行监控结果。扶贫项目资金实际执行与绩效目标偏离的，应当及时予以纠正。市县级财政部门应当加强监控结果应用，发现问题的，应当及时予以处理；问题严重的，应当及时收回或暂缓拨付财政资金。 2018年12月25日财政部印发《财政部贯彻落实打赢脱贫攻坚战三年行动指导意见的实施方案》(以下简称《实施方案》(财办〔2018〕40号)。《实施方案》明确提出，建立财政扶贫资金动态监控机制，进一步完善监控平台功能，尽快实现对各级各类扶贫资金的实时动态监控。推动扶贫项目资金全面实施绩效管理要求，建立全过程绩效管理机制，强化资金使用部门和单位的绩效管理主体责任，建立健全扶贫资金“花钱必问效，无效必问责”的管理格局。从编制2019年预算起，扶贫项目绩效目标与预算同步申报、同步审核、同步下达，加强执行中的绩效监控和完成后的绩效评价。2018年财政部印发《财政扶贫资金动态监控工作实施方案》(财办〔2018〕25号)、2019年6月25日财政部印发《财政部财政扶贫资金动态监控工作规程》(财办〔2019〕37号)，这些文件的印发和实施，建立了较为完备的扶贫资金绩效运行监控体系。

2019年印发的《财政部财政扶贫资金动态监控工作规程》(财办〔2019〕37号)明确了财政扶贫资金动态监控的含义和范围。财政扶贫资金动态监控是指财政部根据财政扶贫资金预算管理、国库管理和绩效管理等制度规定，以财政扶贫资金总台账为基础，以财政扶贫资金动态监控平台为支撑，对各级各类财政扶贫资金预算分配下达、资金支付、扶贫项目资金绩效目标执行等情况进行动态监控，及时发现问题、纠正偏差、反映情况、督促工作，推动加强财政扶贫资金管理、提高资金使用效益的监管活动。动态监控的资金范围包括纳入财政扶贫资金总台账管理的各级各类扶贫资金。动态监控的基本要素信息包括指标文件文号、资金名称、资金性质、支出功能分类科目、政府支出经济分类科目、预算项目、金额等指标信息；付款人和账户、支付金额、支付时间、用途、结算方式、支付方式、收款人和账户等支付信息；扶贫项目资金绩效目标、绩效指标及其执行情况等绩效信息；建档立卡贫困人口等外部信息；预算分配下达、资金支付、绩效相关管理等工作流信息。

资料来源：根据《财政部贯彻落实打赢脱贫攻坚战三年行动指导意见的实施方案》(财办〔2018〕40号)、《中央财政专项扶贫资金管理办法》《财政部财政扶贫资金动态监控工作规程》(财办〔2019〕37号)等相关材料整理。

第四节　项目绩效运行监控

项目绩效运行监控就是在项目实施阶段，根据项目预期目标，从经济效益与社会效益兼顾的整体角度对项目的设计、计划、实施等过程环节进行全方位的技术、经济、社会影响等监测、论证和评价，从而做出综合判断，为项目发展提供可靠的处理依据。目标控制是项目管理的核心任务，项目开展的所有相关工作都是为了实现对目标的有效控制。项目的绩效运行监控主要就是规范项目实施行为，避免问题的出现，确保项目能够实现项目目标。

针对项目进行的绩效运行监控，主要包括范围控制、时间与进度、质量控制、风险控制和组织管理等方面。[①]

1. 项目范围监控：项目范围监控包括项目最终产品或服务以及提供产品或服务的各项具体工作边界监测与控制。项目涉及的利益关联者复杂多样，项目工期长，投资额度大，在长期的项目实施过程中，造成范围变更的因素错综复杂，因此项目范围的调整往往会导致项目时间和项目支出等方面的变更。所以保证项目范围的合理性，防止出现不必要的范围扩张，是项目监控的关键任务。因此，在项目设计之初就应该明确界定整个项目的范围，并建立一套完善的项目变更的监控管理流程。

2. 项目进度监控：项目进度监控主要是指保证项目按照预先设定的时间期限完成项目各阶段的任务，确保项目整体工作协调有序开展并得以如期完成。在项目进度监控中，项目管理者应明确计划进度的关键时间节点，并对各个细分的工作任务进行跟踪，将实际进展与计划进度进行比较，监控项目工作的日程和预算执行情况。在监控过程中，一旦发现

① 此部分写作参考了曹堂哲等：《政府绩效测量与评估方法：系统、过程与工具》，经济科学出版社2017年，第343—344页。

实际情况与计划不符，即出现时间偏差时，必须认真分析寻找其成因及评估对后续工作产生的影响，提出并采取必要的调整措施。

3. 项目质量监控：项目质量监控是在项目质量方针政策和标准规范等制度框架下对项目本身及其产品和服务的质量进行持续的计划、执行、监测和改进的过程。质量监控是质量管理体系的重要组成部分，也是保障项目质量品质的主要手段。开展质量监控应具有持续性，需随着项目进程跟踪检测并记录项目执行活动的质量结果，分析造成项目低效和质量不佳的问题及其原因，通过采取质量改进措施来提升项目品质。

4. 项目风险监控：风险监控伴随着整个项目的实施过程，包括风险监测和风险控制两层含义，它是对项目风险状况进行持续监控并加以控制的过程，主要工作包括建立项目风险评估与控制制度，跟踪已识别的风险，监视残余风险，识别新出现的风险，完善风险管理计划，不断减轻风险等级，确保项目安全。在项目生命周期中，风险的形成既有规律性，也有偶然性，因而风险监控应该定期或不定期地进行。风险监控的主要方法和技术包括：项目风险应对审计、定期项目评估、净值分析、技术因素度量、附加风险应对计划、独立风险分析等。

专栏6–3是政府投资项目绩效运行监控的主要内容和方式。

▶ 专栏6–3：政府投资项目绩效运行监控

财政部2013年印发的《经济建设项目资金预算绩效管理规则》第八条“绩效运行监控”规定：“预算执行中，主管部门可根据工作需要，通过建立项目建设情况报告制度、中期评估等方式对绩效运行实施监控；如需调整，主管部门应根据规定程序进行调整、审批。财政部可根据工作需要，选择部分项目资金，对照相关绩效目标，通过信息网络平台等，对项目建设进度、累计完成投资等绩效运行情况实施监控，并对按绩效目标规范有序开展的项目，按规定下达预算和支付资金；对与绩效目标发生较大偏离的项目，视情况暂缓下达、停止下达投资预算。”

2019年“两会”上，李克强总理在《政府工作报告》中明确提出，要推进“双随机、一公开”跨部门联合监管，推行信用监管和“互联网＋监管”改革。2019年发布的《政府投资条例》对政府投资项目的监督管理做出明确规定，要求监管部门采取在线监测、现场核查等方式，加强对政府投资项目实施情况的监督检查。同时，《政府投资条例》还规定，监管部门应建立项目信息共享机制，通过投资项目在线审批监管平台（以下简称在线平台）实现信息共享。项目单位应通过在线平台如实报送项目开工建设、建设进度、竣工的基本信息。这表明，在线平台将在政府投资项目的监管中扮演重要角色，各监管部门、各项目单位应当充分认识到这一平台在项目建设、项目监管中的重大作用，并主动利用平台、善于利用平台做好各项工作。

2019年印发的《国家发展改革委关于加强中央预算内投资绩效管理有关工作的通知》（发改投资〔2019〕220号）要求“各地方、中央和国家机关有关部门和单位在中央预算内投资计划执行中，结合日常调度、在线监测、现场监督检查等，依托全国投资项目在线审批监管平台和国家重大建设项目库等信息化手段，可根据工作需要对绩效目标实现和投资计划执行等情况实行跟踪监控，动态掌握中央预算内投资管理情况。对绩效监控中发现的问题，要立行立改、即知即改，及时改进完善绩效管理工作，确保绩效目标落到实处；对绩效监控中发现的好的经验做法，要加强交流借鉴和宣传推广，进一步提高绩效管理水平”。

中央预算内投资绩效运行监控的方式有：

1.现场巡查。监管责任人根据建设计划，到项目建设现场进行巡查，重点了解项目进度等。现场稽查检查采用“双随机、一公开”方式进行。建立随机抽查工作机制，完善稽察检查项目、稽察检查人员“双名录库”，随机抽取被稽察检查项目和赴现场稽察检查人员，加大稽察检查结果公开力度，确保稽察检查行为的公正性、规范性和有效性。

2.在线监测。监管责任人通过国家重大建设项目库，在线监测非涉密项目的建设信息，及时发现项目建设中存在的疑点和问题，必要时到现场核查。将所有中央预算内投资项目纳入监管范围，其中绝密级项目按国家有关规定实施监管。对每个项目计划下达、计划实施的全过程进行在线监测，实现常态化监管。

中央预算内投资项目绩效运行监控的主要内容包括：1.建设手续是否齐全规范；2.建设进度是否符合投资计划要求；3.建设资金是否及时到位，资金使用是否规范；4.建设内容、规模、标准、筹资方式等与批复是否相符；5.项目信息和进度数据上报是否及时、准确、完整；6.法律法规规定的其他内容。

▶ 本章小结

预算绩效运行监控指财政部门和预算部门及其所属单位依照职责，运用科学、合理的绩效信息汇总分析方法，对财政支出的预算执行和绩效目标实现程度开展的监督、控制和管理活动。部门绩效运行监控内容包括绩效目标实现程度、预算执行情况和延伸情况等；过程主要包括计划、实施、报告与结果运用三个阶段；对象可分为战略审查、重大政策全过程跟踪和项目绩效运行监控等。

课后习题

名词解释

战略实施　部门绩效运行监控　战略审查　重大政策全过程跟踪　预算执行动态监控　项目绩效运行监控

简答题

1. 简要叙述部门绩效运行监控的主体。
2. 简要叙述部门绩效运行监控的原则。
3. 简要叙述美国的战略审查的基本形式。

论述题

1. 请详细说明绩效运行监控的实施流程。
2. 请说明部门预算绩效运行监控的内容。

本章推荐阅读文献

[1] [美] 罗伯特·卡普兰、戴维·诺顿：《策略核心组织：以平衡计分卡有效执行企业策略》，ARC远擎管理顾问公司策略绩效事业部，译，台北城邦

事业股份有限公司2001年。
[2][美]威廉·N·邓恩:《公共政策分析导论(第4版)》,中国人民大学出版社2011年。
[3][美]约翰·A·皮尔斯二世、小理查德·B·鲁滨逊:《战略管理——制定、实施和控制(第8版)》,王丹,等,译,中国人民大学出版社2004年。
[4][美]乔迪·扎尔·库赛克(Kusek.J.Z.)、[美]雷·C.瑞斯特(Rist.R.C.):《十步法:以结果为导向的监测与评价体系》,梁素萍,译,中国财政经济出版社2011年。
[5][德]赖因哈德·施托克曼、沃尔夫冈·梅耶著:《评估学》,唐以志,译,北京:人民出版社2012年。
[6]《教育部关于印发〈中国教育监测与评价统计指标体系〉的通知》(教发〔2015〕6号)。
[7]《深圳市财政委员会关于印发〈深圳市预算执行动态监控管理暂行办法〉的通知》(深财规〔2016〕4号)。
[8]《财政部关于印发〈中央部门预算绩效运行监控管理暂行办法〉的通知》(财预〔2019〕136号)。
[9] Morris L. L., Fitz-Gibbon. C. T.. *How to Measure Program Implementation*, Beverly Hills: Sage Publications, 1978.

第七章 部门预算绩效自评与评价

内容提要

按照评价对象的不同，预算绩效评价可分为部门整体绩效评价、政策支出绩效评价和项目支出绩效评价。部门预算绩效自评和重点评价是事后绩效评价的两种形式。本章第一节介绍部门预算绩效自评，对其基本概念、项目支出绩效自评、政策支出绩效自评分别做了论述。第二节介绍部门预算绩效评价的制度框架，主要围绕绩效评价的基本内容、主体、指标体系展开。第三、四、五节分别介绍了项目绩效评价、政策绩效评价、整体绩效评价。

▶ 第一节 部门预算绩效自评概述

部门预算绩效自评和重点评价是事后绩效评价的两种形式，他们在主体、对象、内容、程序、结果运用等方面存在区别。2020年2月25日财政部印发了《项目支出绩效评价管理办法》(财预〔2020〕10号)，建立了单位自评、部门评价与财政评价职责明确、各有侧重、相互衔接的新体系。

一、基本概念

绩效自评是预算支出责任人，在预算执行完毕后，对项目、政策、部门预算整体等各种形式预算支出的预算执行情况和绩效目标完成情况进行对照、分析和总结的活动。

在我国预算绩效管理的政策文件和话语体系中，一般将事前的评价活动（Appraisal）称为“事前绩效评估”，将事中的监测与评价（Monitoring and Evaluation）活动称为“绩效运行监控”，将事后的评价（Evaluation）称为“绩效评价”。事后绩效评价又称作预算（支出）绩效评价、财政支出绩效评价等，是指财政部门和预算部门（单位）根据设定的绩效目标，运用科学、合理的绩效评价指标、评价标准和评价方法，对财政支出的经济性、效率性、效益性和公平性进行客观、公正的评判。其中，绩效目标的设立是开展绩效评价的前提和基础，绩效评价指标是绩效评价的工具和手段，财政支出的经济性、效率性、效益性和公平性是绩效评价的主要内容。

绩效再评价是财政部门在对部门资金使用绩效自评结果的真实性和准确性进行复核过程中，认为有必要时，参照绩效评价程序和方法组织开展的再次评价。再评价包括预算部门组织绩效评价工作质量评价和项目绩效评价两部分内容。工作质量评价主要考核部门组织绩效评价工作程序的规范性和评价结果的准确有效性。[①]

绩效再评价作为一种监督手段，旨在促进预算主管部门和项目单位强化绩效理念，提升评价机构的操作规范和报告质量，强化自评价工作的组织管理和结果应用。

表7–1列示了绩效自评、评价和再评价之间的区别。

表7–1　　部门预算绩效自评、绩效评价和绩效再评价的区别

	绩效自评	绩效评价	绩效再评价
主体	支出直接责任人	部门管理者或者财政部门	财政部门
范围	部门预算资金和纳入部门预算管理的专项资金	政府预算和部门预算资金	审核自评后，认为有必要的资金
内容和指标	预算执行和绩效目标完成情况	决策、过程、产出和效果框架下的共性指标和个性指标	工作质量评价指标反映评价程序规范性；再评价指标与绩效评价相同
标准	设定目标对照	计划标准、行业标准、历史标准、其他经财政部门确认的标准。	类似绩效评价
方式方法	目标对照法和打分法	成本效益分析法、比较法、因素分析法、最低成本法、公众评判法等	类似绩效评价的方式方法
组织管理	自评打分、部门审核、完成报告和报送财政	被评价者完成绩效报告和评价者形成绩效评价报告	准备阶段、实施阶段和报告撰写三个阶段
结果运用	未完成目标原因说明和绩效自评结果要作为改进预算管理的重要依据	改进预算管理和安排以后年度预算的重要依据	反馈整改，公布，作为预算编制参考
制度规范	《中央部门预算绩效目标管理办法》（财预〔2015〕88号）；关于开展中央部门项目支出绩效自评工作的通知（财办预〔2016〕123号）等	《项目支出绩效评价管理办法》（财预〔2020〕10号）	关于贯彻落实《中共中央 国务院关于全面实施预算绩效管理的意见》的通知（财预〔2018〕167号）等

目前部门预算绩效自评主要有四种形式，一是部门预算项目支出绩效自评；二是部门政策支出绩效自评；三是部门整体支出绩效自评；四是纳入部门预算管理的专项资金绩效自评。

①《北京市市级财政支出绩效再评价工作规范》（京财绩效〔2014〕424号）。

二、项目支出绩效自评[①]

各部门是本部门预算资金绩效管理的责任主体，组织对部门本级及所属预算单位的所有一级项目、二级项目开展绩效自评，实现绩效自评覆盖率达到100%。部门和所属单位具体负责自评工作并确保对自评数据的真实性和准确性负责，自评中发现的问题要及时进行整改。各部门汇总自评结果，加强自评结果审核和应用。

（一）项目支出绩效自评方式方法

项目支出绩效自评采用比照法和打分法开展。各部门对照年初预算设定的绩效目标及指标值，对应填报年度实际完成值。项目绩效自评满分为100分。一级指标权重统一设置为：产出指标50分、效益指标30分、服务对象满意度指标10分、预算资金执行率10分。如有特殊情况，上述权重可做适当调整，但加总后应等于100%。各部门根据各项指标重要程度确定项目的二级绩效指标和三级绩效指标的权重。

项目支出绩效自评的得分评定方法分为两类：一是定量指标。完成指标值的，记该指标所赋全部分值；未完成的，按照完成值在指标值中所占比例记分。二是定性指标。根据指标完成情况分为：达成预期指标、部分达成预期指标并具有一定效果、未达成预期指标且效果较差三档，分别按照该指标对应分值区间100%—80%（含80%）、80%—50%（含50%）、50%—0%合理确定分值。各项绩效指标得分汇总成该项目自评的总分。各部门在收集、分析上述绩效执行信息的基础上，对未完成绩效目标及指标的原因进行逐条分析，研究提出解决措施。上述绩效自评信息以《自评表》的形式体现。表7–2给出了水利部2018年部门决算中的水文测报项目绩效自评表。

（二）绩效自评结果审核和应用

各部门要对本级项目和所属预算单位项目的绩效自评结果进行审核，并对本部门项目支出绩效自评工作进行总结。工作总结主要包括：自评工作开展情况的简要说明，一级和二级项目绩效自评金额、个数、覆盖率，主要经验和存在问题，以及下一步工作措施、建议等内容。绩效自评结果要作为改进预算管理的重要依据。比如2018年水利部部门决算中提及“根据预算绩效管理要求，我部组织对 2018 年度一般公共预算项目支出全面开展绩效自评，其中，一级项目 42个，二级项目 2102个，共涉及资金 1437866.09 万元，占一般公共预算项目支出总额的 100.0%。组织

① 参考了《关于开展中央部门项目支出绩效自评工作的通知》（财办预〔2016〕123号）；财政部办公厅《关于做好2017年度中央部门项目支出绩效自评工作的通知》（财办预〔2017〕135号），《财政部关于印发〈项目支出绩效评价管理办法〉的通知》（财预〔2020〕10号）。

表7-2

水文测报项目绩效自评表

（2018年度）

<table>
<tr><td>项目名称</td><td colspan="7">水文测报</td></tr>
<tr><td>主管部门及代码</td><td colspan="2">［126］水利部</td><td>实施单位</td><td colspan="4">水利部</td></tr>
<tr><td rowspan="4">项目资金（万元）</td><td></td><td>年初预算数</td><td>全年预算数</td><td>全年执行数</td><td>分值</td><td>执行率</td><td>得分</td></tr>
<tr><td>年度资金总额：</td><td>23495.58</td><td>23496.65</td><td>23489.18</td><td>10</td><td>100.0%</td><td>10.0</td></tr>
<tr><td>其中：财政拨款</td><td>23495.58</td><td>23495.58</td><td>23488.11</td><td>—</td><td>100.0%</td><td>—</td></tr>
<tr><td>其他资金</td><td>0.00</td><td>1.07</td><td>1.07</td><td>—</td><td>100.0%</td><td>—</td></tr>
<tr><td rowspan="2">年度总体目标</td><td colspan="3">预期目标</td><td colspan="4">实际完成情况</td></tr>
<tr><td colspan="3">目标1：加强全国各流域水文测报业务管理，组织指导流域水文测验工作，提高水文测验质量，搜集各类水文监测要素，深入分析国家重要江河流域的水文规律，为社会经济发展提供服务；
目标2：组织指导流域水、雨情报收集和委托管理工作，开展水情分析与预报、水资源评价的质与量及空间动态变化规律等，为防汛抗旱和水资源管理服务；
目标3：组织全国各流域水文资料整编汇编，组织整理汇编全国各流域水文监测数据，刊印发布，为流域防汛抗旱，流域水资源的统一开发、利用、管理和水资源环境保护提供水文信息和水文服务，为经济社会可持续发展提供科学依据；
目标4：做好水文设施设备运行维护，保障水文测验、水文情报预报作业、行业管理等水文工作的正常开展。</td><td colspan="4">目标1：加强全国各流域水文测报业务管理，组织指导流域水文测验工作，提高水文测验质量，搜集各类水文监测要素，深入分析国家重要江河流域的水文规律，为社会经济发展提供服务；
目标2：组织指导流域水、雨情报收集和委托管理工作，开展水情分析与预报、水资源评价的质与量及空间动态变化规律等，为防汛抗旱和水资源管理服务；
目标3：组织全国各流域水文资料整编汇编，组织整理汇编全国各流域水文监测数据，刊印发布，为流域防汛抗旱，流域水资源的统一开发、利用、管理和水资源环境保护提供水文信息和水文服务，为经济社会可持续发展提供科学依据；
目标4：做好水文设施设备运行维护，保障水文测验、水文情报预报作业、行业管理等水文工作的正常开展。</td></tr>
</table>

续表

项目名称		水文测报						
	一级指标	二级指标	三级指标	年度指标值	实际完成值	分值	得分	未完成原因分析
绩效指标	产出指标	数量指标	国家基本水文站站点数量（**处）	285	299	2.0	2.0	
			专用水文站站点数量（**处）	40	40	2.0	2.0	
			水位监测断面数量（**处）	725	725	2.0	2.0	
			流量监测断面数量（**处）	395	395	2.0	2.0	
			降水监测站数量（**处）	1195	1195	2.0	2.0	
			河流泥沙监测断面（**处）	192	192	2.0	2.0	
			河流泥沙观测测次数（**次）	44917	49978	2.0	2.0	
			气象预报站点（**期）	296	296	2.0	2.0	
			洪水预报站点［**处（个）］	64	64	2.0	2.0	
			在站整编审查站数（**站）	1247	1247	2.0	2.0	
			在站审查整编成果图表数（**个）	15175	16489	2.0	2.0	
			水情信息收集量（≥**万条）	1575.257	3418.2	2.0	2.0	
			水文年鉴的审查、汇编及刊印（**卷，册）	10卷75册	10卷75册	2.0	2.0	
			《中国河流泥沙公报》编写、审查及出版（**册/年）	1500册	1500册	2.0	2.0	
			培训次数（≥**次）	102	103	2.0	2.0	
			培训人次（≥**人次）	3365	3624	2.0	2.0	

续表

项目名称				水文测报				
绩效指标	产出指标	质量指标	水文测报设施设备养护率（≥**%）	95	95	2.0	2.0	
			水文测验合格率（≥**%）	95	95	2.0	2.0	
		质量指标	水文资料整编成果系统错误/特征值错误/数字错误率	无系统错误/无特征值错误/其他数字错≤1/10000	无系统错误/无特征值错误/其他数字错≤1/10000	2.0	2.0	
			水情报汛漏、错报率（≤**%）	5	5	2.0	2.0	
		时效指标	设施设备检查汛前完成率（≥**%）	95	95	3.0	3.0	
			水情报汛（水雨情信息**分钟内报水情分中心）	30分钟	30分钟	3.0	3.0	
		成本指标	维护维修总成本控制（≤设施设备造价或价格的**%）	10	10	4.0	4.0	
	效益指标	社会效益指标	提高国家水文站网水文测验大江大河洪水监测控制率	显著	显著	8.0	7.0	绩效支撑材料及相关量化效益数据需进一步收集
			为综合治理、开发和防洪对策研究提供重要的基础信息和决策依据	有效	有效	7.0	6.0	绩效支撑材料及相关量化效益数据需进一步收集
		可持续影响指标	促进流域综合治理开发以及水资源可持续利用	显著	显著	7.0	6.0	绩效支撑材料及相关量化效益数据需进一步收集
			逐步促进了解河势变化及对防洪、河道整治的开发利用	有效	有效	8.0	8.0	
	满意度指标	服务对象满意度指标	上级主管部门满意度（≥**%）	90	90	10.0	10.0	
总分						100.0	97.0	

资料来源：2018年水利部部门决算，第56—58页。

对 2018 年度三峡工程后续工作、南水北调工程建设等 50 个政府性基金预算项目支出开展绩效自评，共涉及资金 1621013.91 万元，占政府性基金预算项目支出总额的 100.0%。”部门决算报告中还提出了绩效管理存在的问题和改进建议。

（三）绩效自评工作总结报送

各部门将本部门绩效自评工作总结，重点是一级项目绩效自评工作开展情况，报送财政部预算司和相关部门司。各部门应当使用中央部门预算管理系统填制《自评表》电子数据，并按照不低于本部门项目支出总金额50%的比例选取一部分一级项目绩效自评结果，随同中央部门决算报财政部。

三、政策支出绩效自评

预算部门在年度预算执行完成后要对部门实施的政策支出预算执行和绩效目标实现情况进行自评。

（一）政策支出绩效自评内容

以上海市印发的《上海市市级财政政策预算绩效管理办法（试行）》（沪财绩〔2019〕20号）为例，政策支出绩效自评内容包括三项主要内容：一是预算执行率，即实际预算执行数/预算资金总和。二是年度总体政策绩效目标完成情况。对照年初设定的年度总目标，填报全年实际完成情况。三是政策各项绩效指标的完成情况。对照各指标的年度指标值，逐项填写全年实际完成值。其中：定量指标是资金使用单位填写本部门实际完成数。定性指标，完成情况分为：基本完成预期指标、部分完成预期指标、未完成指标三档，分别按照100%—80%（含）、80%–60%（含）、60%–0%合理填写分值。（见表7–3）

（二）政策支出绩效自评方式方法

政策支出绩效自评采用比照法和打分法。

预算部门填写绩效自评表，政策内容涉及市、区两级或跨部门、跨区域时，牵头预算主管部门要组织各资金使用单位分别填写《财政政策绩效自评表》。资金使用单位按项目填报，预算主管部门汇总时，定量指标分类处理，对绝对值直接累加计算，相对值按照资金额度加权平均计算；定性指标以资金额度为权重，对分值进行加权平均计算。

表7-3

财政政策绩效自评表

评价时段：（20　年　月-20　年　月）

政策名称：

		全年预算数	跟踪执行数	执行率
总预算（元）	年度资金总额			
	其中：中央补助			
	市级补助			
	区级补助			

年度总体目标	年初设定目标	全年实际完成情况

一级指标	权重	二级指标	三级指标	跟踪表			评价表		
				跟踪期目标值	实际完成值	偏差原因分析	年度目标值	全年完成值	原因分析
产出指标	35	数量指标							
		质量指标							
		时效指标							
		成本指标							
		……							
效益指标	45	经济效益指标							
		社会效益指标							
		生态效益指标							

续表

效益指标	45	可持续影响指标							
		……							
满意度指标	20	服务对象满意度指标							
		……							
总分	100								

注：权重设置说明：一级指标权重固定不变，二级、三级指标分值在一级指标权重范围内，按指标的重要性原则设置权重。

绩效自评价采用百分制，原则上在一级指标中，产出指标35分，效益指标45分，满意度指标20分；二级、三级指标分值在上一级指标权重范围内，按重要性原则由预算主管部门设置指标的权重。

（三）政策绩效自评结果应用和报送

对未完成政策绩效目标，或超过年初设定的绩效指标值较多（30%及以上）的，逐条分析原因说明情况，提出改进措施。

预算主管部门在完成自评表的填报后，完成相应的自评报告，并于次年3月底前，将自评报告报送财政部门。①

四、部门整体支出绩效自评

预算部门（单位）组织开展部门整体支出绩效自评工作，真实、客观填报评价指标表信息及提供有关佐证材料，按时完成自评报告。

（一）部门整体支出绩效自评内容

部门整体绩效自评内容包括以下内容：

一是部门整体概况。如实填写《部门整体情况表》，包括整体情况表、因公出国出境情况表、公务用车情况表、会议费支出情况表、培训费支出情况表、其他资

①《上海市市级财政政策预算绩效管理办法（试行）》（沪财绩〔2019〕20号）。

本性支出情况表、公务接待情况表。①

二是部门满意度调查。政府或者部门应建立满意度调查机制，做好调查问卷的发放与回收，确保数据真实、完整、准确。调查对象一般为普通群众（若服务对象大部分是企事业单位的，可选择企事业单位或工作人员），调查问卷不少于30份。②

三是完成部门整体支出评价指标表。根据部门整体支出评价指标和标准，对照完成部门投入、过程、产出和效果等方面的绩效指标实现情况。对照绩效目标和具体指标，结合相应目标的完成程度，填报《部门（单位）整体支出绩效自评表》，对于目标偏差超过30%的指标（包括未达标和超标），逐条说明原因，提出改进措施。表7–4是《上海市财政局关于印发〈上海市市级预算部门（单位）整体支出绩效管理办法（试行）〉的通知》（沪财绩〔2019〕19号）所附的部门（单位）整体支出绩效自评表。

表7–4　　部门（单位）整体支出绩效自评表

（　　年度）

部门（单位）名称				下属单位个数		
整体支出规模			全年预算数		全年执行数	执行率
	资金来源：（1）财政拨款					
	（2）其他资金					
	资金结构：（1）基本支出					
	（2）项目支出					
年度总体目标	年初设定目标				全年完成情况	
分解目标自评						
一级指标	权重	二级指标	三级指标	年度指标值	全年完成值	偏差及原因分析
投入管理指标	30	预算编审管理	根据沪财绩〔2018〕19号文的规定要求设置三级指标和指标值			
		预算执行管理				
		部门结转结余资金管理				
		国库管理				
		预算绩效管理				
		预决算信息公开管理				
		财政监督管理				
		政府采购管理				
		资产管理				

①②《台州市路桥区财政局关于开展2017年度部门整体支出绩效自评工作的通知》（路财绩效发〔2018〕2号）。

续表

产出指标	25	数量指标	任务1：			
			任务2：			
			……			
		质量指标	任务1：			
			任务2：			
			……			
		时效指标	任务1：			
			任务2：			
			……			
		……				
效果指标	35	经济效益指标				
		社会效益指标				
		生态效益指标				
		……				
满意度指标	10	满意度指标				
		……				

注：上述产出指标和效益指标既可以按照重点任务完成情况分别填列，也可以依据所有重点任务归纳提炼综合指标。

广东省的部门整体支出绩效自评指标包括预算编制、预算执行和预算执行效果3个一级指标，预算编制、目标设定、保障措施、资金管理、项目管理、资产管理、人员管理、经济性、效率性、效果性、公平性共11个二级指标。预算编制合理性、预算编制规范性、目标合理性、绩效目标覆盖率、绩效指标明确性、制度措施、支出完成率、结转结余率、转移支付下达效率、财务合规性、存量资金清理情况、预决算信息公开性、项目实施程序、项目监管、资产管理安全性、固定资产利用率、财政供养人员控制、“三公经费”控制率、公用经费控制率、预算调整率、重点工作完成率、绩效目标完成率、项目完成及时性、社会经济环境效益、项目可持续发展与公众、服务对象满意度共26个三级指标。

浙江省部门整体绩效自评分为业务指标和财务指标两个一级指标，业务指标下的二级指标包括目标设定情况、目标完成情况、组织管理水平、项目实施效益。财务指标下的二级指标包括资金的到位情况、资金的支出情况、财务管理状况。

（二）部门整体支出绩效自评价方式方法

部门整体支出绩效自评价采用百分制，不同部门和地方对各一级指标权重的设定略有差异。比如上海市设定的是投入管理指标30分，产出指标25分，效益指标35分，影响力指标10分。广东省设定的是预算编制14分，预算执行40分，资金使用效果是46分。①

部门（单位）根据年度整体支出绩效目标和管理要求，收集履职重点任务的完成情况及相应效果等数据和信息，相关单位和机构应配合牵头部门提供真实有效的评价依据和信息。对照绩效目标和具体指标，结合相应目标的完成程度，填报《部门（单位）整体支出绩效自评表》，对于目标偏差超过30%的指标（包括未达标和超标），逐条说明原因，提出改进措施。

部门（单位）在填报绩效自评表后，应形成《部门（单位）整体支出预算绩效自评报告》。绩效自评报告内容包括部门整体预算绩效目标的设置情况、目标完成情况、对实际绩效偏离目标的原因分析，以及对绩效问题的纠偏措施。每年3月底前，预算部门应将自评报告报送财政部门。②

---

①《广东省财政厅关于印发〈广东省省级部门支出绩效评价暂行办法〉的通知》（粤财评函〔2015〕132号）。

②《上海市财政局关于印发〈上海市市级预算部门（单位）整体支出绩效管理办法（试行）〉的通知》（沪财绩〔2019〕19号）。

第二节 部门预算绩效评价的制度框架①

财政支出绩效评价是指财政部门和预算部门根据设定的绩效目标，运用科学、合理的绩效评价指标、评价标准和评价方法，对财政支出的经济性、效率性、效益性、公平性进行客观、公正的测量、分析与评判。

绩效评价分为部门重点评价和财政评价两类。部门重点评价是部门作为评价主体，选择一些重点项目，参照财政支出绩效评价开展的部门绩效评价和管理活动。财政评价则是财政作为评价主体开展的评价和再评价。

一、部门预算绩效评价主体②

绩效评价的主体分为预算部门组织开展的绩效评价和财政部门组织开展的绩效评价。财政部门组织评价的形式包括财政部门直接组织评价（简称“财政评价”）、财政部门选取部门评价项目进行财政支出绩效再评价（简称“财政再评价”）。财政再评价，是指由财政部门组织实施，对预算部门组织评价质量的评价和对被评价项目绩效的再次评价。

财政部门负责拟定绩效评价制度方法；指导本级各部门和下级财政部门开展绩效评价工作；会同有关部门对单位自评和部门评价结果进行抽查复核，督促部门充分应用自评和评价结果；根据需要组织实施绩效评价，加强评价结果反馈和应用。

预算部门负责制定本部门绩效评价办法；具体组织实施

① 本节的写作参考了《项目支出绩效评价管理办法》（财预〔2020〕10号）；《北京市财政局关于印发〈北京市财政支出绩效评价实施细则〉的通知》（京财绩效〔2013〕2772号）等文件。

②《北京市财政局关于印发〈北京市财政支出绩效评价实施细则〉的通知》（京财绩效〔2013〕2772号）。

部门评价工作，加强评价结果反馈和应用。积极配合财政评价工作，落实评价整改意见。①

财政部门和预算部门组织绩效评价工作，应成立相应的绩效评价领导小组，并指定专门的评价组织机构负责绩效评价工作。根据需要，评价组织机构可委托专家、中介机构参与绩效评价。

实施绩效评价所需经费，应纳入各实施主体预算。

二、部门预算绩效评价的范围和对象

部门预算绩效评价的范围和对象存在狭义和广义两种界定，狭义的界定指的是“由各预算部门编制、财政部门审核，并报本级政府和人大批准的部门资金收支计划，它是政府预算管理的基础，包括一般预算收支计划和基金预算收支计划。部门预算支出绩效评价分为基本支出绩效评价、项目支出绩效评价和部门整体支出绩效评价”。②

广义的界定则包括部门预算和部门分配、使用、管理的专项资金（包括纳入部门预算管理的专项转移支付资金）。比如广东省部门整体支出绩效评价范围界定为“包括省财政安排各省直部门及其下属单位的所有省级财政性资金，资金类型涵盖一般公共预算、政府性基金预算、国有资本经营预算”。③

财政与各相关部门会选择一些重大政策和重点项目开展绩效评价。重点选择的标准包括资金额度较大，与本部门职能密切相关、各界广泛关注、具有明显社会影响和经济影响等。财政评价对象优先选择贯彻落实党中央、国务院重大方针政策和决策部署的项目，覆盖面广、影响力大、社会关注度高、实施期长的项目。对重点项目应周期性组织开展绩效评价。部门评价对象应根据工作需要，优先选择部门履职的重大的改革发展项目，随机选择一般性项目。原则上以五年为周期，实现部门评价重点项目全覆盖。④

三、部门预算绩效评价的内容、指标和标准

部门绩效评价的内容主要包括以下六个方面：（一）决策情况；（二）资金管

①④《财政部关于印发〈项目支出绩效评价管理办法〉的通知》（财预〔2020〕10号）。

②《财政部关于印发〈财政支出绩效评价管理暂行办法〉的通知》（财预〔2011〕285号）。

③《广东省财政厅关于印发〈广东省省级部门支出绩效评价暂行办法〉的通知》（粤财评函〔2015〕132号）。

理和使用情况；（三）相关管理制度办法的健全性及执行情况；（四）实现的产出情况；（五）取得的效益情况；（六）其他相关内容。①

绩效评价指标体系由分级指标、指标权重和评分标准构成。绩效评价指标由多个级次构成。一级指标下可细分二级指标，二级指标亦可细分为三级指标，以此类推。指标级次数量根据评价内容的复杂程度而定，原则上不应少于三级。一级和二级评价指标应以财政部门发布的绩效评价指标体系参考样表为准，原则上不予调整。三级、四级评价指标，可根据实际情况进行增减或者调整。

指标权重是指具体指标所占的分值，反映具体指标在指标体系中的重要性。其中，一级和二级评价指标的权重原则上不予调整；三级、四级指标的权重，可根据指标内容进行分配调整。

评分标准应根据实际情况，依据计划标准、行业标准、历史标准和其他经财政部门确定的标准相应进行制定。

绩效评价结果实施百分制和四级分类，分为优良中差。比如：《财政部〈关于规范绩效评价结果等级划分标准〉的通知》（财预便〔2017〕44号）和《财政部关于印发〈项目支出绩效评价管理办法〉的通知》（财预〔2020〕10号）要求，项目评分等级共分为四级。优：90—100分（含90分）；良：80—89分（含80分）；中：60—79分（含60分）；差：0—59分。北京市四个级别分别是：优秀：90分（含）—100分、良好：75分（含）—90分、一般：60分（含）—75分、较差：60分（不含）以下。②

四、绩效报告和绩效评价报告

绩效报告是被评价部门（单位），对绩效目标完成情况和效益实现情况进行自我认定和评价，按一定格式要求撰写的报告文本。绩效报告内容主要包括：基本概况、绩效目标设立情况、组织管理情况、绩效目标完成情况、未完成绩效目标、原因分析、下一步改进工作的意见及建议等内容。

绩效评价报告是评价机构根据专家评价意见和结果，做出的带有相关结论的报告文本，是对评价对象绩效实现情况的文字分析和描述。绩效评价报告内容主要包括：基本概况、绩效评价的组织实施情况、绩效评价指标体系、评价标准和评价方法、绩效目标的实现程度、存在问题及原因分析、评价结论及建议、其他需要说明的问题等。

部门绩效评价的组织实施、结果应用及公开 、法律责任等制度要素，我们随后各章节予以分析介绍。

① 财政部关于印发《项目支出绩效评价管理办法》的通知（财预〔2020〕10号）。

② 北京市财政局关于印发《北京市财政支出绩效评价实施细则》的通知（京财绩效〔2013〕2772号）。

第三节 部门预算项目支出绩效评价

一、政策演变

1980年我国恢复在世界银行的席位以后，实施了一些世界银行贷款项目，从1981年世界银行向中国提供第一笔贷款以来，世界银行贷款项目已经遍及经济社会发展的各个领域。在世界银行贷款项目的实施过程中，我国开始按照项目管理办法开展了项目绩效评价。在部门预算项目的绩效评价体系形成过程中，世界银行贷款项目的绩效评价体系发挥了重要的借鉴作用。世界银行建立了结果导向的绩效评价逻辑模型，将项目分为投入、活动、产出、成效、影响五个要素，对这五个要素组合形成的相关性、经济性、效率性和效益性展开评价，如图7-1所示：

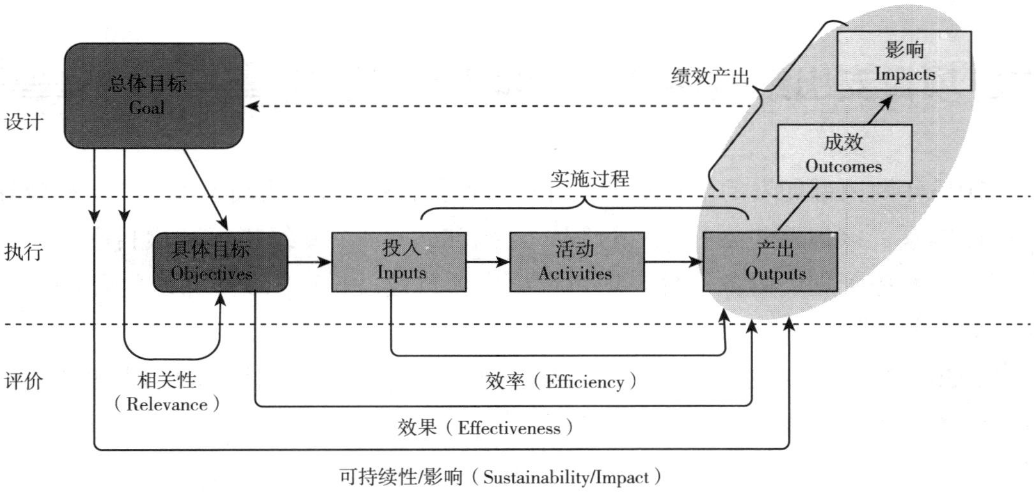

图7-1 项目绩效评价逻辑模型

20世纪90年代以来，我国就开始了项目支出绩效评价的试点，1995年财政部印发了《文教行政财务管理和经费使用效益考核办法》(财文字〔1995〕530号)，开始了绩效评价的试点探索。2003年党的十六届三中全会提出了“建立预算绩效评价体系”，预算绩效评价正式成为国家治理的重要机制。随后2004年财政部印发了《财政部关于开展中央政府投资项目预算绩效评价工作的指导意见》(财建〔2004〕729号)，2005年财政部印发了《中央部门预算支出绩效考评管理办法(试行)》(财预〔2005〕86号)，2009年财政部印发了《财政支出绩效评价管理暂行办法》(财预〔2009〕76号)和《财政部关于进一步推进中央部门预算项目支出绩效评价试点工作的通知》(财预〔2009〕390号)，推动了部门预算项目支出绩效评价试点工作，明确了中央部门预算项目支出的绩效评价采用“项目承担单位开展自评、中央主管部门组织实施评价和财政部进行重点评审”相结合的方式。

2011年，财政部印发了《财政支出绩效评价管理暂行办法》(财预〔2011〕285号)，明确了部门预算支出绩效评价包括基本支出绩效评价、项目支出绩效评价和部门整体支出绩效评价。2013年，财政部印发《预算绩效评价共性指标体系》(财预〔2013〕53号)，提出了包括项目支出绩效评价在内的共性指标体系框架。2014年修正的《预算法》明确要求“各级政府、各部门、各单位应当对预算支出情况开展绩效评价”。2020年财政部印发了《项目支出绩效评价管理办法》(财预〔2020〕10号)，项目支出绩效评价确立了新规定，《财政支出绩效评价管理暂行办法》(财预〔2011〕285号)同时废止。[①]

二、项目支出绩效评价指标体系参考框架

2013年财政部印发的《预算绩效评价共性指标体系》，明确了项目支出绩效评价指标体系，该体系包括投入、过程、产出和效果4个一级指标和项目立项、资金落实、业务管理、财务管理、项目产出、项目效益6个二级指标，共有20个三级指标。[②]

2020年财政部印发的《项目支出绩效评价管理办法》给出了项目支出绩效评价指标体系框架(参考)，如表7-5所示。

① 曹堂哲:《项目支出绩效评价确立了统一的新规范》,《中国财经报》, 2020年3月7日。

② 各个指标的说明参见:《预算绩效评价共性指标体系》(财预〔2013〕53号)。

表7–5 项目支出绩效评价指标体系框架（参考）

一级指标	二级指标	三级指标	指标解释	指标说明
决策	项目立项	立项依据充分性	项目立项是否符合法律法规、相关政策、发展规划以及部门职责，用以反映和考核项目立项依据情况。	评价要点： ①项目立项是否符合国家法律法规、国民经济发展规划和相关政策； ②项目立项是否符合行业发展规划和政策要求； ③项目立项是否与部门职责范围相符，属于部门履职所需； ④项目是否属于公共财政支持范围，是否符合中央、地方事权支出责任划分原则； ⑤项目是否与相关部门同类项目或部门内部相关项目重复。
		立项程序规范性	项目申请、设立过程是否符合相关要求，用以反映和考核项目立项的规范情况。	评价要点： ①项目是否按照规定的程序申请设立； ②审批文件、材料是否符合相关要求； ③事前是否已经过必要的可行性研究、专家论证、风险评估、绩效评估、集体决策。
	绩效目标	绩效目标合理性	项目所设定的绩效目标是否依据充分，是否符合客观实际，用以反映和考核项目绩效目标与项目实施的相符情况。	评价要点： （如未设定预算绩效目标，也可考核其他工作任务目标） ①项目是否有绩效目标； ②项目绩效目标与实际工作内容是否具有相关性； ③项目预期产出效益和效果是否符合正常的业绩水平； ④是否与预算确定的项目投资额或资金量相匹配。
		绩效指标明确性	依据绩效目标设定的绩效指标是否清晰、细化、可衡量等，用以反映和考核项目绩效目标的明细化情况。	评价要点： ①是否将项目绩效目标细化分解为具体的绩效指标； ②是否通过清晰、可衡量的指标值予以体现； ③是否与项目目标任务数或计划数相对应。
	资金投入	预算编制科学性	项目预算编制是否经过科学论证、有明确标准，资金额度与年度目标是否相适应，用以反映和考核项目预算编制的科学性、合理性情况。	评价要点： ①预算编制是否经过科学论证； ②预算内容与项目内容是否匹配； ③预算额度测算依据是否充分，是否按照标准编制； ④预算确定的项目投资额或资金量是否与工作任务相匹配。
		资金分配合理性	项目预算资金分配是否有测算依据，与补助单位或地方实际是否相适应，用以反映和考核项目预算资金分配的科学性、合理性情况。	评价要点： ①预算资金分配依据是否充分； ②资金分配额度是否合理，与项目单位或地方实际是否相适应。

续表

一级指标	二级指标	三级指标	指标解释	指标说明
过程	资金管理	资金到位率	实际到位资金与预算资金的比率，用以反映和考核资金落实情况对项目实施的总体保障程度。	资金到位率=（实际到位资金/预算资金）×100%。 实际到位资金：一定时期（本年度或项目期）内落实到具体项目的资金。 预算资金：一定时期（本年度或项目期）内预算安排到具体项目的资金。
		预算执行率	项目预算资金是否按照计划执行，用以反映或考核项目预算执行情况。	预算执行率=（实际支出资金/实际到位资金）×100%。 实际支出资金：一定时期（本年度或项目期）内项目实际拨付的资金。
		资金使用合规性	项目资金使用是否符合相关的财务管理制度规定，用以反映和考核项目资金的规范运行情况。	评价要点： ①是否符合国家财经法规和财务管理制度以及有关专项资金管理办法的规定； ②资金的拨付是否有完整的审批程序和手续； ③是否符合项目预算批复或合同规定的用途； ④是否存在截留、挤占、挪用、虚列支出等情况。
	组织实施	管理制度健全性	项目实施单位的财务和业务管理制度是否健全，用以反映和考核财务和业务管理制度对项目顺利实施的保障情况。	评价要点： ①是否已制定或具有相应的财务和业务管理制度； ②财务和业务管理制度是否合法、合规、完整。
		制度执行有效性	项目实施是否符合相关管理规定，用以反映和考核相关管理制度的有效执行情况。	评价要点： ①是否遵守相关法律法规和相关管理规定； ②项目调整及支出调整手续是否完备； ③项目合同书、验收报告、技术鉴定等资料是否齐全并及时归档； ④项目实施的人员条件、场地设备、信息支撑等是否落实到位。
产出	产出数量	实际完成率	项目实施的实际产出数与计划产出数的比率，用以反映和考核项目产出数量目标的实现程度。	实际完成率=（实际产出数/计划产出数）×100%。 实际产出数：一定时期（本年度或项目期）内项目实际产出的产品或提供的服务数量。 计划产出数：项目绩效目标确定的在一定时期（本年度或项目期）内计划产出的产品或提供的服务数量。

续表

一级指标	二级指标	三级指标	指标解释	指标说明
产出	产出质量	质量达标率	项目完成的质量达标产出数与实际产出数的比率，用以反映和考核项目产出质量目标的实现程度。	质量达标率=（质量达标产出数/实际产出数）×100%。 质量达标产出数：一定时期（本年度或项目期）内实际达到既定质量标准的产品或服务数量。既定质量标准是指项目实施单位设立绩效目标时依据计划标准、行业标准、历史标准或其他标准而设定的绩效指标值。
	产出时效	完成及时性	项目实际完成时间与计划完成时间的比较，用以反映和考核项目产出时效目标的实现程度。	实际完成时间：项目实施单位完成该项目实际所耗用的时间。 计划完成时间：按照项目实施计划或相关规定完成该项目所需的时间。
	产出成本	成本节约率	完成项目计划工作目标的实际节约成本与计划成本的比率，用以反映和考核项目的成本节约程度。	成本节约率=[（计划成本–实际成本）/计划成本]×100%。 实际成本：项目实施单位如期、保质、保量完成既定工作目标实际所耗费的支出。 计划成本：项目实施单位为完成工作目标计划安排的支出，一般以项目预算为参考。
效益	项目效益	实施效益	项目实施所产生的效益。	项目实施所产生的社会效益、经济效益、生态效益、可持续影响等。可根据项目实际情况有选择地设置和细化。
		满意度	社会公众或服务对象对项目实施效果的满意程度。	社会公众或服务对象是指因该项目实施而受到影响的部门（单位）、群体或个人。一般采取社会调查的方式。

资料来源：《财政部关于印发〈项目支出绩效评价管理办法〉的通知》（财预〔2020〕10号），2020年2月25日。

三、政府投资项目后评价框架

政府投资项目后评价，是指在项目竣工验收并投入使用或运营一定时间后，运用规范、科学、系统的评价方法与指标，将项目建成后所达到的实际效果与项目的可行性研究报告、初步设计（含概算）文件及其审批文件的主要内容进行对比分析，找出差距及原因，总结经验教训、提出相应对策建议，并反馈到项目参与各方，形成良性项目决策机制。①

20世纪80年代中后期，我国开始了政府投资项目的后评价工作。国家计委在1984年开始项目后评价，到1987年共完成了5项基本建设项目后评价。20世纪80

①《关于印发中央政府投资项目后评价管理办法和中央政府投资项目后评价报告编制大纲（试行）的通知》（发改投资〔2014〕2129号）。

年代财政部世界银行业务司承担了中国世界银行贷款项目的实施情况监督、检查和评估工作，开展了后评价的研究。1996年国家计委发布了《国家重点建设项目管理办法》，要求“国家重点建设项目竣工验收合格，经过运营，应当按照国家有关规定进行项目后评价”。1993年财政部成立经建司，所开展的基本建设财务管理和效益分析工作与项目后评价紧密相关。1998年新成立了重大项目稽查特派员办公室，负责对重点项目的建设实施组织稽查，并负责项目后评价工作。①2004年财政部印发了《财政部关于开展中央政府投资项目预算绩效评价工作的指导意见》(财建〔2004〕729号)，要求将政府投资项目绩效评价工作贯穿整个项目周期，具体内容包括项目前期、项目建设期、项目竣工运营期。

2014年11月27日国家发展改革委发布了《关于印发中央政府投资项目后评价管理办法和中央政府投资项目后评价报告编制大纲（试行）的通知》(发改投资〔2014〕2129号)，对中央政府投资项目后评价工作程序、后评价管理和监督、后评价成果应用做了明确规范。国家发展改革委负责项目后评价的组织和管理工作，具体包括：确定后评价项目，督促项目单位按时提交项目自我总结评价报告并进行审查，委托承担后评价任务的工程咨询机构，指导和督促有关方面保障后评价工作顺利开展和解决后评价中发现的问题，建立后评价信息管理系统和后评价成果反馈机制，推广经后评价总结的成功经验和做法等。

政府投资项目后评价与财政部印发的项目支出绩效评价共性指标框架在逻辑上具有相似性，都是按照项目逻辑模型进行的设计，包括决策、过程、产出、效果、影响等环节。政府投资项目后评价的主要内容包括以下几个部分：

第一部分项目概况。包括项目基本情况、项目决策理由与目标、项目建设内容及规模、项目投资情况、项目资金到位情况、项目运营（行）及效益现状、项目自我总结评价报告情况及主要结论、项目后评价依据、主要内容和基础资料。

第二部分项目全过程总结与评价，主要包括项目前期决策总结与评价；项目建设准备、实施总结与评价；项目运营（行）总结与评价。

第三部分项目效果和效益评价，主要包括项目技术水平评价；项目财务及经济效益评价；项目经营管理评价；项目资源环境效益评价；项目社会效益评价。

第四部分项目目标和可持续性评价，包括项目目标评价和项目可持续性评价。

第五部分项目后评价结论和主要经验教训。

第六部分对策建议。

项目后评价采用定性和定量相结合的方法，主要包括：逻辑框架法（见表7–6）、调查法、对比法、专家打分法、综合指标体系评价法、项目成功度评价法（见表7–7）。

① 潘彬：《公共投资项目绩效评估》，中国人民大学出版社2012年，第25页。

表7-6　　　　　　　　　　后评价项目逻辑框架表

项目描述	实施效果（可客观验证的指标）			原因分析		项目可持续能力
	原定指标	实现指标	变化情况	内部原因	外部条件	
项目宏观目标						
项目直接目标						
产出/建设内容						
投入/活动						

表7-7　　　　　　　　　　后评价项目成功度评价表

评定项目指标	项目相关重要性	评定等级
宏观目标和产业政策		
决策及其程序		
布局与规模		
项目目标及市场		
设计与技术装备水平		
资源和建设条件		
资金来源和融资		
项目进度及其控制		
项目质量及其控制		
项目投资及其控制		
项目运营		
机构和管理		
项目财务效益		
项目经济效益和影响		
社会和环境影响		
项目可持续性		
项目总评		

注：1. 项目相关重要性：分为重要、次重要、不重要。

2. 评定等级分为：A–成功、B–基本成功、C–部分成功、D–不成功、E–失败。

形成后评价指标体系开展综合评价是后评价的常用方法。表7–8是川藏公路前龙段Ⅰ号滑坡整治工程后评价的综合指标体系。

表7-8　　川藏公路前龙段Ⅰ号滑坡整治工程后评价的综合指标体系

一级指标	二级指标	三级指标
经济后评价指标A1	财务后评价B1	财务净现值C1
		财务内部收益率C2
	国民经济后评价B2	经济内部收益率C3
		经济净现值C4
	项目决策阶段后评价B3	可行性研究后评价C5
		决策程序后评价C6
过程后评价指标A2	前期准备工作后评价B4	工程招投标后评价C7
		工程勘测后评价C8
		开工准备后评价C9
		建设工程执行情况C10
	实施阶段后评价B5	实际投资与计划投资的比例C11
		实际工程规模与计划工程规模的比较C12
		竣工验收情况C13
	运营阶段后评价B6	运营阶段管理水平后评价C14
		项目运营效果后评价C15
影响后评价指标A3	社会影响后评价B7	社会发展影响C16
		科技进步影响C17
	环境影响后评价B8	项目的污染控制C18
		项目对自然资源的利用和保护C19
		项目的环境管理C20
可持续后评价指标A4	内部持续性发展因素后评价B9	管理措施的持续性C21
		环境因素C22
		人才因素C23
	外部持续性发展因素后评价B10	自然环境因素C24
		社会环境因素C25
		经济环境因素C26
效果后评价指标A5	整治前评价B11	对滑坡的认识程度C27
		整治工程设计合理性C28
	整治中评价B12	施工工期及难度C29
		施工顺序合理性C30
		质量控制措施合理性C31

续表

一级指标	二级指标	三级指标
效果后评价指标A5	整治中评价B12	被保护对象整体使用效果C32
		排水工程效果C33
		浅层滑动治理效果C34
	整治后评价 B13	抗冲刷措施效果C35
		结构受力与设计值之比C36
		滑坡及抗滑结构位移状况C37
		整治后滑坡影响因素的改变状况C38
		新技术、新工艺推广情况C39

资料来源：冯升学、唐茂勇、张光西：《滑坡整治工程后评价指标体系构建探讨》，《水电站设计》2018年第2期，第78—82页。

第四节 部门预算政策支出绩效评价

一、政策评价的推动主体和演变

开展政策评估和评价具有悠久的历史。长期以来，一级政府的政策评价一般有三个推动主体，一是党委政府办公厅或效能办等机构，二是国务院委托审计署对重大政策落实情况开展审计，三是财政部门推行的财政支出政策绩效评价。财政支出政策具有层级性，可分为政府层级的支出政策和部门层级的支出政策。部门层级的支出政策应与政府层面的财政支出政策保持一致，并形成层级分解关系。

（一）党委政府的政策督查和第三方评估

党委政府办公厅、效能办等机构一般采用督查、第三方评估等形式开展政策绩效评价，重点关注政策目标和政策任务的完成情况。“督促检查工作的主要任务是，推动党和政府重大决策部署的贯彻落实。要抓好法律法规、规范性文件贯彻落实情况的督促检查；抓好政府会议决定事项贯彻落实情况的督促检查；抓好政府领导同志批示和交办事项贯彻落实情况的督促检查。”[①]限期报告、调查复核、情况通报、责任追究、督查调研是督查的常见方式和制度。

政策第三方评估是李克强任国务院总理以来，政府治理方式的重大创新。李克强总理多次强调，“各部门要强化对政策落实情况的督查考核，注重引入社会力量开展第三方评估，接受各方监督，不能‘自拉自唱’”。[②]2013年9月6日李克强总理在国务院常务会议上听取了民间投资政策落实情况

---

①《国务院办公厅关于进一步加强政府督促检查工作的意见》（国办发〔2014〕42号）。

② 新华时评：《政策落实情况引入第三方评估的示范意义》，2013年09月08日，中央政府门户网站www.gov.cn。

第三方评估汇报，随后第三方评估机制不断拓展和完善，各地方也积极开展实践。2015年江苏省印发了《省政府办公厅关于开展重大政策举措第三方评估的实施意见》（苏政办发〔2015〕115号）、2016年南京市政府印发了《南京市重大政策措施第三方评估实施办法（试行）》（宁政办发〔2016〕40号），该办法明确了评估立项、评估机构、评估工作组织和工作保障等内容。

（二）重大政策落实情况审计

2014年9月29日李克强总理召开国务院常务会议强调“当前，审计工作要把重点放在督促重大工程、重大项目等落实上来”。[①]2014年10月印发的《国务院关于加强审计工作的意见》（国发〔2014〕48号）明确：“发挥审计促进国家重大决策部署落实的保障作用”，“持续组织对国家重大政策措施和宏观调控部署落实情况的跟踪审计，着力监督检查各地区、各部门落实稳增长、促改革、调结构、惠民生、防风险等政策措施的具体部署、执行进度、实际效果等情况，特别是重大项目落地、重点资金保障，以及简政放权推进情况，及时发现和纠正有令不行、有禁不止行为，反映好的做法、经验和新情况、新问题，促进政策落地生根和不断完善。”2018年《第二季度国家重大政策措施落实跟踪审计结果》披露了国家重大政策措施落实跟踪审计情况：“重点关注了‘十三五’规划重大工程项目建设，防范化解重大风险、精准脱贫、污染防治‘三大攻坚战’推进，‘一带一路’倡议落实，‘放管服’改革深化等情况，并对以往审计发现问题的整改情况进行了跟踪检查。此次抽查了1540个单位、2439个项目，涉及资金4187.45亿元，其中中央财政资金451.12亿元。”[②]

（三）财政支出政策绩效评价

政府预算反映国家的战略、规划、政策，反映政府的职责、活动范围、方向。支出政策是政府根据党中央重大方针政策和决策部署、《预算法》等法律规定制定的财政支出安排措施，包括财政支出的方向、规模、结构和管理制度等。支出预算是政府根据党中央重大方针政策和决策部署、《预算法》等法律规定，按照规定的程序、方法和标准编制的，对各种支出作出统筹安排，并报经本级人民代表大会审查批准后执行的财政支出计划。[③]

2014年《国务院关于深化预算管理制度改革的决定》（国发〔2014〕45号）中要求“全面推进预算绩效管理工作，强化支出责任和效率意识，逐步将绩效管理范

---

① 李克强：《重大工程、项目落实纳入审计重点》，《每日经济新闻》2014年9月30日。

②《2018年第二季度国家重大政策措施落实情况跟踪审计结果》（2018年第48号）。

③《关于人大预算审查监督重点向支出预算和政策拓展的指导意见》（中办发〔2018〕15号）。

围覆盖各级预算单位和所有财政资金，将绩效评价重点由项目支出拓展到部门整体支出和政策、制度、管理等方面，加强绩效评价结果应用，将评价结果作为调整支出结构、完善财政政策和科学安排预算的重要依据”。2015 年北京市财政局开展了北京市平原造林工程财政支出政策绩效评价。上海、南京、绍兴等地也开始试行财政支出政策绩效评价工作。2015年在世界银行的支持下，财政部预算评审中心于2015年 12月启动了对财政支出政策绩效评价框架体系的研究，出版了《中国财政支出政策绩效评价体系研究》。

2018年3月中共中央办公厅印发了《关于人大预算审查监督重点向支出预算和政策拓展的指导意见》(中办发〔2018〕15号)，要求人大预算审查监督重点向支出预算和政策拓展。人大通过审查监督支出预算和政策，保障党中央重大方针政策和决策部署的贯彻落实。

2018年9月印发的《中共中央 国务院关于全面实施预算绩效管理的意见》要求用3—5年的时间基本建成包括政府预算、部门和单位预算、政策和项目预算的全方位绩效管理格局。

2018年11月《关于贯彻落实〈中共中央 国务院关于全面实施预算绩效管理的意见〉的通知》(财预〔2018〕167号)要求积极推动绩效管理实施对象从政策和项目预算向部门和单位预算、政府预算拓展，稳步提升预算绩效管理层级，逐步增强整体性和协调性。

二、指标体系

财政政策绩效评价重点关注但不局限于以下几个方面：财政政策设定程序的合法性、公正性、规范性；财政政策的必要性，目标设定是否符合各级要求，符合当地实际情况，符合社会发展需求，符合人民群众利益；财政政策的可行性，政策规定的实际措施与目标达成是否具备因果关系；财政政策内容是否完整、支持范围是否合理、扶持方式是否精准、配套措施是否完备；财政政策实施的阶段性目标兑现情况，与社会经济发展的契合度等；财政政策完成的效率性、效益性、公平性以及社会形势变化对政策的影响程度；其他需要关注和评价的内容。[①]目前我国尚未形成政策绩效评价的共性指标框架。有代表性的评价内容和指标体系如下。

① 《南京市财政政策绩效评价操作规程》(2018)。

（一）北京市的探索

2015年，北京市财政局开展了“北京市平原造林工程财政支出政策绩效评价”试点，随后建构了基于“五性维度”的绩效评价框架，主要包括政策相关性、政策效率性、政策效益性、政策公平性以及政策效果可持续性，涵盖了政策决策与执行的全过程。政策相关性主要考察政策目标现实需要的满足程度、政策目标与国家政策和规划的相符程度以及政策任务落实保障程度；政策效率性主要考察政策执行中的管理是否到位、计划执行是否可控及政策产出目标是否按照计划达成；政策效益性主要考察政策的执行效果和服务对象满意度；政策公平性主要考察政策资金分配的公平性和政策效益的普惠性；政策可持续性主要考察政策效果的可持续条件和环境是否具备。围绕“五性维度”内容，北京市财政局提出了5个一级指标、12个二级指标的政策评价指标体系（见表7–9）。[①]

表7–9　　　　北京市政策评价指标体系

一级指标	二级指标	评价要点	分值
政策目标相关性（20%）	目标与需求相符性	①政策目标是否能够满足现实需求；②政策目标是否与需求主体的需求具有一致性；③政策目标满足需求的比例如何。	6
	政策任务分解的合理性	①反映政策任务分解结果的合理性；②预期分解结果、实际分解结果如何？③可从数量、金额等方面进行分析。	4
	政策目标与效果相关性	①反映政策实际效果与目标规划效果的匹配程度；②政策目标预期效果如何？实际效果如何？	10
政策执行效率性（20%）	政策规划科学性	①反映政策规划的覆盖程度；②政策规划覆盖面所占的比例。	6
	政策过程控制有效性	①反映预算控制有效性；②政策分解任务的实施是否按照各阶段规定流程执行；③政策任务调整是否合规。	7
	政策执行的及时性	①预算执行是否及时性；②政策落实是否及时性；③业务进度是否及时性。	7
政策实施有效性（35%）	政策实施效果	①政策预期产出与实际产出相符情况；②政策产生的经济效益情况；③政策产生的社会效益情况；④其他影响情况。	25
	政策执行满意度	①政府部门对政策执行效果的满意程度；②政策服务对象对政策执行效果的满意程度。	10
政策公平性（15%）	政策资金分配公平性	①资金分配在不同群体间是否公平；②政策资金在各分解任务之间分配是否公平合理。	5
	政策效果普惠性	①政策实际受益群体的情况；②反映政策在实施过程中是否具有公共性、无差异性、非排他性；③公共性考虑政策实施能够满足社会绝大多数人享受政策效益的程度；④考虑政策受益群体所享受到的效益是否存在明显差异；⑤非排他性考察政策实施是否损害特定群体利益或将其排除在受益范围之外。	10

① 王罡、贠晓哲：《财政政策绩效评价的“五性维度”》，《新理财（政府理财）》2016年Z1期。

续表

一级指标	二级指标	评价要点	分值
政策效果可持续性（10%）	政策效果的积极因素	①反映积极因素产生的效果；②积极因素体现在哪些方面。	4
	政策示范性及可持续性	①政策示范效应如何？政策对后续类似政策的借鉴程度；②政策是否具有可持续性，与后期发展规划方向是否一致。	6

（二）预算评审中心的指标框架

2015在世界银行的支持下，财政部预算评审中心于2015年12月启动了对财政支出政策绩效评价框架体系的研究，研究将政策分事前、事中和事后三个环节整合成一个统一的共性框架，如表7–10所示。①

表7–10　　　　预算评审中心的政策绩效评价指标框架

一级指标	二级指标	三级指标	指标解释
政策决策的科学性	政策绩效目标设定	目标依据充分性	政策绩效目标设定依据是否充分
	政策绩效指标选取	指标选取的科学性	政策绩效指标选取是否清晰、细化、可衡量
	政策决策过程	政策决策程序规范性	政策决策程序是否明确、规范
政策目标相关性	政策满足需求程度	政策目标对应的预期满足需求程度	政策预期可实现需求/预期全部需求
		政策目标的明确性	政策目标范围/政策规划范围
		政策目标的针对性	政策目标服务主体/政策需求主体
	政策任务分解的合理性	政策任务分解依据的合理性	实际分解依据/预期分解依据
		政策任务分解结果的合理性	实际分解结果/预期分解结果
	政策效果实现程度	政策效果数量指标	政策产出数量
		政策效果质量指标	政策产出质量
		政策效果与政策目标的关联性	政策实际效果/政策目标预期效果
政策执行效率性	政策规划的科学性	政策规划覆盖面	政策规划覆盖面/预期类似政策的全部覆盖
		政策规划层级合理性	政策规划层级/预期类似政策覆盖的全部层级
		政策规划与实际需求的符合性	政策规划覆盖的数量/实际需求数量

① 财政部预算评审中心：《中国财政支出政策绩效评价体系研究》，经济科学出版社2017年，第95—99页。

续表

一级指标	二级指标	三级指标	指标解释
政策执行效率性	政策过程控制有效性	政策预算控制有效性	预算控制覆盖率
		政策实施和政策调整过程控制的有效性	政策实施控制覆盖率
	政策执行的效率性	相关业务管理控制的有效性	业务管理控制覆盖率
		预算控制效率	预算控制及时性、准确性
		政策实施和调整效率	政策实施控制的及时性、准确性
		相关业务事项管理效率	业务控制的及时性、准确性
政策执行效益性	政策执行效果	政策产出达到预期的程度	政策实际产出/政策预期产出
		政策产生的经济影响力	政策影响经济效益的金额、影响范围
		政策产生的社会影响力	政策影响社会效益涉及的范围、影响程度
		政策产生的环境影响力	政策对环境影响的范围及程度
	政策执行满意度	政策主管部门满意度	政府主管部门满意比率
		服务对象满意度	服务对象满意比率
政策公平性	政策资金分配公平性	资金分配过程的公平性	资金分配合规度
		资金分配结果的公平性	资金分配合理程度
	政策效果普惠性	政策实际收益人群大小	实际收益群体范围、人数
	政策效果普惠性	公众满意度	公众满意程度
政策示范性	政策积极因素及效果	政策积极因素	积极因素名称及具体情况
		政策积极效果	积极效果数量、质量
	政策存在问题的典型性	政策存在问题	问题名称及具体情况
		问题的典型性	问题的普遍性及代表性
	政策示范效应及可持续性	政策示范效应	政策示范性
		后续政策可持续性	政策持续性

注：此表没包括原表中的权重信息。

（三）上海市的探索

2019年7月上海印发了《上海市市级财政政策预算绩效管理办法（试行）》（财绩〔2019〕20号），根据该办法，上海市将财政政策绩效评价分为绩效自评和重点评价。预算主管部门在年度预算执行完成后要对绩效目标实现情况进行自评价，并可结合管理要求和政策执行情况实施重点评价，在政策执行到期后要组织开展重点评价。财政部门根据管理需要，对到期延续政策、涉及重大调整的政策，组织开展重点评价；对于到期延续的政策，到期前半年开展政策评价，根据政策评价结果，确定项目是否延续，并相应调整预算安排和政策规定；对于涉及重大调整的政策，提前开展政策绩效评价，根据绩效评价结果，完善政策调整的范围、标准等内容。①

自评采用“对着目标看完成，对着预算看执行”的方式进行。重点绩效评价则按照政策制定、执行和效果三个维度进行设置，如表7–11所示。

表7–11　　上海市财政政策重点评价绩效指标体系表（共性指标）

<table>
<tr><th>一级指标</th><th>权重</th><th colspan="2">二级指标</th><th>指标解释</th><th>指标说明</th><th>分值</th></tr>
<tr><td rowspan="4">政策制定指标</td><td rowspan="4">20</td><td colspan="2">政策目标导向性</td><td>提高项目与战略目标的适应度</td><td>制定的政策是否为想要达到的目标服务</td><td></td></tr>
<tr><td colspan="2">政策前期调研情况</td><td>考察政策制定前的调研情况</td><td>政策制定前期，制定方是否进行了充分的调研</td><td></td></tr>
<tr><td colspan="2">政策要素完整性</td><td>考察政策在形式、内容上是否完整</td><td>政策在内容结构上是否完整</td><td></td></tr>
<tr><td colspan="2">政策制定评估情况</td><td>政策制定之前进行事前政策评估</td><td>按政策实际情况进行设置</td><td></td></tr>
<tr><td rowspan="6">政策实施指标</td><td rowspan="6">35</td><td colspan="2">配套政策制定情况</td><td>考察为保障政策的实施，是否制定了相应的其他配套政策</td><td>反映配套政策的数量、质量和时效</td><td></td></tr>
<tr><td colspan="2">政策执行动态跟踪</td><td>是否建立动态跟踪机制</td><td>反映政策制定方是否建立动态跟踪机制或组织进行政策跟踪评价</td><td></td></tr>
<tr><td colspan="2">财政资金使用效率</td><td>从资金到位率、到位及时性和成本节约率进行考察</td><td>按政策实际情况进行设置</td><td></td></tr>
<tr><td colspan="2">政策申报情况</td><td>反映申请材料审核、审批流程和审批内容</td><td>申请材料审核、审批流程和审批内容</td><td></td></tr>
<tr><td colspan="2">享受政策评审情况</td><td>反映评审的客观公正</td><td>专家人选确定，评审形式和内容</td><td></td></tr>
<tr><td colspan="2">信息公开情况</td><td>按照市政府信息公开要求判断</td><td>主动公开、依申请公开和不公开</td><td></td></tr>
<tr><td rowspan="3">政策效益指标</td><td rowspan="3">45</td><td rowspan="3">产出指标</td><td>数量指标</td><td>政策覆盖面、受益人数等指标</td><td rowspan="3">按政策实际情况进行设置</td><td></td></tr>
<tr><td>质量指标</td><td>符合规定要求和标准的质量指标</td><td></td></tr>
<tr><td>时效指标</td><td>政策规定的时间性要求</td><td></td></tr>
</table>

①《上海市市级财政政策预算绩效管理办法（试行）》（财绩〔2019〕20号）。

续表

一级指标	权重	二级指标		指标解释	指标说明	分值
政策效益指标	45	效益指标	经济效益	政策实施对社会发展产生的影响	按政策实际情况进行设置	
			社会效益	政策实施对经济发展的直接或间接影响		
			生态效益	执行政策对生态环境的影响		
		满意度指标	服务对象满意度指标	社会公众对政策知晓度和满意程度	数量、质量和时效	
总分	100					

第五节 部门预算整体绩效评价

一、政策演变

部门预算整体绩效评价分为部门预算收入绩效评价与整体支出绩效评价，本章主要探讨后者。部门预算整体支出绩效评价经历了试点探索、形成共性指标、从评价向管理拓展三个阶段。

（一）试点探索阶段

为贯彻落实党的十六届三中全会关于“建立预算绩效评价体系”的要求，2005年财政部印发了《中央部门预算支出绩效考评管理办法（试行）》的通知》（财预〔2005〕86号），选择试点部门开展了预算支出绩效考评。按照该《通知》的要求“绩效考评可以以包括基本支出和项目支出在内的部门预算支出为对象实施部门预算绩效考评，也可以以项目支出为对象实施项目支出预算绩效考评。绩效考评项目应以行政事业类项目或其他类项目为主，包括重大项目和一般性项目，其中重大项目是指资金数额较大、社会影响较广、具有明显社会效益的本部门或者跨部门的项目”。“绩效考评共性指标主要包括以下类型：绩效目标完成程度、预算执行情况、财务管理状况、经济和社会效益、资产的配置和使用情况等。具体指标由财政部确定。绩效考评个性指标由中央部门商财政部根据被考评对象的绩效目标制定。”①

2011年财政部印发了《财政支出绩效评价管理暂行办法》（财预〔2011〕285号），该办法将财政支出绩效评价的对象分为两类：部门预算支出和上级政府对下级政府的转移支付支出。前者包括基本支出、项目支出和部门整体支出，后者

①《财政部关于印发〈中央部门预算支出绩效考评管理办法（试行）〉的通知》（财预〔2005〕86号）。

包括一般性转移支付和专项转移支付。部门整体支出正式成为财政支出绩效评价的对象类别。此前的《中央部门预算支出绩效考评管理办法（试行）》（财预〔2005〕86号）、《财政支出绩效评价管理暂行办法》（财预〔2009〕76号）同时废止。《财政部关于进一步推进中央部门预算项目支出绩效评价试点工作的通知》（财预〔2009〕390号）及其他有关规定与《财政支出绩效评价管理暂行办法》不一致的，以《财政支出绩效评价管理暂行办法》（财预〔2011〕285号）为准。2020年2月25日财政部印发的《项目支出绩效评价管理办法》（财政〔2020〕10号）明确："本办法自印发之日起施行。《财政支出绩效评价管理暂行办法》（财政〔2011〕285号）同时废止。"

2011年7月财政部印发了《关于推进预算绩效管理的指导意见》（财预〔2011〕416号），意见明确"各级财政部门和预算单位要结合本地区、本单位实际情况，勇于探索，先易后难，优先选择重点民生支出和社会公益性较强的项目等进行预算绩效管理试点，积累经验，在此基础上稳步推进基本支出绩效管理试点、单位整体支出绩效管理试点和财政综合绩效管理试点。"[①]

2012年9月21日财政部印发了《预算绩效管理工作规划（2012—2015年）》（财预〔2012〕396号），提出"到2015年，编报部门整体支出绩效目标的一级预算单位占本级所有一级预算单位的比例力争达30%"。该《规划》没有对部门整体支出绩效评价做明确的说明。

（二）形成共性指标框架

2013年4月21日财政部印发了《预算绩效评价共性指标体系框架》（财预〔2013〕53号），该框架包括项目支出绩效评价共性指标体系框架、部门整体支出绩效评价共性指标体系框架、财政预算绩效评价共性指标体系框架。

2014年国务院印发了《关于深化预算管理制度改革的决定》（国发〔2014〕45号），提出"将绩效评价重点由项目支出拓展到部门整体支出和政策、制度、管理等方面"。

（三）从评价迈向全过程管理

2015年5月21日财政部印发了《中央部门预算绩效目标管理办法》（财预〔2015〕88号），明确了部门整体绩效目标和指标的含义和管理办法。

2018年9月印发的《中共中央 国务院关于全面实施预算绩效管理的意见》提出"将部门全部预算收支纳入绩效管理，赋予部门和资金使用单位更多的管理自主权。围绕部门职责和事业发展规划，以预算资金为主线，统筹考虑资产和业务活动，从运行成本、管理效率、履职效能、社会效应、可持续发展能力和服务对象满

①《关于深化预算管理制度改革的决定》（国发〔2014〕45号）。

意度等方面，衡量部门整体及核心业务实施效果，推动提高部门整体绩效水平。”

2018年11月印发的《关于贯彻落实〈中共中央 国务院关于全面实施预算绩效管理的意见〉的通知》（财预〔2018〕167号）进一步明确：“逐步推动预算部门和单位开展整体绩效自评，提高部门履职效能和公共服务供给质量。积极推动绩效管理实施对象从政策和项目预算向部门和单位预算、政府预算拓展；探索建立部门和单位预算整体绩效报告制度。”

二、共性指标框架

2013年4月21日财政部印发了《预算绩效评价共性指标体系框架》（财预〔2013〕53号），明确了部门整体支出绩效评价共性框架，如表7-12所示。

表7-12　部门整体支出绩效评价共性指标框架

一级指标	二级指标	三级指标	指标解释
投入	目标设定	绩效目标合理性	部门（单位）所设立的整体绩效目标依据是否充分，是否符合客观实际，用以反映和考核部门（单位）整体绩效目标与部门履职、年度工作任务的相符性情况。
		绩效指标明确性	部门（单位）依据整体绩效目标所设定的绩效指标是否清晰、细化、可衡量，用以反映和考核部门（单位）整体绩效目标的明细化情况。
	预算配置	在职人员控制率	部门（单位）本年度实际在职人员数与编制数的比率，用以反映和考核部门（单位）对人员成本的控制程度。
		“三公经费”变动率	部门（单位）本年度“三公经费”预算数与上年度“三公经费”预算数的变动比率，用以反映和考核部门（单位）对控制重点行政成本的努力程度。
		重点支出安排率	部门（单位）本年度预算安排的重点项目支出与部门项目总支出的比率，用以反映和考核部门（单位）对履行主要职责或完成重点任务的保障程度。
过程	预算执行	预算完成率	部门（单位）本年度预算完成数与预算数的比率，用以反映和考核部门（单位）预算完成程度。
		预算调整率	部门（单位）本年度预算调整数与预算数的比率，用以反映和考核部门（单位）预算的调整程度。
		支付进度率	部门（单位）实际支付进度与既定支付进度的比率，用以反映和考核部门（单位）预算执行的及时性和均衡性程度。
		结转结余率	部门（单位）本年度结转结余总额与支出预算数的比率，用以反映和考核部门（单位）对本年度结转结余资金的实际控制程度。

续表

一级指标	二级指标	三级指标	指标解释
过程	预算执行	结转结余变动率	部门（单位）本年度结转结余资金总额与上年度结转结余资金总额的变动比率，用以反映和考核部门（单位）对控制结转结余资金的努力程度。
		公用经费控制率	部门（单位）本年度实际支出的公用经费总额与预算安排的公用经费总额的比率，用以反映和考核部门（单位）对机构运转成本的实际控制程度。
		“三公经费”控制率	部门（单位）本年度“三公经费”实际支出数与预算安排数的比率，用以反映和考核部门（单位）对“三公经费”的实际控制程度。
		政府采购执行率	部门（单位）本年度实际政府采购金额与年初政府采购预算的比率，用以反映和考核部门（单位）政府采购预算执行情况。
	预算管理	管理制度健全性	部门（单位）为加强预算管理、规范财务行为而制定的管理制度是否健全完整，用以反映和考核部门（单位）预算管理制度对完成主要职责或促进事业发展的保障情况。
		资金使用合规性	部门（单位）使用预算资金是否符合相关的预算财务管理制度的规定，用以反映和考核部门（单位）预算资金的规范运行情况。
		预决算信息公开性	部门（单位）是否按照政府信息公开有关规定公开相关预决算信息，用以反映和考核部门（单位）预决算管理的公开透明情况。
		基础信息完善性	部门（单位）基础信息是否完善，用以反映和考核基础信息对预算管理工作的支撑情况。
	资产管理	管理制度健全性	部门（单位）为加强资产管理、规范资产管理行为而制定的管理制度是否健全完整，用以反映和考核部门（单位）资产管理制度对完成主要职责或促进社会发展的保障情况。
		资产管理安全性	部门（单位）的资产是否保存完整、使用合规、配置合理、处置规范、收入及时足额上缴，用以反映和考核部门（单位）资产安全运行情况。
		固定资产利用率	部门（单位）实际在用固定资产总额与所有固定资产总额的比率，用以反映和考核部门（单位）固定资产使用效率程度。
产出	职责履行	实际完成率	部门（单位）履行职责而实际完成工作数与计划工作数的比率，用以反映和考核部门（单位）履职工作任务目标的实现程度。
		完成及时率	部门（单位）在规定时限内及时完成的实际工作数与计划工作数的比率，用以反映和考核部门履职时效目标的实现程度。
		质量达标率	达到质量标准（绩效标准值）的实际工作数与计划工作数的比率，用以反映和考核部门履职质量目标的实现程度。
		重点工作办结率	部门（单位）年度重点工作实际完成数与交办或下达数的比率，用以反映部门（单位）对重点工作的办理落实程度。

续表

一级指标	二级指标	三级指标	指标解释
效果	履职效益	经济效益	部门（单位）履行职责对经济发展所带来的直接或间接影响。
		社会效益	部门（单位）履行职责对社会发展所带来的直接或间接影响。
		生态效益	部门（单位）履行职责对生态环境所带来的直接或间接影响。
		社会公众或服务对象满意度	社会公众或部门（单位）的服务对象对部门履职效果的满意程度。

注：原表评分标准在正文中陈述。

（一）投入

1. 目标设定。

（1）绩效目标合理性。是用于衡量预算部门所设立的整体绩效目标依据是否充分，是否符合客观实际，用以反映和考核部门整体绩效目标与部门履职、年度工作任务的相符性情况。评价要点为：①是否符合国家法律法规、国民经济和社会发展总体规划；②是否符合部门“三定”方案确定的职责；③是否符合部门制定的中长期实施规划。

（2）绩效指标明确性。是用于衡量预算部门依据整体绩效目标所设定的绩效指标是否清晰、细化、可衡量，用以反映和考核部门整体绩效目标的明细化情况。评价要点为：①是否将部门整体的绩效目标细化分解为具体的工作任务；②是否通过清晰、可衡量的指标值予以体现；③是否与部门年度的任务数或计划数相对应；④是否与本年度部门预算资金相匹配。

2. 预算配置。

（1）在职人员控制率。是指预算部门本年度实际在职人员数与编制数的比率，用以反映和考核部门对人员成本的控制程度。具体计算公式为：

$$在职人员控制率=\frac{实际在职人员数}{编制数}\times 100\%$$

其中，实际在职人数以财政部确定的部门决算编制口径为准，编制数是机构编制部门核定批复的部门人员编制数。

（2）“三公经费”变动率。是指预算部门本年度“三公经费”预算数与上年度“三公经费”预算数的变动比率，用以反映和考核部门对控制重点行政成本的努力程度。其中，“三公经费”，是指因公出国（境）费、公务车辆购置及运行费和公务招待费。具体计算公式为：

$$\text{“三公经费”变动率}=\frac{\text{本年度“三公经费”总额}-\text{上年度“三公经费”总额}}{\text{上年度“三公经费”总额}}\times 100\%$$

（3）重点支出安排率。是指预算部门本年度预算安排的重点项目支出与部门项目总支出的比率，用以反映和考核部门对履行主要职责或完成重点任务的保障程度。具体计算公式为：

$$\text{重点支出安排率}=\frac{\text{重点项目支出}}{\text{项目总支出}}\times 100\%$$

其中，重点项目支出，是指预算部门年度预算安排的，与本部门履职和发展密切相关、具有明显社会和经济影响、党委政府关心或社会比较关注的项目支出总额；项目总支出，是指预算部门年度预算安排的项目支出总额。

（二）过程

1.预算执行。

（1）预算完成率。是指预算部门本年度预算完成数与预算数的比率，用以反映和考核部门预算完成程度。具体计算公式为：

$$\text{预算完成率}=\frac{\text{预算完成数}}{\text{预算数}}\times 100\%$$

其中，预算完成数，是指预算部门本年度实际完成的预算数；预算数，是指财政部门批复的本年度部门预算数。

（2）预算调整率。是指预算部门本年度预算调整数与预算数的比率，用以反映和考核部门预算的调整程度。具体计算公式为：

$$\text{预算调整率}=\frac{\text{预算调整数}}{\text{预算数}}\times 100\%$$

其中，预算调整数，是指预算部门在本年度内涉及预算的追加、追减或结构调整的资金总和，但不包括因落实国家政策、发生不可抗力、上级部门或本级党委政府临时交办而产生的调整。

（3）支付进度率。是指预算部门实际支付进度与既定支付进度的比率，用以反映和考核部门预算执行的及时性和均衡性程度。具体计算公式为：

$$\text{支付进度率}=\frac{\text{实际支付进度}}{\text{既定支付进度}}\times 100\%$$

其中，实际支付进度，是指预算部门在某一时点的支出预算执行总数与年度支出预算数的比率；既定支付进度，是由预算部门在申报部门整体绩效目标时，参照序时支付进度、前三年支付进度、同级部门平均支付进度水平等确定的，在某一时点应达到的支付进度。

（4）结转结余率。是指预算部门本年度结转结余总额与支出预算数的比率，用以反映和考核部门对本年度结转结余资金的实际控制程度。具体计算公式为：

$$结转结余率=\frac{结转结余总额}{支出预算数}\times 100\%$$

其中，结转结余总额，是指预算部门本年度的结转资金与结余资金之和（以决算数为准）。

（5）结转结余变动率。是指预算部门本年度结转结余资金总额与上年度结转结余资金总额的变动比率，用以反映和考核部门对控制结转结余资金的努力程度。具体计算公式为：

$$结转结余变动率=\frac{本年度累计结转结余资金总额-上年度累计结转结余资金总额}{上年度累计结转结余资金总额}\times 100\%$$

（6）公用经费控制率。是指预算部门本年度实际支出的公用经费总额与预算安排的公用经费总额的比率，用以反映和考核部门对机构运转成本的实际控制程度。具体计算公式为：

$$公用经费控制率=\frac{实际支出公用经费总额}{预算安排公用经费总额}\times 100\%$$

（7）“三公经费”控制率。是指预算部门本年度“三公经费”实际支出数与预算安排数的比率，用以反映和考核部门对“三公经费”的实际控制程度。具体计算公式为：

$$“三公经费”控制率=\frac{“三公经费”实际支出数}{“三公经费”预算安排数}\times 100\%$$

（8）政府采购执行率。是指预算部门本年度实际政府采购金额与年初政府采购预算的比率，用以反映和考核部门政府采购预算执行情况。具体计算公式为：

$$政府采购执行率=\frac{实际政府采购金额}{政府采购预算数}\times 100\%$$

其中，政府采购预算，是指采购机关根据事业发展计划和行政任务编制的、并经过规定程序批准的年度政府采购计划。

2. 预算管理。

（1）管理制度健全性。是用于衡量预算部门为加强预算管理、规范财务行为而制定的管理制度是否健全完整，用以反映和考核部门预算管理制度对完成主要职责或促进事业发展的保障情况。评价要点为：①是否已制定或具有预算资金管理办法、内部财务管理制度、会计核算制度等管理制度；②相关管理制度是否合法、合规、完整；③相关管理制度是否得到有效执行。

（2）资金使用合规性。是用于衡量预算部门使用预算资金是否符合相关的预算财务管理制度的规定，用以反映和考核部门预算资金的规范运行情况。评价要点为：①是否符合国家财经法规和财务管理制度规定以及有关专项资金管理办法的规定；②资金的拨付是否有完整的审批程序和手续；③项目的重大开支是否经过评估论证；④是否符合部门预算批复的用途；⑤是否存在截留、挤占、挪用、虚列支出等情况。

（3）预决算信息公开性。是用于衡量预算部门是否按照政府信息公开有关规定公开相关预决算信息，用以反映和考核部门预决算管理的公开透明情况。其中，预决算信息是指与部门预算、执行、决算、监督、绩效等管理相关的信息。评价要点为：①是否按规定内容公开预决算信息；②是否按规定时限公开预决算信息。

（4）基础信息完善性。是用于衡量预算部门基础信息是否完善，用以反映和考核基础信息对预算管理工作的支撑情况。评价要点为：①基础数据信息和会计信息资料是否真实；②基础数据信息和会计信息资料是否完整；③基础数据信息和会计信息资料是否准确。

3.资产管理。

（1）管理制度健全性。是用于衡量预算部门为加强资产管理、规范资产管理行为而制定的管理制度是否健全完整，用以反映和考核部门资产管理制度对完成主要职责或促进社会发展的保障情况。评价要点为：①是否已制定或具有资产管理制度；②相关资产管理制度是否合法、合规、完整；③相关资产管理制度是否得到有效执行。

（2）资产管理安全性。是用于衡量预算部门的资产是否保存完整、使用合规、配置合理、处置规范、收入及时足额上缴，用以反映和考核部门资产安全运行情况。评价要点为：①资产保存是否完整；②资产配置是否合理；③资产处置是否规范；④资产账务管理是否合规，是否帐实相符；⑤资产是否有偿使用及处置收入及时足额上缴。

（3）固定资产利用率。是指预算部门实际在用固定资产总额与所有固定资产总额的比率，用以反映和考核部门固定资产使用效率程度。具体计算公式为：

$$固定资产利用率=\frac{实际在用固定资产总额}{所有固定资产总额}\times 100\%$$

（三）产出

1.职责履行。

（1）实际完成率。是指预算部门履行职责而实际完成工作数与计划工作数的比率，用以反映和考核部门履职工作任务目标的实现程度。具体计算公式为：

$$实际完成率=\frac{实际完成工作数}{计划工作数}\times 100\%$$

其中，实际完成工作数，是指一定时期内部门实际完成工作任务的数量；计划工作数，是指预算部门整体绩效目标确定的一定时期内预计完成工作任务的数量。

（2）完成及时率。是指预算部门在规定时限内及时完成的实际工作数与计划工作数的比率，用以反映和考核部门履职时效目标的实现程度。具体计算公式为：

$$完成及时率=\frac{及时完成实际工作数}{计划工作数}\times 100\%$$

其中，及时完成实际工作数，是指预算部门按照整体绩效目标确定的时限实际完成的工作任务数量。

（3）质量达标率。是指预算部门达到质量标准或绩效标准值的实际工作数与计划工作数的比率，用以反映和考核部门履职质量目标的实现程度。具体计算公式为：

$$质量达标率=\frac{质量达标实际工作数}{计划工作数}\times 100\%$$

其中，质量达标实际工作数，是指一定时期内预算部门实际完成工作数中达到部门绩效目标要求或绩效标准值的工作任务数量。

（4）重点工作办结率。是指预算部门年度重点工作实际完成数与交办或下达数的比率，用以反映部门对重点工作的办理落实程度。具体计算公式为：

$$重点工作办结率=\frac{重点工作实际完成数}{交办或下达数}\times 100\%$$

其中，重点工作是指党委、政府、人大、相关部门交办或下达的工作任务。

对职责履行的评价有多种方式，有些评价报告根据年初的工作任务完成情况进行评价，有些评价根据部门的一级项目目标完成情况进行评价。如广东省商务厅2017年度的部门履职完成情况使用了部门一级项目目标和指标的完成情况，如表7–13所示。

表7-13　广东省商务厅2017年度部门整体支出绩效评价指标效率性指标（部分）

项目序号	一级预算支出项目	指标序号	个性化绩效指标	指标值	完成情况	完成及时性
1	内外经贸发展与口岸建设专项资金外贸稳增长调结构事项	1	一般贸易进出占比	不低于2016年水平	已完成。2017年一般贸易进出口增长14. 3%，占全省进出口的46. 1%，比2016年提升2.5个百分点。	按时完成
		2	资金拨付率	不低于98%	已完成。完成指标值100%。	按时完成
2	内外经贸发展与口岸建设专项资金促进投保出口信用保险事项	3	支持的符合条件企业数量	2400家	已完成。	按时完成
		4	资金拨付率	不低于99%	已完成。	按时完成

注：①服务业利用外资比重提高、重点园区占所在市加工贸易比重增长率、对外投资中方实际投资额增长目标完成水平、出入境人员数年均增长率、出入境交通运输工具数量增长率等5个指标未完成。考虑到部分事项未完成原因是由于整治因素和国际环境影响，效率性指标得分=完成指标个数/总的指标个数×3分=34/35×3=2.62分，调整为2.8分。

②截取了广东省商务厅2017年度部门整体支出绩效评价指标效率性指标部分表。

（四）效果

（1）经济效益。是用于衡量预算部门履行职责对经济发展所带来的直接或间接影响。

（2）社会效益。是用于衡量预算部门履行职责对社会环境所带来的直接或间接影响。

（3）生态效益。是用于衡量预算部门履行职责对生态环境所带来的直接或间接影响。

（4）社会公众或服务对象满意度。是用于衡量社会公众、预算部门的服务对象对部门履职效果的满意程度。其中，社会公众或服务对象是指部门履行职责而影响到的部门、群体或个人。

对职责效益的评价主要看部门履职对经济社会发展的贡献，比如广东省商务厅对履职效益的评价主要看商务发展规划中指标的实现情况，如表7-14所示。

表7-14　广东省商务厅2017年度部门整体支出绩效评价指标效果性指标（部分）

序号	关键指标	单位	2015年实际值	“十三五”规划设定的目标值	2017年实际完成情况
1	社会消费品零售总额增长率	亿元	31517.6	9. 5%	实现社会消费品零售总额3.82万亿元，增长10%
2	全省电子商务交易额年均增速	%	—	15%—20%	22. 4%
3	货物进出口总额年均增长	亿美元	10225	保持货物进出口规模以及占国际市场份额总体稳定，占全国比重保持在2.5%左右	全省货物进出口6.82万亿元、增长8%，占全国总额的24.5%，完成指标。

注：7个指标未完成，综合评分=14/21×3=6.66，考虑到部分指标未完成的原因为客观原因，所以效果性得分为8分。

▶ 本章小结

预算绩效目标管理是全过程预算绩效管理的基础，预算绩效运行监控是全过程预算绩效管理的关键，预算支出绩效评价是全过程预算绩效管理的核心；预算绩效监督是全过程预算绩效管理的保障。本章首先介绍了部门预算绩效自评、评价和再评价的区别与联系。然后介绍部门预算绩效自评的常见形式。随后分别介绍了部门预算项目支出、政策支出、部门整体支出绩效评价的政策演变、共性指标框架等内容。

课后习题

名词解释

绩效自评　绩效评价　政府投资项目后评价　政策绩效评价　项目绩效评价　部门整体绩效评价

简答题

1. 简述部门预算绩效自评、评价和再评价的区别。
2. 简述部门预算绩效评价的主体。
3. 简述绩效评价指标确立的原则。

论述题

1. 请说明部门预算绩效评价制度框架。
2. 请论述项目支出、政策支出和整体支出绩效评价的共性指标体系。

本章推荐阅读文献

[1]《项目支出绩效评价管理办法》(财预〔2020〕10号)。

[2]《预算绩效评价共性指标体系框架》(财预〔2013〕53号)。
[3]《中央部门预算绩效目标管理办法》(财预〔2015〕88号)。
[4] 施青军:《政府绩效评价概念、方法与结果运用》,北京大学出版社2016年。
[5] 王泽彩:《绩效:政府预算的起点与终点》,立信会计出版社2016年。
[6] 财政部预算评审中心:《中国财政支出政策绩效评价体系研究》,经济科学出版社2017年。
[7] 云南省财政厅编:《云南省财政支出基本建设项目绩效评价工作指南》,云南人民出版社2005年。
[8] 白景明等:《中国财政绩效报告——理论与实践(2018)》,经济科学出版社2018年。

▶ 第八章 部门预算绩效反馈和监督

内容提要

部门预算绩效反馈和监督贯穿在预算绩效管理各环节中，包括结果运用、信息公开、问责、监督和工作考核等方面的内容。部门预算绩效结果运用是将绩效评估、监控和评价的结果等绩效信息运用于政策调整、管理优化、预算安排、人员激励、问责监督等方面的活动。部门预算绩效信息公开、问责、监督和工作考核与部门预算绩效结果运用紧密相关，但又具有相对独立性，他们贯穿在全过程预算绩效管理中，发挥着制度保障的作用。他们之间的关系如图 8-1 所示：

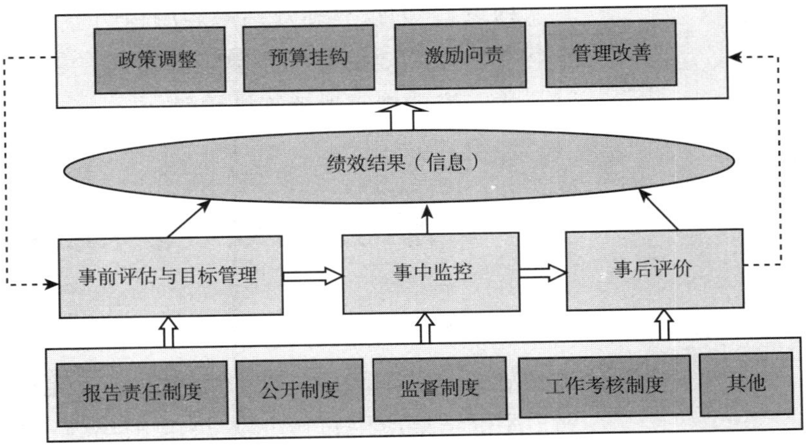

图8-1　部门预算绩效管理结果运用和制度保障

第一节 部门预算绩效结果运用

部门预算绩效结果运用是将绩效评估、监控和评价的结果等绩效信息运用于政策调整、管理优化、预算安排、人员激励、问责监督等方面的管理活动。部门预算绩效结果运用是全过程预算绩效管理的重要环节，是在预算管理和政府治理各个环节“讲求绩效”的重要体现。

如本书第一章所述，按照绩效信息运用于预算管理的程度差异，可将绩效预算分为展示型绩效预算、知晓型绩效预算、管理型绩效预算和直接型（公式型）绩效预算，绩效信息的运用深度决定了预算绩效管理的目标模式。

我国在开始探索建立预算绩效评价体系的时候，就强调评价结果的运用。《预算绩效管理工作规划（2012—2015年）》提出建立“预算编制有目标、预算执行有监控、预算完成有评价、评价结果有反馈、反馈结果有应用”的全过程预算绩效管理机制，实现预算绩效管理与预算编制、执行、监督有机结合”。《中共中央 国务院关于全面实施预算绩效管理的意见》要求“开展绩效评价和结果应用”，“硬化预算绩效管理约束”，为预算绩效结果运用指明了方向。综合来看，我国正在建立绩效信息与预算安排挂钩的知晓型绩效预算管理模式或者管理型绩效预算模式。

一、部门预算绩效结果运用形式

近年来，我国很多地方都开始制定绩效结果运用的具体办法，比如2017年北京市印发了《北京市市级财政支出绩效评价结果应用暂行办法》（京财绩效〔2017〕2918 号），2018年扬州市印发了《扬州市财政局关于进一步推进绩效管理结果运用的意见》（扬财绩〔2018〕11号）。除了专门的管理办法之外，在各项制度中也都有关于绩效结果运用的相关要求。我国绩效结果运用大体上有以下几种形式：

（一）反馈整改

《中共中央 国务院关于全面实施预算绩效管理的意见》要求“健全绩效评价结果反馈制度和绩效问题整改责任制，加强绩效评价结果应用”。反馈整改即财政部门或预算部门将绩效评估、监控和评价结果反馈给部门或单位，各部门和单位按照反馈意见进行政策调整和管理优化的活动。

事前绩效评估结果无论是支持、部分支持还是不支持都会从评估的各维度给出建议，并反馈给各部门（单位），各个部门（单位）需要按照评估意见进行整改，在进行事后绩效评价的时候，将整改情况作为事后绩效评价的重要评分点。绩效目标审核结果反馈预算申报主体，预算申报主体根据审核结果进行修改完善。绩效运行监控的结果要求各支出部门在深入分析的基础上，采取分类处置措施予以纠正。绩效评价结果则为项目的改进和政策调整提供了直接的依据。

（二）预算挂钩

事前评估、绩效目标审核、绩效运行监控和绩效评价都与预算分配直接相关。事前绩效评估分为“支持、部分支持、不支持”三类，直接与预算安排挂钩。

绩效目标审核结果分为优、良、中、差四个档次，差的不纳入预算安排，其余的通过绩效目标修正，直接影响到预算安排，如扬州市对“455项市直发展项目绩效目标书进行了审核，其中，退回修改44项，调减预算93项。预算部门（单位）申请资金45.31亿元，预算安排42.57亿元，削减2.74亿元”。[①]

绩效监控结果也与预算直接挂钩，本书第七章对此已经做了论述。

《中共中央 国务院关于全面实施预算绩效管理的意见》要求建立绩效评价结果与预算安排和政策调整直接挂钩的机制。“各级财政部门要抓紧建立绩效评价结果与预算安排和政策调整挂钩机制，将本级部门整体绩效与部门预算安排挂钩，将下级政府财政运行综合绩效与转移支付分配挂钩。对绩效好的政策和项目原则上优先保障，对绩效一般的政策和项目要督促改进，对交叉重复、碎片化的政策和项目予以调整，对低效无效资金一律削减或取消，对长期沉淀的资金一律收回并按照有关规定统筹用于亟需支持的领域。”

---

① 扬州财政局：市财政局绩效管理结果运用工作取得实效，2019年2月27日，http：//czt.jiangsu.gov.cn/art/2019/2/27/art_7948_8245021.html。

（三）激励问责

《中共中央 国务院关于全面实施预算绩效管理的意见》要求“各级政府要将预算绩效结果纳入政府绩效和干部政绩考核体系，作为领导干部选拔任用、公务员考核的重要参考，充分调动各地区各部门履职尽责和干事创业的积极性”。“各级财政部门负责对本级部门和预算单位、下级财政部门预算绩效管理工作情况进行考核。建立考核结果通报制度，对工作成效明显的地区和部门给予表彰，对工作推进不力的进行约谈并责令限期整改。”山东省还规定将“预算绩效作为领导干部经济责任审计的重要参考”。

（四）绩效报告

按照《预算法》要求及相关规定，财政部门负责组织实施绩效结果向人大报送，各部门单位按要求将重大支出政策和项目绩效目标、绩效评价结果等绩效信息与预决算草案同步报送人大。“逐步推动预算部门和单位开展整体绩效自评，提高部门履职效能和公共服务供给质量。积极推动绩效管理实施对象从政策和项目预算向部门和单位预算、政府预算拓展；探索建立部门和单位预算整体绩效报告制度。”①

二、部门预算绩效评价结果应用现状和问题

目前，我国部门预算绩效评价结果应用的基本框架逐步形成，但还存在以下问题。

（一）部门预算绩效结果的质量有待提高

高质量的绩效评估、目标管理、运行监控和绩效评价结果是部门预算绩效结果应用的前提，而这有赖于规范的管理机制、科学的评估（评价）指标体系和科学的评估（评价）结论。现实中诸多因素制约着高质量绩效评估（评价）结果的形成。

一是部门绩效评估（评价）指标、标准体系尚不完善。这一点对绩效自评影响尤为显著，部门有可能存在机会主义的倾向，通过设立较低标准的绩效目标、提供虚假的绩效数据和信息、选择有利于结果的评价方法等手段，影响部门预算绩效评价结果的公正性和客观性。正如2017年审计报告披露“抽查的8个部门24个项目的绩效目标脱离实际或指标不够细化；8个部门14个项目自评结果不实，其中资金

① 《关于贯彻落实〈中共中央 国务院关于全面实施预算绩效管理的意见〉的通知》（财预〔2018〕167号）。

使用率自评100%的2个项目实际支出为零”。[①]

二是绩效信息质量保障机制不完善。我国尚未建立完整的绩效管理信息系统，绩效评价的指标核实缺少规范化的制度和流程，特别是在部门预算绩效评价数据获取方面存在绩效评价数据来源有限且分散、绩效评价数据信息化管理水平较低、绩效评价数据覆盖面较窄等问题，导致一定程度的数据“失真”现象。比如：在当前的绩效评价开展过程中，评价数据更多是“二手数据”，主要来源于被评价单位的总结汇报、项目管理资料及从网上获取的公开资料和数据等，数据的来源较为分散且数据可比性较差。加之目前预算数据信息管理的机制和平台还不够完善，技术上还未完全达到现代化的数据管理水平，故而在未能将其及时公开的前提下，构建科学的绩效评价体系并获得真实的评价结果将受到影响。

三是第三方机构参差不齐。我国部门预算绩效评价尚处起步阶段，其本身的专业性、复杂性和综合性使其对评价机构及评价人员的要求更高，第三方机构存在参差不齐的现象，这在一定程度上影响部门预算绩效评价的科学性与客观性。

（二）部门预算绩效评价结果应用力度有待加强

目前除少数部门外，部门预算绩效评价结果与预算调整直接挂钩的机制尚不完善。这一点与美国、英国、加拿大、澳大利亚、新西兰等国家形成一定的差距，这些国家一般都会编制3—5年的财政中期规划，确定未来3—5年的政策和支出重点，并在此基础上制定部门战略规划和目标，根据年度财政计划，制定年度绩效计划，并对其进行考核评估。在加拿大，相关机构每年对25%的项目直接进行战略评估，4年为一个周期评估所有政府公共支出项目，以提供支出和结果信息，帮助财政部门进行竞争性预算资源分配。其中，绩效评分排名最末5%的项目将面临资金压缩或取消的危险。

（三）部门预算绩效评价结果反馈及整改机制仍待完善

部门预算绩效评价工作完成后，有必要将绩效评价结果反馈至部门及其内设机构、明确指出部门在绩效管理、财政资金使用及管理上存在的问题，给出具体的整改建议并监督部门及时整改，这是深化部门预算绩效管理的必然要求，但实践中这一环节存在一定程度缺失，特别是对整改情况缺乏有力的监管机制，整改效果大打折扣。部门预算绩效“无效必问责”的落地机制尚待完善。

①《国务院关于2017年度中央预算执行和其他财政收支的审计工作报告》。

三、部门预算绩效评价结果应用的优化路径

优化部门预算绩效评价结果应用的路径如下：

首先，逐步提高部门预算绩效评价结果的公信力和权威性，优化部门预算绩效目标设置、构建与绩效目标相匹配且科学合理的评价指标体系、完善绩效评价第三方评价制度等。

其次，积极探索部门预算绩效评价结果应用办法。可在具备完善的法律保障和配套机制建设、健全的会计系统的支持下，结合我国政治决策机制和部门预算决策模式，由党委政府发文，明确我国部门预算绩效评价结果应用办法，明晰部门预算绩效评价结果应用路径以强化部门支出责任意识，推动政府部门更好履行职责。

最后，强化部门预算绩效评价结果反馈与整改机制。一方面评价部门（或机构）应及时向被评价部门反馈部门预算绩效评价结果、存在问题及相关整改建议，并监督其整改进程，以增强绩效评价约束力；另一方面被评价部门应认真整改部门预算绩效评价中存在的问题，并及时上报整改情况，接受评价部门（或机构）监督，此外，部门预算绩效评价整改情况有必要时，应向社会公开。

第二节 部门预算绩效信息公开

一、部门预算绩效信息公开概述

部门预算绩效信息公开是建立“全面规范透明、标准科学、约束有力的预算制度”的内在要求，是新《预算法》和《政府信息公开条例》等法律法规的要求。《中共中央 国务院关于全面实施预算绩效管理的意见》明确指出，各部门应“大力推进绩效信息公开透明，主动向同级人大报告、向社会公开，自觉接受人大和社会各界监督。”

部门绩效信息公开也是推动预算绩效管理工作的重要手段，通过信息公开有助于提高部门的责任意识，有利于增强监督力度和有效性，有利于建立现代预算制度，提升政府治理现代化水平。

近年来绩效信息随财政预决算公开的力度逐年加大。2017年中央政府预决算等信息全部纳入门户网站“中央预决算公开平台”，首次将10个部门重点项目的文本和绩效目标随部门预算一并向社会公开。各地也建立专门的预决算公开平台用于公开财政预决算信息和预算绩效信息。

二、部门预算绩效信息公开的形式

中央部门和全国各地方部门预算绩效公开的形式日益丰富，主要有以下几种：

（一）部门预算绩效信息随部门预算公开

一是绩效目标随同部门预算公开。如2019年北京市所有使用财政资金的196家部门在部门预算公开的时候公开了12张预算报表，所有市级部门500万元以上的预算项目和200万元以上的政府购买服务项目，绩效目标全部公开，且绩效目标公开数量不低于部门预算项目数的30%。[①]

二是重点项目信息随部门预算公开。如2017年财政部选择10个部门共计10个重点项目（每个部门1个重点项目）列入《中央部门预算草案》报全国人民代表大会审查。全国人民代表大会审查通过后，10个部门将这些重点项目的文本和绩效目标随部门预算一并向社会公开。2018年又增加了26个部门的26个项目，向社会公开项目文本和绩效目标。2019年列入《中央部门预算草案》报全国人民代表大会审查的项目共50个。在公开部门预算时，相关部门向社会公开了这50个项目的情况。如国家发改委经济体制综合改革项目、交通运输部长江南京以下12.5米深水航道二期工程项目、文化和旅游部国家艺术基金项目、中国科学院科研设施专项业务费项目、中国社会科学院科研机构专项业务费项目、中国工程院国家工程科技思想库建设项目、中国证券监督管理委员会执法办案支出项目、国家煤矿安全监察局煤矿安全专项项目、国务院扶贫开发领导小组办公室脱贫攻坚宣传动员项目、政协全国委员会办公厅参政议政活动经费项目、中国红十字会总会贫困大病儿童救助项目、中国福利彩票发行管理中心开奖费项目。公开的项目内容包含项目概述、立项依据、实施主体、实施方案、实施周期、年度预算安排、绩效目标和指标等。

北京市按照《北京市预算审查监督条例》要求，由相关部门随部门预算同步公开列入人代会审议的重点支出和重大投资项目的政策依据、绩效目标、预算安排等内容。

三是部门整体支出绩效目标随部门预算公开。2020年北京市率先将各部门整体支出绩效目标随同部门预算公开。[②]

（二）部门预算绩效信息日常公开

绩效评估、论证形成的事前评估报告、立项报告、自评报告、总结报告和绩效评价报告等反应日常绩效管理工作的信息在部门网站或统一的平台上公开是绩效信息公开的常态化形式。比如：上海市对预算项目支出绩效开展“事前”“过程”和“事后”的全过程评价，并通过论证会、上网公示等一系列信息公开方式增加预算透明度。2015年财政支出立项评价自评报告和总报告已在部门网站和财政局网站公开。[③]再如广东省、云南省等省市的财政厅（局）网站上公开了重点绩效评价报告、

① 北京市财政局新闻发言人就2019年市级部门预算公开答记者问，2019年2月27日，北京市财政局网站。

② 北京市财政局：《2020年市级部门预算公开水平稳步提升》，首都之窗。

③ 2015年上海市闵行区政府信息公开工作年度报告。

财政再评价报告和绩效运行监控报告。

（三）部门预算绩效情况随决算公开

部门自评和评价随决算公开是预算公开的重要形式。2017年中央部门决算中89个部门首次公开了97个项目的绩效自评结果和《项目支出绩效自评表》。

2018年中央部门决算中每个部门需要对部门预算绩效管理情况进行说明，包括部门预算绩效工作开展情况；部门决算中项目绩效自评结果；以中央部门为主体开展的重点绩效评价结果等内容。如水利部2018年决算中“组织对 2018 年度一般公共预算项目支出全面开展绩效自评，其中，一级项目 42个，二级项目2102个，共涉及资金 1437866.09 万元，占一般公共预算项目支出总额的 100%。组织对 2018 年度三峡工程后续工作、南水北调工程建设等 50 个政府性基金预算项目支出开展绩效自评，共涉及资金 1621013.91万元，占政府性基金预算项目支出总额的 100%。共组织对‘防汛业务费’‘水文测报’等 16 个项目开展了重点绩效评价，涉及一般公共预算支出 99143.68 万元，政府性基金预算支出 2988 万元。其中，对‘防汛业务费’‘水文测报’等项目委托第三方机构开展绩效评价”。水利部在2018年决算中公开水文测报、水土保持业务项目绩效自评结果。公开了水文测报项目绩效评价报告。①

北京市在2017年市级部门决算首次公开了30个部门的项目自评报告，实现了从“摆数字”向“明绩效”的转变。2018年，除涉密单位外，市级所有预算部门均随部门决算公开了1个项目自评报告，实现了绩效自评报告公开的全部门覆盖。2019年，市级部门决算将所有年初填报绩效目标的项目纳入自评范围；细化绩效自评报告公开内容，要求全面反映部门预算绩效管理情况，自评报告细化到项目概况、绩效目标、目标完成情况、存在问题、相关建议等内容；强化绩效评价结果应用，要求针对评价反映出来的问题及时调整完善相关预算管理工作，更好地查漏补缺，改进工作。②

三、部门预算绩效信息公开制度的完善

我国部门预算绩效信息公开力度还不够，正如《国务院关于2018年度中央预算执行和其他财政收支的审计工作报告——2019年6月26日在第十三届全国人民

①《2018年度水利部部门决算》。

② 陶凤、肖涌刚：《四大亮点解读北京200家市级部门2018年决算账本》，《北京商报》2019年8月29日。

代表大会常务委员会第十一次会议上》指出的那样“绩效信息公开比例较低”。在无硬性法律、制度约束和操作规程的情况下，各部门出于维护自身利益、避免问责的考虑，较难自愿向社会披露全面的部门预算绩效评价结果。

目前完善部门预算绩效信息公开需要从以下几个方面入手：

一是完善部门预算绩效信息公开制度。明确部门预算绩效信息公开的主体、职责、范围、内容、方式、频率、组织保障、监督问责等事项。

二是要拓宽信息公开渠道，在深化政府内部信息公开的同时，逐步通过新闻媒介等形式将部门预算绩效评价结果向社会公开，并建立切实可行的公众投诉渠道，接受社会公众监督。

三是建立综合性财政支出绩效监管信息系统，将部门预算绩效信息纳入统一的平台，实现实时绩效监控与监管，实现“制度+科技”的公开模式。

第三节 部门预算绩效责任

一、部门预算绩效责任概述

预算绩效责任是行政主体以及开展预算绩效管理工作的相关主体，在预算绩效管理工作全过程中违反了相关法律和规范而应当承担的后果，以及对主观原因导致不好的预算绩效结果而应该承担的后果。预算绩效责任是政治和行政责任的一种。

部门预算绩效管理问责（Accountability）制度是指为提高财政资金使用绩效，问责主体对部门预算责任人要求其做出说明和解释，接受问责主体的质询、监督和惩戒，是问责、追责和负责的统一。

2011年财政部关于印发《财政支出绩效评价管理暂行办法》的通知（财预〔2011〕285号）就强调“强化支出责任”。指出“财政支出绩效评价工作中发现的财政违法行为，依照《财政违法行为处罚处分条例》(国务院令第427号）等国家有关规定追究责任”。

2011年一些地方出台了预算绩效管理问责办法，如北京市印发了《北京市预算绩效管理问责办法（试行）》(京财预〔2011〕2413号)，河北省印发了《河北省预算绩效管理问责办法（试行）》等。

《预算绩效管理工作规划（2012—2015年）》也对绩效责任做了明确的要求。指出：“增强了结果导向的管理理念和部门支出责任意识。”“预算部门是本部门预算绩效管理的责任主体”等要求。

2018年印发的《中共中央 国务院关于全面实施预算绩效管理的意见》要求：“硬化责任约束”，“建立责任约束制度，明确各方预算绩效管理职责，清晰界定权责边界”。“健全绩效评价结果反馈制度和绩效问题整改责任制”，“明确绩效管理责任约束”等要求。

随后财政部印发的《关于贯彻落实〈中共中央 国务院关于全面实施预算绩效管理的意见〉的通知》（财预〔2018〕167号）对绩效责任也做出了具体的要求。

二、部门预算绩效责任的主要内容

部门预算绩效责任主要包括以下内容：

一是组织领导职责。按照党中央、国务院统一部署，财政部要完善绩效管理的责任约束机制，地方各级政府和各部门各单位是预算绩效管理的责任主体。地方各级党委和政府主要负责同志对本地区预算绩效负责，部门和单位主要负责同志对本部门本单位预算绩效负责，项目责任人对项目预算绩效负责，对重大项目的责任人实行绩效终身责任追究制，切实做到花钱必问效、无效必问责。

二是工作职责。在预算绩效管理工作中，不按规定履行相关预算绩效管理职责、干扰、阻碍预算绩效管理工作、绩效评价工作组织不得力等情形；在预算绩效管理工作中弄虚作假等都要承担相应的责任。

三是绩效问题整改责任。对绩效评估、监控和评价中发现的问题进行整改的责任。

四是不良绩效承担后果的责任。包括不按规定编报绩效目标的；事前绩效评估结果较差的；预算执行中，绩效未按预定目标同步实现或发生偏离的；项目结束后，绩效达不到预定目标的；绩效评价结果较差等情形。

五是违法违纪责任。包括违反财经法律、纪律、规定的各种责任。

三、部门预算绩效责任制的完善

目前我国部门预算绩效责任履行存在以下几方面不足。首先，部门预算绩效问责依据的科学性和充分性不足。部门预算绩效目标设定不科学、依据不充分、不够细化、可衡量性和可考核性不足等技术层面的问题导致责任“虚化”。其次，尚未建立起协调一致的部门预算绩效问责机制。目前立法机关（同级及上级人民代表大会）、承担问责义务的国家机构（特别强调纪检、财政、审计的重要地位）和行政机关（上级政府及同级政府的其他政府部门等）的多头问责与问责虚化并存，使得部门无所适从，疲于应付。再次，从部门预算绩效问责的形式看，事后问责为主，事前问责和事中问责有待加强；以政府内部问责为主，政府外部问责明显不足；从部门预算绩效问责激励机制看，约束大于激励的倾向依旧明显。最后，绩效问责的社会文化缺失。顾客至上、结果导向、责任行政理念一定程度的缺失，导致绩效问责的社会文化发展滞后，限制部门预算绩效问责的发展。

部门预算绩效问责的优化路径：一是坚持以人民为中心，按照人民满意的服务型政府的要求，强化绩效责任意识，树立绩效责任文化。二是完善部门预算绩效管理制度体系，实现部门预算绩效管理全过程责任可追踪、可回溯。三是从绩效问责主体、绩效问责形式、绩效问责激励机制等方面入手，逐步构建部门预算绩效问责制度。

第四节 部门预算绩效监督

预算监督是有关主体依法依规对公共预算进行检查、督促和制约的行为。[①] 预算绩效监督是预算监督的重要组成部分，是有关主体对预算绩效管理工作和预算绩效结果进行的检查、督促和制约行为。

部门预算绩效监督涉及多个监督主体、多样化监督目标及监督手段，既是预算绩效管理的重要环节，又与国家治理能力息息相关。我国部门预算绩效监督的主体包括各级人大、社会公众、财政部门、审计部门和部门本身。《中共中央 国务院关于全面实施预算绩效管理的意见》要求“审计机关要依法对预算绩效管理情况开展审计监督，财政、审计等部门发现违纪违法问题线索，应当及时移送纪检监察机关。各级财政部门要推进绩效信息公开，重要绩效目标、绩效评价结果要与预决算草案同步报送同级人大、同步向社会主动公开，搭建社会公众参与绩效管理的途径和平台，自觉接受人大和社会各界监督。”

一、人大预算绩效审查监督

历史上西方国家经历两次重要的财政转型——从“领地国家”到“税收国家”再到“预算国家”，财政转型在很大程度上引导国家治理制度转型[②]。加强绩效审查监督成为国会控制政府权力的重要手段。

在我国，2014年8月31日新《预算法》通过，明确了预

① 李燕：《政府预算管理》（第二版），北京大学出版社2016年，第243页。

② 王绍光、马骏：《走向“预算国家”：财政转型与国家建设》，《公共行政评论》2008年第1期。

算“讲求绩效”的原则。1995版《预算法》中通篇未提及“绩效”，而新《预算法》中“绩效”一词前后出现六次。其中涉及人大对预算绩效开展审查监督的要求主要体现在预算审查结果报告和决算草案审查两个方面。

“过去政府预算审核管理和人大预算审查监督的重点主要是赤字规模和预算收支平衡状况，对支出预算和政策关注不够，对财政资金使用绩效和政策实施效果关注不够，不利于发挥政策对编制支出预算的指导和约束作用，不利于提高人大预算审查监督的针对性和有效性。”① 为此，中共中央办公厅印发了《关于人大预算审查监督重点向支出预算和政策拓展的指导意见》，推动了人大预算审查监督的重点转向支出绩效的审查监督，要求“加强对支出绩效和政策目标落实情况的监督，推动建立健全预算绩效管理机制”。

（一）人大预算绩效审查监督的主要环节

按照《预算法》的要求，人大预算审查监督涉及预算绩效的环节主要是预算审查结果报告和本级决算草案。

（1）预算审查结果报告。《预算法》要求将“提高预算绩效”的意见和建议作为人大相关机构审查结果报告中必备的内容之一。“全国人民代表大会财政经济委员会向全国人民代表大会主席团提出关于中央和地方预算草案及中央和地方预算执行情况的审查结果报告。省、自治区、直辖市、设区的市、自治州人民代表大会有关专门委员会，县、自治县、不设区的市、市辖区人民代表大会常务委员会，向本级人民代表大会主席团提出关于总预算草案及上一年总预算执行情况的审查结果报告。审查结果报告应当包括下列内容：（一）对上一年预算执行和落实本级人民代表大会预算决议的情况作出评价；（二）对本年度预算草案是否符合本法的规定，是否可行作出评价；（三）对本级人民代表大会批准预算草案和预算报告提出建议；（四）对执行年度预算、改进预算管理、提高预算绩效、加强预算监督等提出意见和建议。”

（2）决算草案审查。《预算法》要求将“支出政策实施情况和重点支出、重大投资项目资金的使用及绩效情况”作为决算草案审查的重点内容。“县级以上各级人民代表大会常务委员会和乡、民族乡、镇人民代表大会对本级决算草案，重点审查下列内容：（一）预算收入情况；（二）支出政策实施情况和重点支出、重大投资项目资金的使用及绩效情况；（三）结转资金的使用情况；（四）资金结余情况；（五）本级预算调整及执行情况；（六）财政转移支付安排执行情况；（七）经批准举借债务的规模、结构、使用、偿还等情况；（八）本级预算周转金规模和使用情

①《关于人大预算审查监督重点向支出预算和政策拓展的指导意见》。

况；（九）本级预备费使用情况；（十）超收收入安排情况，预算稳定调节基金的规模和使用情况；（十一）本级人民代表大会批准的预算决议落实情况；（十二）其他与决算有关的重要情况。”

（二）人大预算绩效审查监督的主要内容

在《预算法》的基础上，《关于人大预算审查监督重点向支出预算和政策拓展的指导意见》进一步明确了人大预算审查监督的的重点，其中涉及预算绩效的主要有以下几个方面：①

（1）支出预算的总量与结构。审查支出预算总量，重点审查预算安排是否符合党中央确定的年度经济社会发展目标、国家宏观调控总体要求、国民经济和社会发展相关规划、中期财政规划，审查支出政策的可持续性，更好发挥政府职能作用。审查支出预算结构，重点审查支出预算和政策是否体现党中央就各重要领域提出的重大方针政策和决策部署要求，切实提高财政资金配置效率。

（2）重点支出与重大投资项目。加强对重点支出与重大投资项目的审查，保障党中央重大方针政策和决策部署确定的重点支出与重大投资项目。推动政府健全重点支出与重大投资项目决策机制，合理确定重点支出与重大投资项目范围。加强对重点支出与重大投资项目执行情况的监督，督促实现支出绩效和政策目标。

（3）部门预算绩效的审查监督。重点审查监督部门预算贯彻落实党中央重大方针政策和决策部署情况；部门预算编制的完整性情况；项目库建设、项目支出预算与支出政策衔接匹配情况；部门重大项目支出绩效目标设定、实现及评价结果应用情况；审计查出问题整改落实情况等。

（4）财政转移支付绩效的审查监督。重点审查监督贯彻党中央重大方针政策和决策部署情况，转移支付与财政事权和支出责任划分的匹配情况；转移支付对促进实现各地区财政平衡及基本公共服务均等化情况；专项转移支付的清理整合情况；专项转移支付的整体绩效情况。监督转移支付预算执行和政策实施，重点是预算批准后在法律规定时间内批复下达以及资金使用绩效与政策实施效果情况等。

（5）政府收支的绩效审查。将各级政府收支预算全面纳入绩效管理是各级政府的职责。人大重点对政府债务和收入预算编制开展审查。《关于人大预算审查监督重点向支出预算和政策拓展的指导意见》要求：“地方政府债务审查监督要重点审查地方政府债务纳入预算管理的情况；要根据各地的债务率、利息负担率、新增债务率等风险评估指标体系，结合债务资金安排使用和偿还计划，评价地方政府举债规模的合理性。积极稳妥化解累积的地方政府债务风险，坚决遏制隐性债务增量，

① 中共中央办公厅：《关于人大预算审查监督重点向支出预算和政策拓展的指导意见》。

决不允许新增各类隐性债务。”

《关于人大预算审查监督重点向支出预算和政策拓展的指导意见》要求：“加强对政府预算收入编制的审查。政府预算收入编制要与经济社会发展水平相适应，与财政政策相衔接，根据经济政策调整等因素科学预测。强化对政府预算收入执行情况的监督，推动严格依法征收，不收‘过头税’，防止财政收入虚增、空转。推动依法规范非税收入管理。”

（三）人大预算绩效审查监督的主要形式

《关于人大预算审查监督重点向支出预算和政策拓展的指导意见》强化了预算绩效审查监督的能力，规定了人大开展预算审查监督的主要方式，包括认真贯彻落实党中央重大方针政策和决策部署、充分听取意见建议、深入开展专题调研、探索就重大事项或特定问题组织调查、探索开展预算专题审议、推动落实人大及其常委会有关预算决算决议、及时听取重大财税政策报告、加快推进预算联网监督工作等。

北京市出台的《预算审查监督条例》（以下简称《条例》）对市人大开展预算绩效审查监督的方式做出详细具体的规定，提升了人大开展预算绩效审查监督的能力，具体包括：

（1）市人大常委会预算工作机构可以聘请第三方。《条例》第四条规定市人大常委会预算工作机构依法承担审查预算草案、预算调整方案、决算草案和监督预算执行等方面的具体工作。市人大常委会预算工作机构履行前款规定的职责时，可以聘请第三方机构对预算监督有关事项协助开展工作。

（2）市人大常委会可以聘请预算监督顾问。《条例》第五条规定市人大常委会依法组织成立市人大财经代表小组，参与财经委员会组织的关于预算审查监督的相关活动。市人大常委会可以聘请预算监督顾问，参加财经委员会相关的预算审查监督和调研等活动，就有关专业性问题提出咨询意见。

（3）研究、提出意见和建议。《条例》第十二条规定市人民代表大会有关专门委员会参加预算的初步审查。重点就预算安排中相关领域的市级预算单位的部门预算草案、相关重点支出和重大投资项目进行研究，提出意见和建议，由财经委员会汇总研究，纳入财经委员会对预算草案初步方案的初步审查意见。赋予人大专门委员会初步审查的研究、意见和建议权，有效地确保了初步审查的质量和能力。

（4）专题评估与第三方专业性评估。《条例》第十五条规定市人大常委会预算工作机构收到市人民政府财政部门提供的市级预算草案初步方案后，对预算编制的重点内容和相关情况进行分析、提出意见，供财经委员会初步审查时参考。市人大常委会预算工作机构可以组织对有关市级预算单位的部门预算草案、重点支出和重大投资项目开展专题评估。专题评估的相关意见应当提交财经委员会初步审查会议，供委员审议时参考。必要时，可以聘请第三方机构提出专业性评估论证意见。

（5）专题审议。《条例》第十七条规定财经委员会召开初步审查会议时，可以选取市级预算单位的部门预算草案、重点支出和重大投资项目计划开展专题审议。被审议的相关部门的负责人应当到会听取审议意见，并回答询问。

（6）特定问题调查和审计。《条例》第二十六条规定在预算执行过程中，市人大常委会可以采取听取和审议专项工作报告、执法检查、规范性文件备案审查、询问和质询、特定问题调查等方式，对预算执行进行监督。必要时，可以作出决议、决定。市人民政府应当按照决议、决定的要求将执行决议、决定的情况向市人大常委会报告。市人大常委会可以要求市人民政府责成市人民政府审计部门进行专项审计，并报告审计结果。

（7）人大代表参与事前评估。2010年，北京市在全国创新推出了事前绩效评估模式，在开展事前绩效评估的过程中，邀请人大代表和政协委员参与监督，并独立出具意见。《条例》第十三条明确市人大常委会预算工作机构可以邀请市人大代表参与政府部门组织的财政支出事前绩效评估。市人民政府财政部门在确定事前绩效评估项目前，应当征求市人大常委会预算工作机构的意见和建议。财政支出事前绩效评估的项目应当选取部分重点支出和重大投资项目。人大常委会预算工作机构通过给政府财政部门提出事前绩效评估项目遴选的建议和意见，并派代表参与事前财政支出绩效评估，确保了预算审查和监督的针对性。

人大预算审查监督从权力监督的角度推动了部门全面实施预算绩效管理。按照《预算法》和《关于人大预算审查监督重点向支出预算和政策拓展的指导意见》的要求，预算审查监督要向政策和部门整体拓展，尤其是对重点支出及重大投资项目资金使用及绩效情况进行审查监督。人大的绩效审查和监督促进了部门预算绩效管理工作。

二、审计监督

审计监督是规范和监督政府行为的重要工具，对建立高效、透明型政府有重要作用。审计产生的动因是公共受托责任，公共受托责任的发展经历了受托财务责任阶段、受托管理责任阶段、受托社会责任阶段，从西方发达国家审计的发展历程看，绩效审计在审计监督中的重要性逐步凸显。[①]专栏8-1给出了美国政府问责署通过高风险清单开展绩效审计监督的例子。

① 张军：《国家审计与国家治理：美国的经验与启示》，《中央财经大学学报》2012年第8期。

▶ 专栏8-1：美国问责署的高风险清单

美国政府问责署（Government Accountability Office，GAO，前身为美国审计署）每2年更新一次联邦政府的高风险清单，高风险清单对象为易发生浪费、欺诈、滥用、管理不善或需要改革（waste，fraud，abuse，and mismanagement，or that need broad reform）的联邦政府项目和运营领域。

该高风险清单从领导承诺、解决能力、行动方案、有效监督、结果可视化5项标准进行评估。领导承诺表现为强烈的承诺和高层领导支持。解决能力包括机构有能力（人力和资源等）解决风险。行动方案即设置纠错机制，用于明确根本原因和解决方案，并提供了实质性的纠错措施来实施政府问责署提供的解决方案建议。有效监督即设置监督机制，对纠正措施的有效性和可持续性进行监测和独立验证。结果可视化，即具备证明执行纠错措施和解决高风险领域的进展。

按照上述指标进行评估后，其评估结果划分为满足、部分满足、未满足3项等级。满足为已经采取了符合标准的行动，不需要采取任何重大行动来进一步处理这一标准。部分满足为已经采取了一些但不是所有必要的行动来满足这一要求。未满足为几乎没有采取任何行动来达到这一标准。

2019年的高风险清单包括6类35项风险，6类分别为加强效率和效益的基础、转变国防部计划管理、保障公共安全、提高联邦合同管理效率、评估税法管理的效率和效能、提升保险福利项目的现代化和安全性。

分析发现，美国政府问责署的高风险清单可有效识别政府部门运营中存在的欺诈、浪费、滥用、管理不善等多种漏洞，并提出相应的解决方案和应对措施，既可提高部门预算支出使用效益、改善公共服务，也可优化部门绩效、落实问责制。

资料来源：龚琬岚：《美国政府问责局发布2019年高风险清单》，唐钧顾问，微信公众号“风险评估与管理”（RiskARM）。美国问责署官方网站的相关材料https：//www.gao.gov/mobile/products/GAO-19-393T?utm_source#summary。

绩效管理是部门内部履职的管理活动，审计则是一种外部监督行为，两者既相对独立又相互促进。审计开展的绩效审计是审计监督的重要内容，我国1991年全国审计会议首次提出“绩效审计”，随后提出“到2012年，每年所有的审计项目都

将开展绩效审计”。[①]2017年6月《国务院关于2016年度中央预算执行和其他财政收支的审计工作报告》中8次提及绩效，绩效审计日益成为国家治理的重要手段。目前绩效审计主要包括对重大政策落实情况的审计和对各部门预算绩效管理工作开展情况的审计。

开展绩效审计是国际审计发展的重要趋势。1953年公布的《英国国家审计法》对绩效审计的定义为："检查某一组织为履行其职能而使用所掌握资源的经济性、效率性和效果情况。"1981年，美国当时的会计总署（General Accounting Office）署长艾尔默·斯塔特在美国《政府机关、计划项目、活动和职责的审计评价标准》（修订版）前言中写到："40年前，审计人员主要致力于审计各项开支的付款凭证，而今，审计人员还需要审计政府各项业务活动的经济性、效率性和效果性"。

我国的绩效审计发端于20世纪90年代，并得到了持续稳健的发展。1991年，在全国审计工作会议上，审计署首次提出："在开展财务审计的同时，逐步向检查有关内部控制制度和效益审计方面延伸。"这是我国首次提出绩效审计的概念。2006年审计署在《2006至2010年审计工作发展规划》中提出："全面推进效益审计，促进转变经济增长方式，提高财政资金使用效益和资源利用效率、效果，建设资源节约型和环境友好型社会。"

2014年国务院关于加强审计工作的意见（国发〔2014〕48号）明确，要发挥审计促进国家重大决策部署落实的保障作用。

2015年中共中央办公厅和国务院办公厅联合印发了《关于完善审计制度若干重大问题的框架意见》，指出"对公共资金、国有资产、国有资源和领导干部履行经济责任情况实行审计全覆盖"。

2018年《关于人大预算审查监督重点向支出预算和政策拓展的指导意见》指出："各级审计机关应当加强对专项资金绩效和政策执行的审计监督，并在向本级人大常委会报告年度预算执行和其他财政收支的审计工作报告时予以重点反映，为人大常委会开展支出决算和政策审查监督提供支持服务。"

2018年《中共中央 国务院关于全面实施预算绩效管理的意见》指出："审计机关要依法对预算绩效管理情况开展审计监督，财政、审计等部门发现违纪违法问题线索，应当及时移送纪检监察机关。"

上述政策文件明确了审计署开展绩效审计的主要职责，如下所述：

1.开展重大政策落实的绩效审计。2014年《国务院关于加强审计工作的意见》（国发〔2014〕48号）指出，发挥审计促进国家重大决策部署落实的保障作用。要求"持续组织对国家重大政策措施和宏观调控部署落实情况的跟踪审计，着力监督

① 审计署：《审计署制定〈审计署2008年至2012年审计工作规划〉》，2008年7月11日，http：//www.audit.gov.cn/n4/n19/c42109/content.html，2018年11月16日。

检查各地区、各部门落实稳增长、促改革、调结构、惠民生、防风险等政策措施的具体部署、执行进度、实际效果等情况，特别是重大项目落地、重点资金保障，以及简政放权推进情况，及时发现和纠正有令不行、有禁不止行为，反映好的做法、经验和新情况、新问题，促进政策落地生根和不断完善”。[①]根据政策要求，2014年8月起，审计署组织全国审计机关，持续开展了对相关部门和地方各级人民政府的重大政策措施贯彻落实跟踪审计。2015年《关于完善审计制度若干重大问题的框架意见》进一步明确指出：“坚持以公共资金运行和重大政策落实情况为主线，将预算执行审计与决算草案审计、专项资金审计、重大投资项目跟踪审计等相结合，对涉及的重点部门和单位进行重点监督，加大对资金管理分配使用关键环节的审计力度。”

2.公共资金运行绩效。促进公共资金安全高效使用，开展公共资金及其绩效审计，是绩效审计的重要内容。《国务院关于加强审计工作的意见》（国发〔2014〕48号）指出：“把绩效理念贯穿审计工作始终，加强预算执行和其他财政收支审计，密切关注财政资金的存量和增量，促进减少财政资金沉淀，盘活存量资金，推动财政资金合理配置、高效使用，把钱用在刀刃上。”

3.专项资金绩效。专项资金审计主要针对改善民生和生态文明建设的专项资金开展绩效审计。《国务院关于加强审计工作的意见》（国发〔2014〕48号）要求加强对“三农”、社会保障、教育、文化、医疗、扶贫、救灾、保障性安居工程等重点民生资金和项目的审计，加强对土地、矿产等自然资源，以及大气、水、固体废物等污染治理和环境保护情况的审计，探索实行自然资源资产离任审计，深入分析财政投入与项目进展、事业发展等情况，推动惠民和资源、环保政策落实到位。

4.国有资产运营绩效审记。国有资产重大投资决策及投资绩效情况和促进提高国有资产运营绩效都是审计关注的重点内容。《国务院关于加强审计工作的意见》指出：“审计机关要依法对行政事业单位、国有和国有资本占控股或主导地位的企业（含金融企业，以下简称国有企业）等管理、使用和运营的境内外国有资产进行审计。主要检查国有资产管理、使用和运营过程中遵守国家法律法规情况，贯彻执行国家重大政策措施和宏观调控部署情况，国有资产真实完整和保值增值情况，国有资产重大投资决策及投资绩效情况，资产质量和经营风险管理情况，国有资产管理部门职责履行情况，以维护国有资产安全，促进提高国有资产运营绩效。根据国有资产的规模、管理状况以及管理主体的战略地位等因素，确定重点审计对象。对国有企业资产负债损益情况进行审计，将国有资产管理使用情况作为行政事业单位

① 《国务院关于加强审计工作的意见》（国发〔2014〕48号）。

年度预算执行审计或其他专项审计的内容。”除此之外，审计署还对国有资源和领导干部履行经济责任情况实行审计。在开展这两项工作的时候也涉及政策和履职的绩效。

5.预算绩效管理工作情况审计。2018年《中共中央 国务院关于全面实施预算绩效管理的意见》指出“审计机关要依法对预算绩效管理情况开展审计监督。”审计机关对照预算绩效管理制度，对各级政府各部门预算绩效管理情况开展审计。比如:《国务院关于2017年度中央预算执行和其他财政收支的审计工作报告》中就对预算绩效管理情况进行了报告，报告指出:“预算绩效评价不到位。主要是实际推进中存在评价覆盖面小、指标不细化、自评不严格等问题。2017年，财政部对16个中央本级项目支出进行了绩效评价，项目资金覆盖面仅1.38%，结果也未全部公开；发展改革委未按要求对分配的中央本级项目开展绩效目标管理。抽查还发现，8个部门24个项目的绩效目标脱离实际或指标不够细化；8个部门14个项目自评结果不实，其中资金使用率自评100%的2个项目实际支出为零。”《国务院关于2018年度中央预算执行和其他财政收支的审计工作报告——2019年6月26日在第十三届全国人民代表大会常务委员会第十一次会议上》用了三段对预算绩效管理机制进行了审计。

三、部门预算绩效的财政监督

传统的财政监督侧重财政活动的合规性监督，这种监督模式可实现对预算投入的有力控制，但忽略对投入资金使用效率和效益的管理，无法提高财政资金使用效率、效益，极易造成资金使用低效[①]。当下财政收支矛盾日趋突出，财政合规性监督无法从根本上缓解财政收支矛盾，旨在提高财政资源配置效率和使用效益、增强政府公信力和执行力的财政绩效监督成为新趋势。

全面实施预算绩效管理背景下，部门预算绩效财政监督要实现全方位、全过程、全覆盖就需由事后监督为主转向事前监督、事中监督和事后监督并重，涵盖预算决策、预算编制、预算执行、绩效评价及评价结果应用等多个环节，主要形式包括:

一是财政抽查复核。“财政部门要会同审计部门加强预算绩效监督管理，重点对资金使用绩效自评结果的真实性和准确性进行复核。”[②]抽查复核贯穿在部门预算绩效管理全过程中，比如:事前重点检查绩效目标设置科学性、合理性、规范性和

① 李燕、何沁芸:《构建以绩效为抓手的财政监督机制》,《财政监督》2018年第21期。

②《关于贯彻落实〈中共中央 国务院关于全面实施预算绩效管理的意见〉的通知》(财预〔2018〕167号)。

有效性；绩效指标是否能够清晰、准确地反映绩效目标等。事后开展工作质量评价和项目绩效再评价。

二是开展再评价。在抽查复核过程中发现问题，必要时可以组织开展再评价。

三是财政部驻各地财政监察专员办事处要发挥就地就近优势，加强对本地区中央专项转移支付绩效目标和绩效自评结果的审核。

四是对绩效监控、绩效评估评价结果弄虚作假，或预算执行与绩效目标严重背离的部门和单位及其责任人要提请有关部门进行追责问责。

四、部门预算绩效的公众监督

部门预算绩效的公众监督是部门预算绩效监督的重要部分，部门预算绩效信息向社会公开是部门预算绩效公众监督的基础，是公众参与部门预算绩效监督的保证。尽管《政府信息公开条例》对政府信息公开提出具体原则和要求，但现实中部门预算绩效信息向社会公开程度不够，部门预算绩效公众监督不足。

部门预算绩效公众监督可分为三个方面，一是部门预算绩效是否符合公众利益；二是部门预算绩效是否符合相关法律法规；三是部门预算绩效是否实现既定的绩效目标。在全面实施预算绩效管理的要求下，以上三方面应融入部门预算绩效公众监督的事前监督、事中监督和事后监督，其中事前监督关注部门预算绩效目标设定及部门预算绩效事前评估；事中监督的重点为部门预算执行情况及部门预算绩效目标阶段性实现情况；事后监督关注部门预算绩效目标实现程度，而部门预算绩效评价报告公开是公众开展事后监督的依据。

第五节 部门预算绩效管理工作考核

部门预算绩效管理工作考核既是财政开展绩效监督的重要手段，也是推动预算绩效管理工作的重要“指挥棒”。

2011年财政部印发了《预算绩效管理工作考核办法（试行）》（财预〔2011〕433号），开始了部门预算绩效管理工作考核。2012年9月21日财政部印发了《预算绩效管理工作规划（2012—2015年）》（财预〔2012〕396号），要求“推进部门支出管理绩效综合评价。以部门绩效管理工作评价为突破口，对部门或单位的基础工作、绩效目标、绩效监控、绩效评价、结果应用、改革创新等管理进行评价，逐步拓展，推进财政部门对预算部门、预算部门对下属单位支出管理绩效综合评价试点，促进部门或单位更好地履行职责。2013年，财政部开展中央部门支出管理绩效综合评价试点；2014年起各级财政部门对预算部门，预算部门对下属单位都开展部门（单位）支出管理绩效综合评价试点”。《规划》还以附件的形式给出了《部门支出管理绩效综合评价方案》。方案包括基础工作管理、绩效目标管理、绩效运行监控、绩效评价实施、评价结果应用、绩效管理创新六个方面。

为全面推进预算绩效管理，促进预算绩效管理工作的制度化、规范化、科学化，2015年2月财政部在《部门支出管理绩效综合评价方案》的基础上，对《预算绩效管理工作考核办法（试行）》（财预〔2011〕433号）进行了修订，印发了《预算绩效管理工作考核办法》（财预〔2015〕25 号），形成了中央部门预算绩效管理工作考核评分表和省级财政部门预算绩效管理工作考核评分表。如表8-1、8-2所示，随后每个年度都会公布工作部署，对考核指标体系进行更新。

各级财政部门是本级部门预算管理工作考核的主体。评价范围为本级各预算部门和下级财政部门。评价内容主要是预算绩效管理工作，具体包括基础工作管理、绩效目标管理、绩效运行监控、绩效评价实施、评价结果应用、绩效管理创新、监督发现问题七个方面，评价得分采用百分制和加减分制相结合。

考核采用部门自评和财政部考核的形式进行。年度终了，中央部门、省级财政部门根据预算绩效管理工作的实际进展情况，对照相应的考核评分表进行自评打分，并附上必要的说明材料，于次年 2 月底前报送财政部。说明材料主要包括：对评分表中每项自评得分的说明；有关数字口径的解释或说明；相关佐证材料目录及内容；其他需要补充或说明的内容等。每年报送的年度预算绩效管理工作总结及相应的基础数据统计表，是工作考核的主要基础数据信息材料。中央部门、省级财政部门对自我考核情况及相关说明材料、数据信息材料的真实性负责。

财政部对中央部门、省级财政部门上报的数据信息、说明材料、自评打分等进行审核，必要时对相关数据及工作情况进行核实调查，综合形成评定分数，确定考核结果。发现弄虚作假的，取消考核资格并通报批评。[①]

表8-1　　中央部门预算绩效管理工作考核评分表

（20××年度）

部门：　　　　　　　　　　　　　　　　　　　　　年　月　日

考核内容	分值	计分标准	自评分数	评定分数
一、基础工作	20	（截至20××年底基础工作情况）		
（一）组织保障（4）	2	1.明确预算绩效管理职能并指定专人负责的，得1分；成立预算管理领导小组或专门机构的，得1分。		
	2	2.部门主要领导就推进预算绩效管理作出批示的，每次1分；部门其他领导就推进预算绩效管理作出批示的，每次0.5分。本项最多2分。		
（二）制度建设（4）	1	3.制定本部门预算绩效管理顶层制度的，得1分。		
	3	4.制定指导本部门预算绩效管理工作具体办法或操作细则的，每个1分。本项最多3分。		
（三）指标体系（4）	1	5.建立本部门或本行业普遍适用的共性评价指标体系的，得1分。		
	3	6.建立本部门项目支出或特定支出的个性评价指标体系的，每个0.25分。本项最多3分。		
（四）智库建设（4）	2	7.出台本部门专家管理办法并规范管理的，得1分；建立本部门专家库并实行动态管理的，得1分。		
	2	8.出台本部门中介机构管理办法并规范管理的，得1分；建立本部门中介机构库并实行动态管理的，得1分。		

① 《预算绩效管理工作考核办法》（财预〔2015〕25 号）。

续表

考核内容	分值	计分标准	自评分数	评定分数
（五）宣传培训（4）	2	9.利用各种媒体形式，宣传预算绩效管理工作，创造良好社会舆论氛围的，每篇0.25分。本项最多2分。		
	2	10.参加财政部组织的，或举办本部门（系统）预算绩效管理培训、工作会议的，每次0.5分。本项最多2分。		
二、绩效目标管理	25	(20××+1年预算绩效目标管理情况)		
（一）时间要求（3）	3	1.在规定时间内填制绩效目标并报送财政部的，得3分；逾期报送一天扣0.5分，直至扣完为止。		
（二）质量控制（7）	2	2.申报的绩效目标符合规定的格式要求、相关内容完整的，得2分；否则，酌情扣分。		
	2	3.绩效目标设定符合项目特点的，得1分；绩效目标描述清晰明确的，得1分。否则，酌情扣分。		
	3	4.绩效指标设定符合基本要求的，得1分；绩效指标值量化、有明确标准的，得2分。否则，酌情扣分。		
（三）范围和规模（10）	2	5.绩效目标管理范围，得分=（绩效目标管理所涵盖的预算单位级次/部门所属预算单位总级次）×2。		
	8	6.绩效目标管理规模，得分=（纳入绩效目标管理的项目支出金额/总门项目支出金额）×8。		
（四）管理模式（5）	3	7.填报本部门整体支出绩效目标的，得2分；绩效目标填报符合要求的，得1分。		
	2	8.选择所属预算单位填报整体支出绩效目标的，得1分；绩效目标填报符合要求的，得1分。		
三、绩效监控管理	10	（20××年度实施当年绩效监控情况）		
（一）范围和规模（8）	2	1.绩效监控管理范围，得分=（绩效监控管理所涵盖的预算单位级次/部门所属预算单位总级次）×2。		
	6	2.绩效监控管理规模，得分=（纳入绩效监控管理的项目支出金额/部门项目支出金额）×3+（纳入绩效监控管理的项目支出金额/纳入绩效目标管理的项目支出金额）×3。		
（二）信息应该（2）	1	3.定期采集绩效运行信息并进行汇总分析的，得1分。		
	1	4.确保绩效目标如期实现，或对偏离绩效目标、预期无效项目及时提出纠正或调整意见的，得1分。		
四、绩效评价管理	30	（20××年完成20××−1年度的绩效评价情况）		

续表

考核内容	分值	计分标准	自评分数	评定分数
（一）报送要求（3）	1.5	1.在规定时间内完成绩效评价并向财政部提交绩效评价报告的，得1.5分；每逾期报送一天扣0.5分，扣完为止。		
	1.5	2.报送得分=（实际报送财政部的绩效评价报告个数/纳入绩效评价的项目个数）×1.5。		
（二）质量要求（7）	2	3.绩效评价报告基本格式规范的，得1分；各项内容完整的，得1分。		
	3	4.绩效评价报告中各项评价指标明确的，得1分；相关数据齐全、标准清楚的，得1分；评价结论客观合理的，得1分。		
	2	5.绩效评价报告中对问题分析全面深入的，得1分；所提建议针对性强的，得1分。		
（三）范围和规模（15）	6	6.绩效自评价开展情况，得分=（开展绩效自评的项目支出金额/部门项目支出金额）×3+（开展绩效自评的项目支出金额/纳入绩效目标管理的项目支出金额）×3。		
	3	7.开展重点绩效评价试点的，得3分。		
	6	8.开展绩效评价的项目金额占部门项目支出金额的比重超过中央部门平均水平的，得6分；低于平均水平的，按一定比例扣分。		
（四）评价创新（5）	3	9.对所属单位开展整体支出绩效评价试点的，得3分。		
	1	10.委托第三方进行评价的，得1分。		
	1	11.开展专项支出中期评估的，得1分。		
五、评价结果应用	15	（20××年完成的20××-1年度绩效评价结果应用情况）		
（一）反馈与整改（5）	2	1.评价结果反馈情况，得分=（实际反馈到被评价单位的项目支出金额/实际开展绩效评价的项目支出金额）×2。		
	1.5	2.评价结果落实整改情况，得分=（已整改的绩效评价项目支出金额/应当整改的绩效评价项目支出金额）×2。		
	1.5	3.向财政部报送评价结果整改落实情况的，得1.5分。		
（二）应用方式（10）	3	4.评价结果报告情况，将评价结果向党中央、国务院、全国人大报告的，得3分。		
	3	5.评价结果公开情况，得分=（评价结果公开金额/实际评价金额）×2+（评价结果向社会公开金额/非涉密评价金额）×1。		

续表

考核内容	分值	计分标准	自评分数	评定分数
（二）应用方式（10）	2	6.建立评价结果与预算编制挂钩机制，将评价结果与所属预算单位预算安排相结合的，得2分。		
	1	7.将评价结果作为对所属预算单位考核依据的，得1分。		
	1	8.建立绩效问责机制的，得1分。		
六、其他加分项	5			
（一）工作推进（1）	1	1.积极配合财政部开展重点绩效评价或再评价的，加0.5分；将预算绩效管理工作纳入本部门信息化系统管理的，加0.5分。		
（二）日常信息报送（2）	1	2.积极向财政部报送工作进展、反馈意见与建议等信息的，酌情加分，最多1分。		
	1	3.积极向财政部报送有关绩效评价指标体系、重点绩效评价报告、课题研究的，酌情加分，最多1分。		
（三）考核材料报送（2）	1	4.考核材料报送及时，在规定时间内报送的，加1分。		
	1	5.考核材料形式规范，内容完整，有清晰目录，佐证材料齐全的，加1分。		
合计	105			

联系人：　　　　　　　　　　　　联系电话：

表8-2　　　　省级财政部门预算绩效管理工作考核评分表

（20×× 年度）

________省（自治区、直辖市、计划单列市）财政厅（局）　　　　年　月　日

考核内容	分值	计分标准	自评分数	评定分数
一、基础工作	30	（截至20××年底基础工作情况）		
（一）组织保障（6）	3	1.省级财政部门明确预算绩效管理职能的，得1分；设立预算绩效管理专门处室的（包括加挂牌子），得1分；落实预算绩效管理工作经费的，得1分。		
	1.5	2.市级财政部门成立专门预算绩效管理机构的，得分=（成立机构的市级财政部门数量/全部市级财政部门数量）×1.5。		

续表

考核内容	分值	计分标准	自评分数	评定分数
（一）组织保障（6）	1.5	3. 县级财政部门成立专门预算绩效管理机构或明确专职人员的，得分=（成立专门机构的县级财政部门数量/全部县级财政部门数量）×1.5+（未成立专门机构但已明确专职人员的县级财政部门数量/全部县级财政部门数量）×0.5。对已成立专门机构的，只计算前一项得分，后一项得分不再重复计算。		
（二）制度建设（6）	1	4. 出台省级预算绩效管理顶层制度的，得1分。		
	3	5. 制定指导全省预算绩效管理工作具体办法的，每个0.75分。本项最多3分。		
	2	6. 制定预算绩效管理操作细则的，每个0.5分。本项最多2分。		
（三）指标体系（7）	1.5	7. 建立项目、部门和财政三个层级共性评价指标体系的，每一层级0.5分，共1.5分。		
	5.5	8. 建立针对某一类支出或特定领域的专用或个性评价指标体系的，每个0.3分。本项最多5.5分。		
（四）智库建设（5）	2	9. 出台省级专家管理办法并规范工作行为的，得1分；建立专家库并实行动态管理的，得1分。		
	2	10. 出台省级中介机构管理办法并规范工作行为的，得1分；建立中介机构库并实行动态管理的，得1分。		
	1	11. 建立预算绩效管理监督机制，管理监督行为，并实施有效监督的，得1分。		
（五）交流培训（6）	2	12. 建立预算绩效管理信息系统的，得1分；建立预算绩效管理交流平台的，得1分。		
	2	13. 利用各种媒体形式，宣传预算绩效管理工作，创造良好社会舆论氛围的，每篇0.5分。本项最多2分。		
	2	14. 正式举办预算绩效管理培训、工作会议的，每次1分。本项最多2分。		
二、绩效目标管理	20	（20××年预算绩效目标管理情况）		
（一）管理范围（6）	2	1. 省本级预算部门绩效目标管理情况，得分=（开展绩效目标管理的省本级预算部门数量/省本级预算部门的数量）×2。		
	2	2. 市级财政部门绩效目标管理情况，得分=（开展绩效目标管理的市级财政部门数量/市级财政部门的数量）×2。		

续表

考核内容	分值	计分标准	自评分数	评定分数
（一）管理范围（6）	2	3. 县级财政部门绩效目标管理情况，得分 =（开展绩效目标管理的县级财政部门数量 / 县级财政部门的数量）×2。		
（二）管理模范（11）	3	4. 省本级预算部门绩效目标管理情况，得分 =（纳入绩效目标管理的省本级项目支出金额 / 省本级项目支出金额）×3。		
	2	5. 省级财政转移支付绩效目标管理情况，得分 =（纳入绩效目标管理的省本级转移支付金额 / 省本级转移支付金额）×2。		
	3	6. 市本级财政绩效目标管理情况，得分 =（纳入绩效目标管理的市本级项目支出金额 / 市本级项目支出金额）×3。		
	3	7.县级财政绩效目标管理情况，得分=（纳入绩效目标管理的县级项目支出金额/县级项目支出金额）×3。		
（三）管理模式（3）	1	8. 省级预算部门整体支出绩效目标管理情况，得分 =（纳入整体支出绩效目标管理的省本级预算部门数量 / 省本级预算部门的数量）×1。		
	1	9. 市级财政部门整体支出绩效目标管理情况，得分 =（纳入绩效目标管理的市级财政部门数量 / 市级财政部门的数量）×1。		
	1	10. 县级财政部门整体支出绩效目标管理情况，得分 =（纳入绩效目标管理的县级财政部门数量 / 县级财政部门的数量）×1。		
三、绩效监控管理	10	（20×× 年度实施当年绩效监控情况）		
（一）管理范围（3）	1	1.省本级预算部门绩效监控管理情况，得分=（开展绩效监控管理的省本级预算部门数量/省本级预算部门的数量）×1。		
	1	2. 市级财政部门绩效监控管理情况，得分 =（开展绩效监控管理的市级财政部门数量 / 市级财政部门的数量）×1。		
（一）管理范围（3）	1	3. 县级财政部门绩效监控管理情况，得分 =（开展绩效监控管理的县级财政部门数量 / 县级财政部门的数量）×1。		
（二）管理规模（7）	3	4.省本级预算部门绩效监控管理情况，得分 =（纳入绩效监控的省本级项目支出金额/省本级项目支出金额）×1+（纳入绩效监控的省本级项目支出金额/纳入绩效目标管理的省本级项目支出金额）×2。		

续表

考核内容	分值	计分标准	自评分数	评定分数
（二）管理规模（7）	2	5.市本级财政绩效监控管理情况，得分=（纳入绩效监控的市本级项目支出金额/市本级项目支出金额）×1+（纳入绩效监控的市本级项目金额/纳入绩效目标管理的市本级项目支出金额）×1。		
	2	6.县级财政绩效监控管理情况，得分（纳入绩效监控的县级项目支出金额/县级项目支出金额）×1+（纳入绩效监控的县级项目支出金额/纳入绩效目标管理的县级项目支出金额）×1。		
四、绩效评价管理	25	（20×× 年完成 20××–1 年度的绩效评价情况）		
（一）评价范围（6）	2	1.省本级预算部门开展绩效评价的范围，得分=（开展绩效评价的省本级预算部门数量/省本级预算部门的数量）×2。		
	2	2.市级财政部门开展绩效评价的范围，得分=（开展绩效评价的市级财政部门数量/市级财政部门的数量）×2。		
	2	3.县级财政部门开展绩效评价的范围，得分=（开展绩效评价的县级财政部门数量/县级财政部门的数量）×2。		
（二）评价规模（11）	3	4.省本级绩效自评情况，得分=（项目单位开展绩效自评的项目支出金额/省本级项目支出金额）×1.5+（项目单位开展绩效自评的项目支出金额/纳入绩效目标管理的项目支出金额）×1.5。		
	2	5.省本级绩效评价规模，得分=（预算部门、财政部门开展绩效评价的项目支出金额/省本级项目支出金额）×2。		
	2	6.省级财政转移支付绩效评价规模，得分=（开展绩效评价的省本级专项转移支付金额/省本级专项转移支付金额）×2。		
	2	7.市级财政绩效评价规模，得分=（开展绩效评价的市本级项目支出金额/市本级项目支出金额）×2。		
	2	8.县级财政绩效评价规模，得分=（开展绩效评价的县级项目支出金额/县级项目支出金额）×2。		
（三）评价模式（8）	2	9.重点民生支出绩效评价，得分=（开展绩效评价的省本级重点民生支出金额/省本级重点民生支出金额）×2。		
	3	10.开展部门整体支出绩效评价试点，得分=（开展整体支出绩效评价的省本级预算部门数量/省本级预算部门的数量）×1+（开展整体支出绩效评价的市级财政部门数量/市级财政部门的数量）×1+（开展整体支出绩效评价的县级财政部门数量/县级财政部门的数量）×1。		

续表

考核内容	分值	计分标准	自评分数	评定分数
（三）评价模式（8）	1	11.省级财政部门开展下级财政管理绩效评价的，得1分。		
	1	12.省级财政部门开展财政政策等综合绩效评价的，得1分。		
	1	13.省级财政部门开展重大专项中期绩效评估试点的，得1分。		
五、评价结果应用	15	（20××年完成20××-1年度绩效评价结果应用情况）		
（一）反馈与整改（4）	2	1.省级财政绩效评价结果反馈情况，得分=（实际反馈到被评价单位的项目支出金额/实际开展绩效评价的项目支出金额）×2。		
	2	2.省级财政根据评价结果督促整改情况，得分=（督促整改的绩效评价项目支出金额/应当整改的绩效评价项目支出金额）×2。		
（二）应用方式（11）	2	3.省级预算部门评价结果报送情况，得分=（省级预算部门向财政厅（局）报送的绩效评价项目支出金额/省级预算部门开展绩效评价的项目支出金额）×2。		
	1	4.省级财政将评价结果作为预算编制的重要依据，并与预算编制相结合的，得1分。		
	3	5.省级财政评价结果报告情况，得分=（向省级党委、政府（领导）报告评价结果金额/全部评价金额）×2+［向人大（领导）报告评价结果金额/全部评价金额］×1。		
	3	6.省级财政评价结果公开情况，得分=（评价结果公开金额/实际评价金额）×1.5+（评价结果向社会公开金额/非涉密评价金额）×1.5。		
	1	7.省级财政评价结果纳入政府考核，并占有一定权重的，得1分。		
	1	8.省级财政建立绩效问责机制的，得1分。		
六、其他加分项	6			
（一）制度建设（2）	1	1.以省级政府名义出台预算绩效管理顶层制度的，加1分。		
	1	2.出台预算绩效管理专门法规的，加1分。		

续表

考核内容	分值	计分标准	自评分数	评定分数
（二）日常信息报送（2）	1	3.积极向财政部报送工作进展、反馈意见与建议等信息的，酌情加分，最多1分。		
	1	4.积极向财政部报送有关绩效评价指标体系、重点绩效评价报告、课题研究的，酌情加分，最多1分。		
（三）考核材料报送（2）	1	5.报送考核材料及时，在规定时间内报送的，加1分。		
	1	6.报送考核材料形式规范，内容完整、目录清晰、佐证材料齐全的，加1分。		
合计	106			

联系人： 联系电话：

注：1.表中未明确指明的，均指省级财政部门。

2.直辖市考核到所属区、县，统一在市级财政考核栏计算得分。同时，在县级财政考核栏填列相同的分数。

3.项目支出按部门预算中项目支出金额填列。

4.重点民生支出包括农业、教育、医疗卫生、社保和就业、节能环保、保障性安居工程等支出。

本章小结

部门预算绩效反馈和监督贯穿在预算绩效管理各环节中，包括结果运用、信息公开、问责、监督和工作考核等方面的内容。这其中，部门预算结果运用是预算监督与问责的重要载体，信息公开与问责制度是部门预算绩效监督与问责的重要前提和有效保障。部门预算绩效监督涉及多个监督主体，包括人大监督、财政监督、审计监督、公众监督等。部门预算绩效工作考核既是一种工作推动机制，也是财政监督手段。

课后习题

名词解释

预算绩效结果运用　部门绩效信息公开　预算绩效监督　预算绩效责任

简答题

1. 简述部门预算绩效评价结果应用的优化路径。
2. 简述部门预算绩效信息公开的形式。

论述题

1. 说明部门预算绩效责任的主要内容。
2. 说明人大预算审查监督的主要内容。

本章推荐阅读文献

[1] 白景明：《发布政府预算绩效报告势在必行》，《中国财政》2011年第6期。
[2] 姜爱华、卢真、孙欣、郝晓婧：《绩效评价结果应用于部门预算编制的研究》，《财政科学》2019年第1期。

[3] 刘永辉:《透视美国绩效预算实务操作——美国国家科学基金会预算和绩效报告体系的考察及启示》,《中国财政》2011年第5期。
[4] 罗美富、李季泽、章轲:《英国绩效审计》,中国时代经济出版社2005年。
[5] 马蔡琛、陈蕾宇:《基于全过程绩效管理的预算信息公开研究》,《地方财政研究》2018年第6期。
[6] 马骏:《中国公共预算改革:理性化与民主化》,中央编译出版社2005年。
[7] 曲明:《政府绩效审计:沿革、框架与展望》,东北财经大学出版社2016年。
[8] 赵棠:《地方人大预算绩效监督的实践探索和路径设计——基于浙江温岭预算绩效监督的案例研究》,《人大研究》2015年第6期。
[9] 赵早早、刘钊:《中央政府预算绩效信息透明化研究——基于中央政府部门决算报告的内容分析》,《经济研究参考》2018年第1期。

▶ 第九章
我国部门预算绩效管理展望

内容提要

经过近 20 年的发展，部门预算绩效管理在我国已取得显著成效，绩效评价实践经验不断丰富，评价范围日益扩大，形成了绩效评价向政策、部门整体和政府层面的拓展趋势。近年来，我国中央部门和地方都开展了部门预算绩效评价与管理的探索，取得了成绩，积累了一定的经验。我国未来部门预算绩效管理应该是建立基于预算绩效的部门整体绩效管理新形态，即以部门预算为主线，统筹考虑资产和业务活动，从运行成本、管理效率、履职效能、社会效应、可持续发展能力和服务对象满意度等方面，衡量部门整体及核心业务实施效果，推动部门整体绩效水平的提升。

第一节 我国部门预算绩效管理的历史与现状

部门预算制度的建立为实施部门预算绩效管理奠定了基础。1999年9月，经国务院批准财政部公布了《关于改进2000年中央预算编制的意见》，正式提出部门预算改革。2000年财政部根据国务院的指示决定改变传统的预算编制方法，试行“一个部门一本预算”，将所有收支都按照统一编报内容和形式在一本预算中反映、明确了中央部门在部门预算编制中的主体作用，并开始向人大报送部门预算。教育部、农业部等4家部门作为首批预算试点单位，开始向全国人大提供部门预算。2001年全面推行了“一个部门一本预算”，中央159个部门全部按照要求填报了部门预算，初步实现了职责范围明确、各项收支清晰、项目预算到位“一个部门一本预算”的目标。同年向全国人大报送部门预算的范围从4个增加到26个。[①]

我国部门预算绩效管理体系的演变大体上经历了以下几个阶段：

一、建立部门预算绩效评价体系阶段（2003—2011年）

2003年10月，中共十六届三中全会就完善社会主义市场经济体制问题做出部署。会议提出，要“建立预算绩效评价体系”。2004年财政部尝试开始对项目进行绩效评价，对2003年预算已安排的跨年度项目，选择一些项目附报已安排资金的绩效评价材料，作为2004年项目预算安排的重要依据。

① 财政部预算司：《中央部门预算编制指南（2108）》，第331—332页。

2004年10月财政部印发了《中央经济建设部门部门预算绩效考评管理办法（试行）》（财建〔2014〕354号），该办法对纳入财政预算，归口经建司管理的部门预算单位运用财政资金实现部门职能目标的程度、成本及效果情况进行科学、客观、公正的综合评价。部门绩效考评的内容包括预期提供的公共产品和服务内容的数量目标；预期提供的公共产品和服务的质量目标；提供公共产品和服务的及时性，提供公共产品和服务的方式，以及提供公共产品和服务所要达到的其他预期目标；提供预期公共产品和服务所耗费的目标成本和实际成本；提供预期公共产品的受益范围和群体。①

2005年5月财政部印发了《中央部门预算支出绩效考评管理办法（试行）》（财预〔2005〕86号），该办法所称部门预算支出绩效考评，是指运用一定的考核方法、量化指标及评价标准，对中央部门为实现其职能所确定绩效目标的实现程度，以及为实现这一目标安排预算的执行结果所进行的综合性考核与评价。绩效考评共性指标主要包括以下类型：绩效目标完成程度、预算执行情况、财务管理状况、经济和社会效益、资产的配置和使用情况等。②

2005年9月财政部印发了《中央级教科文部门项目绩效考评管理办法》（财教〔2005〕149号），对纳入中央部门预算管理的教科文部门专项资金项目情况进行综合性考核与评价。教科文部门项目考评根据项目执行阶段分为项目实施过程考评和项目完成结果考评。项目实施过程考评，是指对项目实施过程中阶段性执行情况的考核与评价；项目完成结果考评，是指对项目完成后总体执行情况的考核与评价。教科文部门项目考评的内容分为业务考评和财务考评。业务考评内容主要包括：立项目标完成程度、目标完成的可能性、立项目标的合理性、项目验收的有效性、项目组织管理水平、项目的经济效益、项目的社会效益、项目可持续性影响等。财务考评内容主要包括：资金落实情况、实际支出情况、财务信息质量、财务管理状况等。③

2009年，财政部发布《财政支出绩效评价管理暂行办法》和《关于进一步推进中央部门预算项目支出绩效评价试点工作的通知》。与此同时，各地也积极开展了关于绩效预算改革的试点工作，探索绩效预算发展的可能路径。

2011年4月，财政部发布《财政支出绩效评价管理暂行办法》，同时还发布一系列附属文件，包括《财政支出绩效目标申报表》《财政支出绩效评价指标框架（参考）》《财政支出绩效评价报告（参考提纲）》《财政支出绩效评价指标体系（参考样表）》《财政支出绩效评价指标评分表（参考样表）》《财政支出绩效评价工作流程图》等，为各地区、各部门评价财政支出绩效提供了基本的行为规范。

---

①《财政部关于印发〈中央经济建设部门部门预算绩效考评管理办法（试行）〉的通知》（新财建〔2004〕310号）2004年12月8日。

②《中央部门预算支出绩效考评管理办法（试行）》（财预〔2005〕86号）。

③《中央级教科文部门项目绩效考评管理办法》（财教〔2005〕149号）。

二、预算绩效管理试点阶段（2011—2017年）

2008年党中央、国务院提出实行政府绩效管理制度，首次将绩效“考核、评估”拓展为绩效“管理”。2008年党的十七届二中全会通过了《关于深化行政管理体制改革的意见》（2008年2月27日中国共产党第十七届中央委员会第二次全体会议通过），《意见》指出：“推行政府绩效管理和行政问责制度。建立科学合理的政府绩效评估指标体系和评估机制。健全以行政首长为重点的行政问责制度，明确问责范围，规范问责程序，加大责任追究力度，提高政府执行力和公信力。”

2011年国务院建立了原监察部牵头的政府绩效管理工作部际联席会议制度，同年4月，国务院召开第一次政府绩效管理工作部际联席会议，联席会议由监察部、中组部、中编办、国家发改委、财政部、人力资源和社会保障部（公务员局）、审计署、统计局、法制办9个部门组成，监察部为牵头部门，监察部部长为召集人。联席会议办公室设在监察部，日常工作由绩效管理监察室承担。随后监察部牵头印发了《关于开展政府绩效管理试点工作的意见》，决定在北京、吉林、福建、广西、杭州、深圳等地开展地方政府绩效管理试点；国土资源部、农业部、质检总局进行国务院机构绩效管理试点；国家发改委、环境保护部进行节能减排专项工作绩效管理试点；财政部进行财政预算资金绩效管理试点，以为全面推行政府绩效管理积累经验。此后，预算绩效管理推进步伐明显加快。

2011年7月，财政部发布《关于推进预算绩效管理的指导意见》，明确了建立“覆盖所有财政性资金，贯穿预算编制、执行、监督全过程的具有中国特色的预算绩效管理体系”的工作目标。该《指导意见》还提出，要逐步建立起“预算编制有目标、预算执行有监控、预算完成有评价、预算结果有反馈、反馈结果有应用”的预算绩效管理新机制。在此基础上，财政部发布了《预算绩效管理工作规划（2012—2015年）》，明确了今后一段时间的工作重点，和预算绩效管理工作规划一道，财政部还发布了两份配套文件：《县级财政支出管理绩效综合评价方案》和《部门支出管理绩效综合评价方案》，从而为县级财政绩效评价和部门支出绩效评价提供了基本行为规范。

2013年4月，财政部又下发了《关于印发〈预算绩效评价共性指标体系框架〉的通知》《项目支出绩效评价共性指标体系框架》《部门整体支出绩效评价共性指标体系框架》和《财政预算绩效评价共性指标体系框架》，指导和引领各地区、各部门构建相对完善的绩效评价指标体系。

2014年9月，国务院《关于深化预算管理制度改革的决定》（国发〔2014〕45号）印发，要求：“逐步将绩效管理范围覆盖各级预算单位和所有财政资金，将绩效评价重点由项目支出拓展到部门整体支出和政策、制度、管理等方面。”

《国务院关于印发推进财政资金统筹使用方案的通知》（国发〔2015〕35号）要求

加大预算资金统筹使用的力度，如加强转移支付项目和部门预算项目的统筹、加大政府性基金预算转列一般公共预算的力度、推进国有资本经营预算与一般公共预算的统筹协调等举措，这些都强化了部门预算和部门整体支出绩效管理的基础性地位。

三、全面实施阶段（2017年至今）

2017年党的十九大提出了“建立全面规范透明、标准科学、约束有力的预算制度，全面实施绩效管理”，确立了全面实施绩效管理的战略部署。2018年9月《中共中央 国务院关于全面实施预算绩效管理意见》印发，要求“力争用3—5年时间基本建成全方位、全过程、全覆盖的预算绩效管理体系。”明确要求“实施部门和单位预算绩效管理。将部门和单位预算收支全面纳入绩效管理，赋予部门和资金使用单位更多的管理自主权，围绕部门和单位职责、行业发展规划，以预算资金管理为主线，统筹考虑资产和业务活动，从运行成本、管理效率、履职效能、社会效应、可持续发展能力和服务对象满意度等方面，衡量部门和单位整体及核心业务实施效果，推动提高部门和单位整体绩效水平”。

随后《财政部关于贯彻落实〈中共中央 国务院关于全面实施预算绩效管理的意见〉的通知》（财预〔2018〕167号）要求：“逐步推动预算部门和单位开展整体绩效自评，提高部门履职效能和公共服务供给质量。积极推动绩效管理实施对象从政策和项目预算向部门和单位预算、政府预算拓展；探索建立部门和单位预算整体绩效报告制度。”①

上述文件的印发，意味着我国部门整体支出绩效评价拓展到部门整体预算绩效管理，两者的区别如表9-1所示。

表9-1　　部门整体支出绩效评价与部门整体预算绩效管理

	部门整体支出绩效评价	部门整体预算绩效管理
主体	财政评价和部门自评	部门主责，财政开展部门整体绩效评价
过程	绩效评价	事前评估、目标设定、绩效监控、绩效评价、结果运用、绩效问责等
目标	对基本支出和项目支出的投入、过程、产出和效果进行测量和评定	以预算资金管理为主线，统筹考虑资产和业务活动，衡量部门和单位整体及核心业务实施效果，提高部门和单位整体绩效
指标体系	目标设定、预算配置、预算执行、预算管理、资产管理、职责履行和履职效益等	运行成本、管理效率、履职效能、社会效应、可持续发展能力和服务对象满意度等方面
管理工具	绩效指标开发的逻辑模型	目标管理、关键绩效指标、平衡计分卡等

①《财政部关于贯彻落实〈中共中央 国务院关于全面实施预算绩效管理的意见〉的通知》（财预〔2018〕167号）。

四、存在问题

与新时代全面实施预算绩效管理的要求相比，我国部门预算绩效管理存在以下问题：

（一）部门预算绩效管理缺乏完整的制度体系

目前我国对部门预算绩效管理的要求分散在不同的文件，或者在一份文件的不同地方予以表述。比如《中共中央 国务院关于全面实施预算绩效管理的意见》要求“实施部门和单位预算绩效管理”，“各部门各单位要结合预算评审、项目审批等，对新出台重大政策、项目开展事前绩效评估，重点论证立项必要性、投入经济性、绩效目标合理性、实施方案可行性、筹资合规性等，投资主管部门要加强基建投资绩效评估，评估结果作为申请预算的必备要件。”“全面设置部门和单位整体绩效目标、政策及项目绩效目标。”“各级政府和各部门各单位对绩效目标实现程度和预算执行进度实行‘双监控’，发现问题要及时纠正，确保绩效目标如期保质保量实现。”“各部门各单位对预算执行情况以及政策、项目实施效果开展绩效自评，评价结果报送本级财政部门。”“各级财政部门建立重大政策、项目预算绩效评价机制，逐步开展部门整体绩效评价。”《关于贯彻落实〈中共中央 国务院关于全面实施预算绩效管理的意见〉的通知》（财预〔2018〕167号）要求“加快设立部门和单位整体绩效目标。逐步推动预算部门和单位开展整体绩效自评”。“探索建立部门和单位预算整体绩效报告制度，促使各部门各单位从‘要我有绩效’向‘我要有绩效’转变，提高预算绩效信息的透明度。”[①]《中央部门预算绩效运行监控管理暂行办法》的通知（财预〔2019〕136号）要求“逐步开展中央部门及其所属单位整体预算绩效监控”。[②]

到目前为止，我国尚未出台一份全国层面的部门预算绩效管理办法。一些地方出台的部门（单位）预算绩效管理办法，比如：山东省印发了《山东省省级部门单位预算绩效管理办法》（鲁政办字〔2019〕20号），这些办法总体上还是原则性的要求，规程层面和技术性导则层面的制度尚待完善。实践中，除了一些地区实现了部门预算绩效自评全覆盖以外，很多地方还处于“补课”和试点阶段，“方向明确但不知道怎么走”的问题依然存在。

（二）尚未形成制度化的组织领导体系

各部门在开展部门整体预算绩效管理过程中，尚未形成完备的制度化组织领

①《中共中央 国务院关于全面实施预算绩效管理的意见》新华社北京2018年9月25日电。

②《财政部关于印发〈中央部门预算绩效运行监控管理暂行办法〉的通知》（财预〔2019〕136号）。

导体系。组织领导机制不顺畅、流程不够健全、支持保障措施不够到位是较为普遍的问题。实践中部门预算绩效管理的组织领导体系一般有这样几种做法：一是以行政机关绩效管理领导小组为班底，保持不变或微调，作为部门整体支出绩效评价与管理的领导机构，这样容易高位推动，但是容易陷入重目标考核轻预算管理的老路上。二是以单位办公厅（室）或人事绩效管理部门牵头。三是单位财务部门牵头。后两种方式在推动部门整体支出绩效评价的过程中，容易出现财务部门和业务部门难以协调的问题。预算是部门首长和部门党组的预算，在推动预算绩效管理的过程中，应该将部门预算绩效管理纳入部门预算管理和行政决策体系，形成一把手负总责，分管领导具体落实，财务部门组织协调，各个部门协同配合的领导机制和工作机制。

各部门和财政部门在部门整体绩效评价与管理中的职责没有理顺。理论上讲，部门是预算绩效管理的第一责任人，部门应首先开展部门整体预算绩效自评，使其成为自身的需要和改善管理的重要手段。在自评的基础上，财政部门在预算分配和预算管理的过程中，选取重点部门开展部门整体绩效评价，将评价结果与部门预算分配挂钩。实践中，我们是在部门尚未建立起完善的全过程预算绩效管理基础上，财政部门先行开展了部门整体支出绩效评价。部门之前并没有填报部门整体绩效目标申报表，或者设定部门整体支出的产出和效果指标不够科学，那么在评价的时候，评价机构就得临时设置一套部门履职和履职效能的指标体系开展评价，由于评价工作时间紧迫，指标体系的客观性和科学性往往难以得到保证。

（三）部门整体绩效目标管理不完善

目前存在的一个普遍问题是，部门整体支出绩效目标和指标的设置缺乏内在的逻辑关联，不能有效地反映部门战略、规划、计划、履职、项目之间的衔接关系，不能根据部门职能的特点提炼出具有行业特征与个性化的部门整体产出和结果指标，没有形成部门二级项目、一级项目、部门整体绩效目标的层级汇总机制。有些部门整体支出绩效评价变成了对预算管理合规性的审查加上年度工作总结，难以体现出部门预算与部门绩效之间的衔接对应关系。产生上述问题的根源是尚未形成有效的部门整体支出绩效管理体系，事后评价活动与事前绩效计划、绩效监控和绩效反馈不能形成协同运行的状态。总之，在部门整体支出绩效评价与管理中，存在“前轻”“中空”的问题。“前轻”就是部门整体支出绩效评价的绩效目标设定环节不够科学。“中空”即尚未形成有效的部门整体绩效运行监控机制。

（四）评价指标体系与其他考核评价存在交叉重复

2011年国务院批准建立政府绩效管理工作部际联席会议制度，我国开始了地方政府及其部门绩效管理、国务院机构绩效管理、节能减排专项工作绩效管理、财政预算资金绩效管理试点。部门整体支出绩效指标体系与现有的地方政府及其部门绩效管理试点、国务院机构绩效管理试点的绩效评价指标体系存在交叉重叠之处；与某些地方的部门预算管理综合绩效考核也存在一些交叉重叠之处。

1.部门整体支出绩效指标体系与地方政府行政机关绩效指标体系。2011年北京市、吉林省、福建省、广西壮族自治区、四川省、新疆维吾尔自治区、杭州市、深圳市8个地区被选为地方政府及其部门绩效管理试点。以北京市为例，2011年9月9日，北京市人民政府印发《关于做好政府绩效管理试点工作的意见》（京政发〔2011〕53号）。该《意见》要求完善“市级国家行政机关考评体系”。随后北京市对2009年制定的《市级国家行政机关绩效管理暂行办法》指标体系进行了完善。市级行政机关绩效考核包括“三效一创”即履职效率、管理效能、服务效果、创新创优4个一级指标和8个二级指标，二级指标即职责任务、依法行政、能力建设、服务中央在京单位、公众评价、领导评价、协调配合、创新创优。

2013年财政部印发的部门整体支出绩效评价共性指标包括投入、过程、产出和效果四个方面，共7个二级指标，即目标设定、预算配置、预算执行、预算管理、资产管理、职责履行、履职效益。

尽管两套指标体系中各个指标的考核评价方式不一样，但在内容上存在一定程度的重叠，如表9–2所示。

表9–2　　部门整体支出绩效评价与行政机关绩效考核

对比	部门整体支出绩效评价	行政机关绩效评价
相似指标	目标设定	履职效率
	决策过程	管理效能
	资金分配	履职效率
	产出	履职效率
	效果–经济、社会、环境	履职效率
	效果–满意度	服务效果
不同指标	预算执行	依法行政、能力建设、服务中央在京单位、公众评价、领导评价、协调配合、创新创优
	预算管理	
	绩效管理	
	资产管理	

履职效率是对市级国家行政机关职责任务进行管理和考评，重点涉及履行本部门主要职责和承担市政府重点工作任务完成情况。履职效率与部门整体产出和效果指标具有重合性。市级行政机关绩效评价指标体系中的服务效果是对市级国家行政机关工作效果和服务对象满意度进行管理和考评，重点涉及服务中央、公众评价、领导评价、协调配合等情况。具体包括以下内容：服务中央在京单位，由市政府办公厅负责对承担服务中央单位和驻京部队专项任务完成情况、主动联络服务中央单位和驻京部队情况进行考评。公众评价，由市政府绩效办负责委托调查机构通过对居民、企事业单位等进行调查，测评公众对市级国家行政机关工作的感知和满意度情况。领导评价，由市领导对市级国家行政机关工作情况进行评价。协调配合，由市政府绩效办组织市级国家行政机关对工作协调配合情况进行互评；组织区县政府对服务基层情况进行评价。部门整体支出绩效评价中也涉及满意度指标，该满意度涉及部门（单位）履行职责而影响到的部门、群体或个人，一般采取社会调查的方式。这一点是与行政机关绩效评价体系中的服务效果指标具有重叠性。

2.部门整体支出绩效指标体系与国务院机构绩效管理试点。2011年国土资源部、农业部、质检总局被确定为国务院机构绩效管理试点单位。以国土资源部为例，2011年8月30日审定印发了《国土资源部绩效管理试点工作方案》，当年12月，国土资源部又印发了《国土资源部绩效管理试点办法》《国土资源部绩效管理试点实施细则》和《国土资源部干部年度考核办法》。上述文件指出：绩效管理主要包括职责履行、依法行政（依法办事）、领导班子建设等三个方面主体内容，创优与创新、违规与违纪作为附加内容。职责履行一级指标由“重点工作任务”和“其他法定职责”两项构成，共50分。依法行政一级指标由“提高制度建设质量”“规范行政行为”和“提升监督水平”等三项构成，适用于A类、B类单位，共20分。依法办事的一级指标由“提高制度建设质量”“规范办事行为”和“提升监督水平”等三项构成，适用于C类单位，共20分。领导班子建设一级指标由“思想政治建设”“能力建设”“科学民主决策”“干部队伍建设”“作风建设”和“党风廉政建设”等六项构成，共30分。

上述指标与部门整体支出绩效评价的产出和效果指标存在一定的重合性。

除此之外，部门整体支出绩效评价指标与党政领导班子和领导干部绩效考核，各行业主管部门开展的专项业务考核也有一定的重叠性。

以预算为主线，以预算绩效反映各级政府、各部门、各单位的工作绩效，形成财务、业务、资源和资产绩效的协同是未来的方向。

（五）绩效评价结果应用范围有限

虽然很多地方都出台了绩效评价结果应用办法和绩效问责办法，但对于部门整体支出绩效评价而言，绩效评价结果与预算安排的挂钩机制尚不健全，部门整体绩效公开尚未形成健全的制度，部门整体绩效问责的机制、程序、范围等尚不健全。部门整体支出绩效评价的结果与领导干部和领导班子考核指标之间的衔接还不够明确。

（六）支持保障系统不完善

推进部门整体支出绩效管理是一个系统工程，除了需要建立制度保障以外，目前存在的突出问题是预算绩效管理信息系统建设不完善、部门整体支出绩效指标库支撑不足等。

部门预算绩效管理的各个环节之间是紧密联系的整体，建立一个高效的管理信息系统，实现各个环节、各个系统之间的对接，实现目标和绩效数据共享，有助于提升部门整体支出绩效的管理水准。随着部门整体支出绩效管理的推进，按照职能、行业、项目建立部门整体支出绩效指标库，有助于增强部门整体支出绩效评价的科学性、公正性和便利性。缺乏部门整体支出绩效指标库，制约了部门整体支出绩效管理工作的开展。

第二节　我国部门预算绩效管理的实践探索

近年来，我国中央部门和地方都开展了部门预算绩效评价与管理的探索，取得了显著的成绩，积累了一定的经验。

一、中央部门整体支出绩效评价试点

2017年以来，财政部选择中国气象局作为中央部门试点单位，委托预算评审中心开展了部门整体支出绩效评价。

此次评价建立了一套针对气象业务工作和部门决策、管理、产出和效果特点的四级评价指标体系：一级指标包括履职效能、管理效率、社会效应和可持续性四个方面，二级指标包括工作目标、核心业务、基础管理、预算管理、收支管理、资产管理、业务管理、外部影响、社会满意、体制机制改革、创新驱动发展共11个指标。三级指标共24个，四级指标共82个。

2019年财政部委托预算评审中心继续开展了对水利部、教育部、人力资源与社会保障部等中央部门的部门预算整体绩效评价，进一步探索科学合理的评价指标体系和评价方法。

二、北京模式：纳入政府绩效考核

2011年，北京市选择市科委、市卫生局和市医院管理局开展了部门整体支出绩效评价，随后试点范围不断扩大。2016年实现了部门整体绩效自评全覆盖。

2011年9月9日北京市人民政府印发了《关于做好政府绩效管理试点工作的意见》（京政发〔2011〕53号），明确了政

府绩效管理主要包括市级国家行政机关绩效评价、区县绩效评价、预算评估和绩效审计、与民生密切相关的企事业单位绩效管理等内容。

北京市成立了市政府绩效管理工作领导小组统一领导。由时任常务副市长吉林担任组长，成员单位由原来的市政府办公厅、市监察局、市人力资源社会保障局、市政府法制办、市编办等5家，扩展为市委组织部、市政府办公厅、市发展改革委、市监察局、市民政局、市财政局、市人力资源社会保障局、市水务局、市审计局、市社会办、市安监局、市统计局、市政府法制办、市编办、市食品办等15家单位。市政府绩效管理办公室及各成员单位按照工作方案，深入推进试点工作；各区县、各部门高度重视绩效管理工作，主要领导亲自部署，组织研究解决重大问题，分管负责同志直接抓，明确目标，建立了组织保障体系。[①]市政府专门研究为绩效管理联席会议有关成员单位增加了8名行政编制，同时在承担绩效管理工作的处室加挂绩效管理专项考评工作处的牌子。

北京市市级国家行政机关绩效考评按照“履职效率、管理效能、服务效果、创新创优”（“三效一创”）指标体系，根据北京市政府各部门工作性质、工作内容，结合北京市“十二五”规划纲要，研究建立北京市政府部门分类考评指标体系和计分权重，实施分类考评、分别评价、统一奖惩。在每年的2月份，北京市政府召开市级行政机关和区政府绩效考评会议，市领导、部分市人大代表、市政协委员和社会各界代表200余人现场听取述职并打分评价。

2016年北京市财政局印发了《北京市市级部门预算管理综合考核办法》，市财政局对北京市市级预算部门预算管理全过程开展综合性考核，涵盖预算编制、执行和监督等预算管理环节。具体包括预算编制执行、国库集中支付、政府采购、绩效管理、财政监督和预算评审等业务内容。考核结果作为以后年度安排预算、加强和改进财政管理工作的重要依据；建立通报和整改机制；预算管理综合考核结果纳入市政府绩效考核体系，作为市政府绩效考核指标体系中“预算绩效”的扣分依据。

预算绩效管理作为考核的打分项直接影响到机关绩效的奖惩。《北京市市级国家行政机关绩效管理暂行办法》规定市级机关年度绩效管理综合得分经市政府绩效管理联席会议审议，报市政府党组会审定后，进行通报。凡完成绩效管理任务的，发放年度绩效奖金；凡被行政问责或未完成市政府重大绩效管理任务的，由专项考评部门提出，经市政府绩效管理联席会议审议并报市政府党组审定，减发5%的年度绩效奖金。年度考评结果将提交市委组织部门，作为考核领导班子职责绩效的重要依据。根据年度考评情况，形成绩效改进建议予以反馈，督促进行整改，促进工

①《北京市人民政府关于做好政府绩效管理试点工作的意见》（京政发〔2011〕53号）。

作水平提升。

另外，北京市顺义区将部门整体绩效评价的绩效关口前移到事前，探索实施了区直部门整体支出事前绩效评估，形成了事前、事中、事后全过程部门整体支出绩效管理体系。

三、河北模式：绩效预算①

2014年7月，河北省政府印发了《关于深化绩效预算管理改革的意见》，标志着河北绩效预算管理改革正式启动。这次改革将绩效理念融入预算管理的各个环节，将绩效管理重心由过去的以事后评价为主的“预算绩效”管理，全面转到从预算编制、执行到监督、评价的事前、事中、事后相互贯通的全过程“绩效预算”管理。②这一要求对部门预算绩效管理产生了深刻的影响。具体包括以下四项内容：

（一）三级预算管理与三级绩效目标体系

将预算绩效管理从项目层面向部门整体和政策拓展，全面建立“部门职责—工作活动—预算项目”三个层级的预算管理结构。部门职责按照政府“三定”规定和重大决策部署分项梳理确定，工作活动根据部门履行相关职责、必须开展的综合管理事务来确定，部门职责、工作活动一定时期内保持稳定，确需调整的严格按程序进行。所有部门的预算资金安排都要对应到相应的部门职责、工作活动，然后再确定项目预算。

与三级预算管理结构相对应，实行部门职责、工作活动、预算项目三个层级的绩效目标指标管理。各部门结合政府和部门中长期战略规划目标、年度规划目标，确定各项职责的年度绩效目标和各项活动的年度绩效目标、绩效指标；在预算项目层面分项确定年度绩效目标、绩效指标和评价标准。上一层级的绩效指标一般对应下一层级的绩效目标，绩效指标由绩效目标分解形成。同时，绩效目标指标、评价标准的设定要求细化量化，要达到可审核、可监控、可评价。

如河北省财政厅《2019年部门预算信息公开情况说明》中列出了河北省财政厅2019年十个方面的绩效目标，并列出全部三级绩效目标体系，如表9-3所示。

① 对河北模式的撰写参考了：李存才、智荣卿、何菲：《打造全过程绩效预算管理新机制——来自河北省的探索与实践（上）（下）》，《中国财经报》，http：//czt.hebei.gov.cn/wap/gzdt_wap/201711/t20171116_280230.html。

②《河北省人民政府关于深化绩效预算管理改革的意见》（冀政〔2014〕76号）。

表9-3　河北省财政厅部门职责——工作活动绩效目标（部分）　单位：万元

职责活动	年度预算数	内容描述	绩效目标	绩效指标	评价标准			
					优	良	中	差
一、财政收入管理	2887.00	深化税收制度改革，完善地方税体系。完善和规范地方性税收法规，规范税收优惠政策，监督检查税政政策执行情况。制定非税收入管理政策，加强非税收入征管。加强彩票公益金管理，确保及时、足额入库。制定彩票管理政策和有关办法，管理彩票市场及彩票资金。	适应经济增长新常态，做好收入组织工作，完成全年财政收入，提高财政收入质量，确保财政平稳健康运行。					
1.税收收入管理	50.00	按照授权起草地方性税收法规草案、实施细则和税收政策调整方案。提出中央授权税目税率调整、减免和地方税收政策等重大事项的建议。对地方承担出口退税事务实施监管，监督检查税收政策执行情况。协调有关部门，建立涉税信息共享机制，加强涉税信息的采集、分析和利用，开展税收专项清查。	落实国家各项税制改革任务，清理规范税收优惠政策，监控重点税源，保障税收政策落实到位，税收收入征收到位；进行税制改革的研究分析和效应评估，为省委、省政府科学决策提供依据。	重点税源监控率	100%	≥80%	≥60%	<60%
2.非税收入管理	2837.00	负责政府非税收入和政府性基金管理，按规定管理行政事业性收费；管理财政票据。	进一步完善全省非税收入政策制度，深入开展规范清理规范清理行政事业性收费项目工作，实现非税收入管理规范化、科学化发展。	收费项目目录调整完成率	100%	≥80%	≥60%	<60%
				收费项目目录调整及时性	按时完成	延迟5天以内	延迟10天以内	延迟10天以上

据统计，截至2017年河北省全面梳理确定了省级115个部门（涉密部门除外）部门职责412项、工作活动973项，市级80个部门职责352项、工作活动875项，县级66个部门职责306项、工作活动818项，全省绩效预算管理结构基本定型。针对973项工作活动，研制了3165条绩效指标、12660个评价标准模板；针对项目支出，设立项目共性指标18个和个性指标38类1479个，涵盖了部门共性项目和预算安排资金额度较大的预算项目。[①]

（二）开展绩效审核

将财政预算审核由过去审项目、审额度为主，转变为先审绩效、再定额度。改变了以往预算安排就事论事、“一事一议”的状况，财政预算审核先审部门职责、绩效目标指标与政府工作部署的匹配性，特别是省内各级党委、政府重大决策部署的落实情况，再审各项工作活动绩效目标指标的科学性，然后审核预算项目与职责活动的关联性、立项的必要性。偏离政府工作部署和部门总体绩效目标的项目不能安排，绩效指标不明确的不能安排，绩效偏低的少安排或不安排。

（三）实行全过程绩效监控

依托自主研发的一体化管理信息系统，预算项目全部纳入项目库管理，各级数据库实行统一存储，将预算管理由原来单一的资金指标维度，转变为资金指标、预算项目两个维度，实现指标流、项目流紧密融合，对每个项目从预算编制、调整细化、资金拨付、监督评价、财务核算，实行全过程跟踪管理，打通预算管理链条，实现横向到边、纵向到底。

（四）全面强化绩效评价及结果应用

将绩效评价由过去的项目评价一个层级，转变为预算项目绩效评价、工作活动绩效评价、部门职责绩效评价、部门整体支出绩效评价四个层次。按照分工协作、提高效能的原则，重新界定部门和财政的绩效评价重点。对重点领域、重大项目进行再评价；对部分社会关注度高的项目，开展第三方评价。完善绩效评价报告机制，建立绩效问责制度，推行评价结果公开，并将绩效评价结果与预算安排挂钩，作为制定政策、分配资金的重要依据。

① 李存才、智荣卿、何菲：《打造全过程绩效预算管理新机制——来自河北省的探索与实践（上）》，《中国财经报》，http：//czt.hebei.gov.cn/wap/gzdt_wap/201711/t20171116_280230.html。

四、浙江模式：包干预算[①]

浙江省财政厅在2018年4月提出了以结果为导向，实施绩效型部门预算管理模式的目标。率先在6个省级部门11个市县展开部门整体绩效预算改革试点，核心是建立与部门整体绩效挂钩的包干预算模式，形成了目标管理、过程控制、系统集成、迭代深化、公众满意的绩效管理新机制，取得了可喜的成绩，目前正在按照“试点先行、逐步扩面”的要求，力争到2021年全省全面实施改革举措。

（一）问题导向：针对传统绩效预算“短板”凸显

浙江省一直高度重视预算绩效管理工作。2003年，浙江在全国率先开展财政支出绩效评价，预算绩效管理改革一直走在全国前列。但对标党的十九大提出的建立现代财政制度的目标和全面实施绩效管理的要求，还存在一些突出问题，具体表现为“三个不”。

1.对整体绩效重视不够。预算绩效工作以项目支出绩效评价为主，2018年，浙江省纳入绩效目标管理的项目金额，占全省财政支出比重为57.8%。绩效评价没有在整体范围内展开，对部门单位的整体绩效和市县政府的整体绩效重视不够。

2.绩效理念和主体责任意识不强。重投入轻管理、重分配轻绩效的意识仍然存在，影响政策和资金执行效果。如2018年重点绩效评价时发现，省级30个财政专项资金基本未按要求开展对市县专项资金管理和使用情况的绩效评价等工作，存在监管缺位。

3.绩效激励约束作用不明显。项目支出的绩效评价结果在预算安排和政策调整上，发挥决定性作用的较少。如2015—2016年省级部门项目绩效抽评结果为“差”和“一般”的7个项目，大部分已经结束，无法在下年度安排预算时应用评价结果。

（二）改革条件

浙江省加快实施“两个高水平”建设，急需集中财力办大事，全面实施部门整体绩效预算改革是提升财政资源配置，提高公共服务供给质量和效益，全面提升机关行政效能，实现政府治理体系和治理能力现代化的重要举措。

1.领导高度重视。省委、省政府高度重视，为推进部门整体绩效预算改革提供了领导保障。浙江省委、省政府主要领导多次就预算绩效管理工作作出重要指示和

① 浙江省财政厅总预算局：《浙江部门整体绩效预算改革越改越深愈行愈稳》;《“传说中”的整体绩效预算改革究竟怎么搞？看看浙江吧！》,《中国财经报》2018年5月24日。

批示。省委书记车俊强调，全面实施绩效管理，将有限财力用在发展的刀刃上，发挥最大效益；树立过紧日子思想，厉行节约，反对铺张浪费，把节省出来的钱用到省委、省政府重大决策部署上来，用到补短板、打攻坚战和改善民生上来。省长袁家军要求，坚持质量第一、效益优先，全面实施绩效管理，集中财力办大事，使业务流与决策流、资金流、信息流相融合。这为浙江省实施部门整体绩效预算改革指明了方向，也为做好该项工作提供了重要的思想保障和领导保障。

2.法律法规要求。新《预算法》等法律法规和政策制度的实施，为推进部门整体绩效预算改革提供了制度保障。新《预算法》将绩效管理写入法律，凸显了绩效管理的重要性和法律刚性。近年来，党中央、国务院和财政部连续出台了现代财政制度建设一系列文件，浙江省也陆续出台了《浙江省预算审查监督条例》等财政法律法规和政策制度，为实施部门整体绩效预算改革提供了制度保障。

3.前期基础条件。预算标准体系建设和项目绩效管理的成果，为推进部门整体绩效预算改革提供了基础支撑。经过多年努力，浙江省省本级和大部分市县已建成预算标准体系，做到了“立项有依据、计算有标准”。同时，项目绩效管理形成了“预算编制有目标、预算执行有监控、预算完成有评价、评价结果有反馈、反馈结果有应用”的全过程绩效管理模式，为实施部门整体绩效预算改革提供了基础支撑。

4.试点经验总结。部门整体绩效预算改革试点，为推进部门整体绩效预算改革提供了实践经验。2018年，浙江省选取省教育厅、省商务厅、省农科院、省文化馆、省疾控中心和省体育职业技术学院6个部门（单位）作为省级部门整体绩效预算试点。为此分别设置了6套部门整体绩效预算方案，走出了改革的关键一步，为全省全面推广改革积累了、打下了基础。

（三）改革举措

部门整体绩效与预算总额包干挂钩机制是改革的核心举措，包括以下改革措施。

1.建立部门整体绩效指标及绩效目标体系。这是部门整体预算编制的前提，是预算执行、绩效评价、财政监督的重要依据，也是改革的“牛鼻子”。从试点实践来看，主要有两类：

第一类是绩效指标体系。绩效指标既是编制绩效目标，开展绩效评价的依据，也是建设责任政府的依据。在建设过程中，主要考虑：一是“一个部门，一套指标”，以更好地体现部门职能和专业性。二是预算绩效指标与行政绩效指标相融合。在设置部门整体绩效指标时，引入政府绩效管理考评指标，逐步将两大指标体系融为一体，最终使用同一套考评指标。在目前两大体系尚未融合的情况下，将部门预算绩效指标按重要程度分为一类指标和二类指标，一类指标为同级党委政府确定的重点工作绩效指标，并提高一类指标分值比重，二类指标由部门本级运行绩效指标和事业发展绩效指标组成。两类指标设定一定的分值后综合为部门整体绩效目标指标。三是建设统一的绩效指标框架。根据试点经验，部门整体绩效指标分产出结果类和社会评价类。产出结果类指标根据各部门职能职责，反映本部门各项事业产出与结果，按照重要程度设置一类指标和二类指标；社会评价类指标包括廉政建设、公众满意率和投诉结案率等。四是确定绩效指标分值和赋分原则。要适当考虑该项绩效指标与部门预算总额的关系，并参考近三年指标完成情况。

第二类是绩效目标体系。编制绩效目标的关键是确定目标值。部门单位要根据上年度评价结果、相关政策，提出新预算年度的绩效目标计划，同时要列出近几年绩效目标值以作比较。在预算执行过程中，原则上不调整部门整体绩效目标，确需调整的，报财政部门审核，并相应调整年度预算安排。

坚持“一个部门，一套指标”，在设置部门整体绩效指标时，引入同级党委政府绩效管理考评指标，逐步将预算绩效、行政绩效两大指标体系融为一体，最终使用同一套考评指标，以行政绩效体现预算绩效，以预算绩效倒逼行政绩效，充分调动部门履职尽责、干事创业的积极性。

2. 建立与部门整体绩效挂钩的预算总额包干机制。确定支撑部门整体绩效实现的部门预算总额，在总额内由部门自主统筹安排本级和下属事业单位的具体预算，并按照“标准化、规范化、精细化”的要求编制部门预算。第一，明确绩效预算总额范围。对于房屋建筑物构建、大型修缮等特殊性一次性项目要剔除考虑。第二，建立绩效预算挂钩机制。挂钩比例与部门事业发展目标及政府财政收支总幅度相匹配，避免过高过低。主要采用方式：一是产出指标挂钩。为事前挂钩方式，选取部门整体绩效指标中与部门事业发展关联度较大的指标为产出指标，根据产出绩效目标近几年情况，预计确定预算编制年度绩效目标与上年度（或基期年）绩效目标增长情况，与绩效预算总额挂钩。二是产出指标评价结果挂钩。为事后挂钩方式，选取与部门事业发展关联度较大的指标为产出指标，根据产出绩效目标年度目标完成情况，与绩效预算总额挂钩。对于在绩效评价中未达到绩效目标的部门，财政部门应当予以挂钩机制清算，扣减下年度的绩效预算。

建立经选取的产出结果类部门整体绩效指标目标与预算总额挂钩机制，在部门预算总额内，由部门自主统筹安排本级和下属单位的具体预算。通过赋予部门更多的自主权，强化部门理财的主体责任，推动部门立足全局和长远来统筹安排财力，变“要我干”为“我要干”，激发部门提升绩效的内生动力。

3. 建立部门整体绩效评价机制。一是厘清绩效评价目的。通过对部门预算绩效目标的实现度进行评价，监督预算资金；对部门整体绩效进行测量，确定被评价人绩效状态，推动完善制度。二是建立绩效评价规则。一类指标由党委政府部门重点工作绩效考评牵头部门负责，财政部门直接取用党委政府的考评结果；二类指标由财政部门和职能部门共同负责评价，根据绩效指标数据来源和赋分原则打分，最后形成部门整体绩效评价结果。

4.建立部门整体绩效评价奖惩机制。一是部门整体绩效评价结果与下年度部门预算奖惩挂钩，可建立事后绩效预算总额挂钩方式，对评价结果优秀的部门予以奖励，对结果差的部门予以扣减。二是积极探索部门整体绩效评价结果与干部收入分配、领导选拔任用挂钩的机制。

对部门整体预算绩效目标的实现度进行评价，并将评价结果作为政府绩效考评的重要内容，根据指标实际完成情况，安排绩效奖惩金额，以体现“干多干少不一样”的导向。同时，积极推动建立部门整体绩效评价结果与干部收入分配、领导选拔任用挂钩的机制，着力破解部门预算中“重分配、轻绩效”“重项目绩效、轻整体绩效”的突出问题。

5.建立推进部门整体绩效管理改革的工作机制。各级政府绩效考评部门负责重点工作绩效目标和评价工作，建立与财政部门的联动工作机制；财政部门负责部门整体绩效预算制度设计，建立绩效指标体系和评价体系，建立整体绩效与部门预算挂钩机制，负责部门整体绩效评价；各部门负责部门整体绩效目标的编制，按要求编制预算和执行预算，提出部门整体绩效自评结果，负责内部绩效管理。

五、广州模式：部门整体全过程预算绩效管理①

广东省广州市于2016年启动了部门整体全过程预算绩效管理试点工作，在市残联、市知识产权局试行部门整体全过程预算绩效管理，2017年将该模式推广至市发改委、市教育局等12个部门，探索构建部门整体全闭环绩效管理机制。

（一）三级目标体系

紧扣部门职责，围绕部门落实中央、省、市的核心任务，建立“部门职责——工作任务——项目目标”的三级目标体系，每个层级均设置绩效目标和指标。如图9-1所示。建立部门职责与整体绩效目标的对应关系。充分体现以“政”领“财”，将部门职责分解为较具体的绩效目标，为衡量部门整体职责的完成情况提供依据。

① 广州模式参考了《广东省广州市财政：部门整体预算绩效管理初见成效》，国家财政部官网2018年12月04日，http：//www.mof.gov.cn/xinwenlianbo/guangdongcaizhengxinxilianbo/201811/t20181120_3072017.htm等资料。

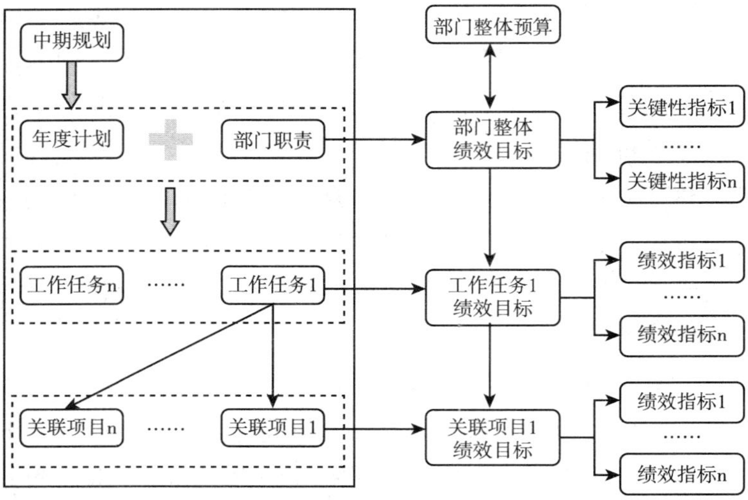

图9–1　广州市部门整体三级绩效目标

2018年6月广东省印发了《广东省财政预算绩效指标库》，收录52个子类、277个资金用途、2589个绩效指标，在全国率先建立较为领先的预算绩效指标和标准体系。为全面准确反映各级政府、各部门绩效提供了必要的基础条件。2019年广州市部门预算扩大绩效目标编制范围，首次编制和公开部门整体绩效目标，并将部门整体预算绩效管理由12个试点部门推广至所有市直部门。绩效目标公开范围由一般公共预算拓展至政府性基金、国有资本经营预算、社保基金预算、财政专户等5本预算。各部门5本预算所列支出项目均公开绩效目标。据统计，本次公开部门预算支出项目绩效目标8390项、市级财政专项资金绩效目标18项，实现了部门预算支出项目和专项资金绩效目标公开的全覆盖。其中，11个人大专题审议的部门在公开绩效目标基础上，一并公开全部一般公共预算支出项目绩效指标，涉及项目共796项，推动绩效目标公开更加具体量化。[①]

如《广州市原交通委员会2019 年部门预算》第二部分公开了部门主要工作任务和目标，明确了确定工作目标所依据的政策，设定了部门整体及主要工作任务绩效目标和指标。

①《市直部门首“晒”部门整体绩效目标》，《广州日报》2019年2月3日。

表9-4　　原广州市交通委员会部门整体绩效目标表（部分）

	部门整体支出目标	关键指标	预期实现值
年度目标	1.开展专项规划方案编制和推进实施重点交通项目前期工作。坚持交通规划引领，按照聚焦推进粤港澳大湾区主阵地建设的重求，研究市交委贯彻落实推进粤港澳大湾区建设的细化工作内容，同时组织开展广州交通规划相关重点问题的专项研究，牵头编制行业重点专项规划和相关方案研究：完成省市高速公路督导任务，加速推进2个高速公路项目的前期工作，加快督导花莞、广佛肇、机场第二高速等8个在建高速公路项目的建设工作；推进实施6个国省道干线重点项目，推进广州市辖内8条国道。21条省道二期公路生命安全防护工程建设；继续推进实施“四好农村路”建设三年行动计划。 2.保障重大运输安全有序。加强重大节假日、重要活动等运输保障任务统筹组织，组织开展春运、广交会等重要活动期间、元旦、清明、五一、端午、中秋、国庆等重大节假日期间疏运工作，为市民出行服务和科学管理提供有力保障，确保群众出行安全有序。 3.推动行业治理能力现代化。综合运用全市出行调查成果，进一步提升交通重点领域研究和服务管理水平；整合公交资源，实施公交线网优化提升；继续推进落实巡游出租车系统性改革措施；提升公交车、巡游出租车及其他营运车船推广应用新能源整体水平；强化网约车、共享汽车分时租赁和互联网租赁自行车，以及道路危险品运输、停车场行业、驾驶员培训和机动车维修服务等重点服务监管，提升交通行业大数据应用和信息化服务水平；提出1个地方性法规废改立建议，提出5个政府规章废改立建议。 4.持续优化交通出行环境。推进综合运输服务示范城市、绿色配送示范城市创建；新开优化调整公交线路30条；向道路管理及公安交管部门提出10个以上交通拥堵点改善建议；持续开展路域环境综合整治，督导各业主单位按规范要求开展公路桥梁定期检测和技术状况评价；强化交通综合执法和安全监管，维护良好运输市场秩序。	加快督导在建高速公路建设工作项目数量	8个
		加快推进高速公路前期工作项目数量	2个
		推进实施国省道干线重点项目数量	6个
		农村公路新建及改造工程里程	70千米
		元旦、清明重大节假日重点站场区域组织保障出租车次	2.5万车次
		新增或更新的公交车纯电动化率	100%
		新开优化调整公交线路数量	30条
		公共交通乘客满意度	80%
	其中：部门年度整体预算完成率：98%		
年度主要支出计划（对应任务、政策）			

续表

	任务（政策）的绩效目标	任务（政策）关键指标	预期实现值
一、着力完善现代化交通基础设施网络体系	1.坚持交通规划引领。梳理交通运输行业发展现状，对广州交通领域的重点问题开展系统研究；聚焦粤港澳大湾区基础设施互联互通工作；谋划连接大湾区腹地城市间高速公路快速联系通道，研究提出广州高速公路等交通基础设施互联互通实施方案及具体项目，强化广州市与粤港澳大湾区的交通联系；对市域高速公路路网运行情况进行系统评估；提出优化改善的措施建议；借助第三方专业机构，为交通规划、设计、建设和管理提供科学的数据支撑和咨询建议。 2.加快督导高速公路项目。加大对机场第二高速、花莞、广佛肇等8个在建高速公路项目建设工作的督导力度。 3.推进国(省)道建设养护工程。推进实施一批国省道干线重点项目，推进广州市辖内国省道二期公路生命安全防护工程建设。 4.继续指导协调推进“四好农村路”建设工作。指导扶持、组织协调涉农七区政府落实《广州市新一轮农村公路建设工作方案（2018—2020年）》有关工作部署、新建及改造一批农村公路项目，主要包括农村公路硬底化、窄路基路面改造、危桥改造以及农村公路提档升级工程。 5.落实公路工程质量监督、安全监管和造价管理工作。组织开展受益公路工程建设项目的质量监督工作，推进受监市管公路工程安全生产监督日常检查工作，落实市管高速公路造价监督检查。	推动研究提出广州高速公路等交通基础设施互联互通实施方案及具体项目数量	15项以上
		加快督导在建高速公路建设工作项目数量	8个
		加快推进高速公路前期工作项目数量	2个
		推进实施国省道干线重点项目数量	6个
		全市农村公路建设项目数量	100个
		农村公路新建及改造工程里程	70千米
二、着力推进交通运输改革创新	1.推进出租汽车行业改革规范管理。协调市人大、法制办等部门，完成《广州市巡游出租汽车客运管理条例》制订工作，进一步明确企业管理主体责任、驾驶员违章责任，增加行业管理手段；鼓励引导巡游车企业实行“收入清分”新型司企收入分配模式，在行业内进一步推广应用新型司企收入分配模式；按照国家及省、市有关推广使用纯电动巡游车的标准和要求，组织巡游车企业大力推广纯电动巡游车工作；改善驾驶员营运环境，争取设置不少于15个巡游车就餐临停路段、不少于160个临时上落客点；做好网约车规范管理工作，督促网约车平台公司合法合规经营，保证营运安全，保障乘客合法权益。 2.推进小微型客车分时租赁（共享汽车）规范管理。贯彻落实行业管理指导意见精神。	推进出租车新型司企分配模式车辆数量	2000辆
		出租车新型车载终端安装覆盖率	100%
		公共交通客运量同比增长率	1%

由表9–4可以看出，原广州市交通委员会的部门整体绩效目标、任务（政策）、项目目标实现了关联，比如项目“春运工作专项经费，通过组织开展春运工作，主要达到如下目标：1.春运期间旅客发送量2900万人次以上；2.春运期间旅客到达量1900万人次以上（不含公路）；3.全市应急安置点安置能力80万人次以上；4.春运期间旅客总体满意度80%以上”与部门主要支出计划（任务、政策）“着力提升重大运输服务保障机制化、品质化水平”的绩效指标“春运期间旅客发送量2900万人次以上，春运期间旅客到达量1900万人次以上（不含公路）；全市春运应急安置点安置能力80万人次以上；重大节假日重点站场区域组织保障出租车次2.5万车次”相衔接。其中“重大节假日重点站场区域组织保障出租车次2.5万车次”也是部门整体年度绩效目标，但并没有具体的项目绩效目标直接与之对应。

（二）部门整体绩效运行监控

2017年广州市对市残联、市知识产权局的2017年重点项目开展了第三方绩效监控，并尝试对市知识产权局实施部门整体监控；2018年对市发改委、市教育局等12个部门整体绩效运行监控，探索构建部门整体与重点项目相结合的绩效监控体系。具体做法是：建立“1+1+X”的绩效运行监控机制，其中，第一个“1”是监控部门整体绩效运行情况；第二个“1”是监控重点项目绩效运行情况；“X”是监控关联项目绩效运行情况，围绕部门整体绩效目标中各个任务所对应的关联项目开展监控。在监控内容上，重点关注支出进度和绩效目标实施情况，实行双监控。采取预算部门自行监控和财政部门重点监控相结合的方式，财政部门重点监控委托第三方机构实施。对监控中发现的部门管理漏洞和绩效目标偏差，及时进行预警，确实无法实现绩效目标的，督促部门及时调整预算，避免资金沉淀，切实提高财政资金使用效益。部门整体绩效监控如图9–2所示。①

（三）完善绩效评价管理机制

建立“全面自评、部分复核、重点评价”的项目绩效评价机制。预算部门要组织对所有支出项目开展绩效自评，一定金额以上的项目自评情况需报财政部门备案；财政部门选取部分项目开展自评复核，并规范自评复核标准，减少绩效自评随意性；同时财政部门对资金量较大的民生项目、政府投资项目、具有重大影响的项目或政策开展重点评价。

① 中国发展基金会广州市财政局课题组：《现代国家治理中的全面预算绩效管理——广州市的探索与经验》（会议版）》，中国发展出版社2019年，第239页。

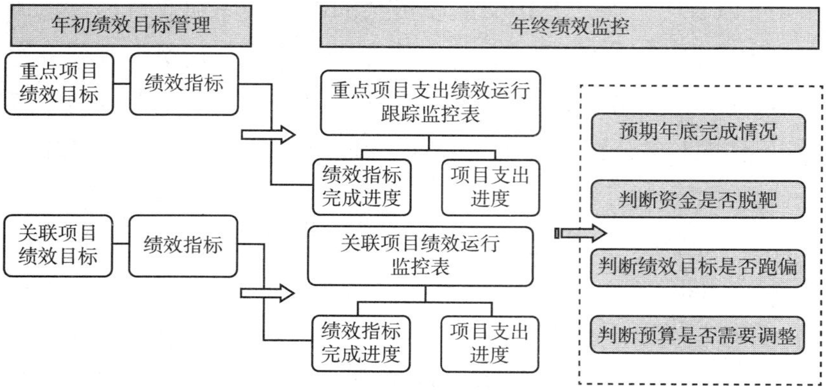

图9–2　广州市部门整体绩效运行监控

广州市财政局印发2018年度部门整体支出绩效评价实施方案，对市残联、市知识产权局2017年部门整体支出情况开展绩效评价，将预算部门的所有资金均纳入绩效管理范围，包括基本支出和项目支出，综合反映部门整体支出绩效情况。整体评价包括满意度调查评价、部门履职用财情况评价等两部分。

（1）满意度调查评价。引入社会公众参与绩效评价机制，委托第三方机构采取问卷调查的方式，从知晓度、认同度、参与度、满意度和获得感等五个维度，调查了解人大代表和政协委员、部门服务对象、社会公众对部门工作的满意度。通过满意度调查评价，反映各方人群对部门履职用财能力的满意度，为建设人民满意型政府提供参考。

（2）部门履职用财评价。部门履职用财评价包括资金管理和部门履职情况两个方面。资金管理分为预算资金管理、绩效管理情况、资产管理三个三级指标，其中预算绩效管理包括预算完成率、预算调整率、财政拨款预决算差异率、部门预算资金支出均衡性、结转结余率、政府采购执行率、基本预算控制率。绩效管理情况包括绩效目标明确性、绩效指标有效性、项目绩效运行监控开展情况、项目支出绩效自评情况。资产管理包括资产管理安全性和固定资产利用率。11个三级指标中6个指标为量化指标，分数占比达74%。部门履职情况包括产出和效益。产出包括重点工作完成指标和年度任务完成指标。效益指标包括社会效益和经济效益。具体评价中需要针对部门对产出和效益指标进行细化量化设置。[①]

① 中国发展基金会广州市财政局课题组：《现代国家治理中的全面预算绩效管理——广州市的探索与经验》（会议版）》，中国发展出版社2019年，第253页。

六、鹤壁探索：部门主管行业绩效评价

河南鹤壁也开展了部门整体预算绩效管理的探索。“鹤壁模式”以部门整体绩效作为市级政府全面预算绩效管理“突破口”，鹤壁正在尝试建立以绩效预算为核心，包括绩效目标、绩效预算、绩效拨款、绩效评价等四环节的预算管理模式。鹤壁在对部门整体绩效进行评价的时候，将部门整体绩效拓展为部门主管行业的事业绩效，比如对民政部门整体绩效进行评价的时候使用了“鹤壁市民政事业绩效指标”，该指标采用投入/结果指标框架，包括：A.投入类、B.产出与结果类、C.能力类，D.满意率类指标。其中，A、C、D类为通用或准通用指标，B为按部门职能设置的专用指标。比如：A.民政事业投入：A_{11}每万人口的民政事业财政支出（万元/人）等，A_2预算项目管理，A_{12}预算项目完成率（%），A_3审计：有问题资金占比（%）。B产出与结果类：B_1社会事务，B_{11}婚姻、收养登记，B_{111}婚姻登记投诉率（%）。C能力类：C_1全面实施预算绩效管理，C_{11}二级部门预算绩效管理覆盖率。D社会评价：D_1满意度评价（%）。E加减分项：E1应急事件的成功处理（件）。①

2019年7月上海市印发了《上海市市级预算部门（单位）整体支出绩效管理办法（试行）》的通知，2019年2月山东省印发了《山东省省级部门（单位）预算绩效管理办法》等，全国各地都在开展部门整体绩效管理的探索实践。

① 马国贤等：《部门整体预算绩效——鹤壁模式汇报会会议材料》，2019年8月。

第三节 我国部门预算绩效管理的未来展望

部门预算绩效管理旨在提高部门的整体绩效水平。部门整体绩效的生成逻辑是部门的整体产出和效果具有整体性和唯一性，其生成过程有赖于部门财务、业务和资源（资产和人力资源）的协同配合，这就形成了部门整体绩效在投入和过程阶段的分割性和结果层面的统一性这一矛盾。从经合组织（OECD）成员国经验和我国《关于全面实施预算绩效管理的意见》的要求来看，解决这一矛盾的基本途径是通过部门战略目标、规划、项目、预算之间的有机衔接，以部门预算为前置性牵引和过程性纽带，融合部门业务、财务、资源和资产管理活动，实现预算与绩效管理的一体化，确保组织战略目标实施的经济、效率、效益、公平和可持续。

我国未来部门预算绩效管理的形态应该是基于预算绩效的部门整体绩效管理形态，即以部门预算为主线，统筹考虑资产和业务活动，从运行成本、管理效率、履职效能、社会效应、可持续发展能力和服务对象满意度等方面，衡量部门整体及核心业务实施效果，推动部门整体绩效水平的提升。这种形态既是预算管理的新模式，也是部门绩效管理的新形态。

一是区别于传统分项列支式的部门预算模式。传统分项列支式部门预算模式强调投入和控制，这种预算模式反映投入成本信息，但无法反映部门整体的产出和效果信息。新模式则要求基于绩效信息编制预算，让预算成为同步反映财务收支计划又体现业务发展计划的整体。

二是区别于现行的中央部门绩效管理、地方政府所属行政机关绩效管理、业务督查、领导班子和领导干部考核等形式的部门层面绩效管理，这些绩效管理能反映产出和效果信息，但缺乏成本信息，无法反映预算投入和产出效果之间的匹配对应关系。

三是在时间上，基于预算绩效的部门整体绩效管理形态要求在预算阶段就要将“办事”“花钱”和“用人”在组织各个层面，在各个支出形式中统一起来，秉持全面预算的观念，拉动业务计划和人事计划前移，增强组织的战略前瞻，实现组织的全面前馈控制和内部控制。

按照本书第三章提出的模型，基于预算绩效的部门整体绩效管理形态本质上是对既有各类形式的部门绩效管理体系的系统集成，进而形成“一个部门、一本预算、一份绩效”的部门预算绩效管理制度。

一是树立部门整体绩效观。部门整体绩效观注重部门预算绩效管理的系统性、整体性、协同性，以部门战略目标作为部门预算绩效管理体系形成的原点，形成政府层面、部门层面、政策和项目层面目标和指标的有机衔接、层级分解体系，并在项目层面实现预算“花钱”和“办事”绩效的有机统一。将部门预算绩效管理过程纳入更为宏观的政策过程和国家治理过程，形成部门主责实施、财政组织协调、党委政府领导、人大审查监督、审计监督、公众参与的大格局。

二是推动建立政府和部门绩效计划制度。在我国现有的发展规划和工作计划体系基础上，紧扣部门使命和职能，系统梳理部门战略目标的层级分解体系，实现部门目标与政府重点目标之间的有机衔接。形成各项目标衡量的指标体系，科学衡量绩效目标的预期状态、实际状态和运行状态。

三是聚焦优先绩效目标，建立重大政策和项目全过程绩效管理制度。重大政策和项目属于政府和部门的优先事项，属于战略性跨域支出，这种支出具有支出事项的跨域性、预算类型的多重性和支出方式的多样性等特点，其在政府层面是一个整体，但是在实施过程中又需要分散在不同部门、不同行业、不同层级来实施。落实重大政策和项目的终身问责制，引入成本效益分析，探索重大政策和项目的事前绩效评估、事中绩效监控、事后绩效评价，形成全周期跟踪问效机制。

四是建立部门整体绩效报告制度。绩效报告是预算部门对部门绩效实际情况和预期目标对比的基础上，提出分析改进举措的总结和交代。部门通过战略审查和绩效目标的季度审查，最终形成年度绩效报告，将绩效报告报送财政，财政报送政府，并接受审计监督、人大审查监督和社会监督。将部门全部绩效目标（包括跨部门优先目标、部门优先绩效目标、项目绩效目标）全部纳入绩效报告，推动各部门在实现政策和项目自评全覆盖的基础上形成部门整体绩效自评。财政通过部门整体绩效评价，以评促管，以评促建，推动部门预算绩效管理的开展。

五是加强预算绩效管理能力建设。完善预算绩效管理的机构职能体系，以权责清单的形式，把部门预算绩效管理纳入“一把手工程”，形成部门副职主管，专人牵头组织协调，绩效责任落实到人的工作推动机制，通过加强信息技术支撑、加强学习和交流、实现流程化和制度化、推动配套改革等措施切实提高部门预算绩效管理能力。

我国开展部门预算绩效管理改革较晚，各项规章制度尚不完备，部门预算管理科学化、规范化程度较低，在这样的起点下，推进部门预算绩效管理改革，涉及制度重构、能力建设、文化调试以及社会环境的创造，是复杂的系统工程。如此庞大的系统工程显然还需要从制度、组织、管理、技术、操作、人员等方面进行大量的储备。由此，还需进一步理清思路，积极创造条件，适时将部门预算绩效管理改革推向前进，形成“一个部门、一本预算、一份绩效”的部门预算绩效管理制度。①

① 曹堂哲：《推动实现“一个部门、一本预算、一份绩效”》，《中国财政》2019年第12期。

本章小结

我国部门预算绩效管理先后经历了近20年的发展，取得显著成效，已经开始从项目向政策和部门整体拓展。近期中央部门开展了部门整体绩效评价试点，地方形成了北京、河北、浙江、广州、鹤壁等地的探索，取得了一定的经验。与新时代全面实施预算绩效管理的要求相比，我国部门预算绩效管理在制度、机制、方式方法等方面还存在一些亟需完善的地方。建立基于预算绩效的部门整体绩效管理新形态，实现“一个部门、一本预算、一份绩效”是未来我国部门预算绩效管理的努力方向。

课后习题

名词解释

部门预算制度　包干预算　三级预算　行业绩效评价

简答题

1. 简述我国部门预算绩效管理的历史演变。
2. 简述我国部门预算绩效评价和管理中存在的问题。

论述题

1. 比较分析北京、河北、浙江、广州等地部门整体预算绩效管理举措。
2. 请对中国部门预算绩效管理的改革方向进行探讨。

本章推荐阅读文献

[1]《财政部关于贯彻落实〈中共中央 国务院关于全面实施预算绩效管理的意见〉的通知》(财预〔2018〕167号)。

［2］财政部：《财政管理工作绩效考核与激励办法》（财预〔2018〕4号）。
［3］［美］凯丽、瑞文巴克：《地方政府绩效预算》，苟燕楠，译，上海财经大学出版社2007年。
［4］牛美丽：《中国地方绩效预算改革十年回顾：成就与挑战》，《武汉大学学报（哲学社会科学版）》2012年第11期。
［5］中国发展基金会广州市财政局课题组：《现代国家治理中的全面预算绩效管理——广州市的探索与经验》（会议版）》，中国发展出版社2019年。
［6］中国财政学会绩效管理研究专业委员会课题组：《中国财政绩效报告（2019）——地方经验》，经济科学出版社2019年。